湖北省学术著作出版专项资金资助项目

数字信息资源与服务创新研究丛书

iSchools运动与图书情报学教育的变革

肖希明 司莉 吴丹 吴钢 著

U0858386

WUHAN UNIVERSITY PRESS
武汉大学出版社

武漢大
School of

摄影　傅玲

数字信息资源与服务创新研究丛书

数字信息资源开放存取

iSchools运动与图书情报学教育的变革

可移动文化遗产保护体系研究

科学数据管理与共享的理论与实践

数字信息环境下的图书馆管理

面向公众需求的档案资源建设与服务研究

基于用户资源关联的社会化推荐研究

移动数据服务关键技术

数字信息资源保存的理论与技术

XML信息索引与检索

数字出版集成化管理研究

数字图书馆原理与技术研究

作者简介

肖希明，武汉大学信息管理学院教授、博士生导师，兼任中国图书馆学会学术研究委员会资源建设与共享专业委员会主任委员、湖北省图书馆学会常务理事，《中国图书馆学报》等期刊编委。研究领域有信息资源建设、图书馆学基础理论。主持国家社科基金重点项目、教育部人文社科基金项目等多项，出版学术著作10部，发表学术论文200余篇，获各级教学科研奖励10余项。专著《信息资源共享系统绩效评估研究》2012年入选《国家哲学社会科学成果文库》。

本书为教育部人文社会科学重点研究基地重大项目“iSchools运动发展趋势及对国内外信息领域的影响”（项目批准号：12JJD820013）的研究成果；系湖北省学术著作出版专项资金资助项目“数字信息资源与服务创新研究丛书”之一。

湖北省学术著作出版专项资金资助项目

数字信息资源与服务创新研究丛书

iSchools运动与图书情报学教育的变革

iSchools Movement and Reform of Library and Information Science Education

肖希明　司莉　吴丹　吴钢　著

WUHAN UNIVERSITY PRESS
武汉大学出版社

图书在版编目(CIP)数据

iSchools运动与图书情报学教育的变革/肖希明等著. —武汉：武汉大学出版社，2017.3

数字信息资源与服务创新研究丛书

ISBN 978-7-307-17868-7

Ⅰ.i…　Ⅱ.肖…　Ⅲ.图书情报学—研究　Ⅳ.G250

中国版本图书馆CIP数据核字(2016)第108108号

责任编辑:程牧原　　责任校对:汪欣怡　　版式设计:马　佳

出版发行：**武汉大学出版社**　(430072　武昌　珞珈山)

(电子邮件：cbs22@whu.edu.cn　网址：www.wdp.com.cn)

印刷：武汉精一佳印刷有限公司

开本：720×1000　1/16　印张:28.75　字数:413千字　插页:8

版次：2017年3月第1版　2017年3月第1次印刷

ISBN 978-7-307-17868-7　定价:82.00元

版权所有，不得翻印；凡购我社的图书，如有质量问题，请与当地图书销售部门联系调换。

前　　言

20 世纪八九十年代以来,信息技术发展日新月异,新一代互联网迅速扩展,社会信息化浪潮滚滚,这一切对世界的经济、政治、教育、科学、文化产生了深刻的影响,全球开始进入信息时代。在新的信息环境下,计算机、互联网在图书情报工作中得到越来越广泛的应用,深刻地改变了图书情报的业态。科学自身的发展呈现出学科交叉不断加深和扩展的趋势,也促使图书馆学与情报学向与其他学科交叉与融合的方向发展。这就对传统的图书馆学情报学教育体系提出了挑战。不少业界专家认为目前的图书馆学情报学教育与迅速发展的社会信息化脱节,没有表达出图书馆职业的核心竞争力与价值。更令人震惊的是,正是由于这些原因,从 1976 年到 1992 年,美国有 20 所图书馆学院关门停办,其中包括著名的哥伦比亚大学图书馆学院和芝加哥大学图书情报学院。对此,前美国图书馆协会主席迈克尔·戈曼(Michael Gorman)认为,图书情报学教育,特别是图书馆学教育正面临危机,他提出:“我们需要一个新模式。”而如何创造这样一种新模式,成为美国图书馆学情报学教育界十分关注的问题。

2003 年,美国 7 所著名的图书馆学情报学

(LIS)教育机构发起了以整合所有与“信息”有关的学科教育为目的的“信息学院运动”(Information Schools Movement)。此后,19所美国LIS学院及与LIS有关的学院(其中包括加拿大多伦多大学信息学系)于2004年共同创建了iSchools项目(iSchools Project),致力于以信息(Information)、技术(Technology)和人(People)的关系为中心的研究与实践。2005年,iSchool联盟正式成立。iSchools创建之初,“联盟宪章”确定“成员不超过25个”,然而至2012年6月,iSchools成员已扩展到38所学校,到2014年9月,更迅速扩展到59所学校,并从美国、加拿大发展至欧洲、亚洲国家。我国的武汉大学信息管理学院、南京大学信息管理学院、中山大学资讯管理学院分别于2009年、2011年和2014年加入iSchool联盟。

iSchool联盟的迅速发展和影响的日益扩大,无疑是因为iSchools的教育理念、人才培养模式、课程体系、教学方式等,相比传统的图书馆学情报学教育更能适应新型的信息职业对人才的需求,更加契合科学自身发展所呈现出的学科交叉不断加深和扩展的趋势。iSchools重视信息领域研究中“人”的因素,探索信息、技术与人三者的交互作用,强调运用信息和信息技术为人与社会服务,并在这样的理念下整合学科,使得iSchools既区别于传统的图书情报学院,又区别于以技术为导向的计算机、信息工程等学院,为LIS提供了一套独特的学科体系和教育体系,也为LIS教育在新的信息环境下的发展开辟了广阔的前景。

中国的图书馆学教育,自1920年武昌文华大学图书科(1929年以后更名为私立文华图书馆学专科学校,简称文华图专)创办至今,已有近百年的历史。文华图专在其30余年的办学历史中培养人才,不少毕业生成为当年中国图书馆界的翘楚或著名图书馆学家。在中华人民共和国成立后的前30年中,图书馆学教育虽然经历曲折,但仍为国家的图书馆事业输送了大批专业人才。进入20世纪80年代,随着情报学教育的兴起,单一的图书馆学教育发展成为图书馆学情报学教育。30多年来,图书情报学教育有了前所未有的发展,取得了令人瞩目的成就。图书馆学教育规模空前扩大,多层次的办学体系得以建立并完善,适应信息时代发展的图书情报学教学内容体系和教学模式基本形成,图书情报学教育实现与国际接轨。然而,随着时代的发展和信息环境的变化,国际图书情报学教育遭遇的危机,也无可避免地出现在中国的图书情报学教育之中。教育内容、教学方式乃至人才培养的模式与快速发展的社会信息化脱节,面向职业的图书情报学教育却与社会职业需求的变化,特别是各类信息职业的兴起和发展的现实不相适应,这无疑会给图书情报学教育带来严重的危机。

国内图书情报学教育界显然早已体认到这种危机的严峻。因此,国外 iSchools 运动刚刚兴起,就引起了国内图书情报学教育界的关注,预感到它可能给中国图书情报学教育带来的改革与发展的契机。早在 2006 年武汉大学举办的“第二届中美数字时代图书馆学情报学教育国际研讨会”上,就有国内外专家介绍 iSchools 运动的兴起和发展,iSchools 的理念与运作。自 2007 年起,国内图书情报界学者纷纷撰文,介绍国外 iSchools 各方面的情况,调查 iSchools 联盟院校的课程设置和结构,探讨 iSchools 运动对我国 LIS 教育的启示。2010 年,在武汉大学召开的“第三届中美数字时代图书馆学情报学教育国际研讨会”上,与会的国内信息管理学院院长/系主任联合发出了《LIS 教育面向更宽广的信息职业行动倡议》,表示认同 iSchools 的发展方向,倡导我国图书情报学教育面向更宽广的信息职业培养人才。2010 年以后,关于 iSchools 的研究继续成为图书情报学教育研究的热点,研究成果不断涌现。

然而这些研究大多局限于对 iSchools 的总体介绍和特征描述,而缺乏对 iSchools 各方面情况的系统调查和深入分析。为此,我们申报并获批了教育部人文社会科学重点研究基地重大项目《iSchools 运动发展趋势及对国内外信息领域的影响》。我们试图让这个项目更多地关注对 iSchools 多重视角的考察,广泛调查和深入分析 iSchools 运动的发展现状,分析其发展趋势,从中总结出 iSchools 运动的基本特征,深入探讨 iSchools 运动对国内外图书情报学教育乃至整个信息领域的影响。同时,研究 iSchools 运动及其影响的根本目的在于促进我国图书情报学教育的改革与发展,应该调查分析我国图书情报学教育的现状、信息职业对人才的需求、图书情报学教育与信息职业的对接状况，分析我国图书情报学教育面临的挑战，在此基础上，探讨与信息职业密切相关的图书馆学、情报学在学科建制、人才培养等方面的整合，建立以职业竞争力为导向的教育体系，研究面向更宽广信息职业的图书情报学教育人才培养目标、培养模式、课程体系、师资建设等，从而实现我国图书情报学教育的改革与创新。

围绕上述目标，本项目组开展了以下研究工作：

(1)对 iSchools 运动的兴起与发展情况进行了全面系统的梳理和概述，包括 iSchools 运动兴起的背景、iSchools 运动的发展历程，以及国外和国内对 iSchools 运动的研究。

(2)本项目研究的主体部分，对国外 iSchools 院校在人才培养、科学研究、学科建设等各方面的现状进行全面、系统和深入的调查，包括不同类型的信息职业对人才的需求，iSchools 的人才培养模式、培养方式、课程体系、实践教学、毕业生就业，以及 iSchools 的科学研究特点、师资队伍建设、国际化程度、学科整合趋势等。通过对调查结果的分析，了解和掌握 iSchools 运动的基本特征和发展趋势。

(3)对我国图书情报学教育机构在人才培养目标、培养模式、课程设置、教学内容和方式、实践教学、师资队伍的学科背景及跨学科研究能力、图书情报学教育的国际合作，以及不同信息职业对人才的需求和毕业生的职业竞争力等方面的情况进行了较为系统的调查。通过调查与定量定性分析，并与国外 iSchools 的比较，掌握我国图书情报学教育的现状和存在的问题，这是我国图书情报学教育改革和发展的基本依据。

(4)分析了 iSchools 对国内外信息领域的影响，包括对国内外信息领域职业的影响、对信息领域专业人才培养的影响、对信息领域学科建设与研究的影响、对国内外传统图书情报学院的影响，探讨其影响的深度和广度，以利于人们进一步认识和理解 iSchools 的理念，推动图书情报学教育融入信息领域的进程。

(5)回顾我国图书情报学教育发展的历程，分析数字时代我国图书情报学教育改革的必然性，探讨我国图书情报学教育改革与发展的方向。

本项目研究广泛采用了调查研究的方法。对国外 iSchools 院校在人才培养、科学研究、学科建设等各方面情况的调查,主要采用网络调查的方法。对国内图书情报教育现状的调查,除了网络调查、文献调查以外,课题组还针对不同的调查项目,分别向全国所有的图书情报学教育机构发放了问卷。对图书情报学专业的毕业生,也通过网络进行了问卷调查。对 iSchools 对国内外信息领域的影响,课题组向国内外所有 iSchools 成员院校的教职工发放中英文调查问卷4000 多份,向全球非 iSchools 的图书情报教育机构发放中英文问卷1000 多份。调查的情况和结果都已体现在本书中。

iSchools 运动是一个在不断发展变化的运动,而且随着时代的发展,它的发展变化也越来越快。仅从 iSchools 成员院校数量增加的情况来看,在本课题申请的 2011 年年底,iSchools 成员仅 32 个,而到2014 年 9 月,成员数量已增至 59 个。至于 iSchools 在教学活动、学术研究等方面的发展变化,更是日新月异。在国内,近年来图书情报学教育的发展与变革也非常迅速。因此,要及时、全面、准确地反映iSchools 运动及国内图书情报学教育的发展,确实是困难的。由于各种原因,本书所搜集的 iSchools 资料和国内图书情报教育机构的资料,截止时间为 2014 年 12 月,部分领域的资料截至 2014 年 9 月。

这部著作是项目研究团队集体智慧的结晶。项目负责人肖希明和项目组成员司莉、吴丹、吴钢及其各自指导的研究生,围绕项目研究内容开展研究工作,先后完成了 20 多篇论文,分别发表于 SSCI 期刊 *The Journal of Academic Librarianship* 和《中国图书馆学报》《图书情报知识》《图书情报工作》等中文核心期刊。这些论文都是本项目研究重要的阶段性成果。在项目最终成果也就是本书形成的过程中,由肖希明负责大纲的拟定,各章撰写的分工是:第 1 章由肖希明、田蓉、李硕、吴琼和沈妍撰写;第 2 章由司莉、贾欢、王思敏、封洁、刘剑楠和潘秋玉撰写;第 3 章由李金芮、杨蕾和肖希明撰写;第 4 章由吴钢撰写;第 5 章由肖希明组织,研究生唐义、李金芮、杨蕾、田蓉、李硕负责调查和撰写,刘巧园、曾粤亮、卢世晴参加了部分整理工作;第 6 章由吴丹、覃丹、陈晶、冉爱华、余文婷和史劲松撰写;第 7 章由肖希明撰写。全书由肖希明统稿。

在项目研究的过程中,特别是在调研工作中,我们得到了国内外

iSchools 成员院校、国内各图书情报学教育机构及其毕业生的大力支持,他们不仅向我们提供了大量数据和资料,而且协助我们调查。在此谨向他们致以诚挚的谢意。在本书撰写过程中,也参考引用了许多学者专家的有关著述,亦在此谨致谢忱。武汉大学出版社的老师们为本书的出版付出了辛勤的劳动,在此表示衷心的感谢。同时也真诚欢迎国内外图书情报教育界、图书情报业界专家学者和朋友们对本项目研究中的不足甚至谬误进行批评指正。

肖希明

2015 年 7 月 1 日

CONTENTS 目　　录

第 1 章　iSchools 运动的兴起与发展

20 世纪 90 年代以来，数字技术迅速发展，泛在信息环境已然形成，社会对信息人才的需求正在发生深刻变化，这一切，给传统的图书馆学情报学(LIS)教育带来了严峻的挑战。为了应对这一挑战，21 世纪初，美国的一些著名的 LIS 教育机构发起了“信息学院运动”(Information Schools Movement)，成立了“iSchool 联盟”(iSchools)，目的在于整合信息领域的相关院所，引导 LIS 向跨学科方向发展。iSchools 注重 LIS 教育面向新型图书馆与信息职业，重视学生职业信息能力的培养，使学生的职业领域选择随着信息职业的社会融合性变得更为广泛，从而为 LIS 教育带来了新的发展活力。iSchools 致力于以信息、技术和人的关系为中心的研究，并以此理念整合学科的发展，使 LIS 具有更为鲜明的跨学科特征，既区别于传统的图书情报学院，又区别于以技术为导向的计算机、信息工程等学院，形成了独特的学科体系和教育体系，在新的信息环境下显示了强大的生命力。本章将探寻 iSchools 运动兴起的时代背景，回顾 iSchools 联盟的成立和发展，梳理国内外对 iSchools 研究的成果。

1.1　iSchools 运动兴起的背景

1.1.1　社会信息化进程加快，泛在信息环境形成

电子技术的高速发展以及军事与科技对大规模计算的迫切需要

促进了计算机技术的兴起与发展。1946 年,美国宾夕法尼亚大学的埃克特和莫奇利研制出世界上第一台电子计算机。随着电子元器件材料的革新,计算机从电子管、晶体管时代过渡到超大规模集成电路时代,电子计算机向着小型化、高精度、高可靠性方向发展,电子计算机显示了前所未有的信息处理功能,成为现代高新科技的重要标志。为了解决计算机之间的数据通信、资源共享问题,互联网技术逐步发展并获得广泛应用。通信介质从普通导线、同轴电缆发展到双绞线、光纤导线、光缆,数据传输速度和效率获得了极大提高。计算机本身获得突破性发展之后,其外围设备如扫描仪、绘图仪、音频视频设备等被广泛使用,借助这些输入输出设备,计算机可以处理更加复杂的问题。20 世纪 80 年代末,多媒体技术兴起,计算机具备了综合处理文字、声音、图像、影视等各种形式信息的能力,日益成为信息处理最重要和必不可少的工具。电子计算机和通信技术的紧密结合,标志着数字化信息时代的到来。

信息技术的进步与革新大大推动了人类社会发展的进程。21 世纪,人类在经历了渔猎社会、农业社会后,从工业社会开始向信息社会迈进。社会发展的不同阶段具有不同形态的生产方式和所依赖的战略性资源。在渔猎社会中,可再生的野生动植物是最重要的资源;到了农业社会,土地成为人类赖以生存的首要资源;发展到工业社会,煤、石油、天然气等非再生能源为工业生产提供了动力,成为人类生产劳动必须依赖的对象;在信息社会中,科学技术空前发达和辉煌,信息技术、生物技术、新材料技术等高科技群体不断涌现。在这些高科技群体中,任何高科技的发展都依赖于以计算机和通信技术为核心的现代信息科学技术。因此,信息科学技术已经成为信息时代的核心技术和现代生产力发展的主导因素,信息资源也成为人类经济活动和社会活动的战略性资源。

信息化进程中生产方式的变革给人类社会的生产生活带来了巨大影响。在经济生产中,信息技术广泛渗透到生产方式的各实体要素中,现代劳动者在生产过程中利用通信、控制、显示系统等信息技术把自己的工作要求自动、准确、快速地作用于劳动对象,这不仅大大减少了劳动者的体力支出,而且加快了生产的速度,提高了加工的精准度,降低了生产成本。在商品交换中,信息网络技术的推广使消费方式发生了深刻的变革,商品的生产和交换依赖于消费者与企业、商家之间的互动关系。消费者通过网络把自己喜欢的商品信息输送给厂商,厂商将商品信息向社会发布,引起消费者对商品的关注,信息沟通渠道是否畅通决定了商品交换的成败。在收入分配中,信息的地位骤然上升,信息对社会生产较高的贡献率决定了未来财富的分配方式将趋向于注重信息要素,信息和信息技术的所有者将成为拥有较多社会财富的人。在日常生活中,人类将更加依赖一个规模庞大、四通八达的网络通信系统。人们可以在家里处理工作中的资料和信息,人们的访友、购物、会议、娱乐等事务都可以通过网络进行。可见,信息技术已经以不可抵挡的方式进入和改造了人类的生产、工作和生活,人们通过向互联网获取和发布信息从而满足生活和工作所需,信息在人类生存和生活中无所不在,泛在信息环境逐渐形成。

1.1.2 社会对信息职业越来越广泛的需求

随着信息革命的发展和推进,信息技术在社会政治、经济、文化、教育等各领域得到了广泛的应用,随之而来的是社会各部门的政务信息、财务信息、人事信息、业务信息等信息资源迅速膨胀。如何对这些机构内部信息资源进行有效管理、开发和利用成为迫切需要解决的问题,因此企事业单位对信息人才的需求不断增加。随着知识经济时代的到来,文化对经济的贡献率不断提高,文化事业的发展也得到了高度重视。图书馆、博物馆、档案馆、文化馆、美术馆的兴旺繁荣也同样需要一批专业化信息人才的加入。因此,在未来社会职业的发展中,信息职业的重要性将日益彰显且被广泛认同①。

传统的图书馆学专业教育是以培养适应图书馆文献资源获取、整理、服务等各项业务工作的专门人才为目标的。然而,根据近年对图书馆学本科生、研究生就业去向的调查分析来看,图书情报学毕业

① 刘兹恒,曹海霞.图书馆学教育改革的目标——面向更广泛的信息职业[J].国家图书馆学刊,2011(1):3-5,11.

生已经广泛分布在社会各领域的信息部门就业,社会各行业对信息人才的需求不断增加。国外图书情报学毕业生除了去图书馆工作外,还在社会其他领域从事档案管理、信息咨询与服务、信息系统设计与开发、数据库管理与维护、多媒体设计与制作、网络运维与管理、软件开发等工作。国外一些图书情报学院毕业生去图书馆以外机构工作的比例非常高。如美国雪城大学信息研究学院对 2009 年和 2010 年毕业生就业情况进行调查,所有本科生都去了图书馆以外的机构工作,工作内容涉及信息技术、信息管理、信息服务及其他领域。匹兹堡大学信息科学学院对近几年的毕业生进行调查,所有本科生去了公司工作,担任软件工程师、系统管理员等职务,只有 5 名研究生去了图书馆工作,两人从事档案工作,其他都去了公司从事系统分析师、客户支持分析师、数据分析师、网络设计工程师等工作。密歇根大学信息学院 2008 年有 56.3%的毕业生去了信息咨询、电子商务、金融服务、互动营销公司①。从图书情报学毕业生走向社会各行业的信息部门就业可以看出,随着社会信息化进程的推进,企事业单位对信息人才的需求日益明显。我国国家职业分类大典根据社会对信息人才的实际需求不断补充进更多与信息内容开发服务有关的职业岗位。这些职位在国外政府组织与企事业单位中的设置率超过了 40%。从全球发展趋势看,我国各类组织也将陆续增设上述新职业②。

现代信息职业要求从业者具备处理所有类型信息的专业知识与技能,如信息职业基础知识、信息资源建设、信息组织、信息技术知识技能、信息研究、信息用户服务、用户教育与培训等。为了实现图书馆学人才培养与社会信息职业的对接,使毕业生成为兼具理论与实践知识的信息职业者,国内外图书情报学院在教学中应突破原有的以图书情报档案专业机构为主体的局限性,将图书情报学教育人才

① 田蓉,肖希明.从 iSchools 毕业生就业看我国图书馆学教育培养目标的变革[J].图书情报知识,2012(6):15-19.

② 周毅,张衍.iSchool 运动背景下信息管理类专业的特色与分野探析[J].图书馆杂志,2012(8):72-78.

培养的目标定位于培养适应各行业信息职业需求的信息服务人才。正是由于专业教育改革的迫切需要,催生了探索图书情报学人才培养新模式的 iSchools 运动。

1.1.3 图书馆业态的深刻变化

20 世纪五六十年代,信息科技革命逐渐萌芽并获得初步发展。步入 20 世纪 80 年代后,这场前所未有的革命浪潮席卷全球,推动了人类科学、技术、文化、教育等事业取得突破性发展。信息技术的产生与普及使图书馆发生了翻天覆地的变化,最显而易见的就是图书馆文献信息资源结构的转变。根据美国研究图书馆协会(ARL)对其成员馆文献信息资源结构的调查,2004 年,美国高校馆藏电子资源占所有馆藏资源的比例为 31.3%,电子资源的购置经费占所有馆藏资源购置经费的 29.1%①;到了 2009 年,馆藏电子资源的比例上升为 56.3%,电子资源的购置经费比例上涨为 53.4%②。除了馆藏资源结构的变化外,图书馆各项业务工作和实践也发生了巨大变化。图书馆业务活动由手工方式转变为借助计算机和网络技术进行的自动化集成管理方式;图书馆的服务类型也由文献借阅服务扩展为信息资源服务、学科服务、科技查新、文献传递、参考咨询等多样化的服务相结合。可见,图书馆的各项业务工作和服务必须依赖先进的信息技术来实现。在数字信息资源的开发和存储中需要依赖声像技术、多媒体技术、复制技术、光盘技术、自动分类标引技术、全文存储技术;数字资源服务则离不开数据库技术、信息检索技术、网络技术、自然语言处理技术、智能机器翻译技术;在参考咨询服务中,图书馆员和用户需要利用即时通信工具、电子邮件、表单等进行沟通;在馆藏纸质资源的排架和借阅中,智能移动机器人技术、射频识别技术、红外线技术等大大提高了纸质资源整理排架

---

① ARL.ARL Statistics Tables 2003-04.xls[EB/OL].[2013-04-08].http://www.arl.org/stats/annualsurveys/arlstats/statxls.shtml.

② ARL.ARL Statistics Tables 2008-09.xls[EB/OL].[2013-04-08].http://www.arl.org/stats/annualsurveys/arlstats/statxls.shtml.

和读者文献资源借阅的效率。信息技术在图书情报工作中的应用大大提高了文献信息处理、存储、传递与利用的水平，优化了图书馆的信息服务质量①。

技术革命不仅使图书馆内部业务工作和服务方式发生了巨大变化，在全社会范围内，它更是促进了信息基础设施的完善和信息资源的爆炸式增长。作为信息管理类学科的图书馆学应该将自己的研究视野从原本只关注图书馆内部信息资源的获取、整理、服务，扩展至整个信息社会中信息资源的收集、管理与利用。在新的信息环境中，图书馆学的专业人士和学者应该充分认识到信息对社会进步的重要性，并且以信息为导向引导社会生活的变革。图书馆学的研究对象将不再局限于图书馆内部各要素、图书馆系统和图书馆事业。图书馆学将同情报学、档案学等学科一起探讨信息、人和技术三者之间的关系，开展应用性、实践性的研究，通过现代技术对信息进行更有效的获取、组织、传播和利用，从而提高人们查找和使用信息的效率。

传统的图书馆学虽然在文献信息的查找、获取、整理、服务、利用方面提出了系统化的理论和实践方法，但是将这些方法通过现代信息技术来实现并不是图书馆学研究人员的专长。在现代图书馆中，只有将图书馆学的学科知识与现代信息技术相结合才能更好地满足用户的信息需求。在图书馆体系以外的更宽广的社会信息环境中，图书馆学的理论与方法能够对企事业单位内部信息的管理、用户信息行为的探究和互联网中海量信息的查找和利用提供指导，这也必须通过现代信息技术来实现。可见，在新的社会信息环境中，图书馆学想要寻求更长远的发展，应该进行图书馆学教学体系的改革，加强与情报学、计算机科学、档案学、社会信息学等学科的联系。为了寻求新的发展机遇，美国图书情报学院及相关学院共同创建了 iSchools 项目，希望通过联合多个信息学院和相关学科学院的专业力量，直面信息技术给图书情报学带来的挑战。

---

① 吴慰慈，张久珍.信息技术革命影响下的图书馆学情报学学科体系[J].情报学报，2000(2)：98-103.

1.1.4 传统的图书馆学教育面临危机

图书馆学教育从酝酿时期算起,迄今已有 300 余年的历史。图书馆学教育起源于 19 世纪。1807 年,德国人施莱廷格首次使用了"图书馆学"这一术语;1808—1810 年,他出版的《试用图书馆学教科书大全》一书,被认为是图书馆学正式诞生的标志。1887 年前是图书馆学教育的萌芽时期。这一时期的图书馆事业与学术以及社会教育的发展,均为图书馆学教育的产生准备了良好的条件。1887 年,美国图书馆学家麦维尔·杜威(Melville Dewey)创办了世界上第一所图书馆学校——哥伦比亚图书馆经营学校(School of Library Economy),标志着图书馆学教育的正式诞生。杜威首次将图书馆教育纳入大学教育体系,专门招收两年制专修班学员,并招收女生。20 世纪 20 年代前后,世界范围内掀起了一场创建图书馆学校的高潮。此后的 20 年是图书馆学教育的发展时期。这一时期的图书馆学教育不仅在规模上有所扩大,更重要的是在内容水平上有了极大的进步,设立了以理论研究和培养高端研究人员为主的芝加哥大学图书馆学研究生院。芝加哥大学图书馆学研究生院是在卡内基基金会的巨额拨款下创办的。芝加哥大学图书馆学研究生院不仅于 1930 年设置了全美第一个图书馆学博士学位,而且直到 20 世纪 40 年代后期,它一直是唯一设有图书馆学博士学位课程的学院①。图书馆学教育在度过了 20 世纪 60 至 70 年代的黄金时代之后,从 70 年代末开始已逐渐陷入严重的危机之中。自 1979 年俄勒冈大学图书馆学院首次被关闭以来,美国有十几所大学的图书情报学院或系科遭此厄运,其中包括"理念"与"实用"两大图书馆学派的旗帜——芝加哥大学图书馆学研究生院和哥伦比亚大学图书馆经营学校。此外,还有不少大学的图书情报院系被合并②。美国的图书情报教育何以会发生如此严重的危机,引来了世界图书情报界的广泛关注与研究。一些学

① 程焕文.美国图书馆学教育史[J].四川图书馆学报,1990(2):106-115.

② 谢阳群.从杜威的图书馆学教育思想看今日美国的图书馆情报教育危机现象[J].四川图书馆学报,1994(5).

者认为图书馆学学院的关闭与人才培养规模有限、资金短缺、招生困难、毕业生就业率下降等诸多因素有密切关系。也有学者认为，图书馆学学院陆续关闭与图书馆学人才培养目标同现代大学人才培养目标不相符有关。图书馆学学院无法真正融入大学学术环境，图书馆学科研究人员缺乏严谨的学术作风①。随着学科教学质量的下降，图书馆学毕业生的专业能力受到社会质疑，专业发展前景不容乐观。

随着信息技术革命的推荐，联机图书馆系统广泛建立，商业性数据库迅速发展，图书馆学院为适应信息时代的要求掀起了一场学院更名的浪潮，国外图书馆学院为适应信息时代的需求纷纷将学院名称改为信息(Information)学院。1964年，匹兹堡大学图书馆学院研究生院更名为图书馆与信息科学研究生院(The Graduate School of Library and Information Science)。雪城大学于1974年将图书馆学院改为信息研究学院(School of Information Studies)。5年后，华盛顿大学图书馆与信息科学研究生院(Graduate School of Library and Information Science)发展为独立学院，并更名为School of Information。随后，密歇根大学图书馆与信息科学学院、得克萨斯大学图书馆与信息科学学院、加州大学伯克利分校图书馆与信息科学研究学院等也纷纷以信息学院命名②。全球图书馆学院的更名运动预示着传统的图书馆学教育对学科发展的重新定位与思考。这场更名浪潮也成为iSchools运动产生的起源。iSchools运动倡导的图书情报学科的改革需要对人才培养目标进行重新定位与思考，从教学内容、师资队伍建设、教学科研互动等多角度全方位进行改良与创新。现代图书情报专业教育应该更好地融入当代日新月异的信息环境，培养适应企事业单位各领域信息职业的专门化人才。现代图书情报专业教育除了应该继承与发扬传统图书馆学在信息获取、组织、服务、利用等方面已经形成的学科核心内容外，还应该适应如今学科融合的大环境，借

① Frostco.The I-School Concept in the United States and Beyond[J].中国图书馆学报，2008(6)：25-31.

② 陈传夫，于媛.美国iSchool的趋势与启示[J].图书情报工作，2007(4)：20-24，41.

鉴其他学科力量寻求学科发展的新思路。国内外众多图书情报学院在学科发展中已形成了各自的专业特长,在开展图书馆学教学与研究的过程中,通过联合各方力量,必将提高图书馆学学科整体实力,推动图书馆学科在信息技术革命的背景下创造新的辉煌。

1.1.5 学科交叉融合的趋势日益明显

现代科学技术发展的一个显著特点是在高度分化的基础上又高度综合。学科细分程度越来越高,学科门类越来越多,学科之间的交叉程度不断加深。在科学技术的应用中,不可避免地涉及价值判断;而人文社会科学研究也越来越重视用实证方法克服单纯抽象探讨的不足。科学与技术之间、自然科学与人文社会科学之间的交叉、渗透、融合成为学科发展的必然趋势①。在学科交叉融合中,基础学科是多学科交叉融合的理论基础,许多新兴学科也是在综合多门基础学科的理论知识的基础上形成的。如化学与物理学的交叉形成了物理化学和化学物理学;化学与生物学的交叉形成了生物化学和化学生物学;物理学与生物学的交叉形成了生物物理学;信息学与其他学科融合产生了信息经济学、信息社会学、信息法学等分支学科。学科的交叉融合不仅形成了新兴学科,还孕育了理论与技术创新的前沿领域。学科之间互相渗透产生的许多新技术、新原理、新方法、新发现,是解决人类科学领域的新问题和推动社会经济发展的强大动力。

在图书馆学领域,信息技术的广泛普及与发展深刻影响了学科研究的内容与范围。图书馆学专注于对信息进行研究,由于对信息本身的研究是跨学科的,因此图书馆学专业的教学与研究内容也呈现出跨学科性的特征。社会中存在的信息资源纷繁复杂,根据信息所属的学科的不同可划分为生物信息、医药卫生信息、农业信息、经济信息、政治信息、军事信息、文化艺术信息等类别。图书馆学要研究如何将这些不同学科领域的信息进行更有效的组织与利用,必将涉及其他学科的内容。为了提高用户服务质量,图书馆学除了对信息本身进行研究以外,还要对用户的心理、用户信息行为进行研究,

① 张春海.学科交叉融合孕育创新[N].中国社会科学报,2012-04-25(7).

这就要借鉴心理学、社会学、教育学、哲学等学科的知识。在新技术飞速发展的时代，要使信息更好地为人类服务，必须依靠信息技术作为支撑。数据库技术、网络技术、网站技术、信息检索技术、信息系统等技术的开发与应用涉及计算机科学、通信科学、信息管理等多门学科的知识。可见，在现代信息环境下，图书馆学只依靠本学科的学科知识与力量无法实现对海量信息进行有效组织，也无法将信息更好地开发并服务用户。

图书馆学为了寻求更长远的发展，必须突破本学科的限制，整合其他学科的教学资源，在课程教学、师资建设、科学研究、人才培养等方面寻求广泛的合作。学科交叉融合加剧的发展背景催生了 iSchools 运动，iSchools 运动又以整合所有与“信息”有关的学科或领域为核心特征，通过对各种信息技能的综合运用，促进科学、商业、教育和文化等领域的发展。

1.2　iSchools 联盟的成立与发展

1.2.1　iSchools 联盟的成立

1988 年，匹兹堡大学图书馆与信息科学学院院长托尼卡波与雪城大学信息研究学院院长唐纳德·马尔尚及德雷塞尔大学信息科学与技术学院院长理查德·莱特尔组成三人小组，在接下来的几年里，罗格斯新泽西州立大学图书馆学院院长理查德·鲁德加入，使其成为一个四人小组。该小组由美国图书馆信息教育协会（ALISE）会议的非正式交流发展而来，成员可以讨论图书情报科学研究生项目和各种各样的其他项目，包括大学生信息科学、电信、新闻学等，目的是为了分享信息，并促进由院长同事组成的社区的发展。四人小组的非正式会面一直持续到 20 世纪 90 年代中期。2001 年的匹兹堡会议上，该小组在托尼的领导下进行重建。参与者包括雪城大学信息研究学院院长雷蒙德·冯·德兰、德雷塞尔大学信息科学与技术学院院长大卫·芬斯克、华盛顿大学信息学院院长迈克尔·艾森伯格、密歇根大学信息学院院长约翰·金。在这次会议上，五人小组成立。

自2003年伊始，由于伊利诺伊大学图书馆与信息科学研究生院、北卡罗来纳大学图书馆与信息科学学院、佛罗里达州立大学信息学院、印第安纳大学图书馆与信息科学学院、得克萨斯大学奥斯汀分校信息学院5所学院院长的加入，“五人小组”变成了“十人小组”，至此，之前的非正式名称就变得不合时宜。尤其考虑到未来成员增长的预期，在约翰·金、已故的雷蒙德·冯·德兰和迈克尔·艾森伯格的努力下，小组变得更注重信息学院（iSchool）认同感和社区意识的建设。一般来说，该小组一年会面两次，会议由一位院长主持，包括院长间的私下讨论和主持院校教员之间的公开对话，以及一个非正式的接待或午餐。在仅院长参加的会议中，会议议程集中在具有挑战性的管理、项目和计划以及信息科学是否优于非信息科学的讨论上，会议还会提供机会让各个高校互相学习课程设计与研究活动。其早期的目标是发展成员高校间重要教员的合作研究。

2003年，美国7所著名的图书情报学院的院长齐聚于教堂山的北卡罗来纳大学图书馆与信息科学学院（UNC at Chapel Hill School of Information and Library Science），探讨21世纪图书情报教育、研究及其事业发展。在此次会议上，他们共同提出“信息学院运动”（Information Schools Movement，简称iSchools运动）。十人小组正式被命名为“iSchools核心成员”，其规模由于以下成员的增加而迅速壮大：罗格斯新泽西州立大学传播、信息与图书馆研究学院（现为传播与信息学院，重新加入），加州大学伯克利分校信息学院，加州大学埃尔文分校唐纳德·布赖恩信息与计算机科学学院，加州大学洛杉矶分校教育与信息研究生院，宾夕法尼亚州立大学信息科学与技术学院，佐治亚理工学院计算机学院，印第安纳大学图书馆与信息科学学院（现为信息与计算机学院），马里兰大学信息研究学院，多伦多大学信息学院。

2004年，这19所北美高校共同创建了iSchools项目（iSchools Project），致力于以信息（Information）、技术（Technology）和人（People）的关系为中心的研究与实践。

2005年9月，这些学校通过宪章组成了iSchools联盟（ISG，联盟宪章不允许成员超过25个）。2006年10月，“The I-Schools Group，

ISG”被修改为“The I-Schools Project, ISP”(信息学院行动计划)。

1.2.1.1 联盟成员

联盟成立初期成员共有 19 个,见表 1-1(联盟成员按照英文名称首字母顺序排列)。

表 1-1 **iSchools 联盟初期成员**

iSchools 联盟成员	学院名称	创建时间	更名时间
Drexel University 德雷塞尔大学(宾夕法尼亚州)	College of Information Science and Technology 信息科学与技术学院	1892	
Florida State University 佛罗里达州立大学	College of Information 信息学院	1947	
Indiana University 印第安纳大学	School of Informatics 信息学院	1998	
Indiana University 印第安纳大学	School of Library and Information Science 图书馆与信息科学学院	1956 年前	
Georgia Institute of Technology 佐治亚理工学院	College of Computing 计算机学院	1963	
Rutgers, the State University of New Jersey 罗格斯新泽西州立大学	School of Communication, Information and Library Studies 传播、信息与图书馆研究学院	1892	
Syracuse University 雪城大学(纽约州)	School of Information Studies 信息研究学院	1896	1974
University of California, Berkeley 加州大学伯克利分校	School of Information 信息学院	1994	2006
University of California, Irvine 加州大学埃尔文分校	The Donald Bren School of Information and Computer Science 唐纳德·布赖恩信息与计算机科学学院	2002	

续表

iSchools 联盟成员	学院名称	创建时间	更名时间
University of California, Los Angeles 加州大学洛杉矶分校	Graduate School of Education and Information Studies 教育与信息研究生院	1958	
University of Illinois Urbana-Champaign 伊利诺伊大学香槟分校	The Graduate School of Library and Information Science 图书馆与信息科学研究生院	1892	
University of Maryland 马里兰大学	College of Information Studies 信息研究学院	1965	
University of Michigan 密歇根大学	The School of Information 信息学院		1996
University of Pittsburgh 匹兹堡大学(宾夕法尼亚州)	School of Information Sciences 信息科学学院	1901	
University of North Carolina 北卡罗来纳大学	School of Information and Library Science 图书馆与信息科学学院	1931	
University of Washington 华盛顿大学	Information School 信息学院	1911	2001
University of Texas, Austin 得克萨斯大学奥斯汀分校	School of Information 信息学院	1948	2002
University of Toronto 多伦多大学(加拿大)	Faculty of Information Studies 信息研究学院	1928	
The Pennsylvania State University 宾夕法尼亚州立大学	College of Information Sciences and Technology 信息科学与技术学院	1999	

1996 年,美国密歇根大学信息和图书馆研究学院(School of

Information and Library Studies at the University of Michigan)第一个更名为信息学院(The School of Information),在继承传统的同时将研究重点放在数字时代信息系统和社会结构与人的需求之间的关系方面。对此,雪城大学信息研究学院(School of Information Studies)有不同理解,该院创建于1896年,1974年改为现名,他们认为自己是第一个"信息学院"(Information School),是iSchool的原型。2001年,华盛顿大学图书馆与信息科学研究生院(Graduate School of Library and Information Science)发展为独立学院,并更名为"School of Information",成为美国第二所iSchool。2002年,得克萨斯大学奥斯汀分校图书馆与信息学院(Library and Information School at the University of Texas-Austin)成为另一所更名为iSchool的学院。加州大学伯克利分校图书馆与信息研究学院于1994年更名为信息管理与系统学院(School of lnformation Management and Systems),2006年又更名为"信息学院"(School of Information)。伊利诺伊大学、华盛顿大学、密歇根大学、匹兹堡大学、加州大学伯克利分校、北卡罗来纳大学等知名大学的图书馆与信息科学学院纷纷宣称自己为iSchool并通过章程组成iSchools联盟(ISG)。

加入iSchools联盟后,有些大学直接使用了"Information School (College)"或者"iSchool"的字样,如雪城大学信息研究学院(School of Information Studies,Syracuse University)、佛罗里达州立大学信息学院(College of Information,Florida State University),而大部分学院并没有对名称进行改变。当然,这并不影响这些学校对于iSchools项目的参与,并在本机构中进行相应的变革,并且从某一方面显示出iSchools是各机构在发展目标、研究方向和教育改革中的方向,而并非只是名称上的一种变化。

1.2.1.2 联盟章程

iSchools联盟在章程指导下运作,该章程制定于2005年7月,于2006年10月17日,2009年1月9日、29日和2月11日进行了修订。章程中明确指出:iSchools是由对信息、技术和人之间的关系有兴趣的学院组成的,以承诺探讨与理解信息在人类活动中的作用为其特点。为了促进科学、商业、教育和文化领域的进步,需要具备提供这些领域所需要的各种类型信息的专业技能,这种专业技能既包括信息技术及其应用,也包括对信息利用及用户的理解。这是 iSchools 联盟共同追求的目标。

iSchool 的标准包括:

①必须有杰出的研究和杰出的博士教育。

②必须能在科学、企业、教育与文化进步过程中提供任何形式的信息所需的专门技术。

③必须能提供信息技术及其应用、信息使用与用户方面的专门知识。联盟成员的标准主要强调研究,即实质性承担研究活动(3 年中每年研究支出达到 100 万美元),同时致力于培养未来的研究者(通常通过研究型的博士点),引领信息职业领域的发展。

只要对信息、技术和人及其之间的关系有兴趣,只要能利用信息促进科学、商业、教育和文化等方面的发展,并且能够提供材料证明达到联盟章程规定的基本标准,任何学院都可以申请成为 iSchools 联盟的成员。联盟成员需要根据评估缴纳适度的年度管理费,需要提交一份关于其学生、教师、科研以及学术成果的简单介绍,以便充实网站并向新闻聚合器提供基于 RSS 的新闻条目。这些学院还需要任命一位代表,参与选举并参加联盟成员都要参加的每月一次的会议。

iSchools 联盟倡导以跨学科的角度来理解信息管理所带来的机遇与挑战,普遍的可获得性和以用户为中心的信息组织等这些概念是其核心承诺。该领域广泛关注跨越信息空间的设计和保存问题,包括从数字和虚拟空间(例如网上社区、社区网络、万维网和数据库)到物理空间(例如图书馆、博物馆、收藏馆和其他储藏室)。iSchools 认为社会、商业、教育和文化的进步需要各种类型的信息专业知识,这种专业知识必须包括对信息利用和信息用户、信息本身的属性以及信息技术及其应用等各方面的了解。

1.2.1.3 管理机构

iCaucus 是 iSchools 联盟的管理机构,于 2007 年 8 月由北美 19 家 iSchools 成员在品牌顾问公司 MBS 的策划和设计下宣布成立。他们发表的声明中说:“我们旨在将信息科学的形象提升到为学生和用人公司提供了无限前景和潜能的一个学科。” iCaucus 成员需要达到或者超过一定的标准，并且愿意投入大量资金引导整个联盟的发展，定期承办会议，扩大 iSchools 品牌的知名度，在对 iCaucus 事务的决策中有一票表决权。iCaucus 成员除了联盟选举产生以外，新增成员也可以受到邀请加入，但是需要建立在通过现任成员选举的基础上。被选举和被邀请的成员都要达到 iSchools 联盟的标准并出席 iCaucus 年度会议，不同的是选举产生的成员只需要缴纳联盟的行政管理费，而被邀请的成员则需要缴纳远远高于联盟费用的会员费。iCaucus 成员的选举每年年末由协调员任命的 iCaucus 会员委员会组织进行。无论是选举产生还是受邀加入的成员，参加 iCaucus 会议的代表将会成为 iSchools 的首席学术官（例如院长）。在每年的年底，协调员和财务主管将会进行会员审查，没有按时缴纳费用或者连续两年缺席年度会议的成员将会取消会员资格。如果有新的成员受邀加入，由协调员任命的会员委员会将在年末时将其添加到候选人名单上，并将在年度会议上参加竞选，候选人通常公布在 iSchools 网站上。

iCaucus 的指导原则是：

①建立一个小而互动的团体以促进讨论；

②促进具有战略视野和技能的个人和机构，去发现能应对 iSchools 各学院所面临挑战的共同解决方案；

③与已有组织一起工作，对 iSchools 各学院感兴趣的问题展开讨论；

④向所有学院和人员广泛发布对其有益的意见和结论。

iCaucus 的工作由一位协调员主持，与财务主管和 iCaucus 任命的特设委员会共同致力于 iCaucus 的管理。为了提高协调员决策的科学性，特设委员会可以包括非 iCaucus 成员，协调员每届任期两年，通常在任职两年协调员推选者后自动当选为协调员，如果没有协调员，那么协调员推选者将代为行使协调员的职务。协调员推选者和财务主管由 iCaucus 成员每隔一年选举产生。每到年底，协调员任命两名不参选的 iCaucus 成员组成提名委员会，由提名委员会公开提名，票数较多的人当选。如果协调员、协调员推选者与财务主管在两年任期内辞职，会重新选举人员在剩余任期内担任该职务。

iCaucus 运作的资金来源是其成员的年度评估资金和 iSchools 联盟成员的行政管理费，这些经费由财务主任管理，财务主任需要在每次会议上报告经费的使用状况。iCaucus 会议的差旅费、食宿费及其他杂费都由与会者自己承担，有时会赞助用餐作为会议的一个部分。

iCaucus 的年度会议与联盟年会相一致，重点在于互动性的讨论。会议议程由协调员至少提前一周予以公布，与会者应在会议之前提交详细信息的电子版，在会议中进行讨论或作出决定。在年度会议间，协调员每两个月组织电话会议，这些会议的时间安排将会在每年春秋季的开始发送给 iSchools 代表。

iCaucus 工作由 iCaucus 成员组成的工作小组完成并向协调员汇报，工作小组负责各种类型的工作，包括快速报表生成和重要话题的持续跟踪。工作小组还需要对大部分 iCaucus 成员表决通过的重要项目进行规划。iCaucus 成员可以以 1000 美元或者 5000 美元为适当单位对特别项目资金进行投票，附加的项目资金可以向 iCaucus 寻求，但是其成员没有义务提供这些资金，项目结果可能根据资金的参与程度有所差异。

1.2.2 iSchools 联盟的发展

1.2.2.1 iSchools 联盟的壮大

随着 iSchool 运动的发展和世界信息环境的变化，iSchools 联盟不断发展壮大，早已突破了创建之初确定的“成员不超过 25 个”的“联盟宪章”的规定。至 2014 年 9 月，iSchools 成员已扩展到 59 所学校，并从美国、加拿大发展至欧洲、亚洲等地国家。我国的武汉大学信息管理学院、南京大学信息管理学院、中山大学资讯管理学院分别于 2009 年、2011 年和 2014 年加入 iSchools 联盟。目前，iSchools 联盟成员如表 1-2 表示（联盟成员按照英文名称首字母顺序排列，与 iSchools 网站联盟成员目录顺序一致）。

表 1-2 iSchools 联盟成员(截至 2014 年 9 月)

学 校	学 院	国家
Carnegie Mellon University 卡内基梅隆大学	School of Information Systems and Management, Heinz College 汉斯信息系统与管理学院	美国
Charles Sturt University 查尔斯特大学	School of Information Studies 信息研究学院	澳大利亚
Drexel University 德雷塞尔大学	College of Computing and Informatics 计算机与信息学院	美国
Florida State University 佛罗里达州立大学	College of Communication and Information 传播与信息学院	美国
Georgia Institute of Technology 佐治亚理工学院	College of Computing 计算机学院	美国
Humboldt University of Berlin 柏林洪堡大学	Berlin School of Library and Information Science 柏林图书馆与信息科学学院	德国
Indiana University 印第安纳大学	School of Informatics and Computing 信息与计算机学院	美国
McGill University, Montreal 蒙特利尔麦吉尔大学	School of Information Studies 信息研究学院	加拿大
Michigan State University 密歇根州立大学	Department of Media and Information 媒体与信息系	美国
Nanjing University 南京大学	School of Information Management 信息管理学院	中国
Northumbria University 诺森比亚大学	Department of Mathematics and Information Sciences 数学与信息科学系	英国
NOVA University of Lisbon 里斯本新大学	School of Statistics and Information Management 统计与信息管理学院	葡萄牙

续表

学　校	学　院	国家
Open University of Catalonia 加泰罗尼亚开放大学	Information and Communications Science Studies 信息与传播学研究学院	西班牙
Pennsylvania State University 宾夕法尼亚州立大学	College of Information Sciences and Technology 信息科学与技术学院	美国
Polytechnic University of Valencia 瓦伦西亚理工大学	School of Informatics 信息学院	西班牙
Rutgers, The State University of New Jersey 罗格斯新泽西州立大学	School of Communication and Information 传播与信息学院	美国
Seoul National University, Korea 国立首尔大学	Graduate School of Convergence Science and Technology 融合科学与技术研究生院	韩国
Simmons, Boston 波士顿西蒙斯学院	School of Library and Information Science 图书馆与信息科学学院	美国
Singapore Management University 新加坡管理大学	School of Information Systems 信息系统学院	新加坡
Sun Yat-sen University 中山大学	School of Information Management 资讯管理学院	中国
Sungkyunkwan University 成均馆大学	Library & Information Science and Data Science Department 图书馆、信息科学与数据科学系	韩国
Syracuse University 雪城大学	School of Information Studies 信息研究学院	美国
Télécom Bretagne 布列塔尼国立高等电信学校	Department of Logic Uses, Social Sciences and Information 逻辑使用、社会科学和信息系	法国
University College Dublin 都柏林大学学院	School of Information and Library Studies 图书馆与信息研究学院	爱尔兰

续表

学　校	学　院	国家
University College London 伦敦大学学院	Department of Information Studies 信息研究系	英国
University of Amsterdam 阿姆斯特丹大学	Graduate School of Humanities, Archives and Information Studies 人文、档案与信息研究生院	荷兰
University of Boras 布罗斯大学	The Swedish School of Library and Information Science 瑞典图书馆与信息科学学院	瑞典
University of British Columbia 英属哥伦比亚大学	School of Library, Archival and Information Studies 图书馆、档案与信息研究学院	加拿大
University of California, Berkeley 加州大学伯克利分校	School of Information 信息学院	美国
University of California, Irvine 加州大学埃尔文分校	The Donald Bren School of Information and Computer Sciences 唐纳德·布赖恩信息与计算机科学学院	美国
University of California, Los Angeles 加州大学洛杉矶分校	Graduate School of Education and Information Studies 教育与信息研究生院	美国
University College: Oslo and Akershus 奥斯陆大学	Department of Archivistics, Library and Information Science 档案、图书和信息科学系	挪威
University of Copenhagen 哥本哈根大学	Royal School of Library and Information Science 皇家图书馆与信息科学学院	丹麦
University of Glasgow 格拉斯哥大学	Humanities Advanced Technology and Information Institute 人文先进技术与信息研究学院	英国

续表

学　校	学　院	国家
University of Illinois 伊利诺伊大学	Graduate School of Library and Information Science 图书馆与信息科学研究生院	美国
University of Kentucky 肯塔基大学	College of Communication and Information Studies 传播与信息学院	美国
University of Maryland 马里兰大学	College of Information Studies 信息研究学院	美国
University of Maryland, Baltimore County 马里兰大学巴尔的摩县分校	Department of Information Systems 信息系统系	美国
University of Melbourne 墨尔本大学	Melbourne School of Information 墨尔本信息学院	澳大利亚
University of Michigan 密歇根大学	School of Information 信息学院	美国
University of Missouri, Kansas 密苏里大学堪萨斯分校	School of Information Science and Learning Technologies 信息科学与学习技术学院	美国
University of North Carolina 北卡罗来纳大学	School of Information and Library Science 图书馆与信息科学学院	美国
University of North Texas 北得克萨斯大学	College of Information 信息学院	美国
University of Pittsburgh 匹兹堡大学	School of Information Sciences 信息科学学院	美国
University of Porto 波尔图大学	Faculty of Engineering in Cooperation with the Faculty of Arts 艺术工程学院	葡萄牙

续表

学　校	学　院	国家
University of Sheffield 谢菲尔德大学	Information School 信息学院	英国
University of Siegen 齐根大学	School of Media and Information (iSchool) 媒体与信息学院	德国
University of South Australia 南澳大利亚大学	School of Information Technology and Mathematical Sciences 信息技术与数学科学学院	澳大利亚
University of Strathclyde 斯特拉斯克莱德大学	Department of Computer and Information Science 计算机与信息科学系	英国
University of Tampere 坦佩雷大学	School of Information Sciences 信息科学学院	芬兰
University of Tennesee, Knoxville 田纳西大学诺克斯维尔分校	School of Information Sciences 信息科学学院	美国
University of Texas, Austin 得克萨斯大学奥斯汀分校	School of Information 信息学院	美国
University of Toronto 多伦多大学	Faculty of Information 信息学院	加拿大
University of Tsukuba 筑波大学	Graduate School of Library, Information and Media Studies 图书馆、信息与媒体研究生院	日本
University of Washington 华盛顿大学	Information School 信息学院	美国
University of Wisconsin, Madison 威斯康星大学麦迪逊分校	School of Library and Information Studies 图书馆与信息研究学院	美国

续表

学 校	学 院	国家
University of Wisconsin, Milwaukee 威斯康星大学密尔沃基分校	School of Information Studies 信息研究学院	美国
Wuhan University 武汉大学	School of Information Management 信息管理学院	中国
Yonsei University 延世大学	Library and Information Science 图书馆与信息科学学院	韩国

1.2.2.2 iSchools 联盟的年会

iSchools 联盟定期召开年会(iConference),由 iSchools 成员学院轮流承办。iConference 的目的是让共同关注当代社会中的关键信息问题的学者和研究人员从世界各地聚集在一起,探索信息的核心概念和观点,创造新技术和新概念,从而拓展信息研究的边界,帮助学生迎接 21 世纪的信息挑战。年会一般持续 3—4 天,在会议中,信息领域专业人才互相交流,发现并解决问题,创造合作机会,共同推动信息领域的发展。iSchools 首届年会于 2005 年 9 月在宾夕法尼亚州立大学信息科学与技术学院举行,来自雪城大学、德雷塞尔大学、佛罗里达州立大学、佐治亚理工学院、伊利诺伊大学香槟分校、印第安纳大学、马里兰大学、北卡罗来纳大学、匹兹堡大学、罗格斯新泽西州立大学和得克萨斯大学奥斯汀分校等 16 所大学的有关信息学院的院长、教授、研究生约 300 位代参加了讨论,85 篇会议论文在会上交流。此后,联盟年会一年举办一次(2007 年除外),目前已举办 9 届,每年的出勤率都在不断增加(表 1-3)。年会最大的特点就是鼓励信息领域的新的想法和研究领域。过去几届的 iConferences 主题包括以下内容:信息行为;社会、文化、卫生和社区信息学;人机交互;在线图书馆和信息科学教育;信息系统;社会计算;信息政策;知识管理;信息检索;信息服务;信息组织;数字保存和维护;文献计量学和学术交流;历史和哲学的信息;参与性文化;数字化环境中成长的青少年等。年会的参与者并不局限于 iSchools 联盟成员,所有信息领

表 1-3　**iSchools 联盟年会情况**

年会届次	年份	日期	举办单位	主题	官方程序及成果链接
第一届	2005	9 月 28—30 日	宾夕法尼亚州立大学信息科学与技术学院		http://www.asis.org./Bulletin/Apr-06/
第二届	2006	10 月 15—17 日	密歇根州立大学电信、信息、媒体研究学院	信息领域的前沿研究	https://www.ideals.illinois.edu/handle/2142/14876
第三届	2008	2 月 28 日—3 月 1 日	加州大学洛杉矶分校教育与信息研究生院	信息特征：系统、自我、社会	https://www.ideals.illinois.edu/handle/2142/14875
第四届	2009	2 月 8—11 日	北卡罗来纳大学图书馆与信息科学学院	研究、教育和契约	https://www.ideals.illinois.edu/handle/2142/14874
第五届	2010	2 月 3—6 日	伊利诺伊大学图书馆与信息科学研究生院		https://www.ideals.illinois.edu/handle/2142/14873
第六届	2011	2 月 8—11 日	西雅图华盛顿大学信息学院	灵感、诚信、无畏	http://dl.acm.org/citation.cfm? id=1940761
第七届	2012	2 月 7—10 日	多伦多大学信息学院	文化、设计、社会	http://dl.acm.org/citation.cfm? id=2132176&picked=prox
第八届	2013	2 月 12—15 日	北得克萨斯大学信息学院	奖学金行动：数据、创新、智慧	https://www.ideals.illinois.edu/handle/2142/34699
第九届	2014	3 月 4—7 日	柏林洪堡大学	打破文化、环境和计算机之间的隔阂	http://ischools.org/the-iconference/about-the-iconference/iconference-2014-summary/

域的学者、专家和从业人员都可以参加。

1.3 国外 iSchools 研究的计量分析与评述

2003 年兴起于美国的 iSchools 运动至今已经走过了十余年的发展历程。十余年来,iSchools 的规模在迅速扩展,影响在不断扩大。它的教育理念、人才培养模式、课程体系、教学方式等,得到越来越广泛的认同。关于 iSchools 的研究也在逐渐深入,研究成果逐年增多。本节将对十余年来国外 iSchools 研究进行计量分析与评价。

1.3.1 研究方法和数据来源

1.3.1.1 研究方法及工具

为了客观地反映国外关于 iSchools 的研究进展状况,笔者重点以国外研究论文及举办的相关会议作为对象,进行文献统计和分析。主要采用的是内容分析法。这是一种对文献内容作客观系统的定量分析的专门方法,其目的是弄清或测验文献中本质性的事实和趋势,揭示文献所含有的隐性情报内容,对事物发展作情报预测,并以此来分析文献的某些特征,有利于我们用来科学而准确地统计分析得出文献的主题。词频统计则是目前内容分析法中最广为使用的途径,它是利用能够揭示或表达文献核心内容的关键词或主题词在某一研究领域文献中出现的频次高低来确定该领域的研究热点和发展动向。

在统计过程中,笔者根据具体的对象需求,分别选取使用了文献管理工具 EndNote 和语义库词频统计 AntConc。EndNote 是由 Thomson Corporation 开发研制的文献管理软件,同时也是 SCI(Science Citation Index)的官方软件。用户可以通过该软件创建个人参考文献库,并且可以加入文本、图像、表格和方程式等内容以及链接等信息。此外,该软件还可以自动获取文献的检索、管理、文献的全文,有利于对外文文献有一个比较直观的统计分析。AntConc 是由日本学者 Laurence Anthony 开发的绿色免费软件,它的界面简洁、操作方便,可直接下载使用,用于检索文献中的词语,生成词表和主题词。同时 AntConc 中“搭配”(Collocates)工具可生成目标文件的一组既能按照

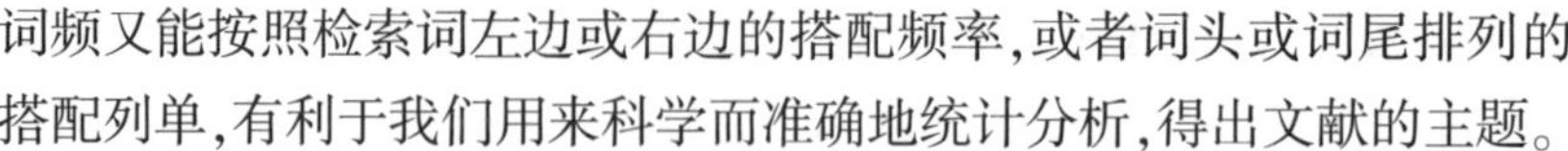

词频又能按照检索词左边或右边的搭配频率,或者词头或词尾排列的搭配列单,有利于我们用来科学而准确地统计分析,得出文献的主题。

1.3.1.2　研究数据的来源

本书研究的数据来源主要包括两个方面:一是以 Social Science Citation Index(社会科学引文索引,简称 SSCI)和 Arts & Humanities Citation Index(艺术与人文引文索引,简称 A&HCI)数据库作为数据源检索而得到相关学术以及会议论文;二是通过对 iSchools 官方网站以及其他相关网站的访问搜集整理而得。

1.3.2　相关论文统计分析

1.3.2.1　论文年代分布

本书主要以 SSCI 和 A&HCI 数据库作为数据源,以"iSchool""i-School""iSchools"或者"information school"作为主题词检索项,去除图书、评论、参考工具等文献类型进行进一步的限定后,共检索到 139 条数据,图 1-1 是按年代统计的结果。

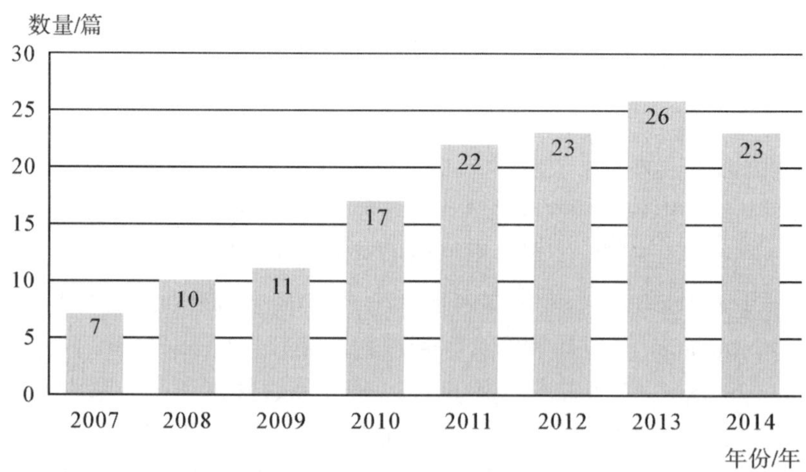

图 1-1　国外关于 iSchools 研究论文数量分布

图 1-1 显示,2007 年前没有在 SSCI 和 A&HCI 数据库搜索出关于 iSchools 的论文。2007—2009 年,研究处于初期阶段,论文数量不多。2012—2012 年,论文数量有较大增长,研究处于稳定发展阶段。

2013—2014 年，论文出现显著增长，表明关于 iSchools 的研究受到人们越来越广泛的关注。

iSchools 联盟自成立以来，每年都定期召开年会，称为 iConference，一般围绕信息(Information)、技术(Technology)和人(People)三个核心要素，再结合当年主题具体来展开讨论。会议聚集了图书情报学领域的专业人士，研讨内容为最新研究成果，能从专业深度以及时间前沿性方面反映出当年 iSchools 的研究状况。笔者以国外召开的有关 iSchools 会议并且在官方网站上发布的相关会议信息为数据来源，对会议现场情况、会议论文和报告的发表情况进行统计和分析，共检索到在期刊上发表的会议论文(145 篇)和 一些会议报告(37 篇)共计 182 篇。

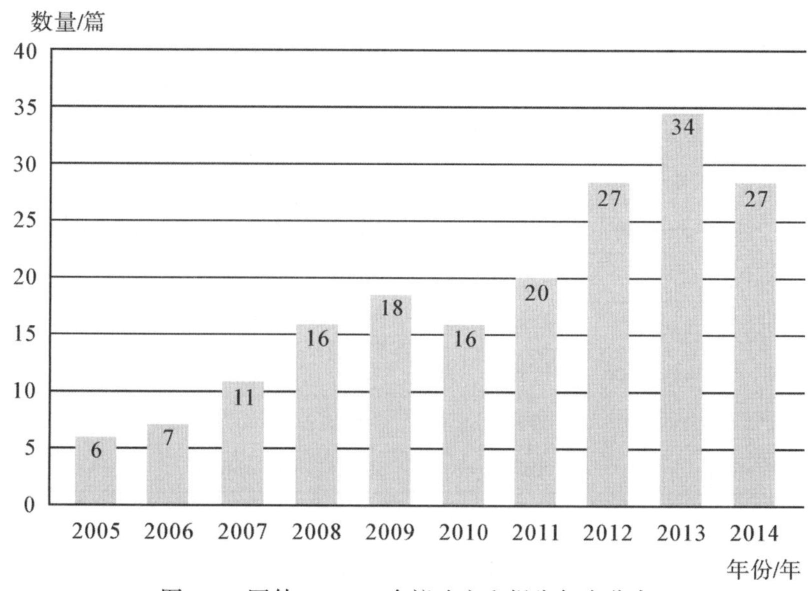

图 1-2 国外 iSchools 会议论文和报告年度分布

图 1-2 描述了国外关于 iSchools 会议论文的年度分布情况。从图 1-2 可以看出，2005—2007 年研究有关 iSchools 的会议论文数量较少；2008—2011 年会议论文和报告数量稳中有升，研究处于稳定发展阶段；2012—2014 年，论文和报告数量明显增长，这一趋势与

SSCI 和 A&HCI 收录论文的趋势大体一致，只是因为会议研讨交流研究成果比期刊论文更快更新，所以 iSchools 研究论文 2005 年就以会议论文的形式出现了。

1.3.2.2 论文主题分析

利用 EndNote 导入以上检索到的相关学术论文以及会议论文的关键词字段，而对于没有提供完整版的论文，通过阅读题名、摘要或是全文等方式，来提取出主题字段，保存为文本格式导入 Antconc 进一步统计，得到单词共计 10456 个，从中筛选出有效单词作为关键词，词频前 20 名排位如表 1-4 所示。

表 1-4 **iSchools 论文题名词频数前 20 名关键词**

序号	关键词		频次	序号	关键词		频次
1	information	信息	143	11	analysis	分析	36
2	education	教育	87	12	science	科学	32
3	social	社会	78	13	discipline	学科	31
4	library	图书馆	58	14	information	情报学	30
5	technology	技术	53	15	Ischool	信息学院	29
6	digital	数字化	49	16	community	社区	26
7	network	网络	43	17	user	用户	25
8	collaboration	协作	40	18	retrival	检索	24
9	research	研究	39	19	trend	趋势	24
10	organization	组织	38	20	integration	整合	18

通过表 1-4 我们可以看出，在 321 篇文献中，单词“information”（信息）出现的频率是最高的，并且在词频排名前 20 的单词中，与之相关的单词，例如 science、technology，也是出现频率比较高的；其次是单词“education”（教育），说明在对 iSchool 的研究当中，教育是重中之重。这一点同时体现在关于 iSchools 的学科设置、跨学科整合的研究中。此外，还有网络技术、用户分析、发展趋势等也是研究的热点。

虽然高频关键词可初步反应研究热点,但由于关键词均为单词,含义单一,难以对热点领域作出全面的描绘,故而准确性不高。因此,笔者又以 iSchools 研究为中心,对上述文献一一进行梳理,另外通过参照原文关键词、摘要等信息,对文献的主题进行内容分析,结合表 1-4 中的高频关键词,提取出"理念探讨""学科整合""图书情报教育""信息、技术和人""发展趋势""教学体系""合作交流""课程设置""科学研究"及"学者交流"十大高频主题词组。十大高频主题词组及其对应的年份分布如表 1-5 所示。

表 1-5 **国外 iSchools 研究论文十大高频主题词组及其年份分布表**

主题词 \ 年份	2007	2008	2009	2010	2011	2012	2013	2014	总计
Concepts (理念探讨)	28	22	5	14	21	35	8	3	136
Interdiscipline (学科整合)	14	19	6	7	0	28	8	9	91
LIS (图书情报教育)	4	7	13	5	14	36	3	5	87
Information、Technology and People (信息、技术和人)	21	14	7	3	2	3	1	2	53
Development Trends (发展趋势)	11	7	4	14	4	4	3	7	54
Teaching System (教学体系)	12	5	7	14	2	3	0	2	45
Cooperation and Communication 合作交流	5	8	5	3	6	5	2	4	38
Curriculum Design (课程设计)	0	13	0	2	2	3	2	3	25
Scientific Research (科学研究)	2	1	3	1	1	3	2	3	16
Schoolar Communication (学者交流)	0	2	1	1	2	2	1	1	10

1.3.2.3　论文影响力分析

论文影响力的主要表现形式有发表刊物、论文类别、被转载、被引用、收录以及获奖等①。因此，要全面准确地评价论文的影响力，需要从定性、定量两个方面，遵循整体性、科学性、实用性、可比性的原则进行设计。由于 iSchools 所涉及的研究论文数量整体相对较少，本书从被引用的方面来对其进行评价，通常情况下，论文的被引用次数越多说明在同领域所受到的关注越多，影响力越大。笔者检索到的 310 篇文献中有 158 篇文章被引用，总被引次数达到了 398 次。被引用频次最高的文章是 Larsen Ronald 的《图书馆需要 iSchool》，高达 37 次；其次是 Seadle Michael 与 Greifeneder Elke 的《iSchool 课程的展望》一文，被引用次数为 31 次。此外从每年发表的论文的引用频次来看，2011 年、2012 年、2013 年和 2014 年发表的文章，截至 2014 年 9 月被引用的次数分别是 223 次、112 次、62 次、33 次。总体来看，关于 iSchools 的引用次数是呈逐年缓慢增加的趋势。例如 2011 年发表的论文在 2011 年被引频次的增长为 87 次，2012 年峰值较大为 149 次，2013 年为 172 次。这也从侧面反映了国外关于 iSchools 的研究水平在逐渐提高，论文的影响力不断加深。

1.3.3　iSchools 研究热点分析

根据以上得出的十大高频主题词组进一步深入分组，大体可分成五组：以“信息、技术与人”为核心的 iSchools 理念；学科整合；教学体系和课程设置；科学研究与合作交流；LIS 教育发展趋势。当然，五组主题词组中有相互交叉重叠的部分，说明 iSchools 研究内容彼此的密切关联。通过对五组主题词组的进一步分析和提炼，笔者认为国外关于 iSchools 研究的热点主要聚焦在五个方面：iSchools 理念的探讨、学科的整合、课程的设计、科学研究以及 iSchools 教育变革的方向。以下对这五个方面的具体研究状况分别进行评述。

---

① 王孝宁，何苗，何钦成，郭继军，韩大勇.基于文献计量学研究方法的科技论文定量评价[J].科学学与科学技术管理，2004(19)：15-18.

1.3.3.1 iSchools 理念的探讨

早在 20 世纪 70 年代,美国就出现了一次 iSchools 运动,核心是从图书馆学拓展到 IS 或 LIS,主要目的是为新兴的 Information Science 建成一个学科奠定独立的基础。

30 多年过去了,美国的 LIS 学界又发起了一场新的 iSchools 运动,这次运动的主要目的是探讨对所有与"信息"有关的学科或领域进行整合的可能性。正如同 iCaucus 在其章程中明确指出了这一点,iSchools 是由对信息、技术和人之间的关系有兴趣的学院组成的,其目标之一是期望发展成为多元领域,促进跨领域的整合与合作,其特点是探讨与理解信息在人类活动中的作用,其出发点是为满足当今与未来发展而培养人才的,以信息(Information)、技术(Technology)和人(People)的关系为中心的研究与实践。iSchools 认为具备各种类型的信息专业技能对于科学、商业、教育和文化的进步而言是十分必要的,这些技能既包括对信息利用和信息用户的理解,也包括对信息技术及其应用的理解。

Liddy 提出 iSchools 运动的内涵和关注的重点在于通过信息扩展人的能力①。Frost 认为 iSchools 以人、信息和技术为中心,在科研和教学中建立了强大的多学科项目,不但获得了学科地位的提升,而且交叉学科伙伴和学生人数也不断增多,得到了较强的经费支持②。Larsen 认为 iSchools 人才培养理念具有一些共同的特点:实践性和职业性;强调研究和教学能力;跨学科性;沟通能力和领导能力。并提出 21 世纪 iSchools 院校应该是致力于创造、探索、创新的院校③。

1.3.3.2 iSchools 学科的整合

学科整合一直是 iSchools 研究中备受关注的问题。宾州州立大学信息科学与技术学院院长托马斯曾经将 iSchools 中的"i"解释成

① Syracuse iSchool Dean Elizabeth D.Liddy New Chair-Elect of iCaucus[EB/OL].[2014-02-12].http://ischool.syr.edu/newsroom/news.aspx? recid=806.

② Frostco.The I-School Concept in the United States and Beyond[J].中国图书馆学报,2008(6):25-31.

③ Larsen R L.Libraries Need iSchool[J].Library Journal,2007(15):11.

是"interdisciplinary"(跨学科)的缩写①。Thompson 的《iSchool 课程:如何宽泛,如何深入》提出 iSchools 是否要拓宽其课程宽度或是发展超级学科的问题;2008 年加利福尼亚大学洛杉矶分校召开的 iConference 大会上,围绕信息系统与个人或社会的信息行为进行了探讨。Cox 等人认为,诸如档案学等旧有研究领域对 iSchools 的未来至关重要,其性质不断变化的个人和机构档案问题可能最适合 iSchools 的课程和使命,同时,此次会议上还专门讨论了 iSchools 与医学信息学之间的关系,iSchools 将如何影响医学信息学的发展受到了越来越多学者的关注②。2009 年的 iConference 大会探讨了特定学术学科的跨学科异同问题。在 2010 年的 iConference 大会上,与会者通过定义其探索到的作为学科边界对象的关键词,探讨了学科之间的交叉问题。宾夕法尼亚州立大学的 Fred Fonseca 等总结归纳了 iSchools 运动对科学环境产生的影响,认为 iSchools 有跨学科的结构特点,综合研究自然与社会科学的互动问题,是一门发展可持续性的科学③。雪城大学的 Andrea Wiggins 等在《iSchools 知识的多样性:过去、现在和将来》中重点关注了 iSchools 的来源、发展趋势和学科间的融合,以及知识多样性对 iSchools 课程设置的重要性、对 iSchools 未来发展起作用的影响因素,以实证研究评估 iSchools 在多学科领域的智力投入与学术产出④。得克萨斯大学的 Miksa 等提出以文献计量学与计算机科学作为基础学科知识,构建信息科学综合学科⑤。印第安纳大学的 LaiMa 认为 iSchools 应该为信息专业人士提供基于结构化

---

① 叶继元.ischools 与学科整合[J].图书情报工作,2007(4):69,51.

② iConference 2008[EB/OL].[2014-02-12].http://www.ischools.org/oc/conference08.

③ Fonseca F, Martin J, Emeritus, Davis C, Camara G. Making an IMPACT on the Environment: Sustainability Science and the iSchool Movement[C]// iConference 2010 Proceedings, 2010:60-68.

④ Wiggins A, Sawyer S. Intellectual Diversity in iSchools: Past, Present and Future[C]// iConference 2010 Proceedings, 2010:294-299.

⑤ Miksa, Fran. Discipline Formation and the Field of information[EB/OL]. iConference 2008.[2011-01-18]. http://ischools.org/conference08/pc/PA1-1-iconf08.doc.

理论的教育,而不仅仅提供实践技能方面的培训,这样更有利于信息专业素养的全面发展①。2011 年的 iConference 大会进一步建立了跨学科对话机制。此外,在第七届国际图书情报学构想大会上,Bates 认为在 21 世纪,包括图书情报学、档案学、信息系统、信息知识管理、博物馆学以及目录学等在内的信息学科可能会超越自己的范围,越来越多地被作为一系列相关学科②。同年,Patricia 在《档案研究和数字遗产的保存:计算机博物馆与 iSchool 的合作》一文中探讨了数字博物馆跟 iSchools 的合作对于档案保存潜在的借鉴意义,从而提出学科融合发展的必要性。

1.3.3.3 iSchools 课程的设计

新信息环境下对信息人才和数字图书馆员的要求进一步提高,iSchools 院校的课程设计也适应时代潮流做出了变动。

iSchools 院校本科专业的课程大致可以分为专业必修课、专业选修课和公共选修课三种。部分学校为各个研究方向设置了不同的必修课程,部分学校则提供统一的必修课程。iSchools 院校硕士课程设置因各院校培养目标的差异存在一定的差异,大部分院校规定了核心课程、必修课程。部分院校将课程分为多个层次,每个层次的课程重点有差异,通常是从理论知识开始,不断深入。而 iSchools 院校博士课程通常与同方向硕士课程一致。以匹兹堡大学为例,将课程分为两大部分:核心课程与综合课程。其中综合课程包括图书艺术、保存与档案、特定人群的资源与服务、信息组织、学科资源与服务、信息技术、管理课程、组织行为、独立研究、博士研究这 10 个模块。并且在这些模块之下,还设置了一些相对应的课程,iSchool 的学生可以在学有余力的基础上,根据自身需求选择相对应的模块进一步深入学习研究。

Seadle 与 Greifeneder 对 iSchools 的课程设计提出了抽象的观念,其设计的课程体系模型以人机交互为中心,将研究作为课程体系

---

① Ma L.Theory and Education:A Case of Structuration Theory[C]// iConference 2010 Proceedings,2010: 143-148.

② Defining the Information Displines in Enclopedia Development Information Research[EB/OL].[2013-12-26].http://InformationR.Net/ir/124/colis/colis29.html.

不可或缺的部分①。Bawden 认为图书馆学院如果继续存在，将需要提供更严格的职业课程以培养特定的职业者，并加强与专业协会的合作，通过专业发展课程与数字化学习培养特殊技能人才②。2010 年 7 月，Stanton，Jennifer Golbeck，Druin 等 20 余名学者参与了由马里兰大学信息研究学院举办的首个关于 iSchools 博士教育的未来的研讨会，在随后发表的《首届 iSchools 博士教育未来的研讨会：问题、挑战和启示》一文中提出 iSchools 应构建增强博士研究生多样性的框架，促进必修研究设计课程的跨学科和融合③。Chaomei Chen 分析了 19 所 iSchools 院校的专题地图，认为各 iSchool 间存在信息科学与技术的跨学科整合④。Roberts，Madden 和 Corrall 在《从理论到实践：谢菲尔德 iSchools 研究与实践探索》一文中以英国谢菲尔德大学信息学院为例，探讨 iSchools 在具体实践中所遇到的问题，总结出加强图书馆与信息研究的实践关系的 10 条建议。提出要在教育模式和课程设计层面不断审查和更新教学内容和方式，以迎合不断变化的市场环境和需求，并尽力形成培养复合型人才的谢菲尔德模式。即针对不断变化的信息环境和信息市场人才需求，阐述了 iSchools 课程改革的措施。文章指出，理论与实践的完好结合是该院本科和研究生教育的一个显著特征。另外一个特征是该院提供了多层次的教育体系，除了传统的硕士和博士教育外，还提供职业认证专业文凭本科学位，以及如化学信息学、健康信息学、电子与数字图书馆管理信息素养等专业硕士学位，并提供继续教育课程⑤。

---

① Seadle M，Greifenedel E.Envisioning an iSchool Curriculum[J].Information Research an iSchooll Curriculum，2007(12)：1-10.

② Bawden D.Facing the Educational Future[J].Information Research，2007(12)：1-3.

③ Jaeger P T，Golbeck J，Druin A，Fleischmann K R.The First Workshop on the Future of iSchool Doctoral Education：Issue，Challenges，and Aspirations[J].Journal of Education for Library and information Science，2010(3)：201-208.

④ Chen C.Thematic Maps of 19 iSchools[C].ASIS&T Annual Meeting，Columbus，Ohio，USA，2008(1)：1-12.

⑤ Corrall S.Education the Academic Librarian as a Blended Professional：A Review and Case Study[J].Library Management，2010(8/9)：567-593.

1.3.4 iSchools 的科学研究

iSchools 十分重视成员院系的科学研究及其投入,联盟的目标之一就是创造机会并提供相应支持以提高信息领域学术研究的主动性。Seadle 与 Greifeneder 在《iSchools 课程的展望》一文中分析了 iSchools 在图书情报领域的潜在研究主题,同时也认为 iSchools 高校应积极鼓励学生参与学术研究。Chaomei Chen 在《19 所 iSchools 专题地图》一文中通过使用 CiteSpace 工具绘制了两种专题地图,用以揭示 19 所 iSchools 联盟高校在科学研究方面的特点以及未来的科研趋势。吴丹、何大庆等在《关于 iSchools 的学术研究:状况与启示》一文中详细地调查了 iSchools 成员的师资力量,并对联盟高校发表的论文和研究项目进行了总结分析,进而得出联盟科学研究重点①。

1.3.5 iSchools 教育变革的方向

新的信息环境下,技术变革重塑了信息领域,LIS 学科处于十分关键的转折点上。在谈到传统 LIS 教育与 iSchools 的关系时,匹兹堡大学信息科学学院院长 Larsen 认为,21 世纪数字信息资源占据了主要地位,导致传统图书馆学情报学和通信科学之间的距离正在缩小,三个学科之间的逐渐融合正是 iSchools 的明显特征。他认为,图书馆学是 iSchools 章程的基础,其与其他信息学科的融合是 iSchools 目标得以实现的保障。Larsen 与 Cox 从档案学和 iSchools 的发展历史与目标着手,认为档案学的基本要素和概念对 iSchools 的发展至关重要,应强化 iSchools 的档案学教育,并认为档案学在新时期的任务可以为 iSchools 增加更大的价值,也可以进一步提高从业人员的社会地位。阿拉巴马大学信息学院教授 Wallace 发表关于 iSchools 图书馆学教育及其危机的研究,认为 LIS 教育向来缺少统一的标准名称,各学校的院系名称和学位名称不一而足,且常常出现理论与实践

---

① Wu D, He D, Jiang J, et al. Academic Research in iSchools: State and Implications[C]//Proceedings of the 2011 iConference. USA, 2011: 203-210.

关系的争论,"iSchools"有利于解决这一难题①。

同时 iSchools 对该领域的学术研究提出了更高的要求,博士教育研究逐渐被重视。2009 年的 iConference 年会对 iSchools 博士教育的进程和合作进行了广泛的讨论。之后,在 2010 年《首届 iSchools 博士教育未来的研讨会:问题、挑战和启示》一文中,论述了 iSchools 博士教育的潜力和面临的挑战,探讨了有效教学方法,即为 iSchools 博士教育理念的共享,在创造该领域共性的同时,保证其多学科性,增强博士生的多样性。文中指出,为各 iSchool 的博士生设立统一的系列核心阅读材料和课程不可行也不必要。在已经确立的学科中建立核心课程有助于强化学科地位,但在一个像信息研究这样正快速发展的学科中,任何核心课程都难以赶上社会变化,也难以代表该学科的宽度和多样性。该研讨会着重讨论了未来研究方法的教学,认为应为博士生讲授定性定量和其他研究方法。

在与图书情报学科相关协会主办的通讯中,常常发表介绍和讨论各 iSchools 教育实践的文章,如在 2010 年的美国信息科学和技术协会通讯上,得克萨斯大学奥斯汀分校信息学院副院长 Rice-Lively 介绍了如何在全校范围内开展 iSchools 本科教育的做法。该院虽然没有直接的本科层次的图书情报教育课程,但是通过开通信息研究概论、网络信息、信息与文化、信息与人和信息与技术等课程提高了 LIS 专业在全校的知名度和影响力,为教育的展开奠定了基础②。

1.3.6　国外 iSchools 研究的特点

通过对国外关于 iSchools 的学术期刊论文和会议文献进行统计,并进一步分析出高频主题词等进行研究,可以看出,国外在

① Wallace D P. The iSchools, Education for Librarianship, and the Voice of Doom and Gloom[J].The Journal of Academic Librarianship,2009(6):405-409.

② Rice-Lively M L.Undergraduate Education in a Graduate School:The University of Texas iSchool Experience[J].Bulletin of the American Society for Information Science and Technology,2010(4):18-21.

iSchools 领域的研究所呈现出的主要特点如下：

1.3.6.1 iSchools 研究始终围绕“信息、技术与人”展开

结合表 1-5 统计出的十大主题词组可以看出，国外关于 iSchools 的研究始终都是紧紧围绕着“信息、技术与人”展开。信息是 iSchools 各学科整合的基础，也是最为重要的核心因素，技术作为传递信息的手段为 iFiled 提供工具性支持，人是 iSchools 的最终归宿和落脚点，通过信息可以扩展人们的能力，而 iSchools 的研究倾向是人、技术、服务、管理，这一点呼应了 iSchools 的理念，充分地体现了国外关于 iSchools 的研究定位准确、立足专业、关注社会的人文思想的特点。

1.3.6.2 iSchools 研究与 LIS 教育的变革相辅相成

iSchools 运动是 LIS 教育为应对信息环境的深刻变化而寻求的变革之道。iSchools 研究将“信息”作为核心概念引入 LIS 教育，但 iSchools 研究并没有“抛弃”传统的 LIS 教育，而是将 LIS 教育整合到信息学科群，引导 LIS 教育面向更为宽广的信息职业。从上述对 iSchools 研究热点的分析中可以看到，在对 iSchools 理念的探讨中，“人”始终是 iSchools 的核心要素，而满足人的信息需求，从来就是 LIS 教育的核心价值。iSchools 研究致力于学科整合与课程体系改革，但信息组织、信息描述、信息检索等 LIS 教育的核心课程始终在 iSchools 的课程体系中占据重要位置。iSchools 研究推动 LIS 教育改革，并不是要使 LIS 教育边缘化，而是要使它从新兴的学科中汲取营养，从而获得发展的活力。因此，iSchools 研究与 LIS 教育的变革是相辅相成、相互促进的。

1.3.6.3 iSchools 研究跨学科性明显

从上述 iSchools 研究热点分析可以看出，国外 iSchools 研究跨学科特征十分明显。首先，国外 iSchools 的研究人员、iSchools 院校的师资力量，无论是群体还是个体的知识结构，都具有多学科背景，跨学科优势明显。其次，国外关于 iSchools 的研究主题领域广泛，涉及的学科众多，涵盖了图书情报学、计算机科学、历史、政治、化学、生物乃至艺术、医学等学科，跨度很大。最后，研究的方法不拘一格，国外

关于 iSchools 的论文多采用实验法、问卷法、访谈法、案例等多种方法，与传统的图书情报学研究相比，在研究方法上也体现了多学科的特点。

1.4　国内 iSchools 研究的计量分析与评述

iSchools 运动的迅速发展引起了我国 LIS 教育领域的极大关注。2006 年 10 月，在武汉大学主办的第二届中美数字时代图书馆学情报学教育国际研讨会上，华盛顿大学信息学院院长 Harry Bruce 教授在其报告中介绍了"iSchools"的概念，南京大学叶继元教授则在大会演讲中谈到了 iSchools 的概况与影响，引起了与会专家学者的兴趣①。2007 年，叶继元教授在《图书馆杂志》第 1 期发表论文《美国 iSchools 的概况、影响与启示》，这是我国最早对 iSchools 进行专门探讨的学术论文。此后，随着 iSchools 运动的迅速发展，国内有关 iSchools 的研究论文数量逐渐增多，从不同视角研究 iSchools 的研究成果不断出现。本节将回顾 iSchools 运动发起至今十余年来国内有关 iSchools 的研究，并对相关研究成果的主题内容进行系统梳理和分析，对国内关于 iSchools 研究的特点与趋势进行分析。

1.4.1　文献统计

目前，国内学者对"信息学院运动"一词的表述并不完全一致，不同的研究论文中，"iSchool""iSchools""I-Schools"三种表述方式均有出现（笔者认为准确的表述应为"iSchools"）。以 CNKI 为数据源，以"iSchool""iSchools""I-Schools"为关键词或主题词进行检索，得到检索结果 93 篇，去重和剔除非研究论文及无关检索结果后，得到相关论文 52 篇。因为 iSchools 可供研究和探讨的内容很多，要将 CNKI 中国期刊全文数据库收录的相关论文检索齐全，需要不断调整检索策略，尽管笔者不断对检索策略进行调整，可能还是难免漏检一

---

①　司莉，陈洁，查荔.第二届数字时代中美图书馆与情报学教育国际研讨会综述[J].图书馆理论与实践，2007(4)：42-45，51.

些论文。有部分文献虽以 iSchools 或其成员高校为研究对象,但在关键词或主题词中并未出现“iSchools”一词,这类文章可能被遗漏。为尽可能保证检全率,笔者又以“图书情报教育”“LIS”等为关键词进行全文检索,并对检索出的相关论文的参考文献进行考察、筛选和统计,去除无关内容,最终得到 iSchools 相关研究论文共 58 篇。国内 iSchools 研究论文年度分布如图 1-3 所示。

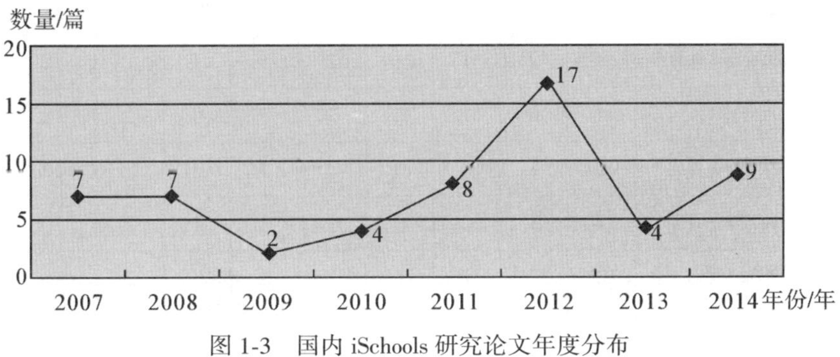

图 1-3 国内 iSchools 研究论文年度分布

从论文数量年度分布图可以看出,国内对 iSchools 的相关研究始于 2007 年,2008 年论文数同 2007 年基本持平,2009 年相关文献数量略有减少,之后几年的论文数量呈现稳定增长趋势,形成一定的研究热潮,尤其是 2012 年相关成果数量急剧增长,各年度论文数量总体上呈上升趋势。

在文献计量学中,可以采用关键词分析方法揭示出某领域研究动态及发展趋势,笔者以 iSchools 研究为中心对上述 58 篇文献进行梳理,参照原文关键词,通过对 58 篇研究成果的主题内容进行分析,提取出“跨学科性”“人才培养”“合作交流”“信息、技术和人”“iSchools 影响分析”“教学体系”“课程设置”“科学研究”“职业能力”“学科整合”10 个高频主题词组(一篇文献可能涉及多个主题词组)。10 个高频主题词组及其对应的年份分布如表 1-6 所示。

表 1-6　国内 iSchools 研究论文十大高频主题词组及其年份分布表

主题词＼年份	2007	2008	2009	2010	2011	2012	2013	2014	总计
跨学科性	4	3	0	2	3	5	1	2	20
人才培养	0	1	2	1	2	7	0	4	17
合作交流	2	3	1	0	2	4	1	1	14
信息、技术和人	3	1	0	2	2	2	0	2	12
iSchools 影响分析	3	2	1	1	2	1	1	1	12
教学体系	1	0	1	2	2	3	0	2	11
课程设置	0	3	0	0	2	3	0	2	10
科学研究	1	1	0	0	1	3	2	2	10
职业能力	0	2	1	1	2	2	0	2	10
学科整合	2	3	0	0	2	2	0	1	10

从表 1-6 可以看出,“跨学科性”“人才培养”“合作交流”是这些年来国内 iSchools 研究的热点,“信息、技术和人”这一 iSchools 的核心理念以及“iSchools 影响分析”也是研究中颇受关注的问题。“教学体系”“课程设置”“科学研究”“职业能力”及“学科整合”等 iSchools 各具体领域,国内研究者也较多涉及。

1.4.2　iSchools 研究主题分析

iSchools 是 LIS 教育面对新信息环境的挑战而采取的应对之策。国内 LIS 教育界敏锐地感知到 iSchools 将给 LIS 教育带来的变革,因而迅速地引进这一概念,并由浅入深地从各个不同角度对 iSchools 进行了研究。综合分析国内关于 iSchools 研究的文献,研究的主题主要有以下几个方面:

1.4.2.1　关于 iSchools 理念的研究

国内 2007 年开始关注 iSchools 的发展并有相关研究论文出现,一些学者从不同角度对 iSchools 理念进行阐述,这是国内 iSchools 研究兴起初期的一个主要研究热点。叶继元以 iSchools 章程为依据，指出：iSchools 一改传统上单纯强调技术的弊端，明确主张其宗旨是强调信息、技术和人三大因素缺一不可，且三者相互作用，而作用的目的和结果是促进“人”的能力提高和“领导人才”的培养①。陈传夫认为 iSchools 项目的特点就是要学习和了解信息在人类活动中的作用，信息、技术和人是 iSchools 建设的核心要素。他分别介绍了各 iSchool 所阐述的核心要素，比如伊利诺伊大学图书馆学情报学研究生院提出“让知识在更大的范围产生更卓越的效用”，Syracuse 大学信息学院的愿景是通过信息提高人的能力，华盛顿大学 iSchool 则明确以信息、技术和人作为发展的核心②。不同 iSchools 成员从不同角度对 iSchools 核心理念的阐述，充分体现出 iSchools 成员在保持自身传统特色的基础上对 iSchools 理念的深刻理解与落实。

沙勇忠等对 iSchools 致力于探讨与理解信息在人类活动中的作用，相信人们终将理解什么是信息领域（iField）并认识到它对社会进步的重要性的观点表示认可③。台湾学者王梅玲在第二届中美数字时代图书馆情报学教育国际研讨会上同华盛顿大学信息学院院长 Harry Bruce 就 iSchools 运动的发展状况进行探讨，随后撰文对美国 iSchools 进行研究，认为每个领域均有基本探求，信息领域探求的问题是“什么是信息”，这是一个永远要不断探索的课题④。信息领域不只是其他领域的汇流，更是一种有基础理论、共识与原则的科学。国内学者基本上能就强调信息、技术和人三大因素的 iSchools 理念达成共识。叶继元、王梅玲、王伟等多位研究人员均在其论文中给出 iSchools 理念示意图（如图 1-4 所示），信息、技术和人三大因素及其

① 叶继元.美国 I-Schools 的概况、影响与启示[J].图书馆杂志，2007(1)：10-13.

② 陈传夫，于媛.美国 iSchool 的趋势与启示[J].图书情报工作，2007(4)：20-24，41.

③ 沙勇忠，牛春华.iSchool 联盟院校的课程改革及其启示[J].图书情报知识，2008(11)：21-35，55.

④ 王梅玲.美国 I-Schools 运动带给台湾图书信息学教育的省思[J].图书情报工作，2007(4)：10-15.

相互关系构成了稳定的三角形结构模型。安琳对 iSchools 理念三大因素进行进一步剖析与定位，认为"信息"是 iSchools 的主体要素，"技术"是 iSchools 的支持要素，"人"是 ISchools 的核心要素①。信息是 iSchools 各学科整合的基础，技术作为传递信息的手段为 iFiled 提供工具性支持，人是 iSchools 的最终归宿和落脚点。刘宝瑞等专门对 iSchools 教育理念中对"人"要素的关注与解读进行研究②，认为国外 iSchools 教育中对"用户关照"的重视是中外图书情报教育的主要差距所在，强调我国在继承 iSchools"用户关照"理念的同时，应在图书情报教育中同步加强对受教育者（馆员）自然人、职业人、社会人等全方位"人"的培养。

图 1-4　iSchools 理念示意图

1.4.2.2　关于 iSchools 基本特征的研究

关于 iSchools 基本特征的研究是认识 iSchools 的重要基础，受到了国内相关学者的关注。根据美国宾州州立大学信息科学与技术学院院长 James Thomas 的解释，"iSchools"中"i"是"information"的首字母缩写，这是其主要含义，"i"还可以理解成是"interdisciplinary"（跨学科）的首字母缩写。因此，iSchools 既可视为"信息学院"，也可看成是"与信息有关的跨学科的学院"③。因而，跨学科被认为是

① 安琳.国外 iSchool 运动与图书情报教育变革[J].图书馆建设，2010(10)：109-112.

② 刘宝瑞，蔡娜，张诗悦.对 iSchool 教育理念中"人"要素的关注与解读[J].图书馆学研究，2012(16)：11-18.

③ 叶继元.iSchools 与学科整合[J].图书情报工作，2007(4)：6-9，51.

iSchools 的基本特征。王锦贵就国内外相关学者对 iSchools 的不同认识与看法进行深入探讨,认为跨学科特征使 iSchools 的身份识别存在困难,多样化的信息教育很难归类,iSchools 的出现可以说是不同领域的 Information Science 教育趋向整合,信息范式走向主导的必然①。iSchools 历届年会的研究趋向和涉及主题的学术范围之广泛,反映出 iSchools 的跨学科倾向。崔旭认为,iSchools 运动的本质特征体现在,发起者旨在形成一个大的联盟,拓宽图书馆学情报学的研究领域,发现和探索一些新的研究领域②。信息、技术和人是 iSchools 的三大构成要素,从根本上决定了 iSchools 的跨学科特征。叶继元同样认为,iSchools 这一概念的提出,本身就是对跨学科性的认可③,在此基础上他提出应找准学科整合中值得研究的关键点,建立高效、精干的交流机制以促进学科整合的观点,为我国信息领域的学科整合研究与实践提供了方法上的指导。

对 iSchools 的跨学科性特征的探讨不仅体现在对其理念和意涵的分析上,也体现在对其师生学科背景、课程设置及科研项目等的研究方面。陈传夫等在对 19 所 iSchools 院校的考察中看到,学院教师的研究范围和涉及学科十分广泛,学院对学术培养和人才吸收也注重相关学科背景的支持④。笔者对 iSchools 成员已有研究成果、被引论文情况及科研立项相关信息进行总结分析,发现相关论文涵盖学科从图书情报学、计算机科学、历史、政治、化学、生物到艺术、医学,跨度很大,研究成果跨学科性特征十分明显⑤;随后又对 iSchools 师资队伍学科背景进行调研,发现无论是师资整体还是教师个人在知

① 王锦贵,王素芳.图书馆学和情报学的分野与融合发展(下)——从教育和职业实践方面的考察[J].情报资料工作,2007(6):5-11.

② 崔旭,刘海权.美国 iSchool 运动研究[J].图书馆工作与研究,2011(12):31-33,57.

③ 叶继元.iSchools 与学科整合[J].图书情报工作,2007(4):6-9,51.

④ 陈传夫,于媛.美国 iSchool 的趋势与启示[J].图书情报工作,2007(4):20-24,41.

⑤ 肖希明,李金芮.iSchools 科学研究的特征及启示[J].图书情报知识,2012(6):4-9.

识结构上都具有跨学科多元化特点[①],这与第一届 iConference 要求"信息学院的教师必须来自不同领域,而且有广泛基础及涵盖性、跨学门性"[②]的内容相吻合。李金芮在对 iSchools 入学条件进行研究时发现,iSchools 比较重视申请者的实践经验,寻求多学科背景的生源[③]。这些研究发现都是对 iSchools 跨学科性特征的重要阐释。

1.4.2.3 关于 iSchools 人才培养模式的研究

人才培养模式的变革是 iSchools 最重要的变革。李金芮等从学科设置、入学条件、培养目标、培养方式、培养内容、培养要求及质量评估与认证等方面对 34 所 iSchools 成员院校的 LIS 教育人才培养现状进行系统的调查,结论就是 iSchools 人才培养的模式突破了只是面向图书馆职业的局限,能够根据宽广的信息职业需求适时调整人才培养目标,注重实践能力的培养[④]。田蓉通过对 iSchools 成员毕业生就业领域、薪酬情况、求职时长等的调查,探讨这些学院人才培养目标的变革对人才适应社会需求能力和职业竞争力的影响[⑤]。笔者则对 iSchools 实践教学体系进行调查,探讨了以培养学生的创新实践能力为核心内容的 iSchools 人才培养模式对增强学生适应不同信息职业的能力和核心竞争力的意义[⑥],并通过对我国 LIS 教育机构师资队伍建设的调查分析及与国外 iSchools 的对比,有针对性地提出了加强我国 LIS 教育机构师资队伍建设的建议[⑦]。

---

① 肖希明,杨蕾.iSchools 师资队伍建设的发展趋势及启示[J].图书情报知识,2012(6):10-14.

② 王梅玲.美国 I-Schools 运动带给台湾图书信息学教育的省思[J].图书情报工作,2007(4):10-15.

③ 李金芮,肖希明.iSchools 人才培养模式研究[J].图书情报工作,2012(23):6-10,23.

④ 李金芮,肖希明.iSchools 人才培养模式研究[J].图书情报工作,2012(23):6-10,23.

⑤ 田蓉,肖希明.从 iSchools 毕业生就业看我国图书馆学教育培养目标的变革[J].图书情报知识,2012(6):15-19.

⑥ 肖希明,田蓉.以培养学生创新实践能力为目标的 iSchools 实践教学体系[J].图书情报工作,2012(23):11-17.

⑦ 肖希明,杨蕾.我国 LIS 教育机构师资队伍建设的调查分析[J].图书情报知识,2014(1):4-10.

在网络时代，将信息科学与技术引入 LIS 教育，不仅是教学内容与手段的变化，也是人才培养模式的变革。从张晓娟对 iSchools 第二届年会主要议题进行的分析中可以看到，如何利用 iSchools 的多学科性来改进教学以及 iSchools 在联机教育中的领导作用均是重要议题①。蔡炳育等将信息构建理论与方法引入 iSchools 平台构建中，以期更好地发挥 iSchools 网络平台对信息资源整合及社群整合的作用，为信息用户提供良好的互动交流环境，也为 iSchools 人才培养搭建良好的教育与学习平台②。司莉等人对 iSchools 成员 E-learning 平台使用情况进行了专门调研，发现 iSchools 对网络教学平台的应用已较为普遍，成员院校根据自身环境选择合适的平台，多方式开展在线教学③。在专业设置方面，iSchools 通过开设形式多样的专业认证和学位教育，为学生提供涵盖面广泛的课程和自由的学习、研究环境，培养高质量、能力全面的信息职业者④。笔者在 iSchools 运动对美国 LIS 教育的影响研究中发现，iSchools 的人才培养目标是多元的，面向多种信息职业以拓宽学生的就业领域，帮助学生适应日益复杂多变的就业环境⑤。

1.4.2.4　关于 iSchools 课程设置的研究

对 iSchools 成员课程设置和学科体系进行调查研究，是了解 iSchools 特征并为我国 LIS 教育改革提供借鉴的一种直接而有效的方式，因而备受国内研究人员的关注。沙勇忠认为，如何发挥 iSchools 学院的优势，为培养新型信息职业者而设置课程，源于对

---

①　张晓娟.iSchool 视野下加拿大图书情报学教育的分析与思索[J].图书情报工作，2007(4)：16-19，33.

②　蔡炳育，杨帆.iSchool 平台的信息构建研究[J].渭南师范学院学报，2010(9)：55-57.

③　司莉，钱绮琪，吴方枝，王思敏，庄晓喆.I-Schools 高校 E-learning 平台调研分析[J].图书馆，2012(6)：63-65.

④　王伟.美国 I-schools 对我国医学信息教育发展的启示[J].中国高等医学教育，2008(1)：17-19；王伟，王丽伟，徐丽华.多学科融合背景下的我国医学信息专业建设研究[J].医学信息学杂志，2008(8)：1-5.

⑤　肖希明，刘巧园.iSchools 运动对美国 LIS 教育的影响[J].图书馆，2014(5)：56-59.

iSchools 及信息职业的理解与思考①。他对 19 所 iSchools 成员院校的本科课程设置及硕士专业课程名称进行研究,通过分析发现 iSchools 学院的课程设置除了注重知识导向、市场导向,更强调能力导向和未来导向。司莉等人的文章《iSchool 课程设置的调查分析及其对我国图书馆学课程改革的启示》详细调查了 iSchools 成员院校的课程设置情况,总结分析其特点,并提出了其对我国图书情报教育课程设置的启示②,此后又专门对美国 16 所 iSchools 学院的课程设置与能力培养进行了更为深入的分析与探讨③。国内对 iSchools 课程设置进行研究的内容在多篇文章中均有涉及,通过对研究内容的分析可以看到,对 iSchools 课程设置特征的分析较多,大多研究者认为 iSchools 课程设置的职业针对性较强,选修课数量较大,注重实践课程的设置等。课程设置可以反映各 iSchools 联盟学院的学科建设和发展思路,对课程设置的调查和分析对于理解 iSchools 教育理念具有重要意义。

对具体某一 iSchools 成员院校的课程设置进行介绍,也是国内学者研究 iSchools 的重要方式。冉从敬从课程设置变动、课程体系结构、课程开设频次等方面对美国 iSchools 研究生课程设置进行个案研究,认为我国 LIS 学科研究生课程体系设计应细化课程内容,突出专业方向,并设置灵活的课程开设和退出机制,以大阅读量推动学生在课程学习中的创新④。余红等人对北卡罗来纳大学近 10 年的课程体系进行了研究,总结出其课程体系的灵活性、连贯性、关注 iSchool 研究动态、形式创新和学科差异化等特点,并提出我国图书情报学课程体系建设要制定战略规划,注重各学期课程的关联,丰富

---

① 沙勇忠,牛春华.iSchool 联盟院校的课程改革及其启示[J].图书情报知识,2008(11):21-35,55.

② 司莉,刘剑楠,张扬声.iSchool 课程设置的调查分析及其对我国图书馆学课程改革的启示[J].图书馆学研究,2011(11):21-26.

③ 司莉,王思敏.美国 iSchools 课程设置与能力培养的调查与分析[J].大学图书馆学报,2014(1):102-109.

④ 冉从敬.美国 iSchools 研究生课程设置个案及对我国的启示——以 UIUC 近 5 年课程建设为例[J].图书情报工作,2012(12):24-29.

课程形式等建议①。以往对于 iSchools 课程设置的研究大多是站在整体性的宏观层面,相比之下,单独选取某个 iSchools 联盟院系或者某一学科专业进行课程设置的探究更具有具体性和专指性,是对 iSchools 课程体系建设具体、深入探究的体现。

1.4.2.5 关于 iSchools 科学研究的研究

iSchools 发展一方面是要提升教育水平,另一方面则要通过学术研究解决专业领域中存在的问题,促进学科发展②。因此,科学研究在 iSchools 成员院校中占有十分重要的地位。iSchools 十分重视成员院系的科学研究及其投入,联盟的目标之一就是创造机会并提供相应支持以提高信息领域学术研究的主动性③。正因为如此,iSchools 学术科研也是国内同行考察 iSchools 发展动态的重要观测点。台湾地区学者王梅玲在探讨 Harry Bruce 院长阐释的 iSchools 理念时提到,iSchools 将通过学程、服务、学术与研究来经营信息学院,一方面从事"信息教育",另一方面贡献信息研究④。对 iSchools 科学研究情况的研究是近年来国内 iSchools 研究的热门内容。王锦贵在对 iSchools 的分析中指出,iSchools 章程中"iSchools 成员都是在研究或博士生教育方面有杰出成就的学院,强调高层次研究"及"致力于培养未来的研究者(通常为研究型的博士点)来引领信息职业领域的发展"等内容鲜明地显示了 iSchools 强调学术研究,重视确立其在学术界和知识界的地位⑤。聂冰专门撰文对 iSchools 年会研讨热点进行了分析,并基于研讨热点总结探讨了对我国 LIS 教育的启示⑥。

---

① 余红,刘娟.美国 iSchool 图书情报学课程体系个案——北卡莱罗纳大学近 10 年课程体系研究[J].图书情报工作,2014(6):79-88.

② 陈传夫,于媛.美国 iSchool 的趋势与启示[J].图书情报工作,2007(4):20-24,41.

③ 肖希明,李金芮.iSchools 科学研究的特征及启示[J].图书情报知识,2012(6):4-9.

④ 王梅玲.美国 I-Schools 运动带给台湾图书信息学教育的省思[J].图书情报工作,2007(4):10-15.

⑤ 王锦贵,王素芳.图书馆学和情报学的分野与融合发展(下)——从教育和职业实践方面的考察[J].情报资料工作,2007(6):5-11.

⑥ 聂冰.iSchools 年会研讨热点分析及对我国图书情报学教育的启示[J].图书情报知识,2011(6):120-126,92.

笔者等则通过对 iSchools 成员院校论文发表情况和科研立项情况的调查分析，总结出 iSchools 科学研究领域广泛、技术化趋势明显、重视实践及强化合作研究的四个特点①。iSchools 对学术研究的重视促进了图书情报学科的迅速发展，也大大提升了图书情报学的学科地位。

1.4.2.6　iSchools 对我国 LIS 教育借鉴意义研究

10 年间，iSchools 运动在如火如荼地进行着，其“信息、技术、人”三者相互作用的理念逐渐被人们普遍接受和认可。毫无疑问，对我国 LIS 教育而言，关注 iSchools 运动的目的就是希望借鉴 iSchools 的理念和实践，来推进我国 LIS 教育的改革与发展。叶继元对 iSchools 成员有关学科整合的不同观点进行探究，认为 iSchools 在强调运用信息技术、利用信息为人和社会服务的理念下整合学科，这样的经验值得研究和吸取②。同时，他也看到了国内学科整合的难度，希望中国同行有充分的思想准备，加强合作与协调，建立起有效的交流机制。聂冰认为，我国 LIS 教育应加强学科整合与核心竞争力的发掘，在课程内容设置与形式方面寻求创新，并积极探寻适宜的学术交流与合作模式③。安琳、刘宝瑞等几位研究者均赞同 LIS 教育应以“服务于人”作为核心理念的观点。iSchools 运动提出的跨学科性和培养人才要适应社会经济、文化发展的要求等理念，对我国的 LIS 教育如何在新环境下进一步发展具有较大的启示④。

我国 LIS 教育应以信息、技术和人作为研究中心，加强与其他学科的合作，注重信息技术、信息与经济、信息与社会等方面的研究，利用交叉许可产生的优势引导学科前进⑤。马金萍也在相关研究中提

① 肖希明，李金芮.iSchools 科学研究的特征及启示[J].图书情报知识，2012(6)：4-9.

② 叶继元.iSchools 与学科整合[J].图书情报工作，2007(4)：6-9，51.

③ 聂冰.iSchools 年会研讨热点分析及对我国图书情报学教育的启示[J].图书情报知识，2011(6)：120-126，92.

④ 刘兹恒，曹海霞.图书馆学教育改革的目标——面向更广泛的信息职业[J].国家图书馆学刊，2011(1)：3-5，11.

⑤ 安琳.国外 iSchool 运动与图书情报教育变革[J].图书馆建设，2010(10)：109-112.

出，希望通过 iSchools 运动，国内的图书情报学科、部门之间能够加强合作与沟通，促进图书馆学、情报学教育的未来发展①。新的信息环境要求 LIS 教育从原先的面向图书馆职业拓展到更为广阔的信息职业领域，iSchools 视野下 LIS 教育应成为跨学科的信息职业教育已是大势所趋。从国内相关研究和实践来看，LIS 教育的改革是必要的、必然的，但应坚持"坚守和拓展"策略②，进行有方向、有目标、有层次的 LIS 教育变革。

1.4.3 国内 iSchools 研究的特点与趋势

1.4.3.1 对 iSchools 的兴起和发展高度敏感

国内图书情报界对国外本领域的发展变化，以及新理论、新观点、新技术的出现缺乏敏感性，曾在很长时间内为人们所诟病。然而对 iSchools 运动的关注却出现了另一番景象。2005 年 iSchools 联盟正式成立，2006 年"iSchools"的议题就出现在国内的学术会议上。这表明国内 LIS 领域专家学者对于国外相关领域出现的发展变化和新概念、新观念的高度敏锐性。这或许是因为随着泛在信息环境的形成，国内外 LIS 教育面临的挑战有更多的共同性，对变革传统的 LIS 教育有着同样的紧迫感。因此 iSchools 的兴起与发展很快受到我国图书情报界的关注，对 iSchools 的研究全方位展开。

1.4.3.2 对 iSchools 研究不断深入

国内 iSchools 研究兴起初期，研究内容大多集中在 iSchools 概念的介绍、iSchools 发展过程的描述、iSchools 理念的阐释以及 iSchools 的影响与启示这类问题上。研究缺乏系统性、全面性，更谈不上深入分析。随着 iSchools 运动的进一步发展，国内相关研究逐步深入，从以介绍性的内容为主到调查、探究的内容占据主导。从上述的主题分析可以看到研究内容的深入。当然，对 iSchools 的研究仍可进一

---

① 马金萍.iSchools 视野下我国图书馆学人才培养模式分析与思索[J].图书馆学研究，2014(6)：12-14，82.

② 叶继元，Chen Chaomei.坚守与拓展：数字时代中美图书馆学情报学教育科学定位的战略思考[C]// 变革·发展·前瞻：第二届中美型数字时代图书馆学情报学教育国际研讨会论文集.武汉大学出版社，2007.

步深化。比如学科整合是通过课程内容的合理融合实现的①,因此对 iSchools 学科整合的相关研究应该深入到学科整合的课程内容融合层次。另外,从对 iSchools 成员院校课程设置的现状进行调查,到对其课程体系或课程设置合理性及趋向性进行分析探讨,也是今后 iSchools 课程设置相关研究的重要趋势。目前已有的围绕 iSchools 进行的各项研究,对于今后开展更为深入系统的研究具有很大促进作用。

1.4.3.3 研究方法趋于多样

国内有关 iSchools 的研究,早期以文献调研为主。通过 iSchools 颁布的章程、国内外数据库、搜索引擎及图书馆学情报学相关主题已有学术成果获取所需信息,也有结合实地调查掌握的数据和资料、一些 iSchools 领导者的访谈录等,对国内外理论研究和实践进展进行梳理,让更多的国内同行了解 iSchools 相关情况。随着越来越多研究成果的涌现,人们对 iSchools 不再陌生,国内 ischools 研究方法也逐步呈现出多样化特点。尤其是近几年,对 iSchools 的研究更多的是以调查和个案研究为主,对 iSchools 联盟院系课程设置、培养模式、研究项目进行深入剖析,iSchools 与国内 LIS 教育的对比研究也不鲜见。此外,问卷调查法、访谈法、专家研讨与德尔菲法等也逐渐被专家学者纳入研究方法之中,词频统计、共词分析、聚类分析等多样化研究方法的运用使得我国对于 iSchools 的研究更具理论深度和实践价值。

1.4.3.4 研究成果较快得到运用

对 iSchools 运动及其发展的研究引发了我国 LIS 院系对 LIS 教育发展的若干思考,相关研究成果也被较快地应用到了我国的 LIS 教育实践之中。作为 iSchools 联盟第一家来自发展中国家的成员机构,武汉大学信息管理学院积极做出改革创新举措,改革课程体系,强化跨学科性学习与实践,以"武汉大学图书情报学国际合作研究院"为平台,在 iSchools 框架内与国外高水平信息学院开展学术信息

① 唐义,郑燃.iSchools 运动与学科整合:现状及趋势[J].图书情报知识,2012(6):20-25.

交流与人才培养方面的合作,以适应新信息环境下我国信息管理人才培养的新的更高要求。其他非 iSchools 联盟成员的 LIS 院校也纷纷结合自身情况将 iSchools 相关研究成果积极运用,以台湾地区图书资讯教育为例,虽然其 LIS 系所没有并入信息学院或短时间内无法成立信息学院,但其在实践中积极引入 iSchools 理念,以信息、技术、人为主轴,借由技术将人与信息联结互动。如台湾政治大学图书资讯与档案学研究所围绕"图书信息与档案、科技、使用者、信息机构管理"等核心概念,与其他学科领域融合,教学上与各大学合作实行跨校选课,学程结构由以硕士学位为主①。近年来,除了设置博士班,该研究所还积极争取充裕的科研经费,充分发挥 iSchools 以信息、技术和人为中心的理念,促成人与科技、图书信息及档案的联结使用与发展。目前已有的围绕 iSchools 展开的各项研究及其成果的成功应用,对于今后开展更为深入、系统的研究具有很大的刺激、导向与促进作用。

① 台湾政治大学图书资讯与档案学研究所主页[EB/OL].[2014-1-8].http://www2.lias.nccu.edu.tw/main.php.

第 2 章　iSchools 人才培养的特征与趋势

iSchools 运动的兴起,最直接的原因就是传统的图书情报学(LIS)教育与迅速发展的社会信息化脱节,LIS 教育的人才培养模式难以适应信息化社会对人才的需求,而 iSchools 运动显著的特征之一,就是注重 LIS 教育,面向新型信息职业,重视学生信息能力的培养,使学生的职业领域选择随着信息职业的社会融合性变得更为广泛。本章将分析当今社会信息职业对人才的需求,探讨 iSchools 人才培养的模式,分析 iSchools 的课程体系、实践教学特征,并通过对 iSchools 毕业生就业情况的调查分析,考察 iSchools 人才培养模式改革的实际效果。

2.1　信息职业对人才需求的分析

在信息社会,信息职业的兴起既对图书情报学教育提出挑战,也使图书情报学教育迎来新的发展。图书情报学人才需要具备哪些知识和技能,才能更好地适应信息职业的需求？对此问题的研究关系着图书情报学教育面向信息化、面向信息职业培养目标的实现,与图书情报学教育的改革与创新紧密相关。王思敏等对美国信息职业对图书情报学人才的需求进行调查分析①,肖希明等对我国不同信息职业对图书情报档案专业人才需求进行调查分析②,这些研究为笔

① 王思敏.面向信息职业需求的美国 iSchool 课程设置研究[D].武汉:武汉大学,2013.

② 肖希明,李硕,田蓉.不同信息职业对图书情报档案专业人才需求的调查分析[J].图书与情报,2014(1):35-40.

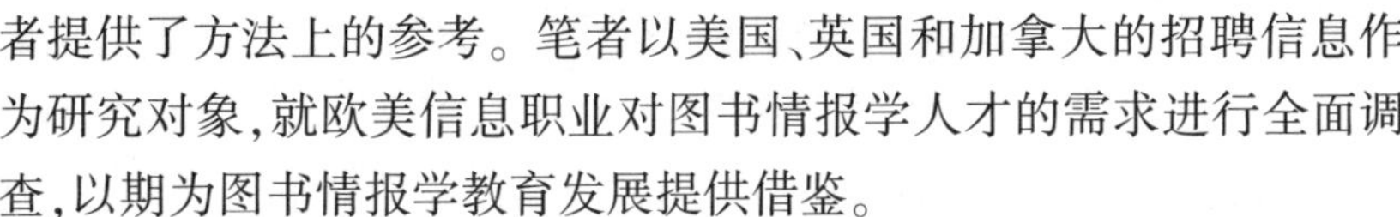

者提供了方法上的参考。笔者以美国、英国和加拿大的招聘信息作为研究对象，就欧美信息职业对图书情报学人才的需求进行全面调查，以期为图书情报学教育发展提供借鉴。

2.1.1 研究方法与数据来源

以网络调研方法为主，调研美国、英国、加拿大发布招聘信息的权威网站，如美国图书馆协会（ALA）的图书情报学专业招聘网站ALA JobLIST①、北美最大的招聘网站运营商 CareerBuilder②、英国图书馆与情报专家学会（Chartered Institute of Library and Information Professionals，CILIP）的招聘网站 Lisjobnet③、英国综合招聘网站 reed④ 和其他招聘网站⑤，以及专门的招聘信息搜索引擎 indeed⑥、recruit⑦、SimplyHired⑧ 加拿大分站。收集信息的具体方法：以 Library and Information Science（图书情报学）、Library Science（图书馆学）、Information Science（情报学）为主要关键词，检索全职工作岗位，查找招聘中对学位有明确要求，包括图书馆学、情报学或图书情报学的招聘信息，去重后得到 115 条招聘信息，其中美国 55 条、英国 30 条、加拿大 30 条。检索时间为 2014 年 7 月 1—21 日。招聘信息的发布时间为 2014 年 5—7 月。

2.1.2 调查结果分析

笔者从招聘单位类型、岗位设置、对知识和技能的需求和工作经

---

① ALA JobLIST[EB/OL].[2014-7-21].http://joblist.ala.org/.

② CareerBuilder[EB/OL].[2014-7-21].http://www.careerbuilder.com/.

③ Lisjobnet[EB/OL].[2014-7-21].http://www.lisjobnet.com/.

④ reed[EB/OL].[2014-7-21].http://www.reed.co.uk/.

⑤ Prospects [EB/OL]. [2014-7-21]. http: // www. prospects. ac. uk/; jobsearch[EB/OL]. [2014-7-21]. https: // jobsearch. direct. gov. uk/; indeed [EB/OL].[2014-7-21].http://www.indeed.co.uk/; SimplyHired[EB/OL].[2014-7-21].http://www.simplyhired.co.uk/; totaljobs[EB/OL].[2014-7-21].http://www.totaljobs.com/.

⑥ indeed[EB/OL].[2014-7-21].http://ca.indeed.com/.

⑦ recruit[EB/OL].[2014-7-21].http://canada.recruit.net/.

⑧ SimplyHired[EB/OL].[2014-7-21].http://www.simplyhired.ca/.

验要求四个方面对所收集的信息进行统计分析,以了解欧美信息职业对图书情报学人才的需求情况。

2.1.2.1　招聘单位的类型

招聘单位主要分为四种类型(见图 2-1),图书馆所占比例最高,其次是企业、行政事业单位(除图书馆外)、学术行业协会。在图书馆类型中,高校图书馆招聘信息最多,达 57 条,公共图书馆 13 条,医疗中心图书馆 1 条。

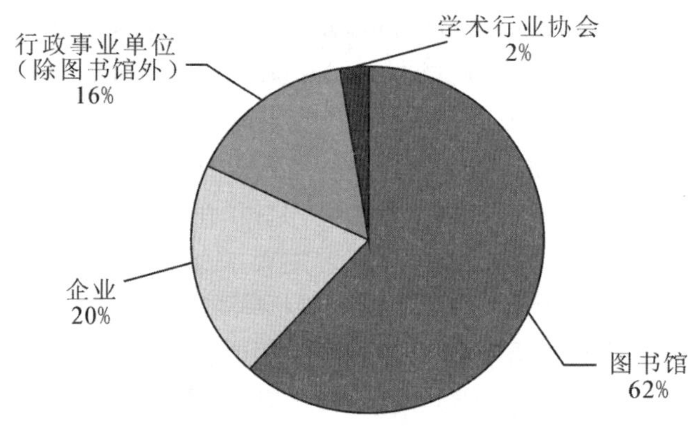

图 2-1　信息职业招聘单位类型

2.1.2.2　具体岗位的需求分析

笔者对招聘信息中的岗位进行分类统计,结果见表 2-1。在图书馆类型中,参考咨询/信息服务类岗位比重最大,具体岗位包括教学指导图书馆员、学习服务馆员、教学设计馆员、教学参考协调员、研究支持馆员、参考咨询、学科服务馆员、联络图书馆员、公共服务馆员、学龄儿童服务馆员、信息服务馆员、对外服务馆员、用户体验馆员。在企业类型中,信息架构师/用户体验设计师岗位有 7 条招聘信息,其中 3 条为信息架构师,4 条为用户体验设计师。从所有岗位需求看,均需信息/数字资源的管理和服务人才,企业与图书馆对信息技术人才有一定的需求。

2.1.2.3　对知识和技能的需求分析

明确信息职业对图书情报学人才知识和技能方面的需求,有利

表 2-1 **信息职业岗位需求分析**

类型	岗位名称	招聘信息（条）	占招聘信息的比例（%）
图书馆	参考咨询/信息服务	36	31.30
	图书馆馆长/副馆长	10	8.70
	数据管理	6	5.22
	信息技术	4	3.48
	信息/数字资源管理	3	2.61
	其他岗位	12	10.43
企业	信息架构师/用户体验设计师	7	6.09
	信息资源管理	3	2.61
	信息分析	3	2.61
	信息技术	3	2.61
	信息/情报专员	2	1.74
	信息服务	1	0.87
	项目管理	1	0.87
	其他研究员	3	2.61
行政事业单位（除图书馆外）	信息/数字资源管理	4	3.48
	信息咨询	2	1.74
	信息官	2	1.74
	企业架构师	1	0.87
	档案员	1	0.87
	其他	8	6.96
学术行业协会	编目	1	0.87
	执行理事	1	0.87
	数字服务	1	0.87
总计		115	100

于解决图书情报学教育机构与招聘单位之间的供需不匹配问题，为提升图书情报学人才的知识和技能提供参考依据。下面从招聘信息对基本职业能力、专业技能、学位与学科背景知识的要求这三个方面进行分析。

（1）对基本职业能力的要求

基本职业能力是指劳动者从事任何一种职业都必不可少的跨职业能力，不针对某种具体职业和岗位①，包括沟通能力、团队协作能力、人际关系能力、组织能力、独立工作能力、领导能力、环境适应能力。笔者对招聘信息中的职业基本能力要求进行统计分析，结果见表 2-2。在职业基本能力要求中，排在首位的是口头/书面沟通能力，有的还要求求职者具有多元文化和多语言沟通能力。良好的沟通是组织正常运转的关键要素。对人际关系能力要求所占比重也较大，应具备开发和维护有效的工作关系，与相关群体维护好人际关系的能力。此外，组织能力、独立工作能力、环境适应能力、领导能力、注重细节能力、抗压能力也不容忽视，部分招聘信息要求应聘者具备学习能力，以及计划、分析、创新、高效率、积极主动、自我管理等能力。

表 2-2　**信息职业对基本职业能力要求的统计分析**

职业基本能力	招聘信息（条）
口头/书面沟通能力	64
团队协作能力	45
人际关系能力	31
时间管理/任务管理	25
组织能力	22
独立工作能力	16
环境适应能力	14
领导能力	13
注重细节能力	10
抗压能力	6

① 吴雪萍.培养关键能力：世界职业教育的新热点[J].浙江大学学报（人文社会科学版），2000（6）：56-59.

(2)对专业技能的要求

专业技能是通过特定的专业学习形成的为特定专业活动服务的技能,有别于其他岗位所应具备的能力,也是工作人员的特长和优势①。了解招聘信息需要图书情报学专业人才具备哪些专业技能,可以促使LIS教育的培养目标更加适应信息职业的需求。笔者对招聘信息中的专业技能要求进行统计分析,结果见表2-3。

表2-3 **信息职业对专业技能要求的统计分析**

专业技能大类	具体专业技能	招聘信息(条)
信息组织与利用	编目/分类	8
	数据加工处理	5
	数据分析	3
	数据保存	5
	信息利用/服务	27
信息技术	计算机语言	6
	数据库技术及应用	16
	软件开发及应用	26
	计算机网络技术	11
	其他信息技术	27
信息管理/系统	图书馆系统	5
	档案管理	1
	项目管理	12
	信息资源管理/利用	22
	出版管理	5
	其他	13

由表2-3可见,招聘信息要求的专业技能主要包括信息组织与

① 董泽芳,陈文娇.一个值得高度关注的教育话题——新政策背景下的师范生专业技能培养[J].教育研究与实验,2008(2):40-44.

利用、信息技术和信息管理/系统三大类。

①在信息组织与利用技能中，就编目/分类技能而言，应具备三种技能：a.元数据创建和转换，熟悉各种元数据标准，如档案编码著录 EAD、元数据对象描述模式 MODS、元数据编码和传输格式 METS、DC 元数据；b.掌握编目实践与规则，如联机计算机图书馆中心 OCLC 编目实践，了解书目标准和创建，如机读编目格式标准 MARC、编目规则 AACR2R、RDA，以及编目工具 LCRI/LCSH，联机连续出版物编目项目 CONSER 编目工作的指导方针和政策声明；c.在分类方面需要了解信息分类系统和分类学，并能使用多种分类方法。

数据加工处理是为实现研究目的，进一步处理收集到的数据源，便于研究的分析使用。招聘信息要求的数据技能包括在 Excel 中处理定量数据、自然语言处理、记录处理和元数据处理等能力。数据分析是对已经收集到并进行加工处理的数据进行概括总结，发现规律，其中数据挖掘技术可以帮助研究人员在大量数据中挖掘出可用的信息和知识。数据保存不仅可以用来重复验证实验的正确性，而且方便进一步研究。

信息的编目/分类、加工处理、分析、保存等一系列信息活动的目的是为了更好的信息利用和服务。信息利用/服务所占比重较大，占总体招聘信息的 23.48%，包括：信息检索、信息服务的目标、方法、过程；以用户为中心的服务理念、信息素养知识及服务（当地和远程）、向客户提供培训信息资源以及参考咨询服务。

②信息技术是管理和处理信息所采用的各种技术的总称，主要包括计算机语言、数据库技术及应用、软件开发及应用、计算机网络技术和其他信息技术。招聘信息要求求职者掌握的计算机语言，包括 HTML 超文本标记语言，XML 可扩展标记语言，脚本语言 Java、Shell、Perl、Python，超文本预处理器（PHP，Hypertext Preprocessor），层叠样式表（CSS，Cascading Style Sheets）。数据库技术及应用包括数据建模、数据库应用程序、数据仓库、数据库查询及结构化查询语言（SQL）、关系数据库、数据库管理系统和其他数据结构。

软件开发及应用在信息技术技能中所占比重最大，26 条招聘信息对此技能提出要求，占 22.61%。要求求职者会使用 Word、Excel、Visio 等微软办公软件以及掌握其他软件，如：Google 推出的在线电子表格工具 Spreadsheets，软件测试及应用；定量数据分析软件，如 SAS、SPSS；各种设计工具软件，如绘图软件 OmniGraffle、网页制图软件 Fireworks、原型设计工具 Axure、插图软件 Illustrator、图像处理软件 Photoshop、SQL 服务器、网页编辑器 Dreamweaver；搜索服务器，如 Apache Lucene 和 Apache Solr；在线沟通工具，如即时通信与社交媒体。除此之外，部分招聘岗位要求求职者了解关于微软的软件开发方法的知识，熟悉 UNIX 服务器环境以及软件的安装，服务器配置和应用故障的排除。

计算机网络技术，包括互联网、Web 标准及服务技术、Web 服务器软件 Apache、能够开发企业智能门户站点的 Sharepoint 软件应用、网站服务、为网站提供生态式自我营销解决方案的搜索引擎优化软件。其他信息技术包括数字图书馆技术、企业信息管理技术与应用、Web2.0 等方面。

③信息管理/系统技能包括图书馆系统、档案管理、项目管理、信息资源管理/利用、出版管理等技能。招聘单位要求求职者具备图书馆系统使用能力，包括对图书馆自动化管理系统、集成管理系统、在线书目等系统的使用；在档案管理方面，了解档案管理概念、政策、程序、系统、档案学理论实践与活动，以及档案著录标准如 RAD 和 ISAD-G；项目管理要求管理者对项目的整个活动过程进行管理，用以实现项目目标；求职者在信息资源管理/利用的专业技能中，需要了解信息管理规章立法实践、信息管理相关标准，熟悉并使用工作岗位所要求的相关数据库及资源，如法律商业、生物医学工程、化学工程、交通运输、机械工程学科的专业知识，生物制造、分子生物学中的生物信息学或研究方法的知识，以及对馆藏资源进行评估的方法。出版管理要求求职者了解出版行业的问题及趋势、版权许可、版权立法，熟悉开放存取和学术出版知识，包括相关的知识产权、政策及质量控制问题。

其他技能包括掌握馆藏发展理论和实践、当代图书馆实践、图书馆档案的发展趋势和数字化、数字馆藏发展、图书馆信息环境、图书馆信息技术和系统的现有问题和应用，理解新兴服务、图书馆 2.0 等。

(3)对学位与学科背景知识的要求

笔者对招聘信息中的最低学位要求进行了统计，见图 2-2。最低应具备的学位为硕士的招聘信息最多，其次是学士学位。从认证要求看，69 条硕士学位招聘信息中，47 条要求应具备 ALA 认证的学位；在 30 条学士学位招聘信息中，3 条要求 ALA 认证。部分招聘信息除要求应聘者具有图书情报学知识外，还要求掌握相关学科背景知识，如法律、保健科学、生物医学工程、化学工程、交通运输、机械工程、生物制造、分子生物学、商业与金融资源、信息技术、网站开发、软件、数据库等，这些需求多与招聘岗位有关。

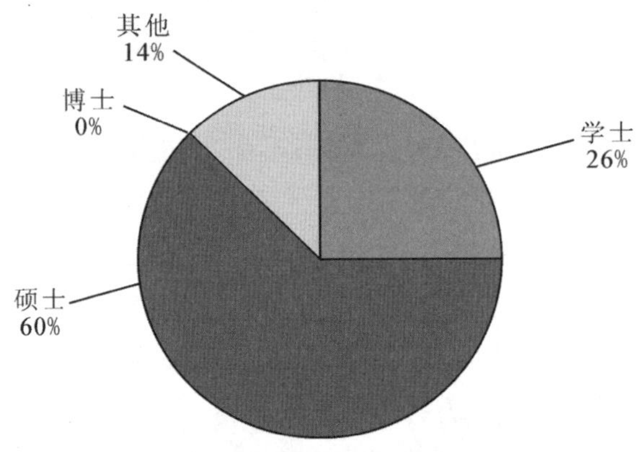

图 2-2　信息职业的学位要求

2.1.2.4　对工作经验的要求

115 条招聘信息中，93 条提出工作经验要求，占 80.87%，表明招聘单位看中工作经验。其中 61 条对工作经验的年限提出具体要求，见表 2-4。需说明的是，表 2-4 中的工作年限均以最低工作年限要求为标准进行统计。26.23%的招聘信息要求最低工作年限在 3 年以上，而部分招聘信息的工作经验要求高达 7 年甚至 10 年。

表 2-4　　信息职业对工作年限的要求

工作年限(年)	招聘信息数目(条)	占招聘信息比例(%)
1	7	11.48
2	10	16.39
3	16	26.23
4	3	4.92
5	14	22.95
6	5	8.20
7	3	4.92
10	3	4.92

2.1.3　对图书情报学教育的启示

2.1.3.1　面向信息职业需求,探索复合型人才的培养课程体系与培养方式

对招聘单位类型分析可以看出,虽然图书馆所占比例最大,但企业、行政事业单位(除图书馆外)及学术行业协会也占有一定比重。从具体招聘岗位信息可知,信息职业对图书情报学人才的岗位需求涉及信息分析、信息管理、信息服务、信息技术等方面,可见信息职业对图书情报学的人才需求不局限于传统图书情报领域,而是具有广泛的适应性。面向全球信息职业,要针对不同的需求建立不同的课程模块,新型信息职业希望图书情报学毕业生成为信息安全专家、竞争情报分析师、首席信息官(CIOs)、首席技术官(CTOs)、网站开发专家、信息咨询师、知识管理专家、数字库设计专家。图书情报学毕业生也应该在未来众多的信息职业(包括法律信息管理、商务信息管理、金融信息管理、卫生信息管理等领域)中具备较强的适应力与竞争力。毫无疑问,这要求探索适应复合型人才的培养课程体系与培养方式。

2.1.3.2　注重基本职业能力的培养,提升职业竞争力

职业竞争力是指在职场上人与人之间对于从事某种领域某种工

作,各自所具有的竞争优势①。用人机构要求图书情报学人才具备沟通(communication)、团队协作(teamwork)、人际关系(interpersonal relationship)、组织能力(organization)、独立工作能力(independence)、领导能力(leadership)、环境适应能力(adapt to environment)、注重细节能力(detail)、学习能力(continue to learn)、抗压能力(under pressure)等方面的职业基本能力。职业基本能力可以促进专业知识和技能的学习和运用,从学科之间的交融看,其他学科毕业生与图书情报学毕业生也存在竞争关系,因此除了专业知识和技能外,职业基本能力的培养能增加求职者的职业竞争力②。LIS 教育应该根据职业基本能力需求设置具体可操作的教学计划、课程,可以考虑将职业基本能力的培养融入专业知识和技能的教学过程当中,并建立合理的评估体系,帮助受教育者提升其职业基本能力。

2.1.3.3 加强信息技术应用能力的培养,提高学生的动手能力

图书情报学教育与信息技术紧密相连。计算机和网络的兴起与应用使得信息从搜集到加工处理、存储,到提供利用和服务等环节都离不开信息技术的支撑,要求图书情报学人才具备计算机语言、数据库技术及应用、软件开发及应用、计算机网络技术等信息技术应用能力。因此,在教学过程中,应将熟练地利用计算机和网络进行信息搜集、信息组织、信息管理、信息利用和服务的能力列入图书馆学教育培养的目标③。调研信息职业对图书情报学人才在信息技术方面的实际需求,开设与强化相关课程,有助于提升学生在信息技术方面的应用能力。

2.1.3.4 强化实践教学环节,培养学生适应不同信息职业的实践能力

从招聘信息看,大部分要求求职者具备工作经验,一半以上的信

---

① 刘青,贺远,谢京怡.信息管理学毕业生职业竞争力的对策研究[J].情报科学,2007(12):1902-1906.

② 吴志强,邓胜利.图书情报学毕业生的职业竞争力分析[J].图书情报工作,2006(11):113-116.

③ 田蓉,肖希明.从 iSchools 毕业生就业看我国图书馆学教育培养目标的变革[J].图书情报知识,2012(6):15-19.

息对工作经验的最低年限提出明确要求。对 LIS 教育来讲,应增加学生实践的机会,使之理论联系实践。在开展实践教学的过程中,需根据信息职业环境的需求变化,编写详细且具有操作性的实验教学大纲、实习指导书,对目的和任务、基本内容、教学实施办法、考核等作出明确规定;建立包括实验、实习、社会实践、课程设计、毕业设计/论文、社会调查、学科竞赛等多种形式在内的实践教学体系。通过明确与细化实践教学内容、面向任务情境的实践教学方法设计,将实践教学与国家重大工程项目紧密结合,推动实验平台,实现与实践需求的对接等措施与对策,培养学生适应不同信息职业的实践能力。

2.1.3.5 针对就业市场需求,提升自身综合实力

学生应通过在校学习,掌握基本专业知识,在学校指导下不断认识自我,了解自身所热爱和擅长的专业领域,关注相关招聘信息,注重理论联合实际,进一步了解未来要从事的具体岗位的需求,不断完善此岗位所需学科背景知识,提升基本能力与相关专业技能(由于基本能力的锻炼往往不会被列为专门课程,学生应意识到其重要性,并在学习过程中注重沟通、团队协作、人际关系、组织、独立工作、领导、环境适应等方面能力的提升),积累工作经验,增强自身综合实力,为后期就业做好准备。

前文调查了英国、美国和加拿大的招聘网站,对招聘单位类型、具体岗位需求、知识和技能需求(包括基本职业能力、专业技能、学位与学科背景知识)、工作经验要求进行了统计分析,并提出了信息职业需求对图书情报学教育的启示。受调研时间以及网站更新等因素的限制,笔者所调查的招聘信息发布时间为 2014 年 5—7 月,一些岗位招聘可能存在季节性,因此上文对统计数据的分析并不能完全代表招聘整体情况,但仍然可以给图书情报学人才在学习及就业方面提供一定的借鉴。

2.2 iSchools 人才培养模式分析

人才培养模式是教育质量的首要问题,人才培养模式的变革也是 iSchools 最重要的变革。国内学者从不同角度对 iSchools 的人才

培养模式进行研究。曹晶等分析 iSchools 毕业生在信息领域的就业问题[①],发现图书情报教育应面向更宽广的信息职业,在融入信息科学的同时保持学科原有特色。司莉等从课程设置方面对美国 iSchools 的图书情报学领域进行调研,发现课程设置的特点及其所培养的能力[②]。李金芮与肖希明于 2012 年对 34 所 iSchools 国外院校的图书情报学人才培养模式进行研究[③]。截至 2014 年 9 月,iSchools 联盟院校成员已发展到包括美国、英国、加拿大、澳大利亚、中国、德国、新加坡、爱尔兰共和国、荷兰、芬兰等国家在内的 59 个成员。本节在已有研究的基础上对 iSchools 的人才培养模式进行探索,借鉴人才培养模式广义说的观点,认为人才培养模式不仅包括狭义说观点中的对人才培养过程的设计和建构,也包括对人才培养过程的管理[④],认为人才培养模式主要涉及四个方面:培养什么人(培养目标)、用什么培养人(培养内容)、怎样培养人(培养方式)以及培养得怎样(培养模式评估)。本节将不局限于课程设置,而是较全面地对人才培养模式进行调研和分析,从培养目标、培养内容、培养方式以及人才培养评估四个方面对 iSchool 图书情报学人才培养模式进行调查,以客观数据搜集为基础,对美国 iSchool 的人才培养模式进行深入探讨,以期对我国图书情报学教育的人才培养模式提供借鉴。

2.2.1　研究方法及数据来源

本节选取 2013 年版《美国新闻和世界报道》(*US News & World Report*)排名前 15 的美国图书情报学研究(Library and Information Studies)的 iSchools 院校进行调查,具体见表 2-5。

---

① 曹晶,肖希明.iSchool 毕业生在信息领域的就业分析及思考[J].图书情报工作,2012(13):118-122.

② 司莉,王思敏.美国 iSchools 课程设置与能力培养的调查与分析[J].大学图书馆学报,2014(1):102-109.

③ 李金芮,肖希明.iSchools 人才培养模式研究[J].图书情报工作,2012(23):6-10,23.

④ 林玲.高等院校"人才培养模式"研究述论[J].四川师范大学学报(社会科学版),2008(4):110-117.

表 2-5　　　　　　**美国排名前 15 的 iSchools 院校**

编号	学 院 名 称	排名
1	伊利诺伊大学图书馆与信息科学研究生院	1
2	北卡罗来纳大学图书馆与信息科学学院	2
3	华盛顿大学信息学院	3
4	雪城大学信息研究学院	4
5	密歇根大学信息学院	4
6	罗格斯新泽西州立大学传播与信息学院	6
7	得克萨斯大学奥斯汀分校信息学院	6
8	印第安纳大学信息与计算机学院	8
9	德雷塞尔大学计算机与信息学院	10
10	马里兰大学信息研究学院	10
11	匹兹堡大学信息科学学院	10
12	佛罗里达州立大学传播与信息学院	13
13	加州大学洛杉矶分校教育与信息研究生院	14
14	威斯康星大学密尔沃基分校信息研究学院	15
15	威斯康星大学麦迪逊分校图书馆与信息科学研究学院	16

注:在本次调研时间范围内(2014 年 8 月 1 日至 2014 年 9 月 29 日),排名第 9 位的西蒙斯学院图书馆与信息科学学院还不是 iSchools 成员,后进行补充调研时已加入 iSchools。

我们以网络调研方法为主,逐一访问表 2-5 中的 15 所院校,主要考察设置了信息科学、图书馆学、情报学、图书情报学及相近学位院校,搜集其人才培养模式的相关信息,从培养目标、培养内容、培养方式以及评估体系四个方面对 iSchools 的人才培养模式进行调查和分析,调研时间为 2014 年 8 月 1 日至 2014 年 9 月 29 日。

2.2.2 iSchools 人才培养模式的调查与分析

2.2.2.1 iSchools 人才培养目标的调查

iSchools 的人才培养目标旨在培养学生成为信息与数据的管理

者、最新信息技术与用户行为专家、信息文化的建构师、未来的信息领导、变革推动者以及信息科学家。笔者收集了15所院校的人才培养目标信息，进行归类分析，总结出iSchools的培养目标主要为：

(1)在学科基础与基本技能方面

学生应致力于提供人与其所需资源之间的联系，了解图书情报学相关领域研究与实践的综合基础知识，理解信息与信息工具的价值及其在社会与经济环境中的作用；识别和明确支持决策的数据，并能用来解决问题和满足用户实际需求，能够从大量不同的非结构化资源和多种格式的大量数据中发现、创建、评估和综合可靠的数据；通过分析把大量的数据集转换成满足个体和组织需求的可操作的信息；理解信息创建、传达、存储和转化的多种方法；能够分析、组织、管理、操作信息，从而使其更直观易用；具备问题解决与决策技能，能够有效利用信息；能够分析国家与全球信息政策，评估组织个体和社会使用数据和信息的价值和合法性。

(2)在信息技术与技术的掌握方面

能够使用信息技术的知识与技能，如Web2.0等；具备处理与管理信息、开发和管理信息系统的实践技能，理解怎样设计建立和评估有效的信息系统；能够设计和建立有效的、易用的系统，确保信息系统的安全与完整；设计必要的信息架构来存储和访问存储库的信息；使用可视化技术将不同相关利益群体的信息需求用数据呈现；依照数据生命周期管理实践与个体、组织和社会中的信息政策，使用最新技术安全保存数据和信息。

(3)在学习与研究能力方面

学生能够在许多信息领域从事深入学习和研究(尤其是博士生更应具备较强的科研能力)，理解研究过程和构成学术研究的要素，能够评估相关文献，精通研究方法与设计，理解具体研究方向以及综合运用多个信息领域知识，有能力承担相关研究，具备批判性思维，能够意识到信息领域的问题和挑战并提出解决方案，创作满足学术标准的独创性研究，并以口头和书面方式清晰、有说服力地阐明及传播研究发现，对图书情报学相关领域作出原创性和有意义的贡献。

iSchools的毕业生的就业领域也较宽广，涉及图书馆、档案馆、博物馆、教育机构、信息机构、咨询公司、社会媒体公司、技术公司、制造型企业、政府机构、金融服务、医疗机构、娱乐业、法律公司等。在一定程度上体现出培养目标对信息职业的适应程度。

2.2.2.2 iSchools 人才培养内容的调查

我们从学位设置、课程设置两个方面对 iSchools 人才培养内容进行调查与分析。

(1)学位设置

我们对美国前 15 所 iSchools 院校中名称为信息科学、图书馆学、情报学、图书情报学的学位及相近学位名称信息进行调查。具体情况如表 2-6 所示。

表 2-6 **iSchools 院校学位设置**

编号	学校名称	学士学位	硕士学位	博士学位
1	伊利诺伊大学	/	图书情报学	图书情报学
2	北卡罗来纳大学	信息科学	图书馆学;信息科学	图书情报学
3	华盛顿大学	情报学	图书情报学	信息科学
4	雪城大学	/	图书情报学	信息科学与技术
5	密歇根大学	信息学	信息学;健康信息学	信息学
6	罗格斯新泽西州立大学	信息技术与情报学	图书情报学;传播与信息研究	传播、信息与图书馆研究
7	得克萨斯大学	/	信息研究	信息研究
8	印第安纳大学	情报学	信息科学;图书馆学;生物信息学;安全信息学	情报学;信息科学
9	德雷塞尔大学	情报学	图书情报学;健康信息学	信息研究
10	马里兰大学	/	图书馆学	信息研究
11	匹兹堡大学	信息科学	信息科学;图书情报学	信息科学;图书情报学
12	佛罗里达州立大学	/	图书情报学研究	信息研究
13	加州大学洛杉矶分校	/	图书情报学	信息研究

续表

编号	学校名称	学士学位	硕士学位	博士学位
14	威斯康星大学密尔沃基分校	信息科学与技术	图书情报学	信息研究
15	威斯康星大学麦迪逊分校	/	图书情报学	图书情报学

为了进一步了解iSchools学院图书情报学学位设置情况，我们对表2-6中的学位设置进行统计分析，将学位名称为信息研究(Information Studies)、信息学(Information)、信息科学(Information Science)以及包含以上名称在内的学位全都归为信息科学类，将学位名称为图书馆学以及包含图书馆学名称在内的学位归为图书馆学类，对于情报学与图书情报学学位也采用同样的方法处理。这样统计出信息科学、图书馆学、情报学和图书情报学4种学科名称分别在学士、硕士以及博士学位的开设情况，详见表2-7。

表2-7　**iSchools院校学位设置的统计**

学位名称 / 学位类别	信息科学(所)	图书馆学(所)	情报学(所)	图书情报学(所)
学士	4	0	4	0
硕士	10	3	0	10
博士	11	1	1	4

(2)课程设置

课程设置一般包括核心课程和选修课程两个部分。核心课程主要为图书情报学领域的基础知识，鉴于核心课程的基础性与重要性，我们在调查学位信息的基础上，进一步对核心课程信息进行搜集(除了图书馆学和图书情报学学士、情报学硕士未设立相关学位，情报学博士未找到核心课程之外)，对相同名称的核心课程进行去重，参考司莉与陈传夫对iSchools课程的分类①，并结合本次研究实际情

① 司莉，王思敏.美国iSchools课程设置与能力培养的调查与分析[J].大学图书馆学报，2014(1)：102-109；陈传夫，于媛.美国iSchool的趋势与启示[J].图书情报工作，2007(4)：20-24，41.

况和需求将核心课程归为信息学理论,信息技术,研究设计与方法,信息获取、组织与检索,信息资源与服务,信息管理,信息伦理、政策与法规,信息安全,信息与社会,信息跨学科应用类,信息职业管理以及其他共 12 类,结果详见表 2-8。

表 2-8　　**iSchools 院校核心课程统计**

课程类别	学位类别		核心课程
信息学理论	信息科学	学士	信息科学导论,情报学导论,数据科学概论
		硕士	生物信息学概论,通信与社会课程概论,传播研究
		博士	信息科学理论基础,情报学概论,信息研究多学科基础,信息科学专题
	图书情报学	硕士	信息理解,图书情报学基础,信息专业基础,图书情报学专业介绍,图书馆与信息职业导论,图书情报学研究
		博士	图书情报学历史与基础
信息技术	信息科学	学士	敏捷网页开发,信息技术导论,软件基础,人机交互,网络系统和服务,数据库管理系统,信息可视化,数据挖掘与机器学习,网页设计导论,网站应用开发
		硕士	数据库,信息专业人员编程,生物信息学机器学习,信息系统基础,数据库管理导论,人机交互,分布式计算与网络,信息系统分析与设计,软件工程管理,人类信息交互
		博士	信息系统专题
	图书馆学	硕士	人类信息交互
		博士	信息系统分析与管理
	情报学	学士	计算机编程,数据结构与算法,信息架构,网页技术
	图书情报学	硕士	信息系统基础,信息技术导论

续表

<table>
<tr><th>课程类别</th><th colspan="2">学位类别</th><th>核 心 课 程</th></tr>
<tr><td rowspan="7">研究设计与方法</td><td rowspan="2">信息科学</td><td>硕士</td><td>研究方法概述,理解研究</td></tr>
<tr><td>博士</td><td>信息科学定量方法,信息科学定性方法,研究设计,应用研究方法,研究统计学</td></tr>
<tr><td>图书馆学</td><td>硕士</td><td>研究方法概述</td></tr>
<tr><td>情报学</td><td>学士</td><td>研究方法,设计思考</td></tr>
<tr><td rowspan="2">图书情报学</td><td>硕士</td><td>信息研究方法,研究、评估与设计</td></tr>
<tr><td>博士</td><td>方法论课程,图书情报学研究设计</td></tr>
<tr><td rowspan="5">信息获取、组织与检索</td><td rowspan="2">信息科学</td><td>学士</td><td>知识组织,信息搜索与使用的人为因素,数据库信息检索系统,信息检索系统</td></tr>
<tr><td>硕士</td><td>信息组织,信息检索</td></tr>
<tr><td>图书馆学</td><td>硕士</td><td>信息组织</td></tr>
<tr><td>情报学</td><td>学士</td><td>数据库管理与信息检索</td></tr>
<tr><td>图书情报学</td><td>硕士</td><td>信息组织与获取,信息与资源组织,信息组织管理,信息组织研究导论,信息组织,信息资源组织与获取,信息获取与资源,组织与检索信息,信息获取与检索,信息获取</td></tr>
<tr><td rowspan="3">信息资源与服务</td><td>信息科学</td><td>学士</td><td>信息资源研究</td></tr>
<tr><td>图书馆学</td><td>硕士</td><td>信息资源与服务,资源选择与评估</td></tr>
<tr><td>图书情报学</td><td>硕士</td><td>信息用户与服务,信息资源、服务与收集,管理与引领图书情报服务,参考与信息素养服务,参考基础,评估信息需求,信息行为,信息问题</td></tr>
</table>

续表

课程类别	学位类别		核心课程
信息管理	信息科学	学士	社会信息处理模型,系统分析
		硕士	社会系统下的信息:收集、流动与处理,应用数据管理,系统分析
	图书情报学	硕士	信息结构
信息伦理、政策与法规	信息科学	学士	信息政策问题
	情报学	学士	信息伦理与政策
	图书情报学	硕士	信息政策导论,信息政策伦理、多样化与变化
信息安全	信息科学	学士	信息安全概论
		硕士	信息安全
信息与社会	信息科学	学士	信息环境与工作,信息系统的社会层面
		硕士	社会与文化背景下的信息,多视角信息研究
	图书情报学	硕士	图书馆、信息与社会,社会背景下的信息,信息与信息环境,信息机构与其环境,信息职业的社会背景,信息社会
信息跨学科应用类	信息科学	学士	社交媒体趋势发现
		硕士	健康信息学的组织与社会问题,“健康信息学:计划与评估”,健康信息学,媒体通信
		博士	企业问题研究
	图书馆学	博士	通信、信息与媒体研讨课
信息职业管理	信息科学	硕士	信息职业管理
	图书馆学	硕士	信息职业管理
	图书情报学	硕士	信息职业管理原则,信息职业管理理论与实践,信息职业教学与培训策略

续表

课程类别	学位类别		核心课程
其他	信息科学	学士	团队过程和产品,社交媒体趋势发现
		硕士	语境咨询与项目管理,组织沟通
		博士	信息研究调查
	情报学	学士	项目管理
	图书情报学	硕士	图书馆计划、营销与评估

2.2.2.3 iSchools 人才培养方式的调查

培养方式是根据学院的培养目标设置的,培养方式的多样化也决定了培养途径、学制设置和毕业要求三个方面的不同。

(1)认证、双学位与辅修方式

表 2-6 中主要是对学位教育进行了调研,iSchools 图书情报学教育形式多样,除了学位教育之外,还包括认证(Certificate)、双学位(Dual Degree)、辅修(Minor)等多种人才培养方式,详见表 2-9。

表 2-9 **iSchools 人才培养的其他方式**

培养方式	学校名称	名称
认证	伊利诺伊大学	图书情报学、数字图书馆(均为为获得图书情报学硕士学位的学生提供的高级研究认证)
	北卡罗来纳大学	图书情报学(为在读硕士生或获得硕士学位的学生提供)
	密歇根大学	健康信息学
	印第安纳大学	情报学、信息架构师
	德雷塞尔大学	健康信息学(针对研究生)、信息研究与技术(高级认证)

续表

培养方式	学校名称	名 称
认证	马里兰大学	图书馆学专业认证(针对图书馆学硕士)
	加州大学洛杉矶分校	健康信息学(针对本科生)、信息架构师/学校图书馆媒体领导认证(针对研究生)、信息研究(硕士后专业认证)、硕士后专业认证(要求有图书情报学硕士学位或相关领域的硕士学位如教育技术、计算机科学等)
	威斯康星大学密尔沃基分校	医疗保健信息学(针对本科生)、图书馆媒体专员、数字图书馆(硕士后高级研究认证)
双学位	北卡罗来纳大学	(1)图书馆学理学硕士,可申请档案学硕士、艺术历史学硕士、公共管理硕士、健康政策与管理硕士、法学博士、医学硕士、护理学硕士双学位; (2)情报学理学硕士,可申请档案学硕士、艺术历史学硕士、工商管理硕士、公共管理硕士、健康政策与管理硕士、法学博士、医学硕士、护理学硕士双学位
	密歇根大学	信息学理学硕士,可申请企业管理硕士、法学博士(JD)、医学博士(MD)、护理学理学硕士、公共政策硕士、社会工作硕士双学位
	得克萨斯大学奥斯汀分校	信息研究理学硕士,可申请计算机科学理学学士、拉丁美洲文学硕士、女性与性别研究文学硕士、中东研究文学硕士、法学硕士、全球政策硕士、公共事物硕士双学位
	印第安纳大学	(1)信息科学硕士,可申请中央欧亚研究硕士、民俗学与民族音乐学硕士、拉丁美洲和加勒比研究硕士、公众事务硕士、俄罗斯与东欧研究硕士双学位; (2)图书馆学硕士,可申请非裔美国人与非洲散居侨民的研究硕士、非洲研究硕士、中央欧亚研究硕士、比较文学硕士、英语硕士、民俗学与民族音乐学硕士、历史硕士、艺术史硕士、历史与科学哲学硕士、新闻业硕士、拉丁美洲和加勒比研究硕士、法律博士、音乐学与音乐理论硕士、公众事务硕士、俄罗斯与东欧研究硕士双学位
	德雷塞尔大学	图书馆学硕士/信息科学硕士、图书情报学硕士/信息系统硕士
	佛罗里达州立大学	图书情报学理学硕士/法学博士

续表

培养方式	学校名称	名　称
辅修	伊利诺伊大学	情报学
	得克萨斯大学奥斯汀分校	信息研究(针对本科生)
	印第安纳大学	情报学(针对研究生)
	德雷塞尔大学	情报学(针对本科生)、健康信息学(针对博士)
	威斯康星大学密尔沃基分校	信息科学与技术(针对本科生)
	威斯康星大学麦迪逊分校	信息研究(针对博士)

除了表 2-9 中的认证教育、双学位、辅修培养途径之外,iSchools 院校还提供其他人才培养途径,如德雷塞尔大学提供的国际协作加速学位项目,允许学生在 5 年之内完成本科学位和硕士学位,在自己家乡院校完成本科,在德雷塞尔大学完成硕士,可提供的硕士学位有:图书情报学理学硕士、健康信息学理学硕士。此外,还有密歇根大学的联合培养硕士学位(由信息学院和公共政策学院共同提供)、健康信息学研究生证书,伊利诺伊大学交换博士生项目(博士生可到其他 iSchools 院校学习),北卡罗来纳大学面向本科生和研究生提供的跨国研究,查尔斯特大学与伦敦大学学院举办的夏季研讨会等多种人才培养途径。

(2)学制设置及学位要求

iSchools 的图书情报学教育的学制设置主要有全日制和在职两种。表 2-10 为搜集到的部分硕士及博士学位的全日制学制年限信息。

表 2-10 **iSchools 院校 LIS 的学制设置**

学历	学校	学科名称	全日制年限及限制
硕士	伊利诺伊大学	图书情报学	大部分 18—24 个月(≤5 年)
	密歇根大学	信息科学	2 年
	罗格斯新泽西州立大学	信息科学	3 学期
	印第安纳大学	信息科学	2 年
	马里兰大学	图书馆学	(≤5 年)
	佛罗里达州立大学	图书情报学研究	(≤7 年)
博士	伊利诺伊大学	图书情报学	4 年(≤6 年)
	华盛顿大学	信息科学	5—6 年
	密歇根大学	信息科学	3 年,通常 4—5 年(≤7 年)
	得克萨斯大学奥斯汀分校	信息科学	5 年(≤6 年)
	印第安纳大学	信息科学	5 年(≤7 年)
	威斯康星大学麦迪逊分校	信息研究	4 年(≤7 年)

从表 2-10 可知,硕士学位全日制年限大多为 2 年,部分学院的最长学习年限为 5 年或 7 年;博士学位一般完成时间最低为 3 年,4—6 年比较常见,规定学习年限最多不超过 7 年。无论是硕士学位还是博士学位,原则上不能超过毕业年限限制,若在情有可原的情况下,学生需提出合理申请才能延期毕业。

学位要求一般包括核心课程、选修课程、实习、综合考试、论文写作几个方面。课程需要达到一定的平均学分绩点(GPA)。在部分院校对硕士学位的要求中,论文属于学生可以选做的任务。如加州大学洛杉矶分校图书情报学硕士要求学生可以在准备包含学术和专业成就在内的作品集(Portfolio)和写论文之间选择一项来完成;博士学位则侧重于以研究为导向,为学术研究和教学做准备,博士研究生均要完成博士毕业论文的写作,论文要求有独创性并对所研究领域有一定的贡献。

2.2.2.4 iSchools 人才培养模式的评估

对人才培养模式进行评估有助于了解人才培养的内容和方式是否很好地支撑了培养目标,并据此进行改善。评估体系包括一些认证协会和排名机构。认证协会有美国图书馆协会(American Library Association,ALA)、澳大利亚图书馆与信息协会(Australian Library and Information Association, ALIA)、英国图书馆与信息专业协会(Chartered Institute of Library and Information Professionals,CILIP)以及南方大学协会(Southern Association of Colleges and Schools,SACS)等。本书所调研的 15 所美国 iSchools 院校均为 ALA 认证院校,排名机构中"美国新闻和世界报道"(US News & World Report)是美国权威的大学排名机构,2013 年版 News 关于图书情报学领域研究生院的排名,由 Sam Flanigan 和 Robert Morse 于 2014 年 3 月份提供,US News 对美国 51 所被 ALA 认证的图书情报学领域硕士项目进行排名,其中前 16 名的学校中有 15 所为 iSchools 成员。排名依据的是 2012 年秋季发送到每个项目的院长、主任和高级教职工人员的调查结果,此调查是由益普索公众事务研究(Ipsos Public Affairs)组织的同行评议调查问卷,由调研人员评估每个机构项目的质量,评估选择设置为从 1(marginal)到 5(outstanding)的测量等级,不了解的情况下选择"不知道",经过 3 次调查,回收率为 59%,每个学院的得分汇总之后除以参与人数,以最后的分数为依据进行排名①。

除了认证协会和排名机构评估主体外,也有一些 iSchool 学院对其人才培养质量进行了评估,如伊利诺伊大学的图书情报硕士学位人才培养评估从五个方面展开,包括毕业率、学位完成时间、课程评估(如问学生认为在某门课中所学知识的多少,采用 5 级里克特量表)、实践课评估(如现场管理员是否认为学生的表现需要改善,满

---

① Methodology: Best Library and Information Studies Rankings [EB/OL]. [2014-9-28]. http://www.usnews.com/education/best-graduate-schools/articles/2014/03/10/methodology-best-library-and-information-studies-rankings.

足预期还是超出预期)、校友调查(调查上一年度毕业的学生关于在校学习是否满足了他们的职业需求,采用 5 级评估:强烈同意、同意、不确定、不同意、强烈不同意)。

2.2.3 对国内图书情报学人才培养模式的启示

2.2.3.1 以培养未来信息职业领导者为目标

在培养目标方面,iSchools 旨在培养学生成为未来信息职业的领导者和变革的推动者,注重对学生知识技能、实践能力等全方位的培养,使毕业生能够适应广泛的信息职业。随着信息环境的改变,我国的图书情报学教育也需要不断变革,图书情报学人才的培养应该与信息职业对人才的需求相匹配,可从招聘信息中信息职业对人才的知识和技能等方面的具体要求思考图书情报学教育的课程与实践的变革。同时,图书情报学教育应加强实践能力的培养,实践一方面能将学生的理论知识激活,另一方面学生也有机会接触到未来想从事的行业与岗位,通过实践更加了解所学专业的用途,使学生能够跨越课堂与实践之间的鸿沟,顺利地完成从学习到工作的过渡。

2.2.3.2 注重结合职业能力培养需求,设置核心课程

在培养内容方面,调查了美国 iSchools 学院的信息科学、图书馆学、情报学、图书情报学学科的学士、硕士、博士学位设置情况,以及每个学位对应的核心课程,核心课程涉及信息学理论,信息技术,研究设计与方法,信息获取、组织与检索,信息资源与服务,信息管理,信息伦理、政策与法规,信息安全,信息与社会,信息跨学科应用类,信息职业管理等类别。国内图书情报学教育应注重结合职业能力培养需求,尤其是注重核心课程在信息伦理、政策与法规,信息安全,信息与社会,信息跨学科应用类,信息职业管理等方面的设置。核心课程是后期深入学习和从事图书情报学具体领域工作和研究的基础,学生应在学习基础知识的同时,结合个人兴趣与未来职业取向,在导师的指导下向所擅长的研究方向发展。

2.2.3.3 完善多样化培养方式

培养方式包括培养途径、学制设置及学位要求。培养途径除了

学位教育之外，iSchools 还提供认证教育、双学位、辅修等多种教育途径。学位要求一般包括核心课程、选修课程、实习、综合考试、论文写作几个方面。部分院校的硕士学位论文可以选做，博士生均被要求完成论文写作。国内的图书情报学教育也应拓展和丰富人才培养方式，为学生提供更加灵活多样的选择空间，如国内目前正在尝试的专业硕士和科学硕士的区分：专业硕士以就业为导向，学制两年，注重实践能力的培养；而科学硕士则以进一步深造和从事科研工作为导向，学制三年，注重科研能力的培养。在此基础上，可以进一步探索更加符合学生和从业人员需求的灵活多样的培养方式，推动国内图书情报教育的变革。

2.2.3.4　建立合理的人才培养评估体系

在评估体系方面，合理的评估体系能够反映人才培养过程是否达到培养目标的需求，并为进一步改善人才培养模式提供依据。iSchools 评估体系包括一些排名机构和认证协会以及日常教学评估，针对我国图书情报学教育院校的排名，应设立合理的评估指标，合理的院校排名有助于各情报学院认识到自身的优势与不足之处。除此之外，在日常的教学中，需注重人才培养模式的过程管理及评价①，并结合结果评价，用于反馈与调整教学，不断提升教学质量，注重学生创新及实践能力的培养，建立多元化的教学评价方法。

2.3　iSchools 的课程体系建设

iSchools 是全世界优秀信息学院联盟，在目前的 59 个成员院校中，有 16 所美国院校开设图书情报学相关专业，我们选取这 16 所院校的课程为调查对象，深入考察其课程设置的特点以及课程目标培养的核心能力，以期为国内图书情报学课程设置、人才培养的创新与发展提供参考与借鉴。

---

① 董泽芳，王晓辉.普林斯顿大学本科人才培养模式的特点及启示[J].高教探索，2014(2)：77-81.

2.3.1 调查设计

2.3.1.1 调查对象

我们选取设有图书情报学相关学位的 16 所美国 iSchools 联盟高校(见表 2-11),以与图书情报学相关学位课程为对象,包括情报学本科学位、图书馆学硕士学位、情报学硕士学位、图书情报学硕士学位、图书情报学博士学位、情报学博士学位等相关学位,围绕其课程设置体系结构、课程层次、课程培养的核心能力对其课程设置进行全面调查。

表 2-11 **16 所美国开设图书情报学位的 iSchools 院校列表**

编号	院校中文名称	院校英文名称
1	加州大学洛杉矶分校教育与信息研究生院信息研究系	Department of Information Studies at Graduate School of Education and Information Studies—University of California, Los Angeles
2	德雷塞尔大学计算机与信息学院	College of Computing and Informatics—Drexel University
3	佛罗里达州立大学传播与信息学院	College of Communication and Information—Florida State University
4	伊利诺伊大学图书馆与信息科学研究生院	Graduate School of Library and Information Science—University of Illinois
5	印第安纳大学信息与计算机学院	School of Informatics and Computing—Indiana University
6	马里兰大学信息研究学院	College of Information Studies—University of Maryland
7	密歇根大学信息学院	The School of Information—University of Michigan
8	北卡罗来纳大学图书馆与信息科学	School of Information and Library Science—University of North Carolina

续表

编号	院校中文名称	院校英文名称
9	匹兹堡大学信息科学学院	School of Information Sciences—University of Pittsburgh
10	罗格斯新泽西州立大学传播与信息学院	School of Communication and Information—Rutgers, the State University of New Jersey
11	雪城大学信息研究学院	School of Information Studies—Syracuse University
12	得克萨斯大学奥斯汀分校信息学院	School of Information—University of Texas, Austin
13	华盛顿大学信息学院	Information School—University of Washington
14	肯塔基大学传播与信息学院	College of Communications & Information Studies—University of Kentucky
15	北得克萨斯大学信息学院	College of Information—University of North Texas
16	威斯康星大学密尔沃基分校信息研究学院	School of Information Studies—University of Wisconsin, Milwaukee

2.3.1.2　调查方法与步骤

本次调查采用网络调查与内容分析相结合的方法，具体步骤如下：

①前期准备。搜集 iSchools 课程相关研究成果，并选择几所美国 iSchool 联盟高校，对其课程设置情况进行探测性调查，逐渐确定调查项。

②选取样本。选择 16 所美国 iSchool 联盟院校的图书情报学学位课程为调查样本。

③网络调查。浏览网站，获取各高校的课程列表信息以及课程层次信息，对获取的信息进行分类统计。为使文章表述简洁，在统计表格及分析描述中，iSchool 学院名称仅用校名表达，省略院系名称。

④内容分析。运用内容分析法对核心课程描述进行内容分析，统计其关键词词频，分析其课程目标培养的专业核心能力。

2.3.2 课程体系结构的调查与分析

2.3.2.1 课程类别体系的划分

通过网络调查获取课程信息，我们共搜集了 1738 门课程信息（课程名称相同，但授课老师不同，且有不同课程编号的课程视为不同课程）。为了更好地把握 iSchools 课程设置的体系结构，便于统计分析，首先需要对搜集的课程信息进行分类。

目前已有学者对课程的分类标准进行了探讨，如：丁蔚与倪波等将图书情报学专业课程分为方法论、信息研究总论、信息组织与管理、信息技术与信息系统等 8 个类别①；陈传夫与于媛将 iSchools 课程分为图书馆、信息学基础认识，信息网络技术与信息系统，信息组织与获取，信息与社会、艺术、法律，信息与经济、管理与市场，认识论与研究方法，主题讨论与研究，专门学科与信息共 8 个类别②；冉从敬将伊利诺伊图书情报研究生院课程分为信息理论类、信息资源类、信息技术支持类、信息组织类、信息检索与保存类、信息服务与用户类、信息管理类、信息教育与事业研究类、信息跨学科应用共 9 个类别③。我们参考以上分类标准，并结合 iSchools 课程设置的实际情况和研究需要，将课程分为：信息理论与方法类、信息技术支持类、信息组织与分析类、信息检索与保存类、信息资源与服务类、信息机构管理类、信息政策与法规类、信息教育与事业类、能力培养类、信息跨学科应用类、专题研讨/自主学习/论文类、实习实践类共 12 类（见表 2-12）。

---

① 丁蔚，倪波.中美图书情报学研究生专业课程比较研究[J].图书情报工作，2000(5)：81-86.

② 陈传夫，于媛.美国 iSchool 的趋势与启示[J].图书情报工作，2007(4)：20-24.

③ 冉从敬.美国 iSchool 研究生课程设置个案及对我国的启示——以 UIUC 近 5 年课程建设为例[J].图书情报工作，2012(23)：24-29.

表 2-12 **16所美国iSchools院校课程分类一览表**

课程类别	类别描述
信息理论与方法	包括信息学科基础理论、发展历史、研究方法等方面的课程
信息技术支持	包括信息系统、网络技术、计算机技术、数据库等方面的课程
信息组织与分析	包括分类法、主题法、元数据、编目、目录学、本体、语义网等方面的课程
信息检索与保存	包括检索理论、检索系统、信息获取、信息保存等方面的课程
信息资源与服务	包括信息资源与服务总论、信息资源建设、信息资源管理、各类信息资源与服务开展、参考咨询服务、用户需求与服务等方面的课程
信息机构管理	包括信息各类信息机构管理、机构策略制定、图书馆营销等方面的课程
信息政策与法规	国家机关等外界部门制定的信息政策、法律归入此类；若为信息机构内部政策研究，归入“信息机构管理”类
信息教育与事业	包括信息职业研究、信息教育研究、各类型图书馆事业等方面的课程，如信息职业指导课、法律图书馆事业、高校图书馆事业、公共图书馆事业等
能力培养	提高学生基本能力(如人际交流能力、表达能力)的课程
信息跨学科应用	包括信息科学在其他学科中的应用、应用其他学科知识解答信息科学中的问题两个方面
专题研讨/自主学习/论文	包括专题研讨(Special Topics)、讨论(Seminar)、自主学习(Independent Learning)、阅读课(Reading)、论文(Dissertation)
实习实践	包括实习(Internship,Practicum)、实践调研(Field Study)

2.3.2.2 课程结构的统计分析

对所调查的 1738 门课程，按开设课程数量递减的顺序将这些院校排序如下：伊利诺伊大学(233 门)、得克萨斯大学奥斯汀分校(149 门)、密歇根大学(136 门)、华盛顿大学(130 门)、佛罗里达州立大学(128 门)、德雷塞尔大学(120 门)、北卡罗来纳大学(115 门)、北得克萨斯大学(114 门)、印第安纳大学(102 门)、加州大学洛杉矶分校(99 门)、匹兹堡大学(87)、威斯康星大学密尔沃基分校(86 门)、马里兰大学(66 门)、罗格斯新泽西州立大学(65 门)、雪城大学(58 门)、肯塔基大学(50 门)。其中，课程数超过 100 门的有 9 所大学，且各院校课程数均不少于 50 门。表明美国 iSchools 提供的课程数量较为充足，为学生根据自身兴趣及职业方向选择课程提供了充分的可能。此外，各院校间开设课程的数量差别较大，伊利诺伊大学最多，达 233 门，而肯塔基大学课程数最少，仅有 50 门。

按表 2-12 的课程分类标准，我们对 16 所 iSchool 联盟院校在每一课程类别开设的课程数目进行了统计(结果见表 2-13)。总体上看，iSchools 的课程体系较为完善，各院校均覆盖了表 2-12 中的大部分课程类别。其中伊利诺伊大学、北卡罗来纳大学、华盛顿大学、得克萨斯大学奥斯汀分校、德雷塞尔大学、佛罗里达州立大学、北得克萨斯大学共 7 所大学的课程体系最为完善，覆盖了全部 12 类课程；雪城大学、匹兹堡大学、加州大学洛杉矶分校共 3 所大学课程体系也较为完善，仅有 1 个类别的课程未覆盖；密歇根大学、印第安纳大学、马里兰大学、威斯康星大学密尔沃基分校、肯塔基大学、罗格斯新泽西州立大学均有 2 个类别的课程未覆盖。

课程门类涵盖课程数的多少在一定程度上反映了院校对该类课程的重视程度、细分程度，以及课程设置体系的侧重点。将课程类别按涵盖课程数量递减排序，依次为：信息资源与服务类(352 门)、信息技术支持(321 门)、信息理论与方法(250 门)、专题研讨/自主学习(240 门)、信息检索与保存(139 门)、信息组织与分析(133 门)、信息教育与事业(75 门)、跨学科应用(58 门)、实习实践(57 门)、信

表 2-13　**16 所美国 iSchools 院校的课程分类统计**

类别＼数量＼名称	加州大学洛杉矶分校	德雷塞尔大学	佛罗里达州立大学	伊利诺伊大学	印第安纳大学	马里兰大学	密歇根大学	北卡罗来纳大学	匹兹堡大学	罗格斯新泽西州立大学	雪城大学	得克萨斯大学奥斯汀分校	华盛顿大学	肯塔基大学	北得克萨斯大学	威斯康星大学密尔沃基分校	总数
信息理论与方法	13	14	18	43	18	4	28	15	7	10	4	33	16	6	12	9	250
信息技术支持	6	39	30	34	21	9	44	19	12	7	15	24	25	7	19	10	321
信息组织与分析	8	7	8	24	10	4	7	6	3	6	6	9	14	3	7	11	133
信息检索与保存	7	7	4	25	7	11	13	10	4	5	6	15	5	4	9	7	139
信息资源与服务	19	28	28	42	18	16	19	8	27	20	13	25	21	18	30	20	352
信息机构管理	0	2	1	3	3	0	0	3	1	1	4	3	3	0	3	1	28
信息政策与法规	2	4	5	6	1	2	7	4	3	2	2	5	3	1	1	5	53
信息教育与事业	4	2	1	16	8	2	0	9	0	0	2	4	10	3	10	4	75
能力培养	2	4	6	4	0	1	1	5	1	2	2	1	1	0	2	0	32
跨学科应用	4	6	7	14	0	0	4	9	1	0	3	2	4	1	3	0	58
专题研讨/自主学习	28	3	17	20	12	14	12	24	16	10	0	25	22	4	17	16	240
实习实践	6	4	3	2	4	3	1	3	12	2	1	3	6	3	1	3	57
总数	99	120	128	233	102	66	136	115	87	65	58	149	130	50	114	86	1738

息政策与法规(53 门)、能力培养(32 门)、信息机构管理(28 门)。可见,信息资源与服务类(352 门)涵盖课程数最多,表明美国 iSchools 对信息资源与服务类课程的重视程度高。该类课程除包括信息资源与服务总论、馆藏建设、参考咨询等课程外,还按照用户群体、专业领域、载体形式进行了细分。如儿童文献(Materials for Children)、图书馆和信息中心的青少年服务(Youth Services and Libraries and Information Centers)、商业信息资源与决策(Business Information Resources and Strategic Intelligence)、社会科学中的信息资源和服务(Information Sources and Services in Society Science)、印刷材料处理技术(Treatment Techniques for Flat Paper)等。此外,课程数量较多的还有信息技术支持类和信息理论与方法类。在信息技术支持类,开设的课程包括信息系统(Information System)、数据库管理(Database Management)、人机交互(Human-Computer Interaction)、信息技术(Information Technology)。信息理论与方法类课程为学生掌握和学习图书情报学知识奠定基础,课程涉及研究方法(Research Methods),图书与图书馆史(Library and Book History),图书馆、信息与社会(Library Information and Society)。此外,专题研讨/自主学习/论文类也包含了较多的课程,并且每个院校都开设有至少 1 门的实习实践课,这表明 iSchools 注重采用多种教学方式提高学生运用知识解决实际问题的能力。

跨学科应用类的课程主要涉及信息领域的知识与法学、人类学、健康科学、医药科学、生物学的结合,如法学信息与获取服务(Legal Information and Access Services)、健康信息学(Health Informatics)、生物多样性信息学(Biodiversity Informatics)等。能力培养类的课程主要包括口述传统(Traditions in Oral Narration)、信息职业者的人际交流(Interpersonal Communication for Information Professionals)、讲故事(Storytelling)等,旨在培养学生表达、交流等基本能力,目前已有 13 所 iSchools 开设了此类课程。

虽然美国 iSchools 课程体系在整体上呈现出一定规律,但各院校的情况却不尽相同。由于不同院校开设的课程总数差别较大,为准确了解各校课程设置的侧重点并合理比较各校课程设置情况,不能只看课程数量,而应关注每一类别课程数占各校课程总数的比例。设每所院系开设的课程总数为 T,各门类课程数量分别为 C_i,则有:

$$X_i = C_i / T (0 < X_i \leq 1)$$

其中 X_i 就是某类课程 i 在该院系课程设置上的权重。从横向比较来看,如果某院系在某类课程的 X_i 越大,则一定程度上意味着同其他院系相比,该院系在该课程上拥有更多的教学资源和更强的教学能力。从纵向比较来看,X_i 越大,则该课程在该院系所有课程中的比重越大,也就意味着该院系对该课程的重视程度相对更高①,具体见表2-14。

由表2-14可知,从横向比较上看,信息理论与方法类课程权重最大的是得克萨斯大学奥斯汀分校(22.1%);信息技术支持类课程权重最大的为德雷塞尔大学(32.5%);信息组织与分析类和信息政策与法规类课程权重最大的是威斯康星大学密尔沃基分校,权重分别为12.8%和5.8%;信息检索与保存类课程权重最大的是马里兰大学(16.7%);信息资源与服务类课程权重最大的是肯塔基大学(36.0%);信息机构管理类课程权重最大的是雪城大学(6.9%);信息教育与事业类课程权重最大的是北得克萨斯大学(8.8%);能力培养类课程权重最大的是佛罗里达州立大学(4.7%);跨学科应用类课程权重最大的是北卡罗来纳大学(7.8%);专题研讨/自主学习/论文类课程权重最大的是加州大学洛杉矶分校(28.3%);实习实践类课程权重最大的是匹兹堡大学(13.8%)。可见,各类课程最大权重值基本分散在11所院校中。

从纵向比较上看,各校课程设置体系的侧重点总体上有一定规律,但各校间也略有差异。如伊利诺伊大学和得克萨斯大学奥斯汀分校信息理论与方法类课程权重较大,分别为18.5%和22.1%,说明

① 王新才,何芳萍.国内外图书情报学研究生应用型课程设置研究与启示[J].图书与情报,2012(1):38-42.

表 2-14 **16 所美国 iSchools 院校各类课程在该类课程总数上权重列表**

类别 \ 权重% \ 院校	加州大学洛杉矶分校	德雷塞尔大学	佛罗里达州立大学	伊利诺伊大学	印第安纳大学	马里兰大学	密歇根大学	北卡罗来纳大学	匹兹堡大学	罗格斯新泽西州立大学	雪城大学	得克萨斯大学奥斯汀分校	华盛顿大学	肯塔基大学	北得克萨斯大学	威斯康星大学密尔沃基分校
信息理论与方法	13.1	11.7	14.1	18.5	17.6	6.1	20.6	13.0	8.0	15.4	6.9	22.1	12.3	12.0	10.5	10.5
信息技术支持	6.1	32.5	23.4	14.6	20.6	13.6	32.4	16.5	13.8	10.3	25.9	16.1	19.2	14.0	16.7	11.6
信息组织与分析	8.1	5.8	6.3	10.3	9.8	6.1	5.1	5.2	3.4	9.2	10.3	6.0	10.8	6.0	6.1	12.8
信息检索与保存	7.1	5.8	3.1	10.7	6.9	16.7	9.6	8.7	4.6	7.7	10.3	10.1	3.8	8.0	7.9	8.1
信息资源与服务	19.2	23.3	21.9	18.0	17.6	24.2	14.0	7.0	31.0	30.8	22.4	16.8	16.2	36.0	26.3	23.3
信息机构管理	0.0	1.7	0.8	1.3	2.9	0.0	0.0	2.6	1.1	1.5	6.9	2.0	2.3	0.0	2.6	1.2
信息政策与法规	2.0	3.3	3.9	2.6	1.0	3.0	5.1	3.5	3.4	3.1	3.4	3.4	2.3	2.0	0.9	5.8
信息教育与事业	4.0	1.7	0.8	6.9	7.8	3.0	0.0	7.8	0.0	0.0	3.4	2.7	7.7	6.0	8.8	4.7
能力培养	2.0	3.3	4.7	1.7	0.0	1.5	0.7	4.3	1.1	3.1	3.4	0.7	0.8	0.0	1.8	0.0
跨学科应用	4.0	5.0	5.5	6.0	0.0	0.0	2.9	7.8	1.1	0.0	5.2	1.3	3.1	2.0	2.6	0.0
专题研讨/自主学习/论文	28.3	2.5	13.3	8.6	11.8	21.2	8.8	20.9	18.4	15.4	0.0	16.8	16.9	8.0	14.9	18.6
实习实践	6.1	3.3	2.3	0.9	3.9	4.5	0.7	2.6	13.8	3.1	1.7	2.0	4.6	6.0	0.9	3.5

两所院校较为重视信息理论和信息研究方法的探讨。加州大学洛杉矶分校和北卡罗来纳大学专题研讨/自主学习/论文类课程的权重最大,分别达到 28.3%和 20.9%,表明这两所院校重视专题讨论、独立学习、自主阅读等自由灵活的学习方式。此外,其余各校权重最大的课程均为信息资源服务类或是信息技术支持类课程,这说明大多数高校较为重视技术类课程,并且注重培养学生信息资源管理与服务的能力。此外,调查还发现,虽然各高校在课程设置上的侧重点不是完全一致的,但除信息资源与服务类外,大部分院校在信息技术与支持类、信息理论与方法类的课程纵向权重较大,这与上文各类课程总数的调查结果基本一致。

通过调查可以发现:美国 iSchools 院校开设的课程数量大,课程体系较完善,覆盖多个专业知识门类,且各院校虽课程体系侧重点略有不同,但大部分院校较为重视信息资源与服务、信息技术支持、信息理论与方法类课程的设置。

2.3.2.3　课程设置层次的分析

美国 iSchools 院校的课程按课程重要程度,可分为核心课、必修课、选修课三种;按课程难易程度,可分为不同的级别(Level);按课程开设频率,可分为“每年”“每两年”“每学期”“不规律”。绝大多数院校是按课程重要程度来规定课程层次的。为客观分析美国 iSchools 院校课程层次情况,笔者对 16 所 iSchools 院校的必修课与选修课进行调查分析(注:核心课程也属于必修课)。

由表 2-15 可知,16 所美国 iSchools 院校的必修课占课程总数的比例非常低,选修课课程数量远远大于必修课。比例最高的是伊利诺伊大学(18.5%),比例最低的是北得克萨斯大学(2.6%),比例超过 15%的只有 2 所大学,即伊利诺伊大学(18.5%)、印第安纳大学(17.6%)。由此可见,美国 iSchools 课程要求学生掌握图书情报学基础理论、知识技能的同时,通过设置大量选修课为学生发挥兴趣爱好、实现职业理想提供了充分的可能。

核心课程的设置体现了院校对图书情报学专业知识的基础要求,直接影响着学生的知识结构,因此我们对核心课程的情况作进一

表 2-15 **美国 16 所 iSchools 院校必修课、选修课统计**

院校 / 数量 / 类别	加州大学洛杉矶分校	德雷塞尔大学	佛罗里达州立大学	伊利诺伊大学	印第安纳大学	马里兰大学	密歇根大学	北卡罗来纳大学	匹兹堡大学	罗格斯新泽西州立大学	雪城大学	得克萨斯大学奥斯汀分校	华盛顿大学	肯塔基大学	北得克萨斯大学	威斯康星大学密尔沃基分校
必修课程	6	17	6	43	18	4	4	13	7	6	7	5	10	4	3	4
选修课程	93	103	122	190	84	62	132	102	80	59	51	144	120	46	111	82
必修课占课程总数的比例(%)	6.1	14.2	4.7	18.5	17.6	6.1	2.9	11.3	8.0	9.2	12.1	3.4	7.7	8.0	2.6	4.7

步调查分析,结果如表 2-16 所示。

表 2-16 **16 所美国 iSchools 院校核心课程的调查**

学校名称	核心课程名称
加州大学洛杉矶分校	信息社会,伦理、多样性与变化,信息获取,信息结构,信息技术基础,信息专业人员管理原理与实践(注:档案学加设一门核心课程“美国档案与手稿”)
德雷塞尔大学	信息机构中的研究方法,信息职业的社会环境,信息用户与服务,信息获取与资源,高校图书馆项目与服务,信息系统基础,信息机构的网页设计,档案学基础,信息机构管理,组织中的知识财产管理,数字图书馆技术,信息架构,图书馆自动化,馆藏资源管理,信息专家角色教育,档案开放系统
佛罗里达州立大学	信息科学研究方法,信息需求评估,信息政策,信息职业基础,信息组织管理,信息组织
伊利诺伊大学	信息组织与获取,图书馆、信息与社会
印第安纳大学	情报学硕士:信息科学基础,数据库设计,信息架构,组织情报学,人际交互,编程要求,系统分析与设计 图书馆学硕士:基于计算机的信息工具,馆藏资源建设与发展,信息描述与组织,图书编目,图书馆管理,高校图书馆管理,公共图书馆管理,校园传媒,资源与服务评价,研究基础,信息系统评估
马里兰大学	信息环境与用户,档案学原理、实践与项目,图书馆传媒专家,信息人才的管理,信息获取服务,信息组织,信息技术
密歇根大学	情报学本科:敏捷网络开发,社会信息流程模型,信息环境与工作 图书馆学硕士:信息资源与服务

续表

学校名称	核心课程名称
北卡罗来纳大学	情报学本科：信息检索与分析，信息素养工具，基于组织有效性的信息使用，信息系统分析与设计，数据库概念与应用，信息科学前沿话题 图书馆学硕士：人类信息交互，信息选择与评价，信息组织，研究方法概览，信息职业管理，学位论文 情报学硕士：人类信息交互，信息检索，信息组织，数据库，编程分析，系统分析，信息职业管理，学位论文
匹兹堡大学	信息理解，信息组织与检索，档案获取与描述，信息技术基础，发展环境下的图书馆与信息中心管理，保存管理，高校图书馆媒体中心管理
罗格斯新泽西州立大学	人类信息行为，信息检索原则，知识结构与信息职业，图书馆与信息技术，图书馆与信息中心管理，信息组织
雪城大学	图书馆与信息职业介绍，信息与信息环境，参考咨询与信息素养服务，图书馆计划、营销和评估，“信息资源：组织与获取”，信息专业人才管理原则，信息政策与通信的调查
得克萨斯大学奥斯汀分校	用户服务与分析，信息组织与获取，情报学研究导论，情报学导论，信息服务与信息组织中的管理
华盛顿大学	信息生命周期，信息行为，信息资源、服务与搜集，信息资源组织，社会环境下的信息，信息人才指导与培训策略，研究、评估与设计，信息组织管理
肯塔基大学	信息社会，信息搜寻、检索与服务，信息描述与获取，图书情报管理学
北得克萨斯大学	信息与知识职业，信息组织，信息获取与知识探索
威斯康星大学密尔沃基分校	图书情报学基础，信息组织，信息获取与检索，图书情报学研究

由表 2-16 可知,16 所美国 iSchools 院校较重视信息组织、信息检索、信息服务等课程。其中,13 所(除加州大学洛杉矶分校、德雷塞尔大学和密歇根大学外)院校开设了信息组织方面的核心课程,内容包括信息组织、图书编目、信息描述等课程。13 所(除佛罗里达州立大学、印第安纳大学、密歇根大学外)院校开设了信息检索方面的核心课程,包括信息检索原则、信息获取与服务等课程。另外,有 11 所院校开设了信息用户与服务方面的核心课程,包括信息需求研究、人类信息行为、信息用户与服务、参考咨询与信息素养服务等课程。有 9 所院校开设了信息机构管理方面的核心课程,有 7 所院校开设了信息职业方面的核心课程。此外,部分院校还有自己单独开设的、与他校不同的特色核心课程,如印第安纳大学的组织情报学、北卡罗来纳大学的人类信息交互等。

2.3.2.4 课程目标培养的核心能力分析

核心课程是专业教学的基础课程,旨在使学生掌握专业基础知识,具备本专业的核心竞争力。其设置直接影响着毕业生的知识结构,与图书情报学毕业生的职业竞争力有密切关系。而各校设置的核心课程存在名称相同但培养重点不同,或名称不同但实际内容一致的情况。由 2.3 部分的分析可知,16 所美国 iSchools 院校的核心课程设置都较注重信息组织、信息检索、信息服务三个方面。因此,我们对这三个方面共 39 门核心课程的课程描述进行内容分析,从中了解美国 iSchools 院校课程培养的核心能力。

华盛顿大学、北得克萨斯大学和加州大学洛杉矶分校的课程描述无法查看,其他院校均可查看课程描述内容。调查时,同一含义的词或词组在同一课程描述中多次出现时,仅计算一次。因部分院校课程描述较为简单,故频次超过两次的关键词纳入统计之列。

(1)信息组织课培养的能力分析

本研究选取的美国 16 所 iSchools 院校共开设 15 门信息组织的

核心课程,我们分别对其课程描述进行内容分析,抽取其中有关能力培养的关键词,并进行词频统计(结果如表 2-17 所示)。

表 2-17 **信息组织课词频统计**

信息组织课培养的能力	词频	关键词
使用词表、文献标引、分类法等信息组织方法	12	Vocabulary, Terminology, Index, Classification, Method
理解信息组织概念、理论、标准、框架	11	Concept, Theory, Framework, Standard
文献信息编目和书目工作	4	Bibliography, AACR2, Cataloging
运用元数据	2	Metadata
数据结构分析与描述	2	Data Representation, Data Structure

由表 2-17 可知,美国 iSchools 院校的信息组织课程最重视培养学生使用各种信息组织方法的能力,以及对信息组织基本概念、理论、标准、框架的理解能力,超过 70%的信息组织课程对这两种能力作出描述。词表、分类法这种传统的信息组织方法,网络环境下的拓展应用使其焕发了新的生命力。编目与书目工作一直以来都是图书馆的核心业务工作,其质量直接影响到资源的检索与利用。因此有 4 所院校的信息组织课程对此方面作出要求。元数据在描述网页、音频、视频等数字化资源方面具有优势,有 2 所院校教授元数据相关内容。数据表示与数据结构亦成为图书情报专业的热门研究领域和信息机构所需的工作能力。因此,也有 2 所院校教授数据结构、描述方面的内容,提高学生的数据管理能力。

(2)信息检索课培养的能力分析

美国这 16 所 iSchools 院校开设了 12 门信息检索方面的核心课程,我们分别对其课程描述进行内容分析,抽取其中有关能力培养的关键词,并进行词频统计,结果如表 2-18 所示。

表 2-18　　**信息检索课词频统计**

信息检索课培养的能力	词频	关键词
信息资源的选择与评价	6	Evaluation, Resource, Identify, Option, Selection
检索策略的制定	4	Search Strategy, Retrieval Strategy
熟练使用各类信息检索系统	3	Information Retrieval System
信息检索质量评价	2	Information Retrieval, Result, Evaluation, Quality
用户信息需求分析	2	User, Information Need
人机交互	2	Human-Computer Interaction

由表 2-18 可知，信息资源选择与评价能力是信息检索课程最注重培养的能力，近一半院校在课程描述中对此有明确阐述。信息检索策略的制定能力是在掌握信息检索工具、检索技巧、检索方法的基础上，对信息检索工作的一种宏观把控能力，良好检索策略的制定可以提高信息检索的效率以及质量，有 4 所院校课程描述内容中强调此能力的培养。熟练掌握与利用信息检索系统是实际工作中非常需要的一项能力，有 3 所院校课程描述提及此方面内容，需要学生掌握的信息检索系统有 Dialog、LexisNexis、OCLC FirstSearch 等。此外，信息检索质量评价、用户信息需求分析、人机交互能力的培养也得到重视，分别有 2 所院校涉及相关内容。

(3)信息服务课培养的能力分析

美国这 16 所 iSchools 院校开设了 12 门信息服务方面的核心课程，我们分别对其课程描述进行内容分析，抽取其中有关能力培养的关键词，并进行词频统计，结果如表 2-19 所示。

表 2-19 信息服务课词频统计

信息服务课培养的能力	词频	关键词
用户信息行为、用户信息需求分析	7	Information Behavior, Information Need, User Study
信息服务评价分析	3	Evaluation, Information Service, Provision, Factor
开展参考咨询服务	3	Reference, Inquiry, Reference

由表 2-19 可知，iSchools 的信息服务类课程重视用户信息行为、用户信息需求分析能力的培养，超过 60%的院校服务类课程涉及该内容。良好的用户信息行为和需求分析能力是开展、改进与创新信息服务工作的前提。信息服务评价能力是以服务目标为依据，对服务过程的效果作出客观的衡量和价值判断的能力。有 3 所院校的信息服务课程明确提出培养学生的信息服务评价能力。参考咨询服务是图书馆和其他信息机构一项重要的信息服务工作，新环境下开展信息咨询服务工作的能力在美国 iSchools 院校中也受到一定重视，有 3 所院校信息服务课程提出培养学生这方面的能力。

2.3.3 美国 iSchools 课程设置的特点分析

2.3.3.1 课程数量大且选修课数量多

课程数量的多少与学校的教学能力密切相关。被调查的美国 iSchools 院校共开设了 1738 门课程，课程数超过 100 门的有 9 所大学，且各院校课程数均不少于 50 门。丰富的课程数量为学生加深或拓展专业知识提供了充分条件。除了课程总数多外，选修课的数量远远多于必修课，所有院校必修课占课程总数的比例均不超过 18. 5%，学生不仅可以分享丰富的课程资源，还拥有课程选择的大部分主动权，因此，学生可以根据自身的兴趣爱好以及职业规划安排自己的课程，实现自我的自由发展。

2.3.3.2 课程覆盖范围广且课程体系完备

完善合理的课程体系结构有助于学生形成合理全面的知识结

构。我们将课程按内容划分成 12 个类，调查的 16 所美国 iSchools 院校的课程体系均较为完善，覆盖了绝大部分的课程类别。在每个课程类别上，开设院校数量均达到 14 所及以上。可见，美国 iSchools 的课程覆盖范围较广且课程体系完备。

2.3.3.3 课程设置侧重点呈一定规律性但各校间略有不同

课程设置侧重点的规律性表现在两个方面：从整体上看，美国 iSchools 院校重视信息资源与服务类、信息技术支持类以及信息理论与方法类课程的开设，这三类课程所涵盖的课程数分别为 352 门、321 门和 250 门；从各个具体高校看，被调查的 16 所院校中有 12 所信息资源与服务类或信息技术支持类的课程数较多。由此可见，在 iSchools 课程设置中，信息资源与服务类、信息技术支持类课程最受重视。其中信息资源服务类细分程度最高，除了信息资源与服务总论、馆藏建设、参考咨询等课程外，还按照用户群体、专业领域、载体形式将资源与服务研究细分为儿童文献、商业信息资源与决策、印刷材料处理技术等不同的课程，这一点与国内差别较大。

虽然课程设置侧重点在整体上有一定规律性，且绝大多数学校都非常重视信息资源与服务类、信息技术支持类课程，但各校间仍存在一些差异。伊利诺伊大学和得克萨斯大学奥斯汀分校最重视信息理论与方法类课程；加州大学洛杉矶分校和北卡罗来纳大学最重视专题研讨/自主学习/论文类课程，分别达到 28.3%和 20.9%。此外，将课程类别按课程数的多少排序，每个高校的排序结果也不完全相同。

2.3.3.4 普遍重视信息组织、信息检索与信息服务类核心课程设置

如果说课程类别与门类体现院校对图书情报知识结构定位与院校的教学重点，那么每个院校对于核心课程的规定，便体现了院校对于图书情报专业基础的要求①。本研究选取的 16 所美国 iSchools 院校的核心课程中，信息组织、信息检索与信息服务类课程开设的学校最多，分别为 13 所、13 所和 11 所。因此这三类课程成为核心中的

---

① 马翠嫦.美国图书情报学院研究生课程设置分析研究[J].情报理论与实践,2005(5):456-461.

核心,是图书情报专业的基础课程。在信息组织、信息检索与信息服务类课程教授中,这 16 所 iSchools 院校重视培养的是信息组织方法使用、信息资源选择评价、信息用户行为需求分析能力。超过 70%的信息组织课程都强调培养学生的信息组织方法使用能力;近一半的信息检索课程注重学生信息资源选择与评价能力的培养,信息资源选择评价能力是实现有效信息检索的基础;超过 60%的信息服务课关注信息用户行为需求分析能力的培养。

2.3.3.5 课程教学形式多样化

美国 iSchools 院校较重视专题研讨、自主学习和文献阅读类课程的开设,该类别下共包含 240 门课程,涵盖课程数排名第四,仅次于信息资源与服务类、信息技术支持类以及信息理论与方法类。专题研讨课可就图书情报学某一具体问题,尤其是热门研究课题,进行讨论,使学生充分参与到课堂教学中,既能激发学生浓厚的学习兴趣,又利于深入理解掌握专业知识。如北卡罗来纳大学的专题研讨课按照每年研究专题的学科动向及时更新专题,具有前沿性,能把握图书情报学研究的最新动态。自主学习和文献阅读课在夯实学生专业知识积淀的同时,还提高了自主学习的能力。此外,每个美国 iSchool 院校都开设有至少 1 门的实习实践课,帮助学生了解图书情报工作的实际情况。专业社会实践课程可以帮助学生理解认识该职业的社会角色,并了解该角色是如何受到社会变革的影响①,对学生今后求职有着重要作用。采用专题研讨、自主学习、文献阅读、实习实践等不同方式开展课程、教授知识,有利于学生全面掌握和运用专业知识。

另外,有 13 所美国 iSchools 院校开设了共 32 门能力培养类课程,虽然开设的学校不多,且课程数量总数少,但表明已有 iSchools 院校关注到学生与信息相关的基本能力的培养。美国 iSchools 院校的能力培养课主要培养学生口头表达、人际交流以及讲故事的能力。

以上笔者以美国 16 所 iSchools 成员院校的课程为调查对象,通

---

① 韦景竹,何燕华,等.中美 LIS 学院课程设置比较研究[J].大学图书馆学报,2011(4):94-100.

过网络调查与内容分析相结合的方法,在划分课程类别的基础上,围绕体系结构、课程层次、课程培养的核心能力,深入分析与探讨了美国 iSchools 课程设置的特点。其课程设置呈现出数量大且选修课数量多,课程覆盖范围广且课程体系完备,课程设置侧重点呈一定规律性,普遍重视信息组织、检索与服务类核心课程设置以及课程教学形式多样化等特点。通过对信息组织、检索与服务三类共 39 门核心课程进行内容分析,分别揭示其所培养的核心能力。信息组织课程最重视培养学生使用各种信息组织方法的能力,以及对信息组织基本概念、理论、标准、框架的理解能力;信息检索课程最注重培养学生的信息资源选择与评价能力,信息检索策略制定能力以及熟练掌握与利用信息检索系统能力。而信息服务类课程重视用户信息行为、用户信息需求分析能力的培养,以及信息服务评价能力与参考咨询服务工作的能力。

当然上文仅分析了三类课程所培养的核心能力,课程覆盖面还不够。美国 iSchools 院校是如何设置课程,以更好地适应信息职业对图书情报学人才的需求的,是下一步需要深入探讨的问题。

2.4　iSchools 的实践教学特征

随着专业领域对实践能力需求的加深,近年来,图书情报专业的教学更加注重实践能力的培养。实践教学主要分为两个方面:一方面指学科问题生活化、情景化、社会化,即课程教授的内容与方法实践性强;另一方面指学生参与实践活动,如社会实践、研究与实习活动等。由于图书馆情报教育的专门性、针对性、实践性、应用性,相关教育机构都强调实践教学的重要性①。李明鑫从实践课程体系、实践教学内容和方法、图书馆学专业实习、实践教学师资队伍建设四个方面对图书馆学专业实践教学环节优化内容进行了探讨②。左雪梅

① 杨勇.关于图书馆学教育与实践相结合的思考[J].中国图书馆学报,2008(4):29-33.

② 李明鑫.图书馆学专业实践教学环节的优化[J].图书馆学研究,2006(9):76-77.

与马功兰探讨了自主创新和实践教学的关系①。周旖、肖鹏引入美国教育学界的服务研习理论，以中山大学汶川县、北川县图书馆灾后重建项目为例，探讨了服务研习对图书馆学实践教育的具体功效②。王翠萍等对国内 9 所高校图书馆学本科专业人才培养状况进行了调研，提出应采取产学研结合的方式来培养学生的实践能力③。肖希明与田蓉通过调研国内 28 所 LIS 教育机构，分析了其实践教学活动中实验课程设置、社会实践、专业实习及学生科研活动等方面的情况④。而笔者以 iSchools 院校为研究对象，探究其实践教学中的具体内容，总结了课程体系、研究体系与实践体系的特点，为我国相关教育机构创新实践教学提供借鉴。

2.4.1 数据来源与研究方法

根据 2013 年 *US News and World Report* 的美国图书情报数字图书馆教育排名情况⑤，笔者选取了数据较为完整且综合实力排名前 10 的美国 iSchools 院校，分别是：北卡罗来纳大学（教堂山分校图书馆与信息科学学院）、伊利诺伊大学（厄巴纳香槟分校图书馆与信息科学研究生院）、雪城大学（信息研究学院）、密歇根大学（信息学院）、华盛顿大学（信息学院）、德雷塞尔大学（计算机与信息学院）、印第安纳大学（伯明顿分校信息与计算机学院）、罗格斯新泽西州立大学（新伯朗士威校区传播与信息学院）、得克萨斯大学（奥斯汀分

① 左雪梅，马功兰.自主创新背景下图书馆学实践教学体系的构建与实践[J].池州学院学报，2011(5)：147-150.

② 周旖，肖鹏.服务研习：图书馆学研究生实践教学改革探索[J].中国图书馆学报，2013(1)：:22-30.

③ 王翠萍，张艳婷，闫昱.产学研结合与图书馆学本科生实践能力培养[J].图书馆建设，2009(2)：105-109.

④ 肖希明，田蓉.我国 LIS 教育中实践教学的调查分析[J].图书情报知识，2014(1)：18-25.

⑤ 2013 年 *US News and World Report* 的美国图书情报数字图书馆教育排名情况[EB/OL].[2014-06-19].http：//grad-schools.usnews.rankingsandreviews.com/best-graduate-schools/top-library-information-science-programs/digital-librarianship-rankings? int=37e059.

校信息学院)与匹兹堡大学(信息科学学院),下文中均以大学简称代表其学院。通过网站调查的方式,从院校的课程目录与描述中提取该院校当前开设的实践课程,并对其学分、教学内容与方法进行统计分析;从网站中的研究与实习/就业板块分别获取被调研院校的研究领域、研究中心、研究活动与实习单位、实习要求、实习指导等内容。调查时间为 2014 年 7 月 1 日至 2014 年 7 月 30 日。

2.4.2　iSchools 实践教学体系的调查分析

课程设置的情况往往体现了院校教学的重点与特点,图书情报专业中有许多课程都对实践能力有所要求:不仅传统的信息组织、信息检索等课程需要培养实践动手能力,同时新兴的信息技术、用户交互等课程也要求通过实际操作来锻炼应用技能。本研究根据 iSchools 各院校所提供的课程描述,从实践课、讨论课、研究课、实习课四个角度对 iSchools 的实践教学体系进行调研分析。

2.4.2.1　实践课程

iSchools 院校所设置的实践课程大多分为信息组织类、信息技术类,如表 2-20 所示,共 48 门课,其中德雷塞尔大学、得克萨斯大学、罗格斯新泽西州立大学以及伊利诺伊大学的实践课程较多,而北卡罗来纳大学、雪城大学和密歇根大学并未提供相关信息。

表 2-20　**iSchools 院校实践课程信息**

院校	课程类型	课程名称	数量
伊利诺伊大学	信息组织	善本编目,非印刷材料编目,信息可视化	8
	信息技术	数据库,信息接口设计,医疗基础设施(计算机科学)	
	其他	讲故事,电子出版	
华盛顿大学	信息组织	目录、编目与分类	2
	信息技术	生态信息系统	

续表

院校	课程类型	课程名称	数量
德雷塞尔大学	信息组织	编目与分类,特殊材料编目,元数据与资源描述	10
	信息技术	地理信息系统,学校媒体	
	其他	社会媒体资源设计,健康科学资源,讲故事,研究统计学,定性研究方法	
印第安纳大学	信息技术	数据库设计,信息系统设计,图书馆系统,学校媒体,网页编程,网络信息构架	6
罗格斯新泽西州立大学	信息组织	编目与分类	9
	信息技术	数据库设计与管理,多媒体制作,接口设计,图书馆与信息机构的信息技术	
	信息检索	搜索原理,信息检索	
	其他	信息专业人员的人际沟通,信息素养	
得克萨斯大学	信息技术	编程导论,数字人文导论,数字资源库,信息构架与设计,动态网页设计,信息技术,书的技术,数据库管理,可持续数位典藏构建,基于 web 的信息技术	10
匹兹堡大学	信息组织	信息可视化	3
	信息技术	信息技术导论,图书馆与档案计算	

在信息组织类课程中,“善本编目”(伊利诺伊大学)要求学生熟练掌握 AACR2 对珍贵书籍编目,使用 AACR2 和 MARC21 对非印刷材料编目;“元数据与资源描述”(德雷塞尔大学)旨在培训学生创建元数据记录、分析元数据元素和词汇的使用情况并评估数字化资源库中数据质量的能力;罗格斯新泽西州立大学的相关课程除了 AACR2 和 MARC21 标准外,还涵盖了杜威十进分类法和国会图书馆分类法的应用;“信息可视化”,以匹兹堡大学为例,其重点是开发和评价供各种类型数据可视化的工具,并实际运用这些可视化的技术。

在信息检索类课程中,以罗格斯新泽西州立大学的“搜索原理”为例,通过练习,使学生掌握 DIALOG、LexisNexis、网络搜索引擎和图书馆资源搜索系统的搜索方法与技巧;“信息检索”通过实验来研究和分析问题,如比较两个检索系统的有效性或用户界面、测试系统的可用性,讨论检索系统(如 AntWorld、Onix、Lemur、Cheshire、Okapi、Lucene 等)的功能、优劣势并提出建议。

在信息技术类课程中,系统设计、软件编程和计算机应用对实践能力要求较多,并以实验室教学为主。“生态信息系统”,以华盛顿大学为例,要求熟悉认知系统工程,开展现场实践与数据分析,并将实践所得转化为信息系统的设计要求;“地理信息系统”,以德雷塞尔大学为例,通过实验室中的实践帮助学生掌握、清理、整合、处理、可视化地理空间数据;“网页编程”,以印第安纳大学为例,通过讲座和实验室联系巩固开源编程语言的技能。

2.4.2.2　讨论课程

iSchools 院校课程中“Seminar in...”的课程较多,同时本研究将课程描述中含有讨论要求与信息的所有课程也计算在内(见表 2-21)。表 2-21 显示,iSchools 讨论课包含了教学实践、计算机技术与伦理、图书馆服务、专业领域信息学等各个方面,共 43 门课。

表 2-21 **iSchools 院校讨论课程信息**

院校	专题讨论课	随堂讨论课	数量
北卡来罗纳大学	—	信息与计算机伦理学，协议和网络管理，信息伦理，生物医学信息学研究	4
伊利诺伊大学	—	档案整理和描述，数字保存	2
密歇根大学	社交网络设计讨论课	数字人文辩论技巧，“个性化信息系统：模型、算法和方法”	3
华盛顿大学	—	专业图书馆，信息问题，信息服务和集合，公共图书馆成人读者服务，信息与社会，知识管理	6
德雷塞尔大学	—	XML 与数据库，医疗信息，信息系统审计	3
印第安纳大学	知识自由讨论课，信息科学讨论课	编目，善本，信息可视化	5
罗格斯新泽西州立大学	图书馆与信息研究讨论课，社会化媒体研究讨论课	传统口头叙述，外展服务规划，搜索原理，组织的知识管理	6
得克萨斯大学	儿童及青少年电子资源讨论课，视觉资源青年讨论课，信息组织讨论课，信息政策讨论课	—	4
匹兹堡大学	公共服务专题讨论，专题讨论课(8门)	图书馆和信息服务的管理与领导	10

(1) 专题讨论课

专题讨论课是以研讨会为主要形式的课程，专注于某一特定领域或主题进行研究与探讨。根据实验的需求与实时热点所设置，保持与最新的职业/研究需求相对接。

在讨论的广度上,“社交网络设计”(密歇根大学)涉及社会学习行为、网络信任度、网络协调度、网络与市场的关系,开展调研了解市场选择、价格设置与社会偏好,应用社交媒体(如 Facebook 和 Twitter)实施研究;“社会化媒体研究”(罗格斯新泽西州立大学)中的“社会化媒体”不仅限于 Facebook、Flickr 和 Twitter。在讨论的深度上,“信息科学”(印第安纳大学)鼓励在社会信息学、科学计量学、信息检索、资源组织、信息哲学、人机交互、可视化等领域的深度阅读。

(2)随堂讨论课

随堂讨论课是以常规教学为主要形式的课程。在课程中,学生以个人或小组的形式参与讨论,由任课教师指定讨论的主题,如信息与计算机伦理学需讨论知识产权、隐私、访问/审查、道德行为准则等内容。值得注意的是,罗格斯新泽西州立大学不仅在课程描述中提出了讨论需求,同时还制定了详细的教学日志:“组织的知识管理”在第一周讨论“知识是什么?”;第五周要求阅读著作 *Cultivating Communities of Practice: A Guide to Managing Knowledge* 的第 1 章和第 2 章(内容为:实践社区及其对组织的价值;实践社区及其结构要素)和阅读论文 *Learning Organizations A Primer for Group Facilitators*,讨论“学习型组织的优势是什么? 组织学习的理论基础是什么?”;第八周要求阅读 *Cultivating Communities of Practice: A Guide to Managing Knowledge* 第 6、7、8 章(内容为:分布式社区的挑战;实践社区的缺陷;价值创造的测量和管理),讨论“如何使用决策支持系统? 决策支持系统与知识管理的关系? DSS 需要哪些技术工具? 使用决策支持技术的优势和障碍有哪些?”等。

2.4.2.3　独立研究课程

独立研究课程是实践教学的重要组成部分,学生自主选择研究主题,并通过申请获得导师的许可后进行研究。一项独立研究通常需要就一个问题或主题开展深入的研究,并提交学术书面报告(得克萨斯大学),涉及阅读大量的研究论文或开展研究项目(密歇根大学),提供个人在信息科学与技术领域的调查报告(德雷塞尔大学),

采用案例研究法考察图书馆的教学、人员配备、预算编制、设施管理等,后为其制定战略规划和进行需求评估(罗格斯新泽西州立大学),或通过学生与教学的沟通,采用各种形式完成研究报告(匹兹堡大学)。

2.4.2.4 实习课程

实习课能够帮助学生在专业领域运用课堂所学的理论知识,在工作环境中获取宝贵的专业和人际交往技能。iSchools 高校均开设有实习课,并对实习的内容作了相关要求(见表 2-22)。

表 2-22 **iSchools 院校实习课程的调研**

院校	课程名称与要求	学分
北卡罗来纳大学	信息科学实习	3
	健康信息学实习	3
	在学校图书馆媒体现场体验	3
	研究生教学实习	1~3
伊利诺伊大学	实习	2
	LIS 实践	/
雪城大学	学校媒体实习课	3
	学校媒体实地调查	/
	信息科学实习课	3
密歇根大学	实践参与计划 1	1~6
	实践参与计划 2	3~6
德雷塞尔大学	6/12 周学校图书馆媒体中心实习	3/6
	临床经验	3
印第安纳大学	图书情报专业实习	2~6
	博士研究实习 1/2	2
	博士研究实习 3	3
罗格斯新泽西州立大学	非学校图书馆媒体领域实习	3
	学校图书馆媒体领域实习	3

续表

院校	课程名称与要求	学分
得克萨斯大学	学校图书馆实习	/
	图书馆和其他信息机构实习	/
匹兹堡大学	资源与服务实习、信息技术与数字图书馆实习、学术图书馆实习、公共图书馆实习、儿童及青少年资源与服务实习、健康资源与服务实习	/
	学校图书馆媒体实习	3~6

(1)学分学时的要求

iSchools 实习课学分一般为 3 分,有些课会根据实习所完成的学时进行学分的调整。密歇根大学和印第安纳大学以 60 学时的实习为 1 学分计算,最多修 6 个学分。雪城大学的实习要求分为 100、120、150 小时三个层级,密歇根大学是 60 至 360 小时的实习,德雷塞尔大学要求为 6 或 12 周,印第安纳大学为 120 小时,罗格斯新泽西州立大学为 150 小时,得克萨斯大学为 125 小时。这些高校均对实习的学时有着具体的要求。

(2)实习前需完成的课程

实习往往是基于理论学习的,iSchools 的实习课程中,部分高校规定先学习某些理论课程。如北卡罗来纳大学,规定开展信息科学实习前必须先完成"信息检索与分析""信息素养工具""信息系统分析与设计"等课程的学习。在进行学校图书馆媒体现场体验前,须学习"青年科技图书馆""学校图书馆"两门课:"青年科技图书馆"将帮助学生在公共与学校图书馆应用新兴技术;"学校图书馆"则是促进学生对学校图书馆媒体专家各种职能的了解。

部分高校对实习前需完成的理论课程学分有具体要求,如伊利诺伊大学要求完成 14 学分的图书情报学课程,印第安纳大学要求修完 18 学分,罗格斯新泽西州立大学要求修完 15 学分。通过图书情报学课程的学习,学生能够首先了解该领域的内容,学习某些实习中必需的技能。

(3)实习单位的选择

图书情报专业一般的实习单位为各类图书馆和信息机构，iSchools 院校积极与各类型的组织形成合作关系，为学生提供广泛的实习机会。北卡罗来纳大学为学生提供了系统生物学协会、图书馆协会、元数据研究中心、研究所图书馆、法律图书馆、生物医学图书馆等单位的实习生职位和负责人联系方式；伊利诺伊大学建立邮件列表和讨论小组，与美国图书馆协会、美国学校图书馆协会、儿童图书馆服务协会、国际图书馆协会联合会、美国法律图书馆协会等联系紧密；雪城大学建立了广泛的行业合作关系，包括金融服务、政府、学术和公共图书馆、研发、医疗、非营利、保险、咨询、媒体和娱乐以及创业等。

(4)实习指导方式

在实习前或途中，高校会对学生的实习开展各种途径的指导或交流，如伊利诺伊大学将导师指导、同学指导、校友指导三者结合；雪城大学提供 iCareer 资源，包括求职指南、求职网站推荐、图书馆学求职和职业构建、专业在线、图书馆和信息专业人士的博客、社交媒体(Facebook、Twitter、LinkedIn、CuseConnec)，设立 iCareer Day 在学校内举办与信息领域专业人士的见面会；密歇根大学提供在线课程供学生学习，通过 iTrack 在线招聘接受职位推送，进行校友联络等；德雷塞尔大学为学生举办网络课堂讨论交流心得与探讨问题等。iSchool 高校均十分重视校友的作用，每个高校拥有强大的校友资源，建立在校生/校友的网络连接，以便将特定区域或行业领域的在校生和校友连接起来。

2.4.3 iSchools 实践教学体系特点

2.4.3.1 建立了体系完备的实践教学课程

iSchools 对于实践教学课程的设置尤为重视，除雪城大学与密歇根大学外，其余高校的开设的课程均在 10 门以上，图 2-3 中的后 5 所高校更是达到了 20 多门。

从 iSchools 实践教学课程设置的现状来看，各高校在教学方式上融合了更多的互动式和启发式教学，引导学生在实验室、讨论室或

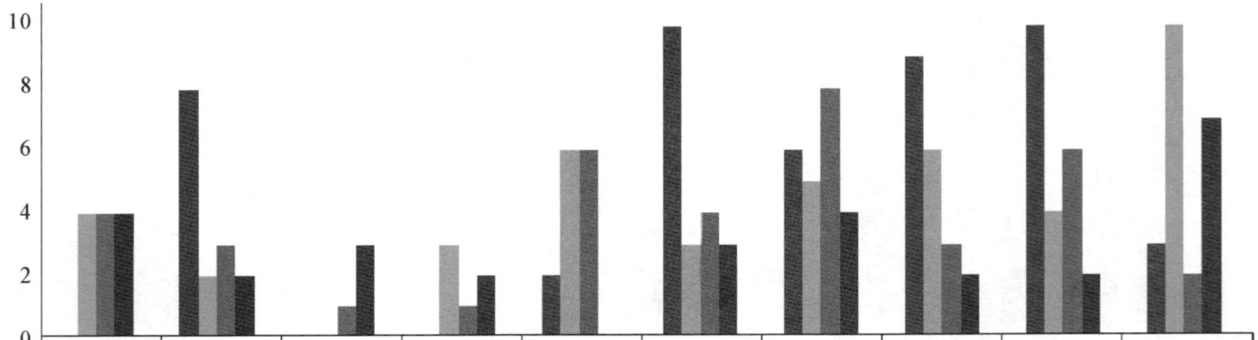

	北卡罗来纳大学	伊利诺伊大学	雪城大学	密歇根大学	华盛顿大学	德雷塞尔大学	印第安纳大学	罗格斯新泽西州立大学	得克萨斯大学	匹兹堡大学
实践课		8			2	10	6	9	10	3
讨论课	4	2		3	6	3	5	6	4	10
研究课	4	3	1	1	6	4	8	3	6	2
实习课	4	2	3	2		3	4	2	2	7
总计	12	15	4	6	12	20	23	20	22	22

注：表中空白处为网站中没有涉及的课程。

图 2-3　美国 10 所 iSchools 院校实践教学课程数量分布图

实习地获取知识技能与经验。高校之间对实践教学所偏重的方向存在着差异,伊利诺伊大学、德雷塞尔大学、罗格斯新泽西州立大学与得克萨斯大学更重视培养学生的实践动手能力;匹兹堡大学则注重学生的讨论研究能力;印第安纳大学的研究课开设最多;北卡罗来纳大学对讨论、研究和实习的要求较为均衡。

美国 iSchools 院校的课程注重实现理论讲授与实践操作的平衡,教学方式更加灵活多变,将教学、实践与讨论三者进行有机的结合。实践课主要分布在信息组织、信息检索与信息技术领域:信息组织课程中的分类、编目等是图书馆传统的实践活动,需要掌握分类法、编目规则知识并进行实际应用;信息检索课程既需要学生掌握搜索方法与技巧,同时应了解各种不同类型检索系统的特点与差异,需要通过实际操作进行用户体验;信息技术课程中的系统设计、软件编程和计算机应用等内容均对实践能力要求较多。上述三类课程是整个图书情报学实践课的重要组成部分,国内对此方面的实践教学也极为重视,据调查,国内 18 所 LIS 教育机构均开设信息检索实践课,12 所以上开设信息组织实践课与相关信息技术实践课①。iSchools 讨论课在形式上既有以研讨会为主的专题讨论课,亦有以常规教学为主的随堂讨论课,国内高校虽在教学方式上融入了课堂讨论环节,但对于专题讨论课的设置则较少;iSchools 讨论课既有基于经典基础问题的讨论,亦会随着研究热点变动而不断调整,如密歇根大学的社交网络设计专题讨论课要求讨论市场实验、社会偏好等经典的社交网络实验主题,同时根据现有的理论文献与实验研究设计讨论主题,重视基础理论与前沿热点的结合。

2.4.3.2 全方位培养研究能力

研究能力的培养不仅仅局限于课程学习,iSchools 将兴趣与研究相结合,通过开展暑期实践和与高校研究中心合作等方式,提升学生科研能力。

在研究课程中,学生被要求运用案例分析或跨学科研究等方法

① 肖希明,田蓉.我国 LIS 教育中实践教学的调查分析[J].图书情报知识,2014(1):18-25.

完成自主研究任务。除了开设的研究课程外,部分高校还设有暑期研究计划,将研究的可用时间拓展至假期,如密歇根大学的 10 周暑期研究计划与印第安纳大学的 8 周暑期研究计划。在这些计划中,每名学生被分配到其感兴趣的一个研究小组,在教师的指导下参与该小组的科学工作与社会活动。

iSchools 将高校研究中心与学生科研结合,以教员主导、学生为辅的形式开展课题调研,并允许学生自主提出与中心研究领域相关的课题,由学生与教员合作组建研究小组。如伊利诺伊大学青年文学和文化研究小组隶属于儿童图书中心,参与者主要为教师和来自多个学科的博士生,包括图书馆学与信息科学、英语、教育等。iSchools 设有众多的研究中心,如密歇根大学、华盛顿大学、印第安纳大学、匹兹堡大学的研究中心在 10 所以上,由研究中心带领学生开展科学研究,一方面能够规范学生的研究方法与流程,另一方面能够促进学生研究成果的转化,提高研究的可持续性。

2.4.3.3 注重实习教学注重过程管理

iSchools 对实习开展的流程有着较为规范的规定,一般包括提交实习申请表/系统填写信息、拟定实习协议、开展自我评价与主管评价、完成实习报告等。实习申请表主要提交实习的基本信息,如实习参与者、实习内容、实习时间与实习地点等;实习协议将提供更多实习工作的情况,如工作方法、工作与学习项目的关联、沟通技巧、主观评价标准等;自我评价让学生辩证地看待实习过程,主管评价将对学生实习的性能进行评估。

2.4.3.4 多方合作拓展实习机会

iSchools 一方面通过导师、同学、校友的纵向关联为学生提供有效的实习途径:获取导师的职业建议与建立专业网络;学生间相互支持与学习,发挥学生团体与专业组织的作用;连接校友网络,建立校友回馈制度。另一方面,联合相关行业协会、图书馆与其他领域单位直招实习生,提供研究员、助教、志愿者等多重实习角色,将定向实习与自主选择相结合,搭建最直接的实习平台。

上述调查分析表明,iSchools 基于实践、研究与实习三个方面构建了一个形式多样、内容丰富的实践教学体系,在人才的培养方面取得了较好的成效。我国图书情报教育在教学方式上已经逐步改变了单一的教师教授的上课方式,但在形式多样性和内容丰富性上与iSchools 仍存在着差距。在课程体系中,应平衡教学、实践、讨论的比例,加强常规教学中与学生的互动,增设专题讨论课;在研究体系中,强化院校研究中心、教师科研项目与学生科研的联系;在实习体系中注重过程管理,提高导师、同学、校友与行业协会等资源的利用率。iSchools 实践教学体系为我国构建完备的课程、研究、实习体系提供了理论与方法,有利于创新我国图书情报教学模式,提升我国图书情报学人才的培养质量。

2.5 iSchools 毕业生就业特点分析

iSchools 的使命之一是培养信息职业的领导者,满足社会对信息类人才的需求。研究 iSchools 毕业生的就业状况可以帮助我们了解 iSchools 运动的成效,为课程设置、人才培养模式的改革与创新等提供有效反馈。本节试图从 iSchools 毕业生的就业率、就业领域、职位、薪水等几个方面进行调查,旨在揭示 iSchools 毕业生的就业特点。

2.5.1 研究方法

主要采用网站调查法和内容分析法,通过登录 iSchools 各院校主页,搜集并整理近 5 年来其毕业生就业情况的相关数据,形成该项研究的事实基础。为了分析数据的便利,我们首先对 iSchools 院校进行分类。笔者采用吴丹、何大庆等的分类标准①,按历史、研究教学重点将样本院校分为三类,即商务管理类、计算机科学类、图书情报学类。需要说明的是,由于受 iSchools 成员院校信息公开度等的限制,我们未能获得所有院校毕业生的就业数据,只能选取就业报告较为详尽的院校作为调查样本。分类结果如表 2-23 所示。

---

① Wu D, He D, Jiang J, Dong W, Vo K T. The State of iSchools: An Analysis of Academic Research and Graduate Education[J]. Journal of Information Science, 2012, Vol.38, No.1, pp.15-36.

表 2-23 **所调查的 iSchools 院校**

类别	院 校
商务管理类	卡内基梅隆大学(汉斯信息系统与管理学院)
	新加坡管理大学(信息系统学院)
	加州大学伯克利分校(信息学院)
	马里兰大学巴尔的摩县分校(信息系统系)
	里斯本新大学(统计与信息管理学院)
计算机科学类	印第安纳大学(信息与计算机学院)
	墨尔本大学(墨尔本信息学院)
	密歇根州立大学(媒体与信息系)
图书情报学类	得克萨斯大学奥斯汀分校(信息学院)
	佛罗里达州立大学(传播与信息学院)
	密歇根大学(信息学院)
	雪城大学(信息研究学院)
	北卡罗来纳大学(图书馆与信息科学学院)
	华盛顿大学(信息学院)
	伊利诺伊大学(图书馆与信息科学研究生院)
	威斯康星大学麦迪逊分校(图书馆与信息研究学院)
	威斯康星大学密尔沃基分校(信息研究学院)
	筑波大学(图书馆、信息与媒体研究生院)
	英属哥伦比亚大学(图书馆、档案与信息研究学院)

2.5.2 iSchools 毕业生就业状况调查结果及分析

2.5.2.1 关于就业率的调查

就业率体现了 iSchools 毕业生在人才市场受欢迎的程度。在 iSchools 各院校的官网进行数据搜集时发现，各院校多通过邮件、在线问卷、电话等方式调查其毕业生的就业情况，调查的时间有所不同，如学年末、毕业后两周、毕业后半年、毕业后一年等，各院校毕业生的反馈率也不同。此处统计的就业率包括全职、兼职、临时及实习,不包括自主创业和继续深造。我们对调查到的数据进行汇总,结果详见表 2-24。

表 2-24　　**近五年 iSchools 院校就业率一览表**

<table>
<tr><th>就业率 年份
院校</th><th>2009</th><th>2010</th><th>2011</th><th>2012</th><th>2013</th></tr>
<tr><td>卡内基梅隆大学(汉斯信息系统与管理学院)</td><td>79.1%</td><td>82.9%</td><td>91.1%</td><td>93.9%</td><td>93.7%</td></tr>
<tr><td>新加坡管理大学(信息系统学院)</td><td>96.9%</td><td>100%</td><td>99.2%</td><td>90.2%</td><td>93.6%</td></tr>
<tr><td>加州大学伯克利分校(信息学院)</td><td>42.9%</td><td>73.1%</td><td>51.9%</td><td>69.2%</td><td>86.2%</td></tr>
<tr><td>马里兰大学巴尔的摩县分校(信息系统系)</td><td>/</td><td colspan="2">55%</td><td>/</td><td>/</td></tr>
<tr><td rowspan="2">印第安纳大学(信息与计算机学院)</td><td rowspan="2">/</td><td rowspan="2">/</td><td rowspan="2">/</td><td rowspan="2">/</td><td>77%(学)</td></tr>
<tr><td>88%(硕)</td></tr>
<tr><td>得克萨斯大学奥斯汀分校(信息学院)</td><td>/</td><td>93%</td><td>84%</td><td>90%</td><td>/</td></tr>
<tr><td>佛罗里达州立大学(传播与信息学院)</td><td>/</td><td>/</td><td>/</td><td>39.2%</td><td>/</td></tr>
<tr><td>密歇根大学(信息学院)</td><td>/</td><td>/</td><td>/</td><td>97%</td><td>/</td></tr>
<tr><td rowspan="5">雪城大学(信息研究学院)[1]</td><td rowspan="5">/</td><td>64%(BSIMT)</td><td>72%(BSIMT)</td><td>78%(BSIMT)</td><td>88%(BSIMT)</td></tr>
<tr><td>/</td><td colspan="3">94%(MSIM)</td></tr>
<tr><td>/</td><td colspan="3">84%(MSTNM)</td></tr>
<tr><td>/</td><td colspan="3">90%(MSLIS)</td></tr>
<tr><td>/</td><td colspan="3">83%(MSLISSM)</td></tr>
</table>

续表

<table>
<tr><th>就业率　年份
院校</th><th>2009</th><th>2010</th><th>2011</th><th>2012</th><th>2013</th></tr>
<tr><td>北卡罗来纳大学(图书馆与信息科学学院)</td><td>/</td><td>/</td><td>/</td><td>/</td><td>88.5%</td></tr>
<tr><td>威斯康星大学麦迪逊分校(图书馆与信息研究学院)</td><td>56.7%</td><td>71%</td><td>70%</td><td>69.2%</td><td>/</td></tr>
<tr><td>密歇根州立大学(媒体与信息系)</td><td>/</td><td>/</td><td>/</td><td>/</td><td>87%</td></tr>
<tr><td>筑波大学(图书馆、信息与媒体研究生院)</td><td>68.1%</td><td>59.5%</td><td>73.8%</td><td>76.9%</td><td></td></tr>
<tr><td rowspan="2">里斯本新大学(统计与信息管理学院)[2]</td><td rowspan="2">/</td><td rowspan="2">/</td><td colspan="3">95%(学士学位)</td></tr>
<tr><td colspan="3">97%(硕士学位)</td></tr>
<tr><td>英属哥伦比亚大学(图书馆、档案与信息研究学院)</td><td>93.7%</td><td>/</td><td>/</td><td>/</td><td></td></tr>
</table>

注:[1]雪城大学信息研究学院有五个项目:即信息管理与技术学士学位(BSIMT)、信息管理硕士学位(MSIM)、通信与网络管理硕士学位(MSTNM)、图书情报学硕士学位(MSLIS)、图书情报学-学校媒体硕士学位(MSLISSM)。学院对其毕业生去向分别统计,这里也分别列出,后四项为三年平均数据。[2]表中数据为 2011—2013 年的平均数据。

由表 2-23 和表 2-24 可以看出:

①iSchools 成员院校的就业率与 iSchools 类型无关。如图书情报学类院校佛罗里达州立大学传播与信息学院 2012 年就业率仅为 39.2%,但密歇根大学信息学院达到 97%;商务管理类院校马里兰大学巴尔的摩县分校信息系统系 2010—2011 年就业率为 55%,而新加坡管理大学信息系统学院的优秀学生可达到 100%的就业率。

②美国 iSchools 院校 2009 年就业率均较低。如加州大学伯克利分校信息学院甚至低至 42.9%,这与美国金融危机引发的经济疲软与波动状况有很大关系,当年美国的失业率为 9.4%,加州为

11.5%,创美国失业率近 30 年之新高①。所以 2009 年就业率的偏低是可以解释的。

③新加坡管理大学信息系统学院近 5 年的就业率几乎都保持在 90%以上,有的年份甚至达到 100%,这归功于新加坡管理大学信息系统学院全面性的课程设置,它把商业与 IT 有机结合,并通过双学位、海外实习等拓展了学生的职业道路。

2.5.2.2 关于就业的领域

我们对 iSchools 院校就业报告中列出的就业单位、职位名称进行统计,并按就职单位的性质进行归类,得出就业率较高的领域;对各院校毕业生就职岗位信息进行整理,用 ROST 词频统计软件进行词频统计,得出出现次数较多的职位名称。

(1)毕业生的就业领域逐步拓展

调查发现,iSchools 毕业生的职业选择广泛分布在 IT、金融、咨询、图书馆、政府机关、非营利组织、制造、保险、医疗、教育等行业,呈现出多样化的特征。图书情报学类 iSchools 院校毕业生虽然仍多在图书馆就职,但在其他领域就职的毕业生的数量也在增多。据密歇根大学信息学院 2012 年的调查,其毕业生在图书馆就职的占 29%,在科技领域占 21%,另外,在医疗、服务业、金融、咨询、自动化等领域就职的毕业生逐年增多②。得克萨斯大学奥斯汀分校信息学院在图书馆就职的毕业生的比例从 2011 年的 42%降到 2012 年的 28%,同时在医药、能源等行业的就业比例在增加,110 名毕业生分别在 19 个行业就职,新增行业涉及广告营销(4%)、金融(3%)、工程硬件(2%)、餐饮服务(2%)、社会服务(2%)、法律(1%)、智能(1%)、娱乐(1%)8 个行业③。这些数据说明 iSchools 院校毕业生就业领域不

---

① UC Berkeley School of Information Career Survey 2009[EB/OL].[2014-07-11].http://www.ischool.berkeley.edu/files/ISchoolCareerSurvey2009.pdf.

② 2013 Employment Report[EB/OL].[2014-07-14].https://www.si.umich.edu/sites/default/files/2013_employment_report_single_pages_mobile.pdf.

③ Class of 2011 Employment Report[EB/OL].[2014-07-11].https://www.ischool.utexas.edu/sites/default/files/images/2011_Employment%20Report_final.pdf;Class of 2012 Employment Report[EB/OL].[2014-07-11].https://www.ischool.utexas.edu/sites/default/files/images/Employment%20Report%202012_0.pdf.

断拓展。

(2)院校类型及定位对毕业生去向的影响

根据就业报告对各院校毕业生主要的就业领域进行统计,发现院校类型与就业领域有相关关系,职位名称词频统计结果与就业领域也呈正相关,院校类型与自身定位在一定程度上影响毕业生的去向。我们以商务管理类院校和图书情报类院校为例加以说明。

①商务管理类院校毕业生的去向。

我们以就业报告较为详细的卡内基梅隆大学汉斯信息系统与管理学院为例,分析商务管理类院校毕业生的就业去向。我们按照就职单位的性质,对该学院 2011—2013 年 468 名毕业生的就业领域进行归类统计,对职位名称进行词频统计。统计发现,就业领域位居前 3 的分别是 IT 领域(45%)、咨询领域(17.3%)、金融领域(13.4%)。职位名称词频统计结果如表 2-25 所示。

表 2-25　**卡内基梅隆大学汉斯信息系统与管理学院毕业生职位统计(2011—2013 年)**

职位名称	频次	职位名称	频次
工程师	134	技术	40
软件	112	经理	26
咨询	76	职员	24
分析师	73	商业	23
高层(的)	54	发展	23
助手	48	开发师	22
技术(的)	40	项目	19

如表 2-25 所示,职位名称词频统计结果前几位与 IT、咨询、金融行业基本对应。该学院的人才培养目标是使其毕业生成为尖端科技创造者,课程设置突出信息技术与信息技术管理,因此,从事 IT 行业

的毕业生占到毕业生总数的 45%。此外,作为商务管理类 iSchool 院校,该学院就职在金融业的毕业生也占较大比例。

②图书情报类院校毕业生的去向

我们以就业报告较为详细的威斯康星大学麦迪逊分校图书馆与信息研究学院为例,分析图书情报类院校毕业生的就业去向。从该学院近年来发布的就业报告①可以看出该学院毕业生大多就职在图书馆,其中以公共图书馆和学术图书馆比例较大。以 2011 年和 2012 年为例,该学院 2011 年就业人数共 54 人,其中就业在图书馆的毕业生就有 48 人,占 88.9%,2012 年就业在图书馆的毕业生占就业总人数的 73.7%(详见表 2-26)。该学院在儿童图书馆服务、青少年图书馆服务、学校图书馆媒体专家和档案馆员教育方面排在美国图书情报界的前列②,并与学校图书馆和社区图书馆保持良好的关系,一些毕业生在毕业之后直接进入这些图书馆从事服务工作。

表 2-26 **威斯康星大学麦迪逊分校图书馆与信息研究学院毕业生近几年就业领域**

年份	图书馆就业人数				档案馆就业人数	其他图书情报机构就业人数	其他领域就业人数	就业总人数
	学术图书馆	公共图书馆	学校图书馆	专门图书馆				
2009 年	13	17	3	9	3	0	4	49
2010 年	15	22	4	2	7	3	14	67
2011 年	24	15	4	5	2	3	1	54
2012 年	13	22	1	6	2	4	9	57

① Alumni Employment Report, Class of 2012[EB/OL].[2014-07-12]. http://www.slis.wisc.edu/documents/Class_of_2012_Alumni_Employment_Report_Final.pdf.

② School of Library & Information Studies | University of Wisconsin-Madison[EB/OL].[2014-07-14].http://www.slis.wisc.edu/about.htm.

可见,iSchools 院校的类型影响其毕业生的就业领域,商务管理类院校毕业生多就业在 IT 与商业相结合的领域,图书情报学类院校毕业生则多就业在图书馆及相关领域。iSchools 院校的自身定位及人才培养目标也在一定程度上决定着其毕业生的就业去向,如上文所述,卡内基梅隆大学汉斯信息系统与管理学院提供了证据。

2.5.2.3 毕业生的就职岗位

为了进一步了解 iSchools 院校毕业生就业职位的总体情况,我们搜集了一部分样本院校毕业生就业职位的详细信息,对其进行整理,并统计出频次较高的职位名称(详见表 2-27)。从表 2-27 中可知,iSchools 院校毕业生大多从事数据分析师、工程师、咨询师等工作,与高科技、软件等联系比较密切;管理类职位也在吸纳着大量 iSchools 毕业生;同时,图书馆员职位仍是毕业生的重要选择。

表 2-27 **iSchools 院校毕业生就职岗位词频统计**

职位名称	频次	职位名称	频次
分析师	257	图书馆员	83
工程师	200	管理	69
技术(的)	154	主管	61
软件	150	开发师	59
咨询	142	服务	56
助手	134	系统	51
经理	129	发展	51
商业	99	信息	44

此外,我们还对图书情报学类院校毕业生的就业职位进行汇总,并进行词频统计处理,以了解图书情报学毕业生就业职位的情况(结果如表 2-28 所示)。

表 2-28　　图书情报专业学位就职岗位词频统计

职位名称	频次	职位名称	频次
服务	40	数字化的	14
参考咨询	25	协调员	14
档案馆员	18	检索	14
助手	18	信息	12
专家	17	技术(的)	11

由表 2-28 可知,图书情报类专业毕业生在图书馆多从事服务岗位,工作内容也比较广泛。按服务对象,包括为儿童、青少年以及成人提供的服务;按服务内容,包括参考咨询服务、技术服务等。职位名称最多的则是参考咨询馆员,他们在传统图书馆或通过网络帮助用户解决在文献信息查询与获得过程中遇到的各种问题。

2.5.2.4 毕业生的工资状况

薪酬是毕业生选择工作时考虑的一个重要因素。我们对 iSchools 毕业生的薪水进行调研,具体见表 2-29。从总体上看,非图书情报部门的薪酬要高于传统图书情报领域,软件数据库等高科技公司、私企等的薪酬待遇远远高于图书情报领域,同时图书情报领域也存在不同类型图书馆与不同职位的差别。

表 2-29　　iSchools 成员院校毕业生近几年工资状况

薪水(美元/年)　年份 院校	2009	2010	2011	2012	2013
卡内基梅隆大学(汉斯信息系统与管理学院)[1]	68960	89446	90172	93707	94342
	77542	81279	86821	92125	90379
新加坡管理大学(信息系统学院)[2]	41340	41688	43644	40596	41616
	45048	54564	51528	47352	47352
加州大学伯克利分校(信息学院)	75420	81333	102450	90000	100000

续表

<table>
<tr><th>薪水(美元/年)　年份
院校</th><th>2009</th><th>2010</th><th>2011</th><th>2012</th><th>2013</th></tr>
<tr><td rowspan="2">印第安纳大学(信息与计算机学院)</td><td rowspan="2">/</td><td rowspan="2">/</td><td rowspan="2">/</td><td rowspan="2">/</td><td>56500(学)</td></tr>
<tr><td>75200(硕)</td></tr>
<tr><td>密歇根州立大学(媒体与信息系)</td><td>/</td><td>/</td><td>/</td><td>/</td><td>39422</td></tr>
<tr><td>密歇根大学(信息学院)</td><td>/</td><td>/</td><td>/</td><td>63000</td><td>/</td></tr>
<tr><td>雪城大学(信息研究学院)[3]</td><td></td><td>55818</td><td>59823</td><td>60432</td><td>63337</td></tr>
<tr><td>威斯康星大学麦迪逊分校(图书馆与信息研究学院)</td><td>40434</td><td>35524</td><td>44709</td><td>41140</td><td>/</td></tr>
<tr><td>威斯康星大学密尔沃基分校(信息研究学院)[4]</td><td>/</td><td>/</td><td>/</td><td>39023</td><td>/</td></tr>
<tr><td>华盛顿大学(信息学院)[5]</td><td>/</td><td>/</td><td>/</td><td>45099</td><td>/</td></tr>
<tr><td>北卡罗来纳大学(图书馆与信息科学学院)[6]</td><td>/</td><td>/</td><td>/</td><td>/</td><td>71686</td></tr>
<tr><td rowspan="2">里斯本新大学(统计与信息管理学院)[7]</td><td rowspan="2">/</td><td rowspan="2">/</td><td colspan="3">18980(学)</td></tr>
<tr><td colspan="3">23388(硕)</td></tr>
<tr><td>墨尔本大学(墨尔本信息学院)</td><td>/</td><td>/</td><td>/</td><td>58000</td><td>/</td></tr>
</table>

注:[1]卡内基梅隆大学汉斯信息系统与管理学院每年有两份就业报告(5月和12月),均对毕业生薪水进行了统计,上行为5月份统计数据,下行为12月份统计数据。[2]新加坡管理大学信息系统学院对 GPA≥3.4 的优秀学生的薪水分别计算,上行是学院总体学生平均薪水,下行则为优秀学生的平均薪水。[3]所列为该学院信息管理与技术学士学位(BSIMT)毕业生的薪水,其他未统计。[4]和[5]所列为学院图书情报学毕业生的薪水。[6]所列薪水是该学院信息科学专业毕业生的薪水,其他未公布。[7]所列为 2011—2013 年的平均薪水。

美国劳统局(U.S.Bureau of Labor Statistics)于2013年5月发布了各行业就业与工资状况①,图书馆员和档案馆员的年收入为47750美元,与美国所有职业的平均年收入(46440美元)基本持平,而计算机类职业的薪水每年为82010美元,软件开发师甚至达100000美元以上,可见差距之大。由表2-29可以看出,尽管受美国金融危机影响,卡内基梅隆大学汉斯信息系统与管理学院、加州大学伯克利分校信息学院毕业生近几年的薪水仍比较高,其他薪水较高的数据也大都属于计算机类专业毕业生(新加坡管理大学信息系统学院毕业生薪资虽低于美国院校,但较新加坡其他院校高,属于国家经济发展水平问题)。与此形成对比的是,图书情报学类院校威斯康星大学麦迪逊分校图书馆与信息研究学院毕业生的薪资明显低于上述院校,威斯康星大学密尔沃基分校信息研究学院与华盛顿大学信息学院等的图书情报学专业毕业生的薪资待遇也不太理想。

2.5.2.5　毕业生的相关求职问题

(1)求职的方法

国外 iShools 院校非常重视毕业生就业问题,不少学院网站上将“职业”作为一级栏目,在此栏目之下可以检索到招聘会信息、找工作的注意事项、如何写简历等资源或链接。加州大学伯克利分校信息学院调查了2011年毕业生找工作用到的方法,结果发现93%的毕业生利用了学校各种招聘会,62%的毕业生利用了亲友资源,选择实习或之前工作的毕业生占38%。对于密歇根州立大学媒体与信息系的毕业生,实习及之前的工作经历也是一个重要的途径(30%),而通过亲友获得工作的也占较大比例(21%)。2012年雪城大学信息研究学院有65%的毕业生通过学校招聘会找到工作。由此可见,iSchools 毕业生找工作的方法多种多样,但也有一些共性,如实习、学校招聘会、社交网络等。

尤其值得注意的是,许多 iSchools 院校与毕业生都认为实习对求职具有十分重要的作用,因此 iShools 各院校非常重视实习环节,

① OCCUPATIONAL EMPLOYMENT AND WAGES —MAY 2013 [EB/OL].[2014-07-20].http://www.bls.gov/news.release/pdf/ocwage.pdf.

如马里兰大学巴尔的摩县分校信息系统系63%的毕业生在毕业前就在就职单位工作过，卡内基梅隆大学汉斯信息系统与管理学院67%的毕业生的全职工作是从实习中获得的，新加坡管理大学信息系统学院还提供给学生海外实习机会。

(2)求职花费的时间

我们对iSchools院校毕业生求职所用的时间也进行了调查。不同专业及不同iSchools院校的毕业生在求职上花费的时间存在差别。雪城大学信息研究学院对其五个学位毕业生找工作花费的时间进行分别统计，60%的信息管理与技术学士学位毕业生在毕业前确定了工作(2013年数据)，信息管理硕士学位毕业生在毕业前找到工作的占59%，通信与网络管理专业硕士毕业生在毕业前找到工作的占46%，图书情报学专业占39%，图书情报学-媒体专业占79%(2011—2013年平均数据)。

不同院校的毕业生找工作花费的时间也不同。葡萄牙里斯本新大学统计与信息管理学院调查发现，学士毕业生求职所用时间平均为55天，硕士毕业生为11天；加州大学伯克利分校信息学院毕业生所花费时间为1至2个月，密歇根大学信息学院为3至4个月，80%的毕业生可以在6个月内找到工作。2012年得克萨斯大学奥斯汀分校信息学院66%的毕业生在毕业之前落实了工作，90%的毕业生在毕业后6个月之内找到了工作，高于该学院2010年就业率71%和2011年就业率76%。总之，iSchools毕业生求职前景较为乐观，花较短的时间就能找到工作。

2.5.2.6 毕业生的职业满意度

毕业生对工作的满意度可以反映毕业生预期与现实的差距，进而了解iSchools院校的教育和人才培养是否顺应社会的需求。伊利诺伊大学图书馆与信息科学研究生院83%的毕业生就认为图书情报学专业课程教育为自己找工作做了有效的准备。密歇根大学信息学院2013年的就业报告中显示，94%的毕业生对就职职位满意。得克萨斯大学奥斯汀分校信息学院2012年毕业生的就业满意度为91%，高于2011年的79%。英属哥伦比亚大学图书馆、档案与信息研究学院2011年的毕业生对职业的满意度也在85%以上(53.4%表示非常满意，32.8%满意，6.9%中立，5.2%不满意，1.7%非常不满意）。可见，iSchools 各院校毕业生对职业的满意度均较高。

2.5.2.7　专业与职业相关度

通过专业与职业是否相关，可以从侧面了解毕业生对本专业的认同度。伊利诺伊大学图书馆与信息科学研究生院 2011 年的毕业生中，75%的职业与专业相关，25%不相关。威斯康星大学麦迪逊分校图书馆与信息研究学院 89%的毕业生从事与图书情报相关的工作，英属哥伦比亚大学图书馆、档案与信息研究学院 89.3%的毕业生就职岗位与专业学位相关，密歇根大学信息学院的职业相关度达 96%。这些数据表明，iSchools 毕业生对专业的认同度还是比较高的。

总之，本节较为全面地分析了 iSchools 毕业生的就业情况，得出了一些结论：iSchools 院校就业前景较好，毕业生就业领域较广泛，院校类型影响毕业生去向，职业满意度、专业与职业的相关度较高等。此外，还有一些经验值得我们借鉴，比如：培养学生多方面的技能，拓宽毕业生职业选择范围；加强学生实习与实践经历，提高毕业生的综合素质；重视毕业生就业问题及网站建设，为毕业生就业提供有益的帮助等。

第 3 章　iSchools 科学研究的特征与趋势

iSchools 十分重视成员院系的科学研究及其投入，联盟的目标之一就是创造机会并提供相应支持以提高信息领域学术研究的主动性。iSchools 准入考核指标强调，成员必须有能力组织大规模的科学研究工作，且三年中每年研究支出需达到 100 万美元。相应地，加入联盟的成员能够共享所有成员的最新科研进展，在研究生培养领域的一些课题研究也将有机会获得联盟提供的资助。iSchools 对科研的重视和尝试，促进了图书情报学领域科学研究的迅速发展。在 iSchools 的大力提倡支持下，科学研究在 iSchools 成员院系的教学活动中占有越来越重要的地位。各成员院系采用多样的研究方式，开展各自广泛而有特色的科学研究。本章对 iSchools 的科学研究进行了全面的调查和分析。第一节重点在科学研究的队伍建设，主要介绍 iSchools 师资队伍的学科背景以及研究领域，同时总结了 iSchools 师资建设的发展趋势和启示。第二节调查了 iSchools 成员院系发表论文和科研立项的相关情况，并在此基础上分析 iSchools 科学研究的热点和特点。第三节主要对 iSchools 科学研究的国际化水平进行了调研，包括师生队伍的国际化水平、人员的国际交流、参与及发起的国际学术会议、国际合作研究等方面。

3.1　iSchools 师资队伍建设

iSchools 运动的显著特征，是信息教育与研究向跨学科多元化方

向发展。虽然图书馆学和计算机科学仍然是 iSchools 的核心学科，但教育学、心理学、人类学、经济学、新闻学等众多门类的学科也日益向信息领域涌入并广泛渗透，为图书情报学的发展提供了更深广的舞台①。教师是科学研究的主体，在多学科交叉发展的背景中，iSchools 运动对信息领域科学研究的影响，首先需要通过 iSchools 的教师来实现。本节将对 iSchools 师资队伍的学科背景和研究领域进行调研，考察世界顶尖信息学院师资队伍的知识结构特征与科学研究走向，从而为我国图书情报教育师资队伍建设提供某些借鉴与参考。

本节调研主要在英语语系的 iSchools 中展开，数据涵盖了来自美国、加拿大、澳大利亚、英国、爱尔兰等国家的 40 所 iSchools 院校的教师信息②。主要通过统计 iSchools 主页公布的教师名录、整理各院系对教研团队的师资介绍、访问教师个人主页、下载教师的个人简历(CVs)等方式等进行网络调研，以教师所开设的课程及获得的学术成果(包括学术论文、专著、主持的科研项目)等资料作为辅助信息，对所采集的信息进行整理和量化分析。此外，考虑到各院校间师资交流的日渐频繁，在进行数据统计时对跨校、跨专业的兼职教师、客座教师、访问学者等进行了去重处理，即所调研的教师均是各院系的核心教员(Core Faculty)。

截至 2014 年 12 月底，共获取 40 所 iSchools 院校中 1046 名专业教师的基本信息。必须指出的是，这种数据搜集方法并不能保证数据的完整性，搜集过程中不可避免地遇到了数据缺失的情况。量化分析是在可获取的数据基础上开展的。

3.1.1 师资队伍学科背景分析

多学科交叉发展趋势下的图书情报教育与研究要求教师队伍具

---

① iSchools 联盟［EB/OL］.［2015-01-04］. http://www.iSchools.org/site/about/.

② 截至 2014 年 12 月底，iSchools 成员院系达到 59 所，其中 19 所来自德国、法国、瑞典、挪威、日本、韩国、中国等 12 个非英语语系国家，占据比例不小。但这些院系的英文网站建设水平不均，绝大多数网站未提供教师详细信息，因此本节将调研范围限定在英语语系的 iSchools。

备跨学科的知识背景,而综合性的知识结构也是师资队伍素质评价的重要指标①。为了尽可能全面地将门类众多的学科领域汇聚在一起,本研究参照由美国国家教育统计中心(National Center for Education Statistics,简称 NCES)编制、美国教育部(U.S.Department of Education)2010 年发布的高等教育学科专业分类目录(Classification of Instructional Programs: 2010 Edition,简称 CIP)②,同时根据学科之间的关联程度,整合划分了图书情报学,计算机科学,工程学,数学与物理学,语言、文学与艺术等 15 个门类。表 3-1 对 40 所 iSchools 院校中 1046 名专业教师的本、硕、博各教育阶段的学科背景信息进行了统计并汇总了师资队伍的整体情况。

3.1.1.1　师资队伍整体学科结构

从表 3-1 可以看出,iSchools 确是名副其实的跨学科教学与科研机构,师资队伍除了拥有图书情报学、计算机科学专业背景外,还广泛拥有工程学,数学与物理学,语言、文学与艺术,社会科学(社会学、政治学、人类学、考古学等),经济学,传播学,其他科学(管理学、认知科学、科技与社会、系统科学)等跨学科背景,涵盖了众多学科门类。

根据表 3-1 统计的整体情况,拥有图书情报学和计算机科学专业背景的教师最多,分别占据总数的 25.1%、20.8%。由此可见,图书情报学与计算机科学依然是 iSchools 的核心学科,iSchools 的师资来源也最依赖于这两门学科。同时,众多其他学科也是 iSchools 教师学科背景的重要组成部分。据表 3-1,拥有非图书情报学或计算机科学学科背景的教师占总数的 54.1%,比例更高。在这些非图书情报学或计算机科学学科中,涉及的自然科学学科包括工程学(10. 1%),数学与物理学(8%),生物、化学与医学(2.2%)等;涉及的

---

① 吕彬,查先进.多学科融合背景下我国情报学师资队伍建设现状分析——以“211 工程”高校研究生教育为例[C]// 第三届中美数字时代图书馆情报学教育国际研讨会论文集.武汉:武汉大学,2010.

② 美国高等教育学科专业分类目录 2010 年版(Classification of Instructional Programs: 2010 Edition)[EB/OL].[2015-01-04].http://nces.ed.gov/ipeds/cipcode/browse.aspx? y=55.

表 3-1　**iSchools 教师学科背景**

本科阶段		硕士阶段		博士阶段		整体情况	
学科背景	No.	学科背景	No.	学科背景	No.	学科背景	No.
Computer Science	160	Library and Information Science	326	Library and Information Science	326	Library and Information Science	708
Languages, Literatures and Arts	142	Computer Science	194	Computer Science	234	Computer Science	588
Mathematics and Physics	133	Engineering	83	Engineering	70	Engineering	285
Engineering	132	Business and Economics	57	Communication and Media	43	Mathematics and Physics	226
Library and Information Science	56	Social Sciences	54	Mathematics and Physics	41	Languages, Literatures and Arts	209
Social Sciences	55	Mathematics and Physics	52	Social Sciences	37	Social Sciences	146
History	44	Languages, Literatures and Arts	42	Other Sciences	34	Business and Economics	110

续表

本科阶段		硕士阶段		博士阶段		整体情况	
学科背景	No.	学科背景	No.	学科背景	No.	学科背景	No.
Business and Economics	38	Communication and Media	41	Languages, Literatures and Arts	25	Communication and Media	108
Other Sciences	33	Other Sciences	33	Education	24	Other Sciences	100
Psychology	30	Education	29	Psychology	22	Education	74
Biology, Chemistry and Medicine	30	History	20	Biology, Chemistry and Medicine	19	History	72
Philosophy	25	Psychology	14	Business and Economics	15	Psychology	66
Communication and Media	24	Biology, Chemistry and Medicine	12	Law	13	Biology, Chemistry and Medicine	61
Education	21	Philosophy	10	Philosophy	13	Philosophy	48
Law	2	Law	5	History	8	Law	20

人文社会科学学科包括语言、文学与艺术(7.4%),社会科学(5.2%),经济学(3.9%),传播学(3.8%),心理学(3.3%),历史学(3.3%),教育学(3%),哲学(2.3%),法学(0.8%)等。

在表3-1的整体情况中,工程学、数学与物理学所占的比例较大,仅次于计算机科学与图书情报学。这是因为在40所iSchools中,有一部分成员院系属于偏重于技术的iSchool,这类学院的师资队伍所具备的知识结构也通常更"技术化"。如佐治亚理工学院计算机学院(College of Computing,Georgia Institute of Technology)共有核心教员109名,拥有计算机学科背景的教师为68人,占据全院教师62%左右;拥有工程学(电气工程、电子信息工程、核工程、系统设计工程等)背景的教师33人,占总人数的30%左右;拥有数学、物理学背景的教师也占据了全校教师的1/4;此外,还有一部分教师拥有生物、化学、心理学背景,而很少有教师取得图书情报学学位。与其教师学科背景结构类似的还有德雷塞尔大学计算机与信息学院(College of Computing and Informatics,Drexel University)、印第安纳大学信息与计算机学院(School of Informatics and Computing,Indiana University)、宾夕法尼亚州立大学信息科学与技术学院(College of Information Sciences and Technology,The Pennsylvania State University)等。而在传统的图书情报学院中,图书情报学及文学、经济学、历史学、教育学等其他人文学科仍然占据主导地位。

可见,虽然计算机科学和图书情报学依然是iSchools师资队伍最主要的学科背景,但是iSchools师资队伍在总体知识结构上兼容了文、理、工、管等众多学科知识,使得信息领域的教育与研究不断向跨学科多元化方向迈进。同时,不同类别的iSchools拥有各自独特的学科背景结构。

3.1.1.2 教师个人知识结构及特征

根据表3-1中教师本、硕、博各教育阶段的统计信息可以发现,本科阶段拥有图书情报学学位的教师比例十分小,仅占总人数的5.4%,而拥有该学科硕士、博士学位的教师人数则急剧上升,均占总人数的31.2%。可见国外图书情报教育以研究生教育为主,这也就促使了该学科与其他各学科领域的交叉发展,确保了图书情报学教学与科研的多元化。拥有计算机学位的教师人数在各阶段变化不大,一直占据较大比重。在涉及非图书情报学或计算机科学背景方面,本科阶段具有语言、文学与艺术,数学与物理学等背景的教师人数较多;而在硕、博士阶段具有工程学、传播学、社会科学等背景的教师人数较多。总的来说,本科阶段教师的学科背景分布相对分散,而硕、博士阶段则相对集中于图书情报学、计算机科学、工程学、数学与物理学、传播学等学科。

通过调查我们还发现,iSchools 教师较少拥有单一的学科背景,他们大多数都在两种及以上的学科领域取得了学位(如图 3-1 所示)。在所调研的 1046 名教师中,各教育阶段只有一种学科背景的教师共 270 人,占所有教师人数的 26%,这部分教师主要的学科背景为计算机科学或工程学。47%的教师拥有两种学科背景;拥有三种背景的教师人数达到了 196 人,占 19%;更有 6%的教师获得了四种及以上学科领域内的学位。

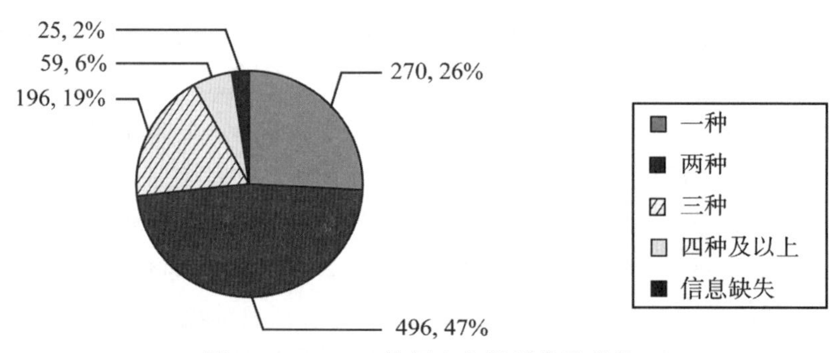

图 3-1 iSchools 教师个人学科背景种数

iSchools 师资队伍打破学科界限,无论在整体上还是教师个人知识结构上都具有跨学科、多元化的特点,这就决定了 iSchools 在教育、科研中有着更灵活的选择,也能为跨学科人才的培养提供强大的基础。

3.1.2 师资队伍研究领域分析

研究领域是学科发展的风向标,对研究领域的分析有助于厘清师资队伍的研究取向①,掌握 iSchools 在信息领域教育、科研的发展趋势,为我国图书情报界提供参考。iSchools 师资队伍跨学科多元化的教育背景使教师得以拓宽研究视野,关注社会各领域多元化、复杂化的信息问题,与其他学科合作,广泛开展跨学科多领域研究。通过汇总统计,截至 2014 年 12 月底,共获取了 1046 名教师的 3347 个研究方向(将各教师的研究方向累加,未去重),平均每位教师具有 3 个研究方向。

将 3347 个研究方向保存为文本并导入语义库工具 AntConc 进行词频统计。统计得到单词共计 11721 个,从中选取具有实际意义的关键词并合并同义词,得到 iSchools 教师研究领域词频数排在前 20 位的关键词,见表 3-2。

表 3-2 **iSchools 教师研究领域词频数前 20 位关键词**

R	关键词	No.	R	关键词	No.
1	information	637	11	network	120
2	systems	261	12	design	110
3	data	184	13	interaction	104
4	computer	182	14	technology	100
5	library	171	15	informatics	98
6	management	169	16	security	83
7	science	157	17	retrieval	79
8	social	147	18	software	78
9	digital	144	19	education	68
10	human	141	20	communication	64

为了进一步探寻 iSchools 师资队伍的研究重点,继续利用

① 吕彬,查先进.多学科融合背景下我国情报学师资队伍建设现状分析——以"211 工程"高校研究生教育为例[C]// 第三届中美数字时代图书馆情报学教育国际研讨会论文集.武汉:武汉大学,2010.

AntConc 的 Collocates 功能,查找表 3-2 中的关键词附近出现的词汇,将反复出现的词组提取出来,将相同或相近的词合并分组,概括出 32 个相对宏观独立的研究领域,并再次进行频次统计。表 3-3 显示了当前 iSchools 教师中最热门的 20 个重点研究领域。

表 3-3 **iSchools 教师重点研究领域(Top 20)**

R	研究领域	No.	R	研究领域	No.
1	Human Computer Interaction (HCI), Artificial Intelligence and Machine Learning	162	11	Health Information, Medical and Biomedical Informatics	72
2	Information Organization, Representation, Seeking (Information Retrieval, IR)	140	12	Software Engineering	68
3	Information Systems	135	13	Information Behaviors, Users and Services	66
4	Data Science and Data Mining	132	14	Education Theory and Practice, LIS and Computer Education	59
5	Information Theory, Culture, History and Philosophy; Information Literacy	129	15	Information Policy, Copyright Law, Intellectual Property	57
6	Network Technology	86	16	Media and Communication	44
7	Digital Library	85	17	Computer Graphics and Visualization	42
8	Library & Organization Management, Knowledge Management	82	18	Information Economy and E-commerce	38
9	Social Web, Computer Supported Cooperative Work (CSCW)	81	19	Archival Informatics and E-government	34
10	Information Security, Privacy and Cryptography	75	20	Cognitive Science and Psychology	31

从表 3-3 中可以发现,iSchools 教师的研究范围十分广泛,从图书馆到信息科学与各学科交叉的各领域,不仅涉及信息组织、检索与利用,信息系统,信息理论,信息资源管理,人机交互设计和数据科学,而且重视社会学、医学、教育学、法学、经济学等多领域的信息问题研究。iSchools 研究范围和角度已远远超过了传统图书情报学的范围,在更广阔的学科背景下探索各种信息问题。

在各院系所涉及的研究范围中,人机交互、人工智能和机器学习是被提及最多的领域。可见,各院系正积极探索信息、技术和人之间的关系,体现了 iSchools 的联盟"核心要素"①。作为 iSchools 传统研究领域的信息组织、检索与利用,信息系统,以及信息理论分别排在第二、三、五位,依然是教师们的重点研究领域。这表明在各学科交叉融合的信息环境中,iSchools 依然坚定不移地维护传统图书情报学的学科地位,没有放弃自己最主要的研究阵地。随着数据管理技术的兴起与发展,数据挖掘、大数据管理、云计算等也快速成为众多教师的重点研究范围。此外,网络技术,数字图书馆,图书馆及组织管理、知识管理,社会网络、计算机支持协同工作(CSCW),信息安全与隐私,医学、生物医学情报,软件工程,信息用户与服务,LIS 教育,信息政策与知识产权法,媒体和传播学,计算机图形与可视化,信息经济与电子商务,档案信息与电子政务,认知科学与心理学等均属于 iSchools 的重点研究领域。

同时,各类 iSchools 因发展背景、教学重点的不同而有各自的研究侧重。传统的图书情报学院大多以信息组织、检索与利用,信息系统,信息理论,图书情报教育等为主要研究方向,如伊利诺伊大学香槟分校图书馆与信息科学研究生院(Graduate School of Library and Information Science, University of Illinois)等。计算机科学类的信息学院,如加州大学埃尔文分校(Irvine)唐纳德·布赖恩信息与计算机科学学院(The Donald Bren School of Information and Computer Sciences, University of California, Irvine)等则以人机交互、人工智能及各种信息系统设计为重点,相比前者更偏重技术,但是这类信息学院又比传统

① 陈传夫,于媛.美国 iSchool 的趋势与启示[J].图书情报工作,2007(4):21.

的计算机学院更关注用户及用户体验。对管理类信息学院，如新加坡管理大学信息系统学院（School of Information Systems，Singapore Management University）而言，信息经济学、电子商务、社交网络等则是他们的研究重点。

在 iSchools 运动快速发展的背景下，伴随着计算机科学、信息管理学、网络技术等学科的不断发展与繁荣，图书情报学与其他学科的界线正在逐渐模糊，图书情报学的研究领域得以不断拓宽。iSchools 将研究触角向其他学科延伸有助于同其他学科的协作，解决其他学科发展过程中所遇到的大量信息问题，同时也不断增强自身生命力。另外，iSchools 联盟在成立之初便明确表示，信息研究将集中在信息、技术与人的关系上，并学习和了解信息在人类活动中的作用①。对 iSchools 师资队伍研究领域的调研证实了这一点，这些教师关注任何能促进科学、经济、教育和文化发展的信息问题，既包括信息利用和信息用户，也包括信息技术及其应用等②。

3.1.3　iSchools 师资队伍建设的启示

通过对 iSchools 师资队伍的学科背景以及研究领域的调研，我们发现 iSchools 师资队伍无论在整体上还是教师个人知识结构上都具有跨学科多元化的特点，教师的研究领域和问题也涉及图书馆、信息科学和各学科交叉的多个领域，重视信息、技术与人的关系研究。这一发展趋势给我国图书情报学师资队伍建设的改革与创新以重要启示。

①根据院系自身发展背景和教学特点，合理配置教师资源，广泛吸纳复合型人才加盟师资队伍，促进多学科背景师资交流，积极打造知识结构合理的师资队伍。

②注重图书情报学研究创新，加强与计算机、自然科学、社会科学等相关学科的合作研究，注重教师的跨学科研究能力和创新能力，

---

① iSchools 联盟 [EB/OL].[2015-01-10].http://www.iSchools.org/site/about/.

② Wu D，He D，Jiang J，Dong W，Vo K T.Academic Research in iSchools，State and Implications[C]//Proceedings of the 2011 iConference.USA：University of Washington，2011.

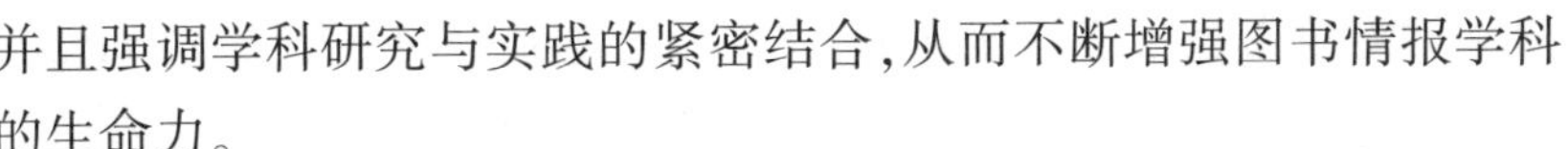

并且强调学科研究与实践的紧密结合，从而不断增强图书情报学科的生命力。

③在信息社会快速发展的过程中确立并坚持新的战略目标——始终以信息、技术和人的关系为研究中心，关注任何能促进科学、经济、教育和文化发展的信息问题，努力应对来自信息社会的各种挑战。

3.2 iSchools 科学研究的特点与热点

3.2.1 切入点与研究方法

iSchools 成员院系在图书情报领域的科研实力和广泛影响力使其关注的研究领域往往代表着学科领域的热点和趋势，因此，对 iSchools 成员院系的学术研究现状及方式进行研究，了解其研究方向和热点，具有非常重要的意义。学术论文和科研项目是科学研究能力的有力证明，也是研究方向和研究重点的重要体现。本节结合 iSchools 成员院系近年来发表论文情况及科研立项相关信息进行总结分析，从而更为全面准确地把握 iSchools 科学研究的热点和特点，为国内图书情报领域科学研究的方式和方向提供借鉴和参考。其中发表论文的数据来源于 iSchools 各成员院校近三年被 Web of Science（简称 WOS）数据库收录论文的题录，而科研立项信息则是通过访问 iSchools 成员院校网站科学研究主页，获取现有科研立项的相关信息，并根据科研项目的描述确定研究的主题，提取关键词。

本节调研在研究方法上主要采用的是基于词频统计的内容分析法，即在对文献材料进行分类、归纳的基础上，通过词频统计，将其转化为定量的数据，并依据这些数据对其内容作出定量分析判断和推论。词频统计是目前内容分析法中最重要也是使用最多的工具。某个关键词或词组出现越是频繁，表明 iSchools 对这个概念的关注程度越高，越具有研究意义。统计过程中，根据不同研究对象和相应的需要，分别选取了文献管理工具 NoteExpress 和语意库工具 AntConc 统计和分析数据。NoteExpress 是一款专业级别的文献检索与管理系统，利用 NoteExpress 导入从数据库下载的相关论文的题录，较为直观地对论文进行统计与分析，节省了大量的时间与精力。AntConc是由日本学者Laurence Anthony开发的绿色免费软件，具有界面简洁和操作方便的优点，并基本实现了语料库语言学领域公认的权威软件WordSmith Tools的所有功能。利用AntConc能对样本的全部词汇进行词频统计，将单词按频次由高到低的顺序排列，可以筛选出关注度较高的关键词，通过Collocates功能对相邻词进行统计，得到关键词组，从而判断较为准确的主题内容。以上两种工具虽然使用要求和方法不一，但都较大程度地提高了词频统计的速度和准确度，对大规模的统计分析工作具有较强的科学性和实用性。

3.2.2 论文发表统计分析

Web of Science数据库具有较高的权威性和较强的代表性，能满足我们分析的需要，并且更能证明iSchools成员院校在图书情报领域所具备的影响力与潜力。笔者在Web of Science数据库中分别对59所iSchools成员院校2012—2014年发表的论文进行检索，通过筛选，得到有效论文2156篇。

3.2.2.1 年代分布

iSchools成员院校2012年、2013年、2014年发表的论文数量分别为611篇、742篇和803篇，分别占发文总量的28.34%、34.42%和37.24%。由图3-2可以看到，发文量每年的波动不大，呈逐年平缓递增的趋势，说明被调查机构的WOS年论文发表量处在一个保持稳定同时平缓上升的阶段。

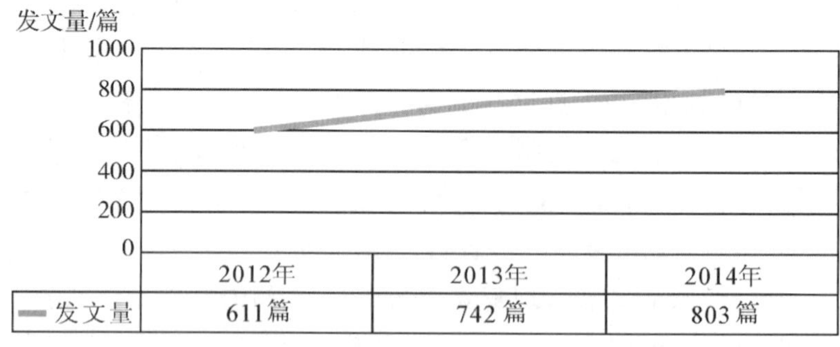

图3-2 2012—2014年iSchools成员论文发表年代分布

3.2.2.2 学科分布

利用 Web of Science 中的结果分析功能可以看到，这 2156 篇文献共涵盖了 93 种学科类别，其中属于计算机科学的有 795 篇，居于首位。紧随其后有 762 篇文献属于图书情报学，接下来依次是工程学(162 篇)、经济学(146 篇)等。大多数文献都同时属于好几门学科，例如有 309 篇文献既属于计算机科学，又属于图书情报学，占据了计算机科学和图书情报学学科类别文献的相当一部分，这说明在 iSchools 的科学研究中，计算机科学和图书情报学有着密切的联系。除了计算机科学外，与图书情报学联系最为密切的学科是经济学，再次是医学信息学。另外，从结果分析中可以发现，被调查文献涵盖学科从历史、政治、化学、生物到艺术、医学，跨度很大，多学科性的特征十分明显。

3.2.2.3 主题分析

由于一部分论文不提供关键词字段，为了保证数据结果的统一性，故通过论文题名字段进行词频统计，进而分析论文主题。利用 NoteExpress 将 2156 篇论文的题名字段导出，保存为文本并导入 AntConc。统计得到单词共计 24115 个，从中选出具有实质意义的关键词。篇幅所限，只列出了词频数排在前 20 位的关键词，具体情况见表 3-4。

表 3-4 **论文题名词频数前 20 位关键词**

排名	关键词	频次	排名	关键词	频次
1	information	291	11	knowledge	77
2	social	152	12	science	63
3	analysis	137	13	digital	61
4	network	123	14	online	61
5	library	122	15	search	57
6	system	122	16	media	52
7	data	117	17	public	51
8	research	116	18	case	50
9	health	96	19	management	48
10	study	90	20	community	41

利用 AntConc 的 Collocates 功能,将与上述关键词搭配构成的具有完整意义的词组再进行词频统计,取其前 10 位,结果见表 3-5。

表 3-5 **论文题名词频数前 10 位词组**

排名	关键词	频次	排名	关键词	频次
1	Information Retrieval	39	6	Knowledge Management	20
2	Social Media	34	7	Information Literacy	16
3	Social Network	26	8	Information Technology	12
4	Information Science	25	9	Digital Library	12
5	Health Information	23	10	Information System	10

从表 3-4 中看到,2156 篇论文的题名中单词 information 出现的频率最高,相应地,与信息有关的词组如信息检索、信息科学、健康信息、信息素养、信息技术以及信息系统出现的频率也较高(见表3-5),关于信息的开发、利用与传播等依然是研究的中心和重点。在表 3-4 中,词频数仅次于 information 的是 social,社会媒体、社交网络等词组的频次分别排在第二名和第三名,充分说明这方面的相关研究受到了较大的关注。另外,有关网络技术、知识管理、数字图书馆等方面的内容也成为研究的热点。从表 3-4 和表 3-5 可以看出,iSchools 论文的研究既注重与时代发展和社会生活保持紧密的联系,同时在语义网络和搜索引擎等信息技术领域也热度不减。

3.2.2.4 影响力分析

通常情况下,论文的被引次数多说明在同领域中被关注的程度较高,影响力较大。笔者检索到的 2156 篇文献中有 881 篇文章被引用,其总被引频次达 4660 次,平均每项引用次数为 2.22 次。被引频次最高的文章是由几十名来自不同大学的研究者合作完成的,被引达 620 次。2012 年、2013 年和 2014 年发表的论文截至 2014 年年底被引频次依次为 3276 次、1111 次和 273 次。从每年发表的论文被引频次来看,均呈逐年递增的趋势,例如 2012 年发表的论文在 2012 年的被引频次为 340 次,2013 年被引频次增长为 1282 次,2014 年达到最大值 1654 次。这说明,iSchools 论文在数量不增加的同时,质量越来越高,也反映出论文的影响力在不断提高。

3.2.3 科研项目统计分析

对发表论文进行统计分析,能够直观清楚地了解到调查对象在本学科领域的发展动态和取得的成果,但也存在一定的滞后性和选择偏差。而通过各学院主页了解相关科研信息具有较好的时效性,正好能弥补前者的不足之处,二者结合则能更加全面准确地反映成员学院的科研动态和特点。笔者通过访问 59 所 iSchools 成员院校科研主页,获取各学院网站公开的正在进行的研究项目 511 个。由于部分院校没有在网上公开说明立项时间,因此无法对科研立项的年代进行准确的统计分析,但从已公布立项时间的科研来看,呈微弱的增加趋势。

笔者根据公开科研项目的相关信息,大致确定科研的主题并提取关键词。对科研项目关键词进行词频统计,得到词频数排名前 20 位的关键词,如表 3-6 所示。

表 3-6　**iSchools 成员学院科研项目词频数前 20 位关键词**

排名	关键词	频次	排名	关键词	频次
1	information	73	11	knowledge	16
2	digital	41	12	retrival	16
3	social	29	13	model	14
4	data	28	14	management	14
5	system	23	15	access	13
6	library	22	16	resourcc	13
7	research	21	17	communication	12
8	technology	21	18	collaborative	12
9	network	19	19	web	11
10	service	90	20	online	11

再利用 AntConc 的 Collocates 功能，将与表 3.6 中的关键词搭配构成的具有完整意义的词组进行词频统计，取其前 10 位，如表 3-7 所示。

表 3-7 **iSchools 成员学院科研项目词频数前 10 位词组**

排名	关键词	频次	排名	关键词	频次
1	Digital Library	14	6	Collaborative Research	7
2	Social Network	10	7	Information Technology	6
3	Information Resources	9	8	Digital Publishing	6
4	Information Retrieval	8	9	Model Research	5
5	Data Management	7	10	Information Needs	5

3.2.3.1 学科分布

从表 3-6 可以看出，information 是出现频率最高的单词，达到 73 次，library 出现的频率排名也比较靠前，为 22 次，说明图书情报学在科研立项中占据十分重要的位置，这一点在表 3-7 中也得到了印证。另外，digital、network、system、web、online 等高频关键词的出现表明有关计算机科学的科研项目不在少数。由表 3-7 中数字图书馆、信息检索、信息技术等高词频词组不难看出，图书情报学和计算机科学紧密联系。除这两大主要学科外，本次调查的 511 个科研项目亦涵盖了经济学、生物工程学、社会学等多门学科，如宾夕法尼亚州立大学研究项目就包括了探讨信息共享对医疗决策的影响，以及通过信息技术来提高老龄人口的生活质量等；英属哥伦比亚大学的 InterPARES Trust 项目介绍中提到该项目的研究成员拥有档案学、文件管理、外交、法律、信息技术、通信媒体、电子商务、网络安全、信息管理、计算机工程、信息政策等多门专业知识。可见，国外 iSchools 成员学院科研项目所体现的学科多样性相当明显。

3.2.3.2 主题分析

表 3-6 中 information 的词频数最高，library 排名也较为靠前，不过就词频数来看不及前者的一半，但是在表 3-7 中，数字图书馆成为

出现频率最高的词组，一方面说明数字图书馆研究在 iSchools 研究中的重要性，另一方面也反映出与信息相关的研究内容更为多样化和细化，信息资源、信息检索和信息技术等仍是 iSchools 研究的重点。另外值得注意的是，社交网络的词频排在第 2 位，共出现了 10 次。随着近年来 SNS 网站的迅速发展和流行，有关社会性网络的内容也不断升温，成为人们关注的热点。

3.2.3.3 研究方式分析

表 3-6 中，collaborative 出现了 12 次，在表 3-7 中，协作研究位于词频数第 6 位，由此可以推断出 iSchools 科研项目开展是十分注重合作的，合作研究也成为其重要的研究方式。在对网站上科研项目的调查中也发现，有相当一部分项目是学院与其他单位进行合作研究，以优化资源，提升效率。另外，笔者还注意到，表 3-6 中 model 一词和 collaborative 一样拥有较高的词频数，这也说明了模型法是 iSchools 科研项目采用较多的一种研究方法。通过建立各种模型，能更好地把握抽象的研究对象的规律和性质，明确研究目的。倾向合作的研究方式和模型法的多次应用说明 iSchools 科学研究具备了严谨的学术风气和开放的学术态度。

3.2.4 研究结果比较与研究热点分析

3.2.4.1 论文和项目调查结果比较分析

从涉及学科来看，无论是论文还是科研项目，都反映出 iSchools 科学研究的学科多样性。从理工学科到文史学科甚至艺术领域均有所涉及，证实了图书情报学科本身就是一门交叉学科，既需要其他学科如计算机科学、社会学等的支持，又为其他学科的发展提供相应的信息和保障。

从主题内容来看，information 是出现频率最高的单词，分别为 291 次(论文)和 73 次(科研项目)，而 library 出现的频率分别是 122 次(论文)和 22 次(科研项目)，这表明在图书情报领域，人们对情报学的关注大于对图书馆的关注。另外可以发现，尽管学术论文和科研项目的主题关键词存在很多共同点，但由于自身的特点和目标不同，决定了其研究内容必然存在一定的差异性。学术论文对相关理论的研究更为深入和透彻,笔者检索"理论"(theory、theories、theoretical、theorem)一词,发现在学术论文题名中出现了 23 次,而在科研立项关键词中只出现了 5 次。相比于学术论文,科研立项则更加致力于解决实际问题,操作性也更强。如马里兰大学信息研究学院开发使用户可以提交和接受有关国家安全问题信息的移动设备系统的研究项目,以及与国家档案和记录管理局合作,加快了大量数字政府文件的解密的项目,促进了政府信息的公开。

3.2.4.2 科研热点分析

将表 3-5 和表 3-7 中的关键词进行对比,选取二者共有词汇,由此得到 iSchools 科学研究热点关键词。

(1)信息检索

信息检索一直是图书情报学领域的研究热点,在 iSchools 的科研中保持了相对的稳定性,这一点尤其体现在学术论文的研究中:信息检索以 39 次的词频数居于第 1 位。具体涉及内容包括检索行为、检索活动、搜索引擎、检索模型等。

(2)社交网络

社交网络和数字图书馆往往联系在一起。将图书馆的服务融入社交网络,可以扩大图书馆的受众面,参与用户的文化世界,实时了解用户的需求,提升和扩展图书馆在用户个人文化生活中的作用和影响。在这个方面研究内容主要包括隐私保护、用户个性化、信息行为、社交网络模型等。

(3)数字图书馆

就目前看来,关于图书馆的研究有很大一部分都和数字图书馆有关。iSchools 研究在关注数字图书馆不断改进技术的同时,也在积极思考如何将数字图书馆与用户紧密联系,满足不同用户日益增长的需求。

(4)信息技术

信息技术是图书情报学研究不断上升的研究领域,也是与计算机科学联系最为密切、发展最为迅速的领域之一。在本次调查中,单看 Information Technology 的词频数并不算特别多,但如果把"技术""信息系统""自动""智能""数字"等词算上的话,那么这个领域的词频数相当可观,稳居第一。

3.2.5 iSchools 科学研究的特点和启示

通过对 iSchools 成员院校论文发表情况和科研立项情况的调查分析,结合我国高校图书情报学的研究现状,可以总结 iSchools 科学研究的几个特点及启示:

①研究领域广泛。纵观 iSchools 院校学术论文和科研项目的学科分布,不难发现多学科性是 iSchools 科学研究的重要特征之一。学科交叉和渗透能够丰富和拓展学科的内容和视野,带来更有价值的成果。国内高校图书情报学要顺应多学科化趋势,不断强化教师的多学科化背景,采用灵活的课程安排,注重培养学生的综合素质,为跨学科的科学研究提供有力的支持,促进学科更为深广的发展。

②技术化趋势明显。从词频统计结果中可以明显看到,有关信息技术研究的相关词词频总数非常可观。技术化趋势成为 iSchools 科学研究最为明显的趋势之一。iSchools 科学研究不是单纯地盲目跟风各种新兴技术,而是更重视将先进技术融入图书情报学的发展中。iSchools 科学研究明显的技术化趋势表明学科技术研究的重要性,而国内高校图书情报学往往存在"重理论,轻技术"的现象,这在一定程度上也制约着学科的发展。必须改变理论技术发展不平衡的局面,加强对信息技术领域的研究,实现国内图书情报学研究的健康发展。

③重视实践,关注社会。从 iSchools 科学研究的主题来看,iSchools 研究趋向实用性,很多研究试图通过建立模型或开发软件来解决实际问题。同时 iSchools 研究重视社会信息服务,尤其是特殊群体的服务。例如马里兰大学和威斯康星大学麦迪逊分校的科研项目都与青少年和儿童有关,关注重视少年儿童的在线和离线信息需求,并对国际少儿数字图书馆以及儿童的信息素养等相关问题进行了探讨。反观国内高校图书情报学研究,则更为关注理论的研究,实际应用方面的研究却不多见。因此要转变研究重心,在搞好基础理论研究的同时寻找将其运用于实践的技术和方法,理论联系实际,促进学科的均衡发展。

④强化合作研究。在调查中发现,合作研究成为 iSchools 科研项目研究的一种重要方式,不仅促进了资源的合理配置,也加强了学科的交流和融合。相比于 iSchools,国内高校图书情报学研究缺乏足够的交流与合作。从大的方面来看,各高校机构彼此间的闭塞造成了投入的重复与资源的浪费,因而也不利于资源的优化与配置;从小的方面来看,研究者薄弱的合作意识不利于学术视野的拓展以及专业素养的深层次挖掘。只有加强人员、项目、资源的交流合作,才能同时激发合作与竞争意识,为学科的发展带来机遇和动力。

3.3 iSchools 的国际交流与合作

在高等教育不断走向国际化的时代背景下,图书情报学(Library and Information Science,LIS)教育也同其他学科教育一样,必然走上国际化道路。而高等教育国际化的实现,很大程度上是由高等学校开展的国际交流与合作活动的范围和深度决定的①。iSchools 的显著特征之一,就是其成员院系围绕"信息、技术和人"这一核心要素不断加强国际学术交流与合作,以此提升教学质量与科研水平,其成功的经验,值得我国 LIS 教育学习和借鉴。本节将对国外顶尖 iSchools 开展国际交流与合作的现状进行调研与分析,总结 iSchools 在开展国际交流与合作中的发展趋势、先进理念和成功经验,从而为提高我国 LIS 教育的国际化水平提供参考。

本节调研主要通过访问国外 56 所 iSchools(不包括国内武汉大学信息管理学院、南京大学信息管理学院、中山大学资讯管理学院)网站,尽可能详尽地获得各院系在国际交流与合作方面的资料。通过案例研究,对 iSchools 的国际交流与合作情况进行深层观察与剖析。根据国内外学者对"大学国际化"这一问题的探讨,选择师生队伍的国际化水平、人员的国际交流、参与及发起的国际学术会议和国际合作研究这四个维度展开调研和分析。

① 孙璐.我国研究型大学国际交流与合作的问题及对策研究——以浙江大学为例[D].浙江:浙江大学,2009.

3.3.1 iSchools 师生队伍的国际化水平

世界高水平大学的重要标志之一是师生队伍的高度国际化。各 iSchools 院系都十分重视吸收全世界最优秀的学生就读,同时实施全球化的教师招聘制度,推进师生队伍的国际化进程。

3.3.1.1 学生的国际化

本节所调研的 iSchools 院系是美国以及全世界最顶级的 LIS 教育机构,它们因其本身庞大的教育系统和高质量的教育水平,每年都吸引了大量来自世界各地的申请者。另外,它们又设立门类众多的奖、助学金项目,积极招收海外留学生,并制定各种政策、措施,努力营造吸收外国留学生的大环境。

调研的各所 iSchools 院系均向海外留学生提供丰厚的资金支持。最基本的包括“优才奖学金”(Merit-based Scholarships)与“按需助学金”(Need-based Scholarships),分别依据申请者的个人学术成就与经济困难程度发放。此外,还有众多专门面向国际留学生的奖学金。华盛顿大学信息学院在这方面表现尤为突出,其奖学金设立情况如表 3-8 所示。

表 3-8 **华盛顿大学信息学院部分资助海外留学生的奖学金**①

奖学金名称	资助对象
IFLA 国际奖学金	留学生
美国女大学生协会(AAUW)奖学金	女留学生
国际教育助学金(IEFA)	留学生
精算基金会多样化奖学金	非洲籍或西班牙籍留学生
西北丹麦基金会奖学金	拥有丹麦血统的留学生
越南教育基金会奖学金	越南籍留学生

① 华盛顿大学信息学院.多样化资金[EB/OL].[2015-01-12].http://iSchools.uw.edu/diversity/funding/iSchools.

各iSchools成员不断提高海外留学生的招收比例。不少院系留学生占在校学生的比例达到了8%以上,研究生达20%左右;有的院系一半左右的博士生来自国外,远超过世界大学留学生占6.7%的平均水平。根据伊利诺伊大学香槟分校图书馆与信息科学研究生院2014—2015年的学生统计资料,该院2014—2015学年共有全日制硕、博士生及高级研究认证生(Certificate of Advanced Study,C.A.S)329人,其中国际留学生共31人,所占比例达9.42%①。印第安纳大学伯明顿校区信息与计算机学院共有在校本科生787人,研究生527人,其中国际留学生106人,占总在校生人数的8.07%②。密歇根大学信息学院目前共有博士生60人,其中留学生28人,占博士生总人数的比例达46.67%③。加拿大麦吉尔大学信息研究学院现有博士生32人,其中包括17名来自美国、中国、俄罗斯、巴西等12个国家的留学生,数量超过了总人数的一半④。雪城大学信息研究学院每年都要招收来自全球30多个国家的国际学生⑤。外国留学生人数的多少,是衡量一所大学国际化程度非常重要的指标。而国际化确保学校能够吸引世界各地最有天赋的人才,激荡出最新的观点和方法,从而有利于学术的不断创新。因此在许多"世界大学排名"中,都在学校的国际化方面赋予较高的权重。显然,国外iSchools较高的留学生比例,表明其国际化水平是处于领先地位的。

3.3.1.2 教师的国际化

国际化的师资队伍更是世界高水平大学的重要特征。国外

① 伊利诺伊大学香槟分校图书馆与信息科学研究生院.2014—2015学年学生统计资料[EB/OL].[2015-01-12].http://www.lis.illinois.edu/about-gslis/demographics.

② 印第安纳大学伯明顿校区信息与计算学院.院系介绍[EB/OL].[2015-01-12].http://www.soic.indiana.edu/about/index.shtml.

③ 密歇根大学信息学院.博士生名录[EB/OL].[2015-01-12].http://www.si.umich.edu/people/phd.

④ 麦吉尔大学信息研究学院.博士研究生[EB/OL].[2015-01-12].http://www.mcgill.ca/sis/people/phd.

⑤ 雪城大学信息研究学院.国际领袖[EB/OL].[2015-01-15].http://ischool.syr.edu/ilife/international.aspx.

iSchools 都实施全球化的招聘制度，从全世界招收最优秀的、最知名的、拥有跨学科背景的教师，形成一流的教师队伍。笔者选取了 *US News and World Report 2013* 美国图书情报专业排名前 10 的 12 所 iSchools 院系，并根据各院系网站所列出的教师名录，统计了各院系教师结构的基本情况，见表 3-9。需要指出的是，由于各院系并未在网站反映外籍教师的统计资料，本书所获取的有关外籍教师的数据是根据教师的个人网站、个人简历及教育背景等信息作出的主观判断，与实际情况可能有一些出入，但基本上还是可以体现各院系教师结构的国际化水平的。

表 3-9　**美国图书情报专业排名前 10 的 iSchools 教师结构基本情况**

排名	院　系	核心教师（人）	客座教师/访问学者（人）	外籍教师（人）	外籍教师比例
1	伊利诺伊大学香槟分校图书馆与信息科学研究生院	28	46	7	25.00%
2	北卡罗来纳大学教堂山分校图书馆与信息科学学院	29	58	3	10.34%
3	华盛顿大学信息学院	59	50	14	23.73%
4	雪城大学信息研究学院	53	59	11	21.57%
4	密歇根大学信息学院	41	17	6	14.63%
6	罗格斯新泽西州立大学传播与信息学院	59	110	14	23.73%
6	得克萨斯大学奥斯汀分校信息学院	22	28	6	27.27%
8	印第安纳大学伯明顿校区信息与计算机学院	102	92	39	38.24%
9	西蒙斯学院图书情报学院	26	53	8	30.77%
10	德雷塞尔大学计算机与信息学院	76	72	22	28.95%
10	马里兰大学信息研究学院	34	36	6	17.65%
10	匹兹堡大学信息科学学院	39	16	12	30.77%

通过表 3-9 可以发现，12 所 iSchools 中，外籍教师所占的平均比例高达 26.06%，比例最高的达到了 38.24%。外籍教师的地域分布亦十分广泛，根据对表 3-9 中 148 名外籍教师国籍的统计，这些教师分别来自德国、意大利、比利时、加拿大、中国、韩国、印度、马来西亚、澳大利亚、新西兰等 33 个国家与地区。除了国际化的核心教师队伍外，各 iSchools 院系还注重从全球其他高校、国际企业、政府机构等吸收大量人才作为客座教授、兼职教师、访问学者等为本院学生授课，或者参与本院科研，很多院系的客座教师人数甚至远远超过了专职教师的人数，如北卡罗来纳大学教堂山分校图书馆与信息科学学院、罗格斯新泽西州立大学传播与信息学院、西蒙斯学院图书情报学院等。通过调查笔者还发现，国外各 iSchools 院系的教师大多数拥有国际名校博士学位。正是这样一支具有国际视野、国际影响力、国际学术水准和国际交流合作能力的师资队伍，保证了国外 iSchools 能够始终站在学科发展的前沿，不断培养出具有持续创新能力的人才。

3.3.2　iSchools 人员的国际交流

3.3.2.1　学生的国际交流

国外各 iSchools 院系非常注重招收全世界最优秀的人才来本院学习，在积极吸纳外校的交流生、交换生、访问学生的同时，也为本院学生提供很多到国外学习的机会，主要包括交流生项目，海外实习计划，暑期研习班，参加国际会议、国际竞赛、个人旅行（下文合称“出国旅行”）等。

（1）交流生项目

56 所 iSchools 中，几乎每一所都为在校学生提供了丰富的国际交流生项目，以拓展学生的国际化视野。北卡罗来纳大学教堂山分校图书馆与信息科学学院（SLIS，UNC）与丹麦的皇家图书馆与信息科学学院、捷克的查理大学、斯洛文尼亚卢布尔雅那大学的图书馆学情报学系及西班牙的卡洛斯三世大学建立了正式的交流关系，SLIS 的研究生可以申请这四所学校中的任意一所进行为期一个学期的交流学习。此外，UNC 与世界上 70 余所大学建立了正式的合作关系，这些大学中很多都设立了 LIS 院系，SLIS 的学生也可以通过学校相关部门申请到这些学校的 LIS 院系进行一个学期的学习。大多数情况下，SLIS 的学生只需支付 UNC 的学费便可以成为海外大学的本班生，不需要再额外支付学费①。密歇根州立大学媒体与信息系所在的传播艺术与科学学院与非洲、亚洲、澳洲、欧洲及北美洲 20 余所大学及相关机构合作开展了 22 个国际交流生项目，绝大多数项目都面向全院所有专业学生提供申请，如信息通信技术出国学习项目（坦桑尼亚）、“技术与文化：传播和游戏项目（日本）”、约翰卡波特大学学期项目（意大利）等②。

（2）海外实习计划

越来越多的 iSchools 学生选择在暑期参与国外实习，既包括在非营利性机构如各种公益协会、组织、政府部门等的无偿实习，又包括在各种企业、跨国集团、公司的有偿实习。通过海外实习，学生们不仅将所学知识付诸实践、学以致用，还能收获丰富的跨国学习、生活经历，拓展国际视野。各院系也十分支持学生参与暑期海外实习，不少院系还制定了连续的海外实习计划。如宾夕法尼亚州立大学信息科学与技术学院为本院学生提供了研究非洲实习项目（南非），工程无国界实习项目（秘鲁、巴西及墨西哥），微软、印孚瑟斯、SAPRA 印度基金实习项目（中国、印度）等 10 余项国际实习计划③。密歇根大学信息学院的学生暑期可以选择学校为他们提供的 25 项以上的海外实习项目，主要是利用暑期到世界各地对当地的文化、语言、教育等进行研究，每项实习计划均有一定的资金支持。也有很多学生选择到国外进行与专业相关的实习，如乌干达国家档案发展计划、韩国信息和通信技术（ICT）研究以及中国联想集团项目管理等④。

---

① 北卡罗来纳大学教堂山分校图书馆与信息科学学院.国际交流项目[EB/OL].[2015-01-20].http://sils.unc.edu/programs/international.

② 密歇根州立大学传播艺术与科学学院.出国学习[EB/OL].[2015-01-20].http://cas.msu.edu/programs/study-abroad/.

③ 宾夕法尼亚州立大学信息科学与技术学院.实习机会[EB/OL].[2015-01-20].http://ist.psu.edu/current-students/careers/internships/internship-opportunities.

④ 密歇根大学信息学院.UMSI 国际实习[EB/OL].[2015-01-20].http://www.si.umich.edu/newsandevents/umsi-international-internships.

(3)暑期研习班

暑期研习班是介于交流生项目与暑期海外实习之间的一种短期国际交流形式。不少 iSchools 学生利用暑期参观异国文化,学习专业知识,通常还能获得相应学分。北卡罗来纳大学教堂山分校图书馆与信息科学学院每年暑假会选派两名研究生分别参与捷克的查理大学和英国伦敦大学学院的暑期研习班。研究生们参与暑期研习班还可以获得相应学分,并能获得一定金额的奖学金支持①。威斯康星大学密尔沃基分校信息研究学院与欧、亚、非洲的 14 所 LIS 院系建立了合作关系,开展多种形式的国际交流活动,其中包括持续开展的苏格兰暑期档案研习班、韩国和日本暑期课程班。这两个研习班均邀请国外专家、学者专门授课,分别介绍英国的档案工作以及信息与知识在日韩的发展历史等②。

(4)出国旅行

出国旅行既包括学术相关的活动,如参加国际会议、国际竞赛、开展国外研究项目等,也包括个人计划的国际活动,主要以了解当地风土民情及区域文化为主。各 iSchools 均向出国开展学术相关活动的学生提供一定的资金或政策保障。如德雷塞尔大学计算机与信息学院设立了专门的国际旅行奖(International Travel Award)鼓励学生出国旅行,该奖项每年向学生提供三次申请机会:5 月最后一个周四(支持 7 月 1 日—10 月 30 日的旅行),9 月最后一个周四(支持 11 月 1 日—2 月 28 日的旅行),1 月最后一个周四(支持 3 月 1 日—6 月 30 日的旅行)③。又如华盛顿大学信息学院为出国旅行的学生办理出国旅行健康保险(Travel Abroad Health Insurance),伊利诺伊大学

---

① 北卡罗来纳大学教堂山分校图书馆与信息科学学院.国际交流项目[EB/OL].[2015-01-21].http://sils.unc.edu/programs/international.

② 威斯康星大学密尔沃基分校信息研究学院.国际学习经历[EB/OL].[2015-01-21].http://www4.uwm.edu/sois/initiatives/international/study-abroad/.

③ 德雷塞尔大学计算机与信息学院.资助机会[EB/OL].[2015-01-23].http://drexel.edu/cci/programs/graduate-programs/phd-information-studies/Current%20Student%20Resources/grant-opportunities/.

香槟分校图书馆与信息科学研究生学院为每学期参加国际会议的学生提供一定的资金支持。

各种形式的国际交流无疑拓展了学生的国际化视野，增进了他们对不同国度、不同文化背景下不同的 LIS 教育模式和教学风格的了解，提高了他们在学术研究和职业活动中开展国际交流与合作的能力，增强了他们的职业竞争力。

3.3.2.2 教师的国际交流

教师的国际交流是高等教育国际化的核心，具有国际知识和经验的教师可以直接推动教学、科研向着国际化的方向发展①。国外 iSchools 除面向世界招聘教师和学者外，还采取多种形式增加教师出国访问、进修的机会。不仅聘请高水平的教师来校担任专职教师，还邀请国际知名学者、专家进行短期访问和讲学，或聘请著名学者为名誉教授或客座教授。

国外 iSchools 十分支持本院教师出国访问、交流、研究、参加国际会议，不少院系都设立了旅行支持(Travel Support)基金以促进教师的国际交流。伊利诺伊大学香槟分校 LIS 研究生院为本院核心教师提供每学年最高 1000 美元的差旅基金。该校还有很多其他的基金支持教师交流，如国际项目与研究副教务长办公室设立的国际研究差旅补助及国际会议资助基金，分别提供金额最高达 4000 美元与 12000 美元的资金补助。强大的资金支持部分解决了教师们出国交流中的会议注册费用、交通费用、食物及住宿费用等，提高了教师开展国际交流活动的积极性②。

国外 iSchools 积极吸收国内外优秀教师、业界专业人士等到学校开办讲座或授课。如加州大学埃尔文分校唐纳德·布赖恩信息与计算机科学学院就形成了周五 CS 研讨会系列，从 2008 年开始，该院每周五上午都会邀请一名专家到学院开展至少 1 小时的主题研讨

---

① 陈学飞.关于高等教育国际化的若干基本问题[M]//中国高等教育学会引进国外智力工作分会.大学国际化：理论与实践.北京：北京大学出版社，2007：21.

② 伊利诺伊大学香槟分校图书馆与信息科学研究生院.教师差旅支持[EB/OL].[2015-01-25].http://www.lis.illinois.edu/about-gslis/policies/travel-faculty.

会,其中不乏国外大学的优秀教师或跨国企业的专业人士。表 3-10 统计了该院 2009—2012 年邀请到的国外学者、跨国企业专家及其研讨会主题等基本信息。

表 3-10 加州大学埃尔文分校 iSchools 2009—2012 年 CS 研讨会（国外学者或跨国企业专家）①

日期	演讲者及单位	研讨会主题
2012.05.25	Jorge Guajardo Merchan/博世(德)研究与技术中心	物理不可克隆功能及其应用
2012.05.11	Pablo Rodriguez/西班牙电讯公司研究所	电信创新新浪潮
2011.09.29	Pat Helland/微软公司	如果你有太多数据,那么“足够好”就是足够好了
2011.10.07	Mark Baugher/思科系统研究与高级发展中心	网络命名数据的机遇与挑战
2011.03.04	Rei Safavi-Naini/加拿大卡尔加里大学	实践中的随机密钥预分配
2011.02.11	Alessandro Mei/意大利罗马大学	移动社交网络中的转递和安全问题
2010.10.01	Ee-Chieng Chang/新加坡国立大学	利用视觉通道和视觉检查获取交互式会话
2010.03.12	Amy Reibman/美国电话电报公司研究中心	内部网络视频的质量监测
2010.02.12	Bruce Lindsay/IBM 研究中心	RDBMS(关系型数据库管理系统):从幻想到基础设施——创新之旅

① 加州大学埃尔文分校 iSchools.CS 研讨会系列[EB/OL].[2015-01-26]. http://www.cs.uci.edu/research/seminarseries/index.php.

续表

日期	演讲者及单位	研讨会主题
2010.01.22	Petros Koumoutsakos 苏黎世联邦理工学院	计算生物学= ？+ 生物学
2010.01.08	Elaine Shi 施乐帕克研究中心	检索加密
2009.11.13	Ivan Visconti 意大利萨勒诺大学	再次访问 RFID 的安全和隐私
2009.11.06	Raghu Ramakrishnan 雅虎研究中心	云数据服务:关键值存储到数据库
2009.04.24	Richard Zemel 加拿大多伦多大学	学习标示复杂图像
2009.02.06	Allan Borodin 加拿大多伦多大学	贪婪算法以及为什么简单算法可能会很复杂

3.3.3 iSchools 参与及主办的国际学术会议

国际会议是高等教育中国际交流与合作的重要平台之一。国外 iSchools 参加的国际会议主要包括各种国际组织举办的会议、国内各协会组织举办的年会以及其他高校发起的国际性会议等。为加强和扩大国际合作交流,国外 iSchools 都积极主动地参加 LIS 领域的国际性组织,如 IFLA、iSchools 联盟、ACM(Association for Computing Machinery,计算机协会)等,并积极参加这些国际组织举办的各种国际会议,包括各组织的年会、专题会议等,这些会议通常都会吸引众多来自世界各地信息领域的专业人士参加,促进学科领域的合作与交流。各 iSchools 所在的国家通常也有很多有关图书馆学的协会、组织,如美国就有著名的 ALA(American Library Association,美国图书馆协会)、SLA(Special Libraries Association,专业图书馆协会)、ACRL(Association of College and Research Libraries,大学及研究型图书馆协会)等。这些协会、组织通常也会通过举办年会或专题会议吸引来自国内乃至全球的信息专家参会。

各iSchools积极加入国际、国内的协会、组织,不仅为LIS学科的建设和发展、为教学科研开辟了更多高层次的合作渠道,而且争取到更多举办高水平国际会议的机会。如本节所调研的56所iSchools,其中有9所已经承办过iSchools联盟的年会iConference。每年的iConference都有超过400名来自全球的包括教师、学生、研究员、政府官员等在内的专业人士参加,有效推进了各院系之间的学术交流与合作,扩大了承办院系的国际影响力。

国外iSchools参与和发起的国际学术会议数目众多。根据对各院系网站信息的不完全统计,仅2012年1月至8月,新加坡管理大学信息系统学院的师生参与国际会议或研讨会就达48次,发起国际会议2次;伊利诺伊大学香槟分校图书馆与信息科学研究生院2010—2012年参与国际会议106次,发起国际会议2次;华盛顿大学信息学院2009—2012年参与国际学术会议143次,发起国际会议4次;北卡罗来纳大学教堂山分校图书馆与信息科学学院2006—2012年参与国际会议157次,发起国际会议7次,表3-11所示为该院举办的7次国际会议的基本信息。

表3-11 **北卡罗来纳大学图书馆与信息科学学院2006—2012年举办的国际会议**

举办时间	会议名称
2012.6.05	信息工作者2050会议 Information Professional 2050(IP 2050)Conference
2010.4.26-30	第19届国际互联网研讨会 WWW2010,the 19th International World Wide Web Conference
2009.4.01-03	DigCCurr2009:数字保存的实践、承诺与展望 DigCCurr2009: Digital Curation Practice,Promise and Prospects
2009.2.08-11	iConference2009
2007.5.06-09	第四届循证图书情报学实践国际研讨会 The 4th International Conference on Evidence Based Library and Information Practice,EBLIP4

续表

举办时间	会议名称
2007.4.18-20	DigCCurr2007:数字保存国际研讨会 DigCCurr2007: An International Symposium in Digital Curation
2006.6.11-15	ACM/IEEE 数字图书馆联合会议 2006 ACM/IEEE 2006 Joint Conference on Digital Libraries

参与及举办国际会议,对 LIS 学科的建设和持续发展起到了极大的推动作用。它不仅为学者了解学科领域的国际最新动态搭建了平台,促进了学术研究高水平的交流与合作,从而有利于提高科学研究水平,而且通过国际会议提高了 iSchools 院系的知名度,扩大了国际影响,拓展了 LIS 教育发展的国际空间。

3.3.4 iSchools 的国际合作研究

国际合作研究与国际合作网络的建立是许多学者的愿望,因为复杂多变的目标、问题和任务,需要从不同学科、组织和国家获取专业知识和其他资源。大力开展国际合作研究,有利于对本领域专家共同关注的前沿问题进行合作探索,共享信息资源,取得技术与理论的突破。国际合作研究是高等教育国际化的又一重要内容。

iSchools 联盟的成立大力推进了其成员院系之间的合作研究。根据吴丹、何大庆等对 iSchools 院系合著者关系的研究可以发现,iSchools 之间存在很强的协作关系,美国各 iSchools 除了不断加强与国内其他成员院系的合作关系外,也积极探索与新加坡、中国、加拿大等国家的 iSchools 的合作研究。其中,匹兹堡大学信息科学学院的国际合作网络尤为发达,该院几乎与所有的 iSchools 都存在合作关系①。

各 iSchools 都认识到国际合作研究的重要性,纷纷加强与国际

① Wu D, He D, Jiang J, Dong W, Vo K T. Academic Research in iSchools, State and Implications[C]//Proceedings of the 2011 iConference. USA: University of Washington, 2011.

组织、国外著名大学、学术机构和知名跨国企业的科研合作，主要表现为不断新增科研合作项目、联合建立研究机构、国际科研合作经费不断增加。爱尔兰都柏林大学学院图书馆与信息研究学院与美国北卡罗来纳大学及瑞典的多位研究人员组成合作研究小组，围绕信息行为、信息技术以及社会组织实践等领域开展合作研究。目前该小组已经完成与正在进行的合作项目超过 10 项①。美国马里兰大学信息研究学院建立了非常完备的合作研究网络，其合作单位包括 2 所附属研究机构（信息政策与获取中心、社区与信息高级研究中心），8 个校内合作院系及实验室，3 个国际性协会或组织（ALA、国际青年图书馆、IFLA 儿童青年图书馆），6 家跨国企业（IBM、微软、富士通等），4 个政府部门（美国国家图书馆、国家档案馆、国家公园管理局等）以及 15 所国内外著名大学（其中包括 4 所来自捷克、爱尔兰、加拿大的大学）②。利用这些合作单位中的国际组织所提供的平台和与国际性企业、世界著名大学的合作关系，马里兰大学信息研究学院获得了更多的高水平国际合作机会，加强了本院的科研实力，提升了在国际学术圈的知名度，增强了影响力。新加坡管理大学信息系统学院在探索国际合作研究方面也取得了十分显著的成绩，该院通过战略性的主题及测试平台，形成了集成的协作研究体系。其最著名的合作研究机构主要包括该院与卡内基梅隆大学联合成立的动态分析研究中心（Living Analytics Research Centre，LARC），以及该院与印度塔塔咨询服务公司（Tata Consultancy Services）联合设立的 iCity 实验室（SMU-TCS iCity Lab）。LARC 联合了新加坡管理大学的信息系统学院、法学院、经济学院等 6 所学院及卡内基梅隆大学的汉斯信息系统与管理学院、计算机科学学院等 5 所学院，主要围绕数据挖掘与分析智能系统，社会和管理科学，网络实验，安全、数据融合和隐私保护、系统

① 都柏林大学学院图书馆与信息研究学院. 合作研究简介［EB/OL］.［2015-01-30］. http://www.ucd.ie/sils/research/collaboration/.

② 马里兰大学信息研究学院. 合作研究［EB/OL］.［2015-01-30］. http://iSchools.umd.edu/content/iSchools-collaboration.

和基础设施 5 个领域开展合作研究，目前已经有 8 个合作项目批准立项①。LARC 推进了新加坡管理大学与卡内基梅隆大学的合作研究，也促成了两校多个师生交流项目的开展，深化了两校的交流与合作。SMU-TCS iCity Lab 由塔塔咨询服务公司投资 600 万美元在新加坡管理大学校内建成，主要为亚洲及世界范围内的智能城市提供基于云计算的 IT 解决方案。该实验室将与中国、印度及其他发展迅速的东盟国家一起，创建新的城市管理解决方案②。与企业开展国际合作研究，有利于将本院科研成果有效地转化为强大的社会效益和经济效益，同时提升学院在国际上的影响力。

① 新加坡管理大学. LARC 概述[EB/OL].[2015-01-30]. http://larc.smu.edu.sg/insights-on-larc/.

② iCity 实验室. 关于 SMU-TCS iCity Lab[EB/OL].[2015-01-30]. http://icity.smu.edu.sg/about-tcs/.

第4章 iSchools运动中的学科整合研究

图书情报学(Library and Information Science,LIS,也被译为图书馆与信息科学)的教学、科研、人才培养过程中所涉及的学科领域种类繁多,参与iSchools运动的学院也具有不同的学科背景。为了能够达到最佳目标,学科整合一直是iSchools运动的重要特征之一,这也是其适应当今学科发展变化趋势所作出的必要选择。研究iSchools学科整合的现状与特征,可以为图书情报学的发展提供一定的参考建议。

4.1 学科整合的基本内涵

"整合"是一个在社会各领域都广泛应用的词汇,在高等教育界的教学科研活动中表现尤为突出。明确对"整合"概念的理解有助于充分认识学科整合的内涵,也能够为进一步的研究开展打下基础。

《韦氏词典》中对"integrate(整合)"的释义是:①将两个或更多的事物进行组合,以形成或创造新事物;②使某物成为另一个更大的东西的一部分;③使某人或某团体成为另一个更大的团体或组织的一部分①。

《辞海》中对"整合"给出了两个释义,其一是"整理,组合。如:整合各方力量"②,其二则为地质学有关地层方面的专业术语。

---

① Integrate[EB/OL].[2014-12-20].http://www.merriam-webster.com/dictionary/integrate.

② 辞海编辑委员会.辞海[M].上海:上海辞书出版社,1999:3879.

《新华汉语词典》中对“整合”给出的释义是:“重新整顿、调整、组合,使其形成新的东西。”①

以上词典的释义体现了“整合”的基本特征:采取一定的方式,将多个事物组合在一起,形成新的事物,以提升其整体的性能、效果。“整合”的方式应用在高等教育领域,主要体现在学科专业的整合方面。

在教学科研领域与学科整合相关的术语中,比较常见的是“跨学科”(Interdisciplinary、Transdisciplinary)、“多学科”(Multidisciplinary)。美国国家科学院等给出的定义为:跨学科研究(Interdisciplinary Research,IDR)是一种由团队或个人,整合来自两个或多个学科、专业知识体的信息、数据、技术、工具、视角、概念、理论等内容,以促进对基础性内容的理解或是解决单个研究机构或研究实践领域难以解决的问题②。特里·L. 威奇(Terry L.Weech)提出,跨学科是指两个或更多的学科,形成共同的研究或主题内容兴趣,共同尝试在一定程度上整合其他学科的方法论及概念体系的视角③。

通过分析可以发现,以上阐述中对“跨学科”内涵的理解是学科整合的主要表现,与学科整合的思路非常具有一致性,因此跨学科的研究与实践成果可以为学科整合的探讨提供参考。

在本研究过程中,对学科整合的内涵作比较广泛的理解。学科整合具有一定的层次性,有研究者指出,学科整合是有机的化合,而不是无机的混合,是指相关学科相互之间的命题、概念、陈述格式和研究传统的融会贯通。它通过不同学科的概念、原理、方法和技术手段相互交融而形成,彼此之间能够有机融合在一起,形成一个新的系

---

① 《新华汉语词典》编委会.新华汉语词典[M].北京:商务印书馆国际有限公司,2014:1246.

② Committee on Facilitating Interdisciplinary Research, National Academy of Sciences, National Academy of Engineering, Institute of Medicine. Facilitating Interdisciplinary Research[R/OL].[2014-12-20].http://www.nap.edu/catalog/11153/facilitating-interdisciplinary-research.

③ Weech T L.Multidisciplinarity in Education for Digital Librarianship [EB/OL].[2014-12-20]. http://proceedings.informingscience.org/InSITE2007/InSITE07p011-021Weec285.pdf.

统理论体系①。这种理解是比较高层次的学科整合表现，而许多初步的学科整合方式对于高等教育的发展也能发挥重要作用。

某个特定学科在发展过程中，不断吸收借鉴相关学科的知识体系，在人才培养、课程设置、科学研究等领域体现跨学科的思路，吸收更多学科的人力资源进入本学科领域，这些都可以作为实现学科整合的重要方式。学科整合具有层次性，比较深度的如通过多个学科知识体系的交叉融合形成新的学科领域，达到深层次的整合；浅层次的整合如在具体的课程开设、课题研究等方面更多地吸收其他学科的知识内容、人力资源，使学科更具有跨学科的特征。这些不同类型的学科整合方式对 iSchools 的发展都产生了非常重要的作用。

4.2 iSchools 学科整合的必要性

4.2.1 学科的交叉融合是当代科学的发展趋势

纵观科学发展的历史进程，可以发现一定的规律："人类知识和思想的发展经历了一个由古代的整体化到近现代的专业化再到当代的综合化过程。"②当代学科的发展过程中，在科学研究、人才培养、学科建设等领域，都体现了不同学科的交叉融合特征。中国科协副主席、中国科学院副院长李静海院士指出："交叉融合是学科发展的历史必然。学科与学科之间、科学与技术之间、自然科学与人文社会科学之间的交叉、渗透、融合，成为学科发展的必然趋势。"③

通过交叉融合的方式，不同的学科优势互补，不仅丰富了自身的学科内容，促进了新的学科增长点的产生与发展，而且推动了整个科学领域的繁荣发展，为社会进步提供更加全面的支持。

在这种学科交叉融合的发展过程中，任何学科都不能置身度外，

① 谢欧.合并高校学科整合问题与对策研究——以西南大学为个案的研究[D].重庆：西南大学，2008：12.

② 刘大椿，潘睿.人文社会科学的分化与整合[J].中国人民大学学报，2009(1)：141-150.

③ 潘希.23 个学科呈四大发展趋势[N].中国科学报，2012-04-11(1).

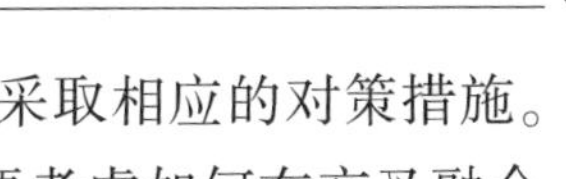

都需要顺应这种潮流,思考自身的发展趋势,采取相应的对策措施。图书情报学作为学科体系中的一员,必然需要考虑如何在交叉融合的发展进程中扩展自身的学科影响力,提升发展潜力。

4.2.2 图书情报学学科具有很强的跨学科特征

iSchools 学院的学科主体来源于图书情报学科。图书情报学虽然产生的时间并不算太长,而且在不同的历史时期学科的重点研究领域与表现形式也不尽相同,但已经形成了自己的内核,正如叶继元教授指出,图书情报学学科的核心内容是其他学科所没有,或有但不如图书情报学强的内容,主要是知识的评价选择、组织利用和人员(用户、管理者)的研究①。总体来看,图书情报学的研究领域集中在信息、知识的采集、整理、开发、服务和管理等方面。

由于图书情报学的研究对象知识、信息问题可以归属于众多学科领域,图书情报学从其产生之初就具有明显的跨学科特征。严怡民教授指出,情报学是介于自然科学、技术科学与社会科学之间的综合性边缘学科,这种学科性质主要表现在它的研究对象和内容上,这些对象和内容有的涉及社会科学,有的涉及自然科学,有的涉及技术科学或应用科学,有的同时涉及几个方面的科学②。邹志仁教授也提出,情报学的研究内容涉及众多学科,例如:研究情报的构成和特性涉及哲学、语言学、语义学和信息论等;研究情报的表述、加工整理涉及语言学、语义学、符号学、逻辑学、数学、目录学、图书馆学等;研究情报的传递涉及信息论、计算机科学、通信技术、控制论等;研究情报的利用涉及科学学、社会学、心理学、管理学等③。研究对象相似的图书馆学也有类似特征。

美国众多学者也提出了类似看法,泰夫克·萨拉塞维克(Tefko Saracevic)认为,情报学(Information Science)从本质上看是跨学科

---

① 叶继元.图书情报学(LIS)核心内容及其人才培养[J].中国图书馆学报,2010(6):13-19.

② 严怡民.情报学概论[M].武汉:武汉大学出版社,1983:43-44.

③ 邹志仁.情报学基础[M].南京:南京大学出版社,1987:34.

的,而且其与不同学科之间的关系处在不断的变化中,这种跨学科的变化远未停止。在技术维度外,情报学也有很强的社会与人文维度①。弗雷德·勒纳(Fred Lerner)提出,社会学、进化心理学、认知心理学、流行病学、统计学和数学对情报学的发展均有影响,情报学家同计算机科学以及相关工程学领域的从业者,有很多共通之处②。

图书情报学的跨学科特征可以通过不同方式揭示。如布莱恩·比顿(Brian Beaton)等人提出,毕业论文的致谢内容反映了学术知识的生产过程,对致谢的内容分析可以用来表征跨学科的联系与活动。其对 2010 年的 61 篇图书馆与信息科学(图书情报学)博士论文致谢中感谢的人员进行了分析,学科分布情况如表 4-1 所示③。

表 4-1 **2010 年图书馆与信息科学博士论文致谢中感谢人员涉及的学科领域**

序号	作者学科	感谢人员所涉学科	数量(%)
1	信息科学	信息科学	53(20.7%)
2	信息科学	科学与工程	38(14.8%)
3	信息科学	社会学与行为科学	29(11.3%)
4	信息科学	图书馆学	29(11.3%)
5	信息科学	计算机科学	27(10.5%)
6	信息科学	管理与政策	26(10.2%)
7	信息科学	人文学科	20(7.8%)
8	信息科学	传播学	17(6.6%)
9	信息科学	教育学	17(6.6%)
总　　计			256(100%)[1]

① Saracevic T.Information Science[J].Journal of the American Society for Information Science,1999(12):1051-1063.

② [美]弗雷德·勒纳.图书馆的故事:从文字初创到计算机时代[M].沈英,马幸,译.北京:北京时代华文书局,2014:261.

③ Beaton B,Jeng W,Champagne R.Exploring the Use of "Acknowledgement Analysis" to Map Intellectual Diversity and Cross-Disciplinary Activity Within the iSchools[EB/OL].[2014-12-22].https://www.ideals.illinois.edu/bitstream/handle/2142/47283/330_ready.pdf? sequence=2.

续表

序号	作者学科	感谢人员所涉学科	数量(%)
1	图书馆学	图书馆学	34(27.4%)
2	图书馆学	信息科学	32(25.8%)
3	图书馆学	计算机科学	14(11.3%)
4	图书馆学	教育	12(9.7%)
5	图书馆学	人文学科	9(7.3%)
6	图书馆学	社会学与行为科学	8(6.5%)
7	图书馆学	传播学	6(4.8%)
8	图书馆学	科学与工程	5(4.0%)
9	图书馆学	管理与政策	4(3.2%)
总　计			124(100%)

注:[1]处有0.2%的误差。

博士论文是一个学科新知识的重要产出形式。从表4-1中数据可以看到,图书情报学博士致谢的人员学科分布非常广泛,体现出众多学科领域的研究者都对图书情报学学科知识的产生带来了影响,这也反映了图书情报学的知识内容具有明显的跨学科特征,因此图书情报学在发展过程中需要加强与相关学科的交流、合作,整合利用相关学科内容。

4.2.3 信息职业工作具有明显的跨学科特征

图书馆行业是信息职业的重要组成。长期以来,图书情报学高等教育为图书馆行业输送了大量人才。图书馆工作中需要处理的知识、提供的服务所涉及学科越来越具有多样性,图书馆职业也越来越需要多学科背景的员工,这在专业性图书馆中表现更为明显。美国法律图书馆协会(American Association of Law Libraries,AALL)曾经对法律高校图书馆中图书馆员的学位情况进行过调研,结果如表

4-2 所示①。

表 4-2 **美国法律高校图书馆员的学位情况**

学　位	1976 年统计	1993 年统计	2011 年统计
单独的图书馆学位	50%	57%	33%
单独的法律学位	26%	16%	6%
同时拥有图书馆学和法律学位	17%	26%	55%

从表 4-2 数据可以看到,在提供法律信息服务的专业队伍中,具有法律和图书馆学双学科背景逐渐成为主流,这便于在开展服务的过程中,更加有效地与用户进行沟通,提供更高质量的信息服务。

在信息时代,图书情报学教育已不再局限于为单一的行业机构提供人才保障,教育目标需要面向整个信息职业培养人才。美国著名图书情报学家兰开斯特(F.W.Lancaster)早在 20 世纪 80 年代就提出,“图书馆员的前途取决于他的能力和是否愿意走出图书馆”②;“电子时代的图书馆员会成为化学家、物理学家、医生、律师、教育家和其他专业人密切的同事。这个职业长期以来都习惯于机构化的工作,在电子时代,脱出机构的过程会大大地改善图书馆员的形象、身份并提高他们的报酬”③。

信息活动是一个普遍的社会现象,因此信息职业的范围非常广泛。社会各领域的工作中都会涉及不同类型信息的搜集、组织、加工、服务等工作,这正是当今信息职业的主要工作内容。不同领域的信息职业工作也有自身特点,如在大数据时代,对海量数据资源的高效管理成为不同学科的研究者都面临的难题。生物学领域的研究表

① Ahlbrand A,Johnson M.Degree Pedigree:Assessing the Effect of Degree-Granting Institutions' Ranks on Prospective Employment at Academic Law Libraries[J].Law Library Journal,2012(4):553-568.

② [美] F. W. 兰开斯特.电子时代的图书馆和图书馆员[M].郑登理,陈珍成,译.北京:科学技术文献出版社,1985:166.

③ [美] F. W. 兰开斯特.电子时代的图书馆和图书馆员[M].郑登理,陈珍成,译.北京:科学技术文献出版社,1985:71.

明数据监护(Data Curation)专家应当具备以下知识和能力:数据归档和保存、数据仓库及工具、元数据标准、生物本体、工作流捕获、数据合成、基于文献的发现以及版权和知识产权知识等①。在不同职业中从事信息管理工作,需要图书情报学知识和相应学科知识的有效融合,具有复合学科背景会更有利于工作的开展。

4.2.4 学科的孤立会制约其进一步发展

如前所述,不同学科之间的交叉、融合是当代学科的共同趋势。只有融入这种潮流中,学科才能避免被孤立,获得进一步发展的机会。在高等教育领域的学科专业发展历史中,由于自身的孤立、封闭,导致发展受到制约,甚至被取消的情形大量存在。如具有悠久历史与崇高地位的芝加哥大学教育学系,由于学院相对孤立,学科的价值不被认可,导致学院最终被关闭,专业被取消②。美国图书馆界和图书馆学教育界在讨论 20 世纪 80—90 年代美国图书馆学院倒闭的原因时,认为"封闭"是所有被关闭图书馆学院的共同特征:教职工不在其他系兼课,其他系的老师也不在图书馆学院上课;学生很少上其他系的课程③。阿普丽尔·博安南(April Bohannan)提出,导致美国图书馆学院关闭的两项重要原因是图书馆学院及其教员和学校其他社区太过隔离,潜在的学生发现学院的课程设置与当今信息机构的需求不相吻合④。

因此,高等教育界的学科、专业在发展过程中,需要积极吸收借鉴其他学科的成果,丰富自身内容,以更加适应社会发展的实际需要,在学科知识的交流与互动中促进学科的繁荣发展。

---

① 王芳,慎金花.国外数据管护(Data Curation)研究与实践进展[J].中国图书馆学报,2014(4):116-128.

② 周勇.芝加哥大学教育系的悲剧命运[J].读书,2010(3):80-89.

③ 范并思.20 世纪西方与中国的图书馆学——基于德尔菲法测评的理论史纲[M].北京:北京图书馆出版社,2004:101-103.

④ Bohannan A.Library Education: Struggling to Meet the Needs of the Profession[J].The Journal of Academic Librarianship,1991(4):216-219.

4.3　iSchools 学科整合的对象

学科整合的对象是指具有整合可行性的不同学科。由于 iSchools 学院的主体学科——图书馆与信息科学(图书情报学)自身的跨学科特征,其可以吸引、利用众多学科领域的资源,通过各种方式实现学科整合。正如宾夕法尼亚州立大学信息科学与技术学院史蒂文·索耶(Steven Sawyer)等人指出,在 iSchools 的环境下,来自不同研究范式和研究领域的学者汇聚在一起,在学院里受聘、升职、获得终身职位,招募、培养研究生,在跨学科领域和相互合作中建立共同语言,消弭彼此之间的显著差异①。从整合的学科对象入手考察,iSchools 的学科整合大致可以分为两种类型:对信息管理同族学科的整合、对其他学科的整合。

4.3.1　对信息管理同族学科的整合

同族学科是指相互之间有着“血缘关系”的学科,它们在产生过程中有着同源关联,并且在研究对象、研究方法、学科宗旨等方面也有着部分相同或相似性②。同族学科在诸多领域具有相似之处,因此具备较好的整合基础,对其进行系统整合具有更高的可行性。信息管理同族学科,也可以被称为“信息管理学科群”,iSchools 对同族学科的整合对象主要体现在信息管理学科群方面。在美国,发起 iSchools 运动的学院历史上都是图书馆与信息科学学院,现阶段参与 iSchools 运动的学院主体也是图书馆与信息科学学院,因此这些学院历来比较重视对信息管理学科群中学科的整合。

信息管理学科群的主要学科包括图书馆学、情报学、档案学、博物馆学、出版学等。在《中华人民共和国学科分类与代码国家标准

---

①　Sawyer S, Rosenbaum H. I-Schools: Mice Roaring or the Future is Now Arriving[EB/OL].[2015-01-10].http://www.ischools.org/conference08/pc/PA1-3_iconf08.pdf.

②　王子舟.图书馆学基础教程[M].武汉:武汉大学出版社,2003:240.

(GB/T 13745-2009)》中,“870 图书馆、情报与文献学”下设了图书馆学、文献学、情报学、档案学、博物馆学等二级学科,可见这些二级学科之间存在密切联系。这些学科都是以不同类型信息资源的有效管理与利用为目标。在发展过程中,信息管理学科群经历了比较明显的分化与融合的历程。

图书馆学与情报学同宗同源,情报学是从图书馆学的母体中分化发展而来的。标志着“Information Science”(情报学)诞生的经典文献《诚如所思》在为“情报学”指明问题求解思路和前进努力方向的同时,也表明了情报学在本质上就是一种图书馆学(Library Science)或者说是传统的 Library 研究在 Information 层面发展的产物①。随着图书馆学、情报学研究对象、研究方法等的趋同,越来越多的研究者都提出两个学科之间的差异逐渐消减,走向融合。20 世纪 90 年代以来,国际上召开的多次图书馆学和情报学概念基础研讨会,意见比较一致:即图书馆学和情报学并不是相互独立的两门学科,其实是同一门学科,即图书情报学(LIS),其任务是对客观知识进行组织②。格诺特·韦尔西希(Gernot Wersig)、彼得·英格沃森(Peter Ingwersen)等国际知名情报学家都认为,情报学并不局限于某个特定的信息机构,图书馆学可以被认为是情报学研究的一个应用领域,图书馆学主要关注于发生在图书馆中的信息处理过程③。

图书馆学与情报学的整合有一定的历史必然性。玛格丽特·F. 斯蒂格(Margaret F.Stieg)在分析图书馆学院倒闭的过程时,提到图书馆学教育在面临危机的情况下也在勇敢地重塑自身形象,以更好地适应学校的优先关注领域,如使自身更加科学化、更加具有理论性、招募更多的教员,而在当时的一段时间里,这些努力集中体现在向情报学(Information Science)转变方面④。这种转变在一定程度上

① 肖勇.我国图书馆学情报学的学科存在与学科关系(上)——基于我国图书馆学与西方图书信息学内在关系的探讨[J].情报理论与实践,2009(9):1-4.

② 吕斌,李国秋.组织情报学[M].上海:上海世界图书出版公司,2013:4.

③ Vakkari P.Library and Information Science: Its Content and Scope[C]//Godden I P.Advances in Librarianship.Bingley,U.K.: Emerald,1994:1-55.

④ Stieg M F.The Closing of Library Schools: Darwinism at the University[J].The Library Quarterly,1991(3):266-271.

预示着图书馆学、情报学走向融合的历程。

从历史上看,情报学在产生、发展过程中更加强调技术因素,试图通过信息技术的广泛采纳应用区分其与图书馆学的关系,如泰夫克·萨拉塞维克曾提出,在图书情报学的教育领域,存在着"谢拉模式"(Shera Model)和"索尔顿模式"(Salton Model)。前者以用户为中心(User-Centered),而后者以系统为中心(System-Centered),两种教育模式相互独立,很长时间里缺少对其进行教育整合①。iSchools的出现和发展,实现了泰夫克·萨拉塞维克所提出的教育整合的目标,将用户和系统两种不同的关注维度整合在一起。

在数字时代,图书情报学、档案学、博物馆学的趋同性越来越明显。正如美国著名信息管理学家克里斯廷·L. 博格曼(Christine L. Borgman)教授所指出,图书馆、档案馆和博物馆曾经有一个"共同的过去",这三种机构在功能上的分化现象只是在相对近期的时间内才出现的。随着馆藏的内容以及用于管理这些馆藏的元数据逐渐以电子形式出现,图书馆、档案馆、博物馆和其他信息机构之间的界线开始日益模糊了②。我国研究者也提出,在信息技术深刻变革的今天,档案学与图书情报学科的研究对象逐渐趋同,建立在同一信息技术平台下的图书情报工作与档案管理都将面临共同的研究课题,诸如数字资源的长久保存、网络环境下的知识产权等问题③。

传统上图书馆、档案馆、博物馆等机构管理、保存的资源类型有差别。在数字环境下,由于信息资源载体的数字化趋势明显,在以数字化方式管理不同类型信息资源的过程中,各类型文化、信息管理机构的差异在缩小。以博物馆为例,越来越多的博物馆将信息技术整合到工作实践中,通过加快文化遗产的数字化,开发虚拟博物馆,使馆藏更易获取,因此新的博物馆专业人员更

① Saracevic T.Information Science[J].Journal of the American Society for Information Science,1999(12):1051-1063.

② [美]克里斯廷·L.博格曼.从古腾堡到全球信息基础设施:网络世界中信息的获取[M].肖永英,译.北京:中信出版社,2003:255-257.

③ 丁子涵,王芹,蒋卫荣.从引文分析看档案学与图书馆学、情报学的学科融合[J].档案学通讯,2012(2):25-29.

加需要利用信息技术对博物馆中的信息资源进行组织、提供获取①。与数字化信息管理实践相呼应,图书馆学、档案学、博物馆学等信息管理学科群所属学科面临的原理、技术、方法、政策等问题也具有趋同性。因此信息管理学科群有比较强劲的学科整合的需求,而这些同族学科的有效整合将更有利于整个学科群在更高层次的发展。

信息资源管理学科群所属的各学科,都有其自身的重点关注领域和特色内容,每个学科的核心知识内容都构成了信息领域的重要组成部分,都应该成为 iSchools 教学与科研活动的要素成分。正如理查德·詹姆斯·考克斯(Richard James Cox)等人提出,对于 iSchools 而言,档案学研究的一些基本要素和概念非常关键,如原生数字资源的保管与保存、记录生命周期及连续体概念、保存需求、文化与人文视角、公共与机构记忆、数字时代有关记录的发展中的观念等②。

iSchools 非常重视对信息管理同族学科的整合。2013 年,iSchools 的年会 iConference 的一个主题是:"建构在图书馆学、档案学与博物馆学融合优势之上的 iSchools,提升管理数字馆藏教育"③。iSchools 对信息管理同族学科整合的集中体现是有关数据监护(Data Curation)、数字监护(Digital Curation)课程与专业的设置,这也是适应职业发展需求作出的选择。2011 年,国际图联(IFLA)年会的主题之一是"数字监护教育"(Education for Digital Curation),安娜·玛利亚·坦马罗(Anna Maria Tammaro)等人通过文献综述,提出数字监护教育是融合图书馆学、档案学、博物馆学和计算机科

① Kim J.Building Rapport Between LIS and Museum Studies [J].Journal of Education for Library and Information Science,2012(2):149-161.

② Cox R J,Larsen R,Cloonan M V,et al.Can I-Schools Fulfill Their Mission Without Archival Studies [EB/OL].[2015-01-12].http://www.ischools.org/conference08/pc/WC8_iconf08.doc.

③ iConference 2013 Proceedings [C/OL].[2015-01-12].https://www.ideals.illinois.edu/bitstream/handle/2142/42563/iConference_Proceedings.pdf?sequence=2.

学而出现的新学科①。数字监护教育是整合图书情报学、档案学、博物馆学、计算机学科的集中体现，在 iSchools 中已经得到了广泛应用。

4.3.2　对信息管理学科群之外其他学科的整合

信息职业的合格从业者，在解决信息管理相关问题的过程中，需要综合应用计算机、经济、法律等诸多领域的知识。信息管理活动深入到社会各行各业，任何职业都会涉及信息采集、处理、利用等活动，不同学科对本领域信息的描述、组织、检索等都会有特殊要求。在图书馆与信息科学的研究与教学活动中，如果能够有效融入其他相关学科知识，对于解决特定学科、职业领域的信息问题，培养适合在该领域开展信息管理与服务工作的专业人才具有重要作用。因此 iSchools 在发展过程中，也充分重视了对相关学科知识内容的借鉴，在不同层次对众多学科内容进行了整合。

从 iSchools 运动的基本特征来看，其关注的核心是“人、信息、技术、政策”的关系。在对不同维度的内容开展研究、教学的过程中，必然会涉及不同学科的知识，需要从不同学科入手解决信息科学领域面临的问题。在 iSchools 运动发起初期，宾夕法尼亚州立大学信息科学与技术学院院长詹姆斯·托马斯(James Thomas)将 iSchools 的首字母“i”解释为“interdisciplinary”(跨学科)的首字母缩写②。多蒂·马德森(Dorte Madsen)等人提出：跨学科是 iSchools 中类似于 DNA 的核心组成③。这些都充分阐释了“跨学科”在 iSchools 发展过程中的重要地位。

---

① Tammaro A M. Digital Curator Education: Professional Identity vs. Convergence of LAM (Libraries, Archives, Museums) [EB/OL]. [2015-01-12]. http://works.bepress.com/cgi/viewcontent.cgi?article=1023&context=annamaria_tammaro.

② 叶继元.iSchools 与学科整合[J].图书情报工作,2007(4):6-9,51.

③ Madsen D, Ho S M. Interdisciplinary Practices in iSchools [EB/OL]. [2015-01-12]. http://openarchive.cbs.dk/bitstream/handle/10398/8897/Madsen_1.pdf?sequence=1.

iSchools 的人才培养目标具有明显的跨学科的要求，如加州大学伯克利分校信息学院开设的“信息管理与系统硕士”(Master of Information Management and Systems, MIMS)，提出培养学生具备成为成功的信息专家(Information Professionals)应具有的多领域知识，包括计算机科学、认知科学、心理学与社会学、经济学、商学、法律、图书馆与信息研究、传播学等①。为了实现类似的人才培养目标，就需要整合利用多学科的知识。

具体来看，iSchools 在开展学科整合活动中涉及的学科非常多样化。“技术”是 iSchools 关注的重要维度，因此在 iSchools 发展过程中，将信息技术等学科全面整合到图书馆与信息科学的学科体系中。正如詹姆斯·托马斯等人指出的，信息技术、计算机科学、信息系统、管理信息系统、图书馆学、通信技术、新媒体、情报学、计算机工程等，这些不同的领域都给信息科学教育领域带来了独特的价值，但又都不够全面，信息、科学、技术、计算机、信息科学、图书馆、系统等词汇都被进行组合以命名教学项目，而这些项目的共同特征都是设计、开发或应用信息通信技术②。iSchools 是在综合以上学科、项目优势的基础上开展教学科研工作。

此外法律、商学、人文、艺术等学科也是 iSchools 重点关注并积极进行整合的学科领域。如罗伯特·赫克曼(Robert Heckman)等提出，信息职业的工作，与具有创造性和表现力的艺术家，以及设计职业的人员从事的工作非常类似，因此在 iSchools 的教育课程体系中，需要加入艺术领域的课程③。史蒂文·索耶等人提出，iSchools 扩大自身规模的最主要方式就是吸引传播学、计算机科学等学术领域的同仁加入到队伍中来，另外也可以尝试吸引商学院的信息系统学者

---

① Programs[EB/OL].[2015-01-12].http://www.ischool.berkeley.edu/programs.

② Thomas J, Dran R V, Sawyer S.The I-Conference and the Transformation Ahead[J].Bulletin of the American Society for Information Science and Technology, 2006(4): 16-18.

③ Heckman R, Snyder J.The Role of the Arts in an iSchool Education[EB/OL].[2015-01-12].http://www.ischools.org/conference08/pc/PA3-1_iconf08.pdf.

参加①。这些不同学科内容的融入对 iSchools 丰富和完善自身的学科体系起到了重要作用,推动了学科的进一步发展。

4.4 iSchools 学科整合的主要方式

为了推动学科整合的实现,教学科研机构需要采取相应措施,便于多学科的融合与发展。现阶段 iSchools 成员已经积累了一定的经验,在不同层次的学科整合方面都取得了一定成效。

4.4.1 教育机构建制的整合

为了能够更加有效地集中相关学科的优势资源,一些学校对 iSchools 学院的建制进行了重整。整合主要发生在以信息领域问题为主要研究对象的学科院系之间。这种在教育机构层面实施的整合是一种比较充分、实质性的资源整合措施,有利于推动在统一的平台上全面开展教学科研领域的合作活动。

2013 年,德雷塞尔大学信息科学与技术学院(College of Information Science and Technology, iSchool)、计算机科学系(Department of Computer Science)和计算机与安全技术系(Department of Computing and Security Technology)合并,组成新的"计算机与信息学院"(College of Computing and Informatics)。这次合并是以 iSchool 为主导的学科整合,集合了三个院系的实力,具有文理交融的优势,可以从不同角度开展深入科学研究、人才培养工作。

2013 年,印第安纳大学图书馆与信息科学学院(School of Library and Information Science)、信息学院(School of Informatics)合并,组成新的"信息与计算机学院"(School of Informatics and Computing),结束了印第安纳大学同时拥有两所 iSchool 的历史②。

---

① Sawyer S, Rosenbaum H. I-Schools: Mice Roaring or the Future is Now Arriving[EB/OL].[2015-01-10]. http://www.ischools.org/conference08/pc/PA1-3_iconf08.pdf.

② Welcome to the School that Put Informatics on the Map[EB/OL].[2015-01-15]. http://soic.iupui.edu/about/.

2008 年,北得克萨斯大学图书情报学院(School of Library and Information Sciences)与信息技术系(Department of Learning Technologies)合并,组成信息学院(College of Information)。

还有一些 iSchools 成员在更早时期进行了教育机构建制的整合,如 1993 年,肯塔基大学图书馆与信息科学学院(College of Library and Information Science)和传播学院(College of Communications)合并,组建为传播与信息学院(College of Communications and Information Studies)。1993 年,加州大学洛杉矶分校图书情报研究生院(Graduate School of Library and Information Science)、教育学院(School of Education)合并,组建为教育与信息研究生院(Graduate School of Education and Information Studies)。

需要指出的是,在教育机构建制的整合发展过程中,图书情报学院系需要积极发挥作用,使自身的理念和思路能够在整合后的学院中得到更广泛认同,以促进本学科的发展,避免在整合过程中失去话语的主动权。

4.4.2 师资队伍的整合

师资队伍是高等教育实施的人力资源保障。叶继元教授曾经指出,学科能否有效整合应有两个必要条件:一是有足够多的学科发展方面的丰富实践材料;二是有一批思路清晰、理念相同的学者的充分交流①。在高校中,科学知识的创造与传播主体是教师,教师的素质将直接影响课程设置与教学内容的传授,因此是否有充足的多学科师资队伍是 iSchools 能否有效实现学科整合的关键要素之一。

随着 iSchools 教学、科研活动涉及的学科领域越来越多样化,更多不同学科的师资成员汇聚在 iSchools,有利于围绕信息领域问题充分展开跨学科交流,也为 iSchools 开设相关跨学科课程提供了基础性条件。正如史蒂文·索耶等人所指出的,iSchools 和 iSchools 的教师已经大量参与到人机交互(Human-Computer Interaction, HCI)、参与式设计(Participatory Design)、计算机支持协同工作(Computer

① 叶继元.iSchools 与学科整合[J].图书情报工作,2007(4):6-9,51.

Supported Cooperative Work, CSCW)、社会信息学(Social Informatics)等研究中。这种参与可以使相应领域的研究者,特别是年轻的学者和毕业研究生,将 iSchools 视为一个可行的(即便不是最佳的)学术领域选择①。

为了实现多学科师资队伍的整合,一种方式是直接招聘其他学科的研究者到 iSchools 任教,如罗格斯新泽西州立大学传播与信息学院提出跨学科可以使研究更具活力,可以刺激以新的方式发现、分析、解决问题,当今时代最有趣问题的复杂性与多面性本质要求采取跨学科的合作与思考,近些年来该学院在员工招聘的过程中采取了"以问题为中心"的态度,重点围绕以下问题领域招聘员工以促进跨学科合作:卫生与健康;社会媒体交互与合作设计;全球媒体、社区与民主化;组织、政策与领导力②。

招聘多学科师资的方式已经在 iSchools 中普遍应用,有越来越多的教师具有其他学科的专业背景。安德烈亚 · 威金斯(Andrea Wiggins)等曾在 2009 年调研了 iCaucus 成员学院中教师的学科背景情况,共计调查了 769 人,其学科背景如表 4-3 所示③。

表 4-3 **iCaucus 学院教师的学科背景情况**

领域	数量(%)	组成领域
计算	233(30%)	计算机科学、电子工程、数学
信息	88(11%)	信息科学、信息研究、信息传递、信息传播与图书馆研究

① Sawyer S, Rosenbaum H. I-Schools: Mice Roaring or the Future is Now Arriving[EB/OL]. [2015-01-10]. http://www.ischools.org/conference08/pc/PA1-3_iconf08.pdf.

② An Interdisciplinary Approach[EB/OL]. [2015-01-15]. http://comminfo.rutgers.edu/research/research.html.

③ Wiggins A, Sawyer S. Intellectual Diversity in iSchools: Past, Present and Future[EB/OL]. [2015-01-15]. http://www.andreawiggins.com/research/Wiggins-Sawyer2010iConference.pdf.

续表

领域	数量(%)	组成领域
图书馆	79(10%)	图书馆学、信息与图书馆学、图书馆与信息科学
社会学与行为科学	78(10%)	心理学、社会学、社会科学
管理与政策	70(9%)	商业、管理、政策、经济
科技与工程	69(9%)	生命科学、物理学、统计学、工程学(电子工程除外)
教育	58(8%)	教育
人文	54(7%)	历史、哲学、文学、跨学科研究
传播学	40(5%)	传播学

注:该表统计数量百分比共有1%的误差。

我国学者在2012年对28所iSchools成员院校的核心教师进行了调研,其中教师在本科、硕士、博士阶段拥有的学科背景情况如表4-4所示①。

表4-4 **28所iSchools院校教师学科背景**

序号	学科背景	数量	序号	学科背景	数量
1	计算机科学	409	9	历史	54
2	图书情报学	388	10	教育	50
3	工程	208	11	哲学	38
4	数学与物理	148	12	化学与生物学	27
5	语言与艺术	94	13	社会学	25
6	商业与经济	65	14	医学与公共卫生	17
7	传播与媒体	62	15	法律	14
8	心理学	54			

① 肖希明,杨蕾.iSchools师资队伍的发展趋势及启示[J].图书情报知识,2012(6):10-14.

从表 4-4 中数据可以看到，iSchools 教师的技术特征非常明显。在教师的学科背景中，排名第一的是计算机科学相关领域，反映了“技术”维度在信息科学教学研究领域的突出地位。与此同时，也有为数众多的学科背景为文、理、工等领域的教师，一定程度上揭示了 iSchools 影响力不断提升，吸引其他学科的人员汇聚在信息科学领域。不同学科的教师应用自身的知识体系来解决信息领域的问题，推动了信息科学领域人才培养与科学研究的发展。

iSchools 师资队伍整合的另一种方式是一个教师可以同时隶属于多个学院，通过“双聘”的方式在两个学院所属的交叉学科领域开展教学研究工作。这种方式有利于吸引更多高层次人才参与到 iSchools 的学科建设与发展过程中，提升信息科学的显示度与影响力。这种聘任方式在美国加州大学伯克利分校信息学院的表现尤为明显，如表 4-5 所示①。

表 4-5　**美国加州大学伯克利分校信息学院的双聘教授**

教授姓名	所在的双聘院系
安娜丽·萨克瑟尼安(AnnaLee Saxenian)教授(院长)	信息学院/城市与区域规划系
帕梅拉·萨缪尔森(Pamela Samuelson)教授	信息学院/法学院
道格·泰加尔(Doug Tygar)教授	信息学院/电气工程与计算机科学学院
史蒂文·韦伯(Steven Weber)教授	信息学院/政治科学系
扎克利·帕多斯(Zachary Pardos)助理教授	信息学院/教育研究生院

加州大学伯克利分校信息学院的 20 位专任教师中，有 5 位是和其他学院共同聘任的，其中院长安娜丽·萨克瑟尼安教授也是信息

① ISchool Faculty[EB/OL].[2015-01-15]. http://www.ischool.berkeley.edu/people/faculty.

学院、城市与区域规划系的双聘教授。信息学院和法学院的双聘教授帕梅拉·萨缪尔森女士是美国著名知识产权法专家,其在信息法领域取得了卓越成就,具有广泛影响。

美国圣何塞州立大学图书情报学院罗莉莉(Lili Luo)就 iSchools 教师在跨学科领域的表现进行了调研,向美国 iSchools 学院的教师发放调查问卷,共收到了 135 位教师的回复。其中 iSchools 教师在专业领域的跨学科活动调查结果如表 4-6 所示①。

表 4-6 **iSchools 教师在专业领域的跨学科活动**

参与的跨学科活动	比例(n=135)
参加了两个(或更多)不同学科的会议/工作组/研讨会	77.7%
在两个(或更多)不同的学科领域的专业杂志作为审稿人	71.9%
参加了两个(或更多)不同学科的专业协会	60.7%
自己的任职是跨学科的:(1)在两个(或更多)学科的院系联合任职;(2)在一个跨学科的学术机构任职;(3)在一个与自身接受的教育不同的专业领域任职	33.3%
在专业活动中没有参加任何跨学科活动	5.9%

从以上调研数据可以看到,现阶段 iSchools 的教师参与了多种形式的跨学科活动,这也反映了众多教师具有多学科的知识背景。在参加多个学科的会议、专业协会,承担多学科专业杂志审稿等活动中,iSchools 教师不断利用自身知识开展学术交流,在提升图书馆与信息科学影响力的同时,也便于了解相关跨学科领域的最新动态,推动教学科研活动的开展。

4.4.3 学科专业领域的整合

iSchools 学院中设立的信息科学专业本身就具有很强的跨学科

① Luo L.Being Interdisciplinary: A Look into the Background and Experiences of iSchool Faculty Members[EB/OL].[2015-01-10].http://libres-ejournal.info/wp-content/uploads/2014/06/NTU-2013_Submission_LiliLuo_final.pdf.

特征,如印第安纳大学信息与计算学院认为"信息科学"(Informatics)是创新性的多学科项目的茁壮成长之处,学生可以获得经过整合的多学科技能和计算机科学方法,包括生物信息学、化学信息学、复杂系统、健康信息学、人机交互设计、信息学的逻辑与数学基础、音乐信息学、机器人技术、安全信息学、社会信息学等;信息学博士专业是一个经过整合的多学科领域,试图在信息技术开发与应用所涉及的技术、科学、社会方面达到平衡,学生将会学习多个学科领域的课程①。雪城大学信息研究学院的"信息科学与技术"(Information Science and Technology)博士专业具有明显的跨学科特征,将信息科学、行为与社会科学、管理科学、计算机科学、法律和公共政策等学科的知识和方法进行了整合,以解决任何环境下与信息有关的问题:个人、组织、社会、政治、技术等②。

在信息科学专业更多开展跨学科人才培养的同时,越来越多的iSchools通过设立跨学科专业、双学位的方式,促进了学科专业领域的有效整合。

4.4.3.1 设立跨学科专业

高等教育的学科专业设置处于动态变化的过程中。为适应新环境下对特定类型人才培养的需求,高校会不断增删、调整学科专业。从高等学校的管理角度来看,"学校增设新专业是从学校整体目标、教学资源、就业市场等多方面考虑,结合学校原有优势科目和强势师资,从社会的最新需求,从对大学未来前景和未来市场的预期考虑来设置新的专业"③。新学科专业的设立也反映了该领域的知识积累到了一定程度,可以有足够丰富的知识体系塑造特定能力的专业人才。

iSchools的专业设置具有整合相关学科资源的特征。我们对iSchools成员中设置的具有学科整合特征的跨学科专业情况进行了调研,如表4-7所示。

---

① Graduate[EB/OL].[2015-01-15].http://www.soic.indiana.edu/graduate/degrees/informatics/index.html.

② Ph.D.Program[EB/OL].[2015-01-15].http://ischool.syr.edu/future/doctoral/phd.aspx.

③ 赵晓晓.高等院校新专业的设置研究[D].南京:河海大学,2007:34-35.

表 4-7 **iSchools 设置的具有学科整合特征的跨学科专业**

序号	学院	专业、学位名称	学历层次
1	卡内基梅隆大学汉斯信息系统与管理学院(Carnegie Mellon University: School of Information Systems and Management, Heinz College)	信息安全政策与管理(Master of Science in Information Security Policy and Management, MSISPM)	硕士
2	澳大利亚查尔斯特大学信息研究学院(Charles Sturt University: School of Information Studies)	图书馆、记录与档案管理(Librarianship and Records and Archive Management)	本科
3	德雷塞尔大学计算机与信息学院(Drexel University: College of Computing and Informatics)	健康信息学(Health Informatics)	硕士
4	佛罗里达州立大学传播与信息学院(Florida State University: College of Communication and Information)	健康信息学证书项目(健康信息技术认证)[Certificate in Health Informatics (Health Information Technology Certificate)]	本科
5	佐治亚理工学院计算机学院(Georgia Institute of Technology: College of Computing)	生物工程(Bioengineering) 生物信息学(Bioinformatics)	硕士/博士
6	印第安纳大学信息与计算机学院(Indiana University: School of Informatics and Computing)	健康信息管理(Health Information Administration) 媒体艺术与科学(Media Arts and Science)	本科
		生物信息学(Bioinformatics) 安全信息学(Security Informatics) 媒体艺术与科学(Media Arts and Science) 健康信息学(Health Informatics) 数据科学(Data Science)	硕士

续表

序号	学院	专业、学位名称	学历层次
7	英国诺森比亚大学数学与信息科学系(Northumbria University：Department of Mathematics and Information Sciences)	商业信息管理(Business Information Management)　商业信息技术管理(Information Technology Management for Business)　信息技术与商业系统(Information Technology and Business Systems)	本科
		商业信息系统管理(Business Information Systems Management)	硕士
8	葡萄牙里斯本新大学统计与信息管理学院(NOVA University of Lisbon：School of Statistics and Information Management)	信息管理与保健商务智能(Information Management and Healthcare Business Intelligence) 企业信息系统(Enterprise Information Systems) 官方数据统计系统(Statistical Systems Specialization in Official Statistics) 中央银行统计系统(Statistical Systems Specialization in Central Banks Statistics) 地理科学与信息系统(Geographical Science and Information Systems)	硕士
9	宾夕法尼亚州立大学信息科学与技术学院(Pennsylvania State University：College of Information Sciences and Technology)	企业架构(Enterprise Architecture)　国家安全(Homeland Security)	硕士

续表

序号	学院	专业、学位名称	学历层次
10	罗格斯新泽西州立大学传播与信息学院(Rutgers, The State University of New Jersey：School of Communication and Information)	传播与信息研究(Communication and Information Studies)	硕士
11	波士顿西蒙斯学院图书馆与信息科学学院(Simmons, Boston：School of Library and Information Science)	图书情报学(档案方向)(Library and Information Science/Archives Concentration)　儿童文学(Children's Literature)　儿童写作(Writing for Children)	硕士
12	新加坡管理大学信息系统学院(Singapore Management University：School of Information Systems)	商业中的信息技术应用(IT in Business)	硕士
13	雪城大学信息研究学院(Syracuse University：School of Information Studies)	数据科学高级研究认证(CAS in Data Science)	硕士
14	都柏林大学学院图书馆与信息研究学院(University College Dublin：School of Information and Library Studies)	数字监护(Digital Curation)	硕士
15	伦敦大学学院信息研究系(University College London：Department of Information Studies)	数字人文(Digital Humanities)　图书馆、档案与信息研究(Library, Archive and Information Studies)	硕士
		商业信息管理(Information Management for Business)	本科

续表

序号	学院	专业、学位名称	学历层次
16	阿姆斯特丹大学人文、档案与信息研究生院(University of Amsterdam: Graduate School of Humanities, Archives and Information Studies)	信息研究:商业信息系统(Information Studies: Business Information Systems)　信息研究:游戏研究(Information Studies: Game Studies)	硕士
17	英属哥伦比亚大学图书馆、档案与信息研究学院(University of British Columbia: School of Library, Archival and Information Studies)	儿童文学(Children's Literature)	硕士
18	加州大学伯克利分校信息学院(University of California, Berkeley: School of Information)	信息与数据科学(Information and Data Science)	硕士
19	加州大学埃尔文分校唐纳德·布赖恩信息与计算机科学学院(University of California, Irvine: The Donald Bren School of Information and Computer Sciences)	商业信息管理(Business Information Management)	本科
20	加州大学洛杉矶分校教育与信息研究生院(University of California, Los Angeles: Graduate School of Education and Information Studies)	移动影像档案学(Moving Image Archive Studies, MIAS)	硕士
21	哥本哈根大学皇家图书馆与信息科学学院(University of Copenhagen: Royal School of Library and Information Science)	信息科学与文化传播(Information Science and Cultural Communication)	硕士

续表

序号	学院	专业、学位名称	学历层次
22	格拉斯哥大学人文先进技术与信息研究学院(University of Glasgow: Humanities Advanced Technology and Information Institute)	数字信息管理与保存/档案与记录管理[Information Management & Preservation (Digital)/(Archives and Records Management)(MSC)]	硕士
23	伊利诺伊大学图书馆与信息科学研究生院(University of Illinois: Graduate School of Library and Information Science)	生物信息学(Bioinformatics)　数据监护(Data Curation)	硕士
24	墨尔本大学墨尔本信息学院(University of Melbourne: Melbourne School of Information)	生物信息学(Bioinformatics)	硕士
25	密歇根大学信息学院(University of Michigan: School of Information)	健康信息学(Health Informatics)	硕士
26	密苏里大学信息科学与学习技术学院(University of Missouri: School of Information Science and Learning Technologies)	信息科学与教育技术(Information Science and Learning Technologies)	博士
27	北卡罗来纳大学图书馆与信息科学学院(University of North Carolina: School of Information and Library Science)	跨学科健康传播(Interdisciplinary Health Communication)	硕士
		老龄化(Aging)　生物信息学(Bioinformatics)　临床信息学(Clinical Information Science)　数字监护(Digital Curation)　数字人文(Digital Humanities)	硕士

续表

序号	学院	专业、学位名称	学历层次
28	北得克萨斯大学信息学院(University of North Texas: College of Information)	应用技术与性能改进(Applied Technology and Performance Improvement)	本科/硕士/博士
		跨学科信息科学(Interdisciplinary Information Science)	博士
29	葡萄牙波尔图大学信息工程系(University of Porto: Department of Informatics Engineering)	信息科学与计算机工程(Informatics and Computing Engineering) 电工学与计算机工程(Electrotechnical and Computers Engineering)	硕士
30	谢菲尔德大学信息学院(University of Sheffield: Information School)	数据科学(Data Science)　健康信息学(Health Informatics)	硕士
31	南澳大利亚大学信息技术与数学学院(University of South Australia: School of Information Technology and Mathematical Sciences)	信息技术(游戏与娱乐设计)[Information Technology (Games and Entertainment Design)]	本科
		数据科学(Data Science)　信息技术(企业管理)[Information Technology(Enterprise Management)]　信息技术(商业信息系统)[Information Technology(Business Information Systems)]	硕士

续表

序号	学院	专业、学位名称	学历层次
32	英国斯特拉斯克莱德大学计算机与信息科学系(University of Strathclyde: Department of Computer and Information Science)	计算机科学与法律(Computer Science with Law) 商业信息系统(Business Information Systems)	本科
		企业信息系统(Enterprise Information Systems)	硕士
33	芬兰坦佩雷大学信息科学学院(University of Tampere: School of Information Sciences)	因特网与游戏研究(Internet and Game Studies) 计算大数据分析(Computational Big Data Analytics)	硕士
34	田纳西大学诺克斯维尔分校信息科学学院(University of Tennesee, Knoxville: School of Information Sciences)	传播与信息(Communication and Information)	博士
35	得克萨斯大学奥斯汀分校信息学院(University of Texas, Austin: School of Information)	健康信息学(Health Informatics)	硕士
36	威斯康星大学麦迪逊分校图书馆与信息研究学院(University of Wisconsin, Madison: School of Library and Information Studies)	艺术图书馆学(Art Librarianship) 消费者健康图书馆学(Consumer Health Librarianship) 法律图书馆学(Law Librarianship) 音乐图书馆学(Music Librarianship)	硕士
37	威斯康星大学密尔沃基分校信息研究学院(University of Wisconsin, Milwaukee: School of Information Studies)	医学信息学(Medical Informatics)	博士

资料来源:通过 iSchools 网站检索获得。

从表 4-7 中资料可以看到，iSchools 跨学科的专业设置已经非常普及，既满足了社会对特定人才的需求，也扩大了自身的学科影响力。总体而言，iSchools 跨学科专业的设置具有以下特征。

（1）关注数字环境下信息管理学科群的整合与延伸

在数字环境下，iSchools 设置的一些专业跨越了信息管理学科群二级学科的界限，如英国伦敦大学学院信息研究系设立的“图书馆、档案馆与信息研究硕士”力图培养图书馆员、档案馆员、出版者、数字人文和其他信息与文化领域的从业者，提升其专业技能。该专业可以根据学生个人的发展需要，在导师的指导下选择培养方案。在课程模块中，设置有以下方向：档案与记录管理，数字人文，信息源、组织与检索，专业媒体或用户的信息服务，出版，文化遗产①。这些领域覆盖了传统上不同类型的信息管理学科群的二级学科内容，通过融合各学科的知识体系以培养具有更全面知识储备的信息职业人才。

在现阶段，越来越多的 iSchools 设置了“数字监护”（Digital Curation）专业，体现了对图书情报学、档案学、信息系统、计算机科学等学科领域知识的整合，在英国数字监护中心（Digital Curation Centre，DCC）统计的开设有“数据管理与监护”项目的 8 所美国高校中，有 5 所是 iSchools 成员②，如北卡罗来纳大学教堂山分校图书馆与信息科学学院开设了“数字监护研究生证书”（Certificate in Digital Curation），伊利诺伊大学香槟分校图书馆与信息科学研究生院开设了“数据监护（Data Curation）”硕士专业。爱尔兰都柏林大学学院图书馆与信息研究学院开设的“数字监护”硕士学位，整合了信息职业的核心内容（包括信息资源组织、管理与系统分析等）和数字监护特定领域的具有竞争力的内容（包括数字监护基础、保存、数据/数字仓储等），该专业的目标是培养未来的专业人才，主要学习如何管理数

---

① MRes in Library, Archive and Information Studies [EB/OL]. [2015-01-20]. http://www.ucl.ac.uk/dis/taught/pg/mres.

② Data Management and Curation Education and Training [EB/OL]. [2015-01-20]. http://www.dcc.ac.uk/training/data-management-courses-and-training.

字数据、如何与信息技术管理者合作以解决数据的长期存储问题，培养的从业者可以很好地处理数字信息维护带来的问题，能够胜任各个部门的数据管理工作①。

大数据的理念、方法与技术受到 iSchools 的重视，iSchools 开设的有关数据管理的专业是信息管理专业在新环境下的延伸，以适应新的职业需求。雪城大学信息研究学院开设的“数据科学高级研究认证”项目的目标是教会学生数据分析、数据的存储与管理、数据可视化和一般的系统管理的知识，具备这些类型知识的数据科学家对众多领域中解决有关大数据问题是非常关键的，如临床研究、国防情报、客户行为、医疗诊断、风险管理等，该项目能够使学生具备相应的技术和理论技能②。南澳大利亚大学信息技术与数学科学学院设置的“数据科学”(Data Science)硕士专业，主要目标是为学生提供大数据分析所需的知识和技能，将其培养为商业分析专家和数据科学家，这样的职业有着广泛的市场需求。培养的学生能够具备有效地从大数据中提取有用信息的分析能力和技术，以支持组织的管理与运作，毕业生还将具备领导力、团队协作、冲突谈判与解决、结果展示、专业协作、数据可视化、数据清洗、隐私与安全、项目管理等能力③。

(2)专业设置涉及的学科领域具有多样性

从表 4-7 中可以看到，iSchools 所设的跨学科专业类型多样，覆盖学科领域广泛。商业是专业性信息管理活动应用非常普及的领域，也是 iSchools 毕业生的重要就业领域，因此 iSchools 中设立了“商业信息管理”“商业信息系统”“商业中的信息技术应用”等专业，以适应人才培养的实际需要。

除此之外，iSchools 所设的跨学科专业更多地涉及生物学、医学、

---

① What is the Study of Digital Curation[EB/OL].[2015-01-20].http://www.ucd.ie/sils/graduateprogrammes/mscdigitalcuration/.

② CAS in Data Science[EB/OL].[2015-01-20].http://ischool.syr.edu/future/cas/datascience.aspx.

③ About This Institution[EB/OL].[2015-01-20].http://www.postgradexpo.com.au/exhibitors/university-of-south-australia-school-of-information-technology-and-mathematical-sciences/.

传播学等学科领域,如在表 4-7 统计的专业中,"生物信息学"(Bioinformatics)出现了 5 次,健康信息学(Health Informatics)/健康信息管理(Health Information Administration)共出现了 7 次。这体现出图书情报学的学科知识与这些领域能够产生更多的交集,有足够的知识满足构建一个专业体系的要求,这些领域对相应的信息人才需求数量也比较高。另外也体现了图书情报学将内容拓展到这些学科领域,为本学科的发展创造出了更广阔的空间。

现有的 iSchools 跨学科专业设置有很强的学科整合特征,培养学生具有更多学科领域的知识。伊利诺伊大学香槟分校图书馆与信息科学研究生院设立的"生物信息学"硕士专业,目标是培养学生能够管理所有类型的生物信息,开发、管理、评价生物学领域应用的信息系统,包括分子生物学、环境生态学、生物医学等。本专业的课程内容覆盖了图书情报学、生物学、计算机科学和基础生物信息学 4 个模块,学生可以选择全校众多相关学院的课程以满足学分要求,如果选择做硕士毕业论文,论文指导老师也可以是其他学院的教师①。墨尔本大学"生物信息学"硕士的目标是通过研发与应用高级计算技术,如数据挖掘、机器学习、生物统计学、分子与系统建模、可视化等,来理解复杂的生物数据和处理方式②。佐治亚理工学院计算机学院"生物信息学"专业的目标是开发软件和算法,应用在生物序列与结构分析、功能预测等方面,如基因识别、蛋白质结构预测等;将生物信息学应用于疾病的诊断、分类、预后和治疗等。生物信息学项目是由数学、生物学、化学与生物化学、生物医学工程、工业与系统工程、计算机学院等合作开展的,在提供高质量的数学、统计学、计算机教育的同时,也提供生物学和生物化学领域的高级课程③。

田纳西大学诺克斯维尔分校信息科学学院的"传播与信息"

① Master of Science in Bioinformatics[EB/OL].[2015-01-20].http://www.lis.illinois.edu/academics/degrees/ms-bioinformatics.

② Master of Science(Bioinformatics)[EB/OL].[2015-01-20].http://www.msi.unimelb.edu.au/study/graduate/.

③ Bioinformatics Ph.D.Program[EB/OL].[2015-01-20].http://www.cc.gatech.edu/bioinformatics-phd-program.

(Communication and Information)博士生项目主要包括 4 个关注领域:知识与组织管理;科学、技术与健康;国际与跨文化信息问题;法律、政策与伦理①。英国斯特拉斯克莱德大学计算机与信息科学系"计算机科学与法律"(Computer Science with Law)本科专业设置的出发点在于计算机领域有关法律方面的内容越来越复杂,设计师和计算机用户都越来越需要懂得两方面知识的专家来进行指导。"计算机科学与法律"专业强调了计算机和法律两个学科知识的传授,目标是培养具有较全面法律知识的计算机领域专家②。

(3)通过多机构合作促进跨学科专业的设置实施

跨学科专业设置实施过程中需要多学科的知识、人才,因此一些 iSchools 的跨学科专业是与相关学院合作设立的,整合了多学院、多学科的资源,也体现了信息科学在学科发展中的引领功能。如北得克萨斯大学信息学院的"跨学科信息科学"(Interdisciplinary Information Science)博士项目强调在变化的信息社会中经济、社会、文化、技术等领域的相互关系,鼓励和支持来自不同院系的教师和学生跨越学科界限,围绕信息科学的前沿领域开展合作,主要涉及的研究领域包括信息表示的哲学与理论,数字图像检索,信息系统的民族志方法,医学信息学,公司、生物医学、法律、政府环境下的信息流动等。参与该专业建设的包括图书情报学系、行为分析系、传播研究系、计算机科学与工程系、刑事司法系、信息技术与决策科学系、梅伯恩新闻学院、学习技术系、视觉艺术与设计学院等众多院系③。

密歇根大学信息学院与公共健康学院(School of Public Health)联合设立"健康信息学"硕士专业,课程的知识体系整合了公共健康学院的流行病学、健康管理与政策、健康行为与教育等内容,信息学院的具有创新性和高效的信息系统与服务的设计与评估等内容④。

---

① College Doctoral Program[EB/OL].[2015-01-10].http://www.sis.utk.edu/programs/phd.

② BSC Honours Computer Science with Law[EB/OL].[2015-01-20].http://www.strath.ac.uk/cis/courses/bschonourscomputersciencewithlaw/.

③ About the Program[EB/OL].[2015-01-20].http://lis.unt.edu/about-program.

④ Master's Degree in Health Informatics[EB/OL].[2015-01-20].https://www.si.umich.edu/content/mhi.

威斯康星大学密尔沃基分校信息研究学院参与实施的“医学信息学”(Medical Informatics)硕士专业综合了医学和信息技术领域的内容,提供的课程主要涵盖信息技术在医学和保健的临床与管理方面的应用,目标是在医疗保健服务、研究和教育领域培养未来信息系统应用的领导者①。该专业是信息研究学院与威斯康星医学院、健康科学学院、护理学院、商业管理学院、工程与应用科学学院合作设立的,能够充分整合相关学院的资源开展教学科研活动。

英属哥伦比亚大学图书馆、档案与信息研究学院开设的“儿童文学”(Master of Arts in Children's Literature,MACL)硕士,是和英文系(Department of English)、语言与素养教育系(Department of Language and Literacy Education)合作设立,致力于儿童文学作品的创作、出版、传播、管理、服务等,主要培养教学、学校和公共图书馆服务、写作、编辑/出版、戏剧/电影、讲故事等领域的人才,学院会经常邀请儿童文学领域的作者、画家、编辑、出版商等来参与人才培养过程②。英属哥伦比亚大学的儿童文学硕士学位是本领域世界闻名的宽范围、多学科的学位项目,也是加拿大唯一的儿童文学硕士学位项目,这种独特性保证了其强大的吸引力和广泛的影响性。

通过合作设立跨学科专业在 iSchools 中占据着越来越重要的地位,如谢菲尔德大学信息学院设立的 8 个硕士项目中,有 4 个都是和其他院系合作设立的,包括:健康信息学硕士(和健康与相关研究学院)、信息系统硕士(和计算机科学系)、信息系统管理硕士(和管理学院)、多语言信息管理硕士(和语言与文化学院)③。这种方式使 iSchools 的跨学科人才培养更加高效。

4.4.3.2 设立双学位项目

双学位主要是指学生在接受高等教育阶段,同时进行两个专业

① PhD Program Options through SOIS[EB/OL].[2015-01-20].http://www4.uwm.edu/sois/programs/phd/options.cfm.

② Master of Arts in Children's Literature(MACL)[EB/OL].[2015-01-20].http://slais.ubc.ca/programs/degrees/macl/.

③ Our Courses[EB/OL].[2015-01-20].http://www.sheffield.ac.uk/is/pgt/courses.

课程的系统学习,在毕业时获得两个专业的学位。通过双学位方式,学生能够比较系统地接受两个学科的专业教育,在知识储备、能力培养方面得到进一步的提升。双学位的培养方式适应了复合型人才培养的实际需要,成为当前高等教育界的重要趋势。

iSchools 在发展过程中也积极开展双学位教育,能够使培养的学生适应信息职业的需要,提升其在信息工作中的竞争力。iSchools 成员开设双学位项目的情况如表 4-8 所示。

表 4-8 **iSchools 成员开设的双学位项目**

序号	学院	开设的双学位项目	学历层次
1	德雷塞尔大学计算机与信息学院	图书馆与信息科学/信息系统[Dual MS/MSIS Degree Program(Master of Science in Library and Information Science, MSLIS/Master of Science in Information Systems, MSIS)]	硕士
2	佛罗里达州立大学传播与信息学院	法律博士/信息科学硕士[Juris Doctor(JD)/Master of Science(MS) Joint Degree]	硕士
3	印第安纳大学信息与计算机学院	信息科学/图书馆学[Master of Information Science(M.I.S.)/Master of Library Science(M.L.S.)] 信息科学/欧亚中部研究[M.I.S. and Central Eurasian Studies(MA)] 信息科学/民俗学与音乐文化学[M.I.S. and Folklore and Ethnomusicology(MA)] 信息科学/拉丁美洲与加勒比地区研究[M.I.S. and Latin American and Caribbean Studies(MA)] 信息科学/公共事务[M.I.S. and Public Affairs(MPA)] 信息科学/俄罗斯与欧亚东部研究[M.I.S. and Russian and East European Studies(MA)]	硕士

续表

序号	学院	开设的双学位项目	学历层次
3	印第安纳大学信息与计算机学院	图书馆学/美国非洲裔研究[M.L.S.and African American and African Diaspora Studies(MA)] 图书馆学/非洲研究[M.L.S.and African Studies(MA)] 图书馆学/欧亚中部研究[M.L.S.and Central Eurasian Studies(MA)] 图书馆学/比较文学[M.L.S.and Comparative Literature(MA)] 图书馆学/英语[M.L.S.and English(MA)] 图书馆学/民俗学与音乐文化学[M.L.S.and Folklore and Ethnomusicology(MA)] 图书馆学/历史学[M.L.S.and History(MA)] 图书馆学/艺术史[M.L.S.and History of Art(MA)] 图书馆学/科学史与科学哲学[M.L.S.and History and Philosophy of Science(MA)] 图书馆学/新闻学[M.L.S.and Journalism(MA)] 图书馆学/拉丁美洲与加勒比地区研究[M.L.S.and Latin American and Caribbean Studies(MA)] 图书馆学/法律[M.L.S.and Law(JD)] 图书馆学/音乐学与音乐理论[M.L.S.and Musicology or Music Theory(MA)] 图书馆学/公共事务[M.L.S.and Public Affairs(MPA)] 图书馆学/俄罗斯与欧亚东部研究[M.L.S.and Russian and East European Studies(MA)]	硕士

续表

序号	学院	开设的双学位项目	学历层次
4	西蒙斯学院图书情报学院	图书情报学/历史[Library and Information Science Archives(MS)/History(MA)] 图书情报学/儿童文学[Library and Information Science(MS)/Children's Literature(MA)] 儿童文学/教学[Children's Literature(MA)/Teaching(MAT)] 儿童文学/英语[Children's Literature(MA)/English(MA)] 儿童文学/儿童写作[Children's Literature(MA)/Writing for Children(MFA)]	硕士
		计算机科学/图书情报学[Bachelor of Science in Computer Science(BS)/Library and Information Science(MS)]	本科
5	雪城大学信息研究学院	信息管理与技术/管理学院双学位项目(Dual Major in Information Management and Technology and School of Management)(可选专业:会计、创业和新兴企业、金融、管理、营销管理、零售管理、供应链管理、房地产) 信息管理与技术/公共关系学院(Dual Major in Information Management and Technology and Newhouse School of Public Communications)(可选专业:广告、广播新闻、图形艺术、杂志、报纸、摄影、公共关系、电视/广播/电影)	本科
6	英属哥伦比亚大学图书馆、档案与信息研究学院	档案研究/图书馆与信息研究[Dual Master of Archival Studies and Library and Information Studies(MASLIS)]	硕士
7	马里兰大学巴尔的摩县分校信息系统系	商业技术管理/人本计算(Combined Bachelor of Arts in Business Technology Administration/Human-Centered Computing Master of Science)	本科

续表

序号	学院	开设的双学位项目	学历层次
8	密歇根大学信息学院	信息科学/商业管理(Master of Science in Information/Master of Business Administration) 信息科学/法律(Master of Science in Information/JD) 信息科学/医学(Master of Science in Information/MD) 信息科学/护理(Master of Science in Information/Master of Science in Nursing) 信息科学/公共政策(Master of Science in Information/Master of Public Policy) 信息科学/社会工作(Master of Science in Information/Master of Social Work)	硕士
9	北卡罗来纳大学教堂山分校图书馆与信息科学学院	图书馆学(信息科学)/档案学(公众史学)[MSLS/MA and MSIS/MA(Archives/Public History)] 图书馆学(信息科学)/艺术史[MSLS/MAH and MSIS/MAH(Art History)] 信息科学(图书馆学)/商业管理[MSIS/MBA (Business Administration)] 信息科学(图书馆学)/公共管理[MSIS/MPA and MSLS/MPA(Government)] 信息科学(图书馆学)/健康政策与管理[MSIS/MHA and MSLS/MHA(Health Policy and Administration)] 信息科学(图书馆学)/法律[MSIS/JD and MSLS/JD(Law)] 信息科学(图书馆学)/医学[MD/MSLS and MD/MSIS(Medical)] 信息科学(图书馆学)/护理[MSIS/MSN and MSLS/MSN(Nursing)]	硕士

续表

序号	学院	开设的双学位项目	学历层次
10	得克萨斯大学奥斯汀分校信息学院	计算机科学/信息研究(Bachelor of Science in Computer Science and a Master of Science in Information Studies)	本科
		信息科学/公共事务(MSIS/Master of Public Affairs) 信息科学/全球政策研究(MSIS/Master of Global Policy Studies) 信息科学/女性与性别研究(MSIS/MA Women's and Gender Studies) 信息科学/中东研究(MSIS/MA with Major in Middle Eastern Studies) 信息科学/拉丁美洲研究(MSIS/MA with Latin American Studies) 信息科学/法律(MSIS/Juris Doctor Degree UT School of Law)	硕士
11	多伦多大学信息学院	信息/博物馆研究(Master of Information / Master of Museum Studies, MMS)	硕士
12	威斯康星大学麦迪逊分校图书馆与信息研究学院	图书馆与信息科学/法律(SLIS/Law Double Degree) 图书馆与信息科学/艺术史(SLIS/Art History Double Degree) 图书馆与信息科学/音乐(SLIS/Music Double Degree)	硕士

续表

序号	学院	开设的双学位项目	学历层次
13	威斯康星大学密尔沃基分校信息研究学院	图书馆与信息科学/人类学(MLIS/MS Anthropology) 图书馆与信息科学/英语(MLIS/MA English) 图书馆与信息科学/语言文学与翻译(MLIS/MA Language Literature and Translation) 图书馆与信息科学/地理学(MLIS/MA Geography) 图书馆与信息科学/卫生保健信息学(MLIS/MS Health Care Informatics) 图书馆与信息科学/历史学(MLIS/MA History) 图书馆与信息科学/音乐学(MLIS/MM Music) 图书馆与信息科学/城市研究(MLIS/MS Urban Studies) 图书馆与信息科学/女性研究(MLIS/MA Women's Studies)	硕士

资料来源:通过 iSchools 网站检索获得。

表 4-8 中资料可以显示,iSchools 开设的双学位项目有一部分是对信息管理学科群学科的整合,如英属哥伦比亚大学图书馆、档案与信息研究学院开设的"档案研究/图书馆与信息研究"双硕士学位,硕士研究生会被指派来自两个专业的导师,同时学习档案学和图书情报学两个专业的核心课程,获得两个学位①。德雷塞尔大学计算机与信息学院开设的"图书馆与信息科学/信息系统"双硕士学位,课程既包括了图书馆与信息科学专业在满足用户需求过程中对信息资源选择、组织、管理和获取的关注,也包含了信息系统专业创建和管理数据库、界面、信息系统的技能,以提升学生在当今前沿市场中的竞争力②。博物馆学也逐渐成为信息管理学科群的组成部分。多

① Dual MAS/MLIS[EB/OL].[2015-01-22].http://slais.ubc.ca/programs/degrees/dual-masmlis/.

② Dual MS/MSIS Degree Program[EB/OL].[2015-01-22].http://drexel.edu/cci/programs/graduate-programs/dual-degrees/.

伦多大学信息学院设置了“信息/博物馆研究”双硕士学位，提供的研究方向主要包括：博物馆信息学、数字文化遗产、文化信息政策、文化记忆机构的融合（图书馆、档案馆和博物馆）、数字监护、博物馆中社会网络技术的应用等，为数字时代的文化遗产保护培养创新型人才①，为博物馆领域数字资源管理方面的人才培养创造了条件。以上这些对信息管理学科群下的二级学科整合的方式，使学生掌握更多类型的信息管理领域知识，为其在信息职业就业提供了便利。

除了信息管理学科群所属学科，iSchools 开设的双学位项目所涉及学科类型也比较多样，有计算机科学、医学、护理等理工科专业，更多的是商业、法律、历史、音乐、公共管理等人文社会科学专业，为学生提供了多样化的选择。学生可以结合自身的兴趣爱好、知识背景以及未来的就业意向，选择相应的双学位项目进行学习，提升知识储备，以适应未来职业的需要。双学位背景为学生提供了更有利的就业保障，如雪城大学信息研究学院与该校管理学院设置的双学位项目，使学生既掌握商业知识，也接受信息系统领域的技术培训，这样就与一般的商学院的毕业生有显著区别，适应了全球市场竞争中对技术要求提升的现状，因此将会获得更丰富的工作机会②。

一些 iSchools 开展的双学位项目超出了本校范围，与其他学校相关院系合作实施。如北卡罗来纳大学图书馆与信息科学学院与北卡罗来纳州立大学历史系合作开展了“图书馆学（信息科学）/档案学（公众史学）”双学位项目，这个项目的诞生是适应当今社会对档案工作者、手稿监护人、记录管理者等的需求，新的时代要求其既掌握历史知识，同时具备娴熟的信息管理技能：新的档案工作者必须能够评价和描述历史记录，并创建万维网站点和保存电子文档③。该

① Concurrent Registration Option [EB/OL]. [2015-01-22]. http://www.ischool.utoronto.ca/cro.

② Dual Major in Information Management and Technology and School of Management[EB/OL].[2015-01-22].http://ischool.syr.edu/future/undergrad/dual.aspx.

③ Dual Degree Programs[EB/OL].[2015-01-22].http://sils.unc.edu/sites/default/files/Dual_Degrees(1).pdf.

学院的“信息科学(图书馆学)/医学”双学位项目是与杜克大学医学院共同开设的。

通过双学位的方式培养人才也得到了我国图书情报学界的认同。在 2010 年第三届中美数字时代图书馆学情报学教育国际研讨会信息管理学院/系主任联系交流会上发布的“LIS 面向更宽广的信息职业行动倡议”中提出,图书情报教育需要与学校其他学科教育机构开展合作,通过双学位、联合授予学位等方式,使学生能够具备多学科的知识背景,适应不同类型信息职业工作的需要①。

需要指出的是,目前我国高校已经广泛实施双学位教育,但主要集中在本科阶段的学士学位。硕士阶段很少有双学位培养计划。目前我国高校在实施本科阶段双学位教育过程中还比较缺乏对学生的专业化指导,学生在选择双学位专业时具有一定的盲目性。我国的图书情报学教育机构缺少像国外 iSchools 这样比较明确的双学位计划,缺少由 iSchools 主导、有计划实施的双学位项目。这是我国图书情报学教育机构在今后发展中需要考虑开展的方向。

4.4.4　课程内容的整合

在高等教育中,专业课程的开设与讲授是传播知识、培养人才的最重要途径,直接决定了学生的知识储备与能力培养,为其适应未来职业的需求打下了基础。因此专业教育改革的重要突破点就体现在对教学内容的规划与设计方面。为适应这种要求,越来越多的 iSchools 设置跨学科课程,围绕信息职业所涉及的相关问题,整合多学科知识,传授给学生在从事信息职业过程中所需要的内容。

一些 iSchools 对专业教育课程进行了更广泛的设计,从整体上覆盖了信息管理学科群的内容体系,如爱尔兰都柏林大学学院图书馆与信息研究学院“图书情报”(Library and Information)硕士专业开设的课程中,除了图书情报学的核心课程(如信息与咨询服务、信息

---

①　LIS 面向更宽广的信息职业行动倡议[J].中国图书馆学报,2010(6):124-125.

构建、数字图书馆等)外,还开设有网络出版(Web Publishing)、数字媒体内容创建与出版(Creating and Publishing Digital Media Content)、档案可持续性与保存管理(Archives Sustainability and Preservation Management)、档案与用户(Archives and Their Users)等有关数字出版学、档案学的课程供学生选择①。据肖雪等对美国和英国主要图书情报院校课程体系的调查显示,图书情报学、档案学、博物馆学等学科内容的融合是一个显著趋势,如英美都开设有"电子文件"(Electronic Portfolio)、"记录管理"(Records Management)、"政府信息"(Government Information)、"档案遗产"(Archival Inheritance)、"编码档案著录和数字化档案"(Encoded Archival Description and Digitization of Archives)等档案学课程;在课程中出现"历史博物馆:情境与实践"(Historical Museum: Context and Practice)、"图书馆、档案馆与博物馆资源"(Materials in Libraries, Archives and Museum)、"博物馆信息学"(Museum Informatics)等博物馆学相关课程②。这种课程体系的设置,整合了信息管理学科群内容,使学生的知识储备能够满足信息管理链条上不同业务环节的需要。

iSchools 课程对信息管理同族学科的整合还表现在数据监护(Data Curation)课程的开设方面。丽贝卡·L. 哈里斯-皮尔斯(Rebecca L.Harris-Pierce)等在 2012 年调研了 52 所北美地区的图书情报学院,发现有 16 所学院开设了数据监护课程,在这 16 所学院中,有 11 所是 iSchools 成员,比例达 68.75%③。该数据反映了 iSchools 对新信息环境下出现的重要领域非常重视,及时反映在课程体系中。

---

① Masters Library & Information 1 Year Studies[EB/OL].[2015-01-22].http://www.ucd.ie/sils/graduatestudents/mlisgraddiplis/mlisprogramme/curriculum,54375,en.html.

② 肖雪,闫慧,冯湘君,等.数字化时代的图书馆与情报学第一学位课程体系——基于英美的考察[J].图书情报知识,2014(6):33-41.

③ Harris-Pierce R L, Liu Y. Is Data Curation Education at Library and Information Science Schools in North America Adequate[J]. New Library World, 2012(11/12):598-613.

除了对信息管理同族学科内容的整合，iSchools院校的课程设置的跨学科特征非常明显，如司莉等调研了16所美国iSchools院校的课程，有15所开设了跨学科应用类的课程，最多的高校开设了14门，主要涉及信息领域的知识与法学、人类学、健康科学、医药科学、生物学的结合，如法学信息与获取服务、健康信息学、生物信息学等①。韦景竹等对美国排名前10的图书情报学院的课程进行调查（全部为iSchools成员），发现大部分学院开设了跨学科课程，如全球化通信及信息政治经济学，信息经济学，美国通信史，财政管理，图书情报学的法律问题、法律研究，口述历史，图书馆建筑与空间设计等，体现了图书情报学与其他学科的交叉渗透②。墨尔本大学"信息科学"（Informatics）专业的课程设计充分体现了学科整合的特征，如表4-9所示。

表4-9 **墨尔本大学"信息科学"的课程体系**

课程类型	主要课程
信息技术课程	计算基础、算法基础、信息科学基础、数据库系统、网络信息技术、可用性工程、信息管理技术、信息技术项目
其他学科课程	细胞与有机体生物学、遗传学与物种演化、化学、遗传学原理、遗传学实验、反应与合成、基因与基因组、进化遗传学与基因组学、人类与医学遗传学

从表4-9中内容可以看到，墨尔本大学"信息科学"专业的课程体系是信息技术与多个自然科学领域知识的结合，这种设计是与其专业培养目标相适应的。墨尔本大学对"信息科学"专业的理解是：利用计算机来处理数字信息，对信息和数据进行搜集、利用、存储、检

① 司莉，王思敏.美国iSchools课程设置与能力培养的调查与分析[J].大学图书馆学报，2014(1)：102-109.

② 韦景竹，何燕华，刘颉颃.中美LIS学院课程设置比较研究[J].大学图书馆学报，2011(4)：94-100.

索和可视化。信息科学专业整合了来自计算科学、信息建模、人机交互、图形学等领域的知识与概念,以释放各种类型环境中信息的力量,包括健康、金融与经济、生物、工程、传播等。信息科学专业提供的主要学习内容包括:①学习解决各领域中信息问题的工具与技术;②掌握编程技能;③设计基于网络的解决方案;④掌握在多学科的团队中有效工作的技能。毕业生可以在金融、经济、生物、地质、化学、工程、健康、传播、社会媒体等多样化的环境中工作。从医院的临床研究,到为矿业公司管理和分析地质数据,科学信息学硕士可以在多样化的职业中工作①。

一些 iSchools 设计的多学科课程是由其他学院开设的,整合利用了相关学院及学科资源,如美国北卡罗来纳大学教堂山分校图书馆与信息科学学院以模块化方式设置了数据库、地理信息系统、人机界面/交互设计/界面设计、健康信息系统/医学信息系统、信息系统开发师、网络与程序员/分析师、网络开发、网页设计等 9 个方向,共推荐 47 门选修课,课程内容较为广泛地覆盖了计算机、网络与多媒体、信息系统设计与开发、用户信息行为、心理学、社会统计分析,以及特定专业领域的信息资源管理问题(如地理信息、医疗卫生信息、科学统计信息)。从开设院系看,本院 18 门,新闻与大众传播学院 8 门,计算机学院 7 门,健康政策与管理系 5 门,传播研究系 4 门,地理系 3 门,心理系 2 门②。

罗莉莉对 iSchools 教师在教学领域的跨学科活动调查结果如表 4-10 所示③。

---

① Undergraduate Study Options[EB/OL].[2015-01-22]. http://www.msi.unimelb.edu.au/study/undergraduate/informatics/.

② 黄崑,符绍宏.美国图书情报学院的课程设置研究与启示——以北卡大学教堂山分校为例[J].情报科学,2015(1):150-154.

③ Luo L. Being Interdisciplinary: A Look into the Background and Experiences of iSchool Faculty Members[EB/OL].[2015-01-10]. http://libres-ejournal.info/wp-content/uploads/2014/06/NTU-2013_Submission_LiliLuo_final.pdf.

表 4-10　　　　iSchools 教师在教学领域的跨学科活动

跨学科活动	比例(n=135)
开设主要内容覆盖两个(或更多)不同学科的课程	74.8%
使用其他学科的教科书和阅读材料	71.9%
自己的课程上有来自两个(或更多)不同学科的学生选课	71.1%
邀请其他学科的学者到课堂上来讲座	57.0%
布置的作业要求学生与其他学科的人进行接触	31.9%
在两个或多个学科的院系授课	30.4%
与来自其他学科的教师合作开展教学	21.5%
在教学中没有参加任何跨学科活动	3.7%

从以上调研结果可以看到,iSchools 教师在教学领域涉及的跨学科活动非常多样化,开设了不同学科课程,使用其他学科的教科书,邀请其他学科的学者授课等,这些方式使 iSchools 的课程更加具有多学科特征,学生能够获得更丰富的知识。

我国图书情报学院系在课程设计过程中,可以考虑根据本学校和学科的实际情况,设置相应的跨学科课程。知识点的选择和内容的深浅程度要适合信息职业的实际需要,为了更大程度地满足教学效果需要,在由本院教师开课的同时,也可以选择相关学科、学院教师担任课程的主讲教师,这也是对相关学科人力资源的一种整合实现方式。

4.4.5　科学研究领域的整合

高水平的研究活动是塑造学科形象,提升学科地位与影响力的重要保障,也为高质量、创新型的人才培养提供了条件。从发展历史来看,图书情报学是实践性比较强的学科,对学术研究的忽视曾对学科的发展造成过不利影响。iSchools 从其产生之初就具有非常重视研究活动的特质,在"iSchools 宪章"的"iSchools 的特征"一节中提出,iSchools 并没有严格的判断标准,但希望这些学院开展实质性的研究资助活动(在过去 3 年中,平均每年的研究支出在 100 万美元),培养未来的研究者(一般通过积极的、以研究为导向的博士学位项目的方式)，为信息领域的发展作出贡献①。在 iSchools 的实际运作过程中，通过多种方式整合不同学科的资源，开展跨学科的研究工作。

4.4.5.1 跨学科研究活动的开展

在数字环境下，iSchools 在信息管理领域的研究整合了不同的二级学科，促进其深度交融。英国诺森比亚大学的重要研究领域“数字图书馆、档案馆与记录”(Digital Libraries, Archives and Records)，主要关注于对数字信息的利用与管理，研究数字环境中与管理记录有关的人员、过程和系统，确保对治理、安全与风险、真实性、行为、过程与系统、保存、获取与检索的更好的理解。这些领域需要的是图书馆学、情报学、档案学等领域知识的集合②。英国格拉斯哥大学的研究领域主要包括：数字监护，信息理论，档案、记录与信息管理，数字遗产与人文③。麦吉尔大学信息科学学院将其研究领域定位于“人与信息的交互”(Human-Information Interaction)，主要核心研究领域为人机交互、信息行为与服务、信息与知识管理，其研究领域具有高度的跨学科性，教员与其他学院的教师持续开展合作，包括艺术、教育、工程、医药、音乐等④。

在信息管理学科群外，iSchools 的研究领域覆盖广泛，如加州大学伯克利分校信息学院在“研究领域”中提出，其教师和博士生开展的研究领域包括网络传播、数据科学、设计、创业、人机交互、信息经济学、信息组织、信息政策、信息检索、信息可视化、法律、管理、隐私、安全、社会与文化研究、发展中国家技术采纳、用户体验研究等⑤，涉及的学科领域非常多元化。

跨学科研究活动以研究项目的实施为主要推动力。研究项目是

---

① Charter[EB/OL].[2014-12-20].http://ischools.org/about/charter/.

② Digital Libraries, Archives and Records[EB/OL].[2015-01-28].https://www. northumbria. ac. uk/research/research-areas/library-and-information-management/digital-libraries-archives-and-records/.

③ Research Areas[EB/OL].[2015-01-28].http://www.gla.ac.uk/schools/humanities/research/hatiiresearch/researchareas/.

④ Research[EB/OL].[2015-01-28].http://www.mcgill.ca/sis/research.

⑤ Research Areas[EB/OL].[2015-01-28].http://www.ischool.berkeley.edu/research.

围绕某一具体研究问题，设计研究方案，按照严格的学术规范，并遵守相应研究资助机构的管理规定，开展一系列学术研究活动。研究项目的实施是产出高质量研究成果的重要途径。现阶段 iSchools 的教师普遍都承担了众多研究项目，其中很多研究项目属于交叉学科领域，需要综合利用多学科的知识协同解决研究问题。跨学科研究项目的开展有利于吸收相关学科的研究成果，整合多学科的研究力量。在一些 iSchools 学院，跨学科研究项目已成为研究的主要促成，如德雷塞尔大学计算机与信息学院网站“研究项目”一栏中，一共列出的 54 项研究项目，其中有 22 项都与医学信息学有关①，可见该学院在医学信息学领域开展了深入的研究工作，已经形成了本院的特色领域。

罗莉莉对 iSchools 教师在科研领域的跨学科活动调查结果如表 4-11 所示②。

表 4-11　**iSchools 教师在科研领域的跨学科活动**

跨学科活动	比例(n=135)
在自己的出版物中引用其他学科的内容	90.4%
在自己的研究中借鉴了其他学科的理论	87.4%
经常阅读其他学科的学术作品，在其他学科发表作品	82.2%
自己的研究成果被其他学科出版物引用	77.8%
与来自其他学科的研究者合作开展研究工作	77.1%
与来自其他学科的研究者合作撰写基金申请书	69.6%
与来自其他学科的研究者合作发表作品	67.4%
与来自其他学科的研究者持续性地开展讨论，以激发研究灵感，获得开展跨学科合作的机会	62.2%
作为其他学科博士研究生咨询委员会的成员	62.2%
在研究中没有参加任何跨学科活动	0.7%

① Projects [EB/OL]. [2015-01-28]. http://drexel.edu/cci/research/projects/.

② Luo L. Being Interdisciplinary: A Look into the Background and Experiences of iSchool Faculty Members[EB/OL].[2015-01-10].http://libres-ejournal.info/wp-content/uploads/2014/06/NTU-2013_Submission_LiliLuo_final.pdf.

上表 4-11 资料反映了现阶段 iSchools 教师在科研领域广泛借鉴、引用其他学科知识，与其他学科研究人员合作开展研究、申请项目、发表成果，通过多样化的跨学科研究活动的开展，为 iSchools 科学研究的进步创造了条件。

4.4.5.2 跨学科研究机构的设立

高质量、系统化的科学研究工作的持续开展需要有相应研究机构作为条件保障。研究机构的设立可以凝聚研究领域，突出研究重点，规划研究活动的开展，产出更多有价值的成果，因此研究机构的设立与良好运作是学科发展状况的重要标志。在 iSchools 中，跨学科研究机构的设立也推动了科学研究的发展，根据对 iSchools 网站的调查，代表性的跨学科研究机构如表 4-12 所示。

表 4-12 **iSchools 设置的跨学科研究机构**

序号	院系	跨学科研究组织名称
1	德雷塞尔大学计算机与信息学院	保健信息学研究所（Institute for Healthcare Informatics） 数据挖掘与生物信息学实验室（Data Mining and Bioinformatics Lab）
2	印第安纳大学信息与计算机学院	生物信息学研究中心（Center for Bioinformatics Research） 化学信息学中心（Chemical Informatics Center）
3	宾夕法尼亚州立大学信息科学与技术学院	网络安全、信息隐私与信任中心（Center for Cyber-Security, Information Privacy and Trust, The LIONS Center） 企业架构中心（Center for Enterprise Architecture） 在线创新学习中心（Center for Online Innovation in Learning） 计算机支持的协作与学习实验室（Computer-Supported Collaboration and Learning Laboratory） 空间信息实验室（Spatial Information Laboratory）
4	罗格斯新泽西州立大学传播与信息学院	传播与健康问题中心（Center for Communication and Health Issues）

续表

序号	院系	跨学科研究组织名称
5	国立首尔大学融合科学与技术研究生院(Graduate School of Convergence Science and Technology)	游戏媒体实验室(Game Media Lab, GML)　音乐与音频研究组(Music and Audio Research Group, MARG)　应用数据科学实验室(Applied Data Science Lab)
6	雪城大学信息研究学院	数字素养中心(Center for Digital Literacy)　信息与系统安全与信任中心(Center for Information and Systems Assurance and Trust)　游戏实验室(Because Play Matters)
7	伦敦大学学院信息研究系	数字人文中心(Centre for Digital Humanities)
8	加州大学埃尔文分校唐纳德・布赖恩信息与计算机科学学院	基因组学与生物信息学研究所(Institute for Genomics and Bioinformatics, IGB)
9	密歇根大学信息学院	健康信息学社区实验室(Community Health Informatics Lab)
10	谢菲尔德大学信息学院	化学信息学研究组(Chemoinformatics Research Group)
11	田纳西大学诺克斯维尔分校信息科学学院	儿童与青少年文学中心(Center for Children's and Young Adult Literature, CCYAL)　信息与传播研究中心(Center for Information and Communication Studies)
12	多伦多大学信息学院	数字监管研究所(Digital Curation Institute)　识别、隐私与安全研究所(Identity, Privacy and Security Institute, IPSI)　知识媒体设计研究所(Knowledge Media Design Institute, KMDI)

续表

序号	院系	跨学科研究组织名称
13	华盛顿大学信息学院（University of Washington: Information School）	数据实验室（DataLab） 设计/使用/建设研究组[DUB Group(design,use,build)] 游戏者研究组（GAMER Group） 数字医疗研究组(iMed) 国家安全教育与研究所(Institute for National Security Education and Research) 社会媒体实验室(Social Media Lab) 技术政策实验室(Tech Policy Lab) 技术与社会变迁研究组(Technology and Social Change Group)
14	威斯康星大学密尔沃基分校信息研究学院	信息政策研究中心（Center for Information Policy Research）

iSchools 通过设立跨学科研究机构，围绕信息科学各领域的重要问题，应用跨学科的研究思路，组织相关科研人员开展研究工作，并且能够更加集中地展示研究成果，提升信息科学研究的影响力。多伦多大学信息学院“知识媒体设计研究所”的目标是以多学科、合作、以人为中心的视角，综合应用科学、技术、艺术和设计来应对技术发展的机遇和变化①。威斯康星大学密尔沃基分校信息研究学院“信息政策研究中心”重点研究信息与信息技术中的社会、伦理、经济、技术方面的交叉，主要关注的信息政策问题包括知识产权、隐私、智识自由、信息获取、审查、网络法等②。

一些学科整合的研究机构是 iSchools 与相关学院联合设立的，如德雷塞尔大学计算机与信息学院，保健信息学研究所是其和护理与健康职业学院、公共健康学院、医学院合作设立的；数据挖掘与生

① Institutes & Labs[EB/OL].[2015-01-28].http://www.ischool.utoronto.ca/institutes-labs.

② Research Centers & Groups[EB/OL].[2015-01-28].http://www.uwm.edu/sois/research/centers.cfm.

物信息学实验室是其与公共健康学院、文理学院、生物医学工程学院合作设立的，充分利用相关学院的资源推进跨学科研究活动的开展。

雪城大学信息研究学院的“信息与系统安全与信任中心”的目标是通过研发可信的系统推动社会发展，整合了包括信息研究学院、工程与计算机科学学院、法学院、公民与公共事务学院、公共传播学院、管理学院、文理学院 7 个学院的教员，围绕着共同愿景开展研究工作①。

一些其成员来自多个学院的跨学科研究机构的设立运行也体现了 iSchools 的领导作用，如英国伦敦大学学院的“数字人文中心”开展的研究工作主要集中于数字技术与人文科学的交叉领域，研究人文学科、计算机科学与相关技术领域新的研究类型的应用与模式，也研究数字技术对文化遗产、记忆机构等的影响。数字人文中心成员来自多个学院，其运作主要是由信息研究系负责，主任是来自信息研究系的梅利莎·特拉斯(Melissa Terras)教授，成员中也有多位信息研究系的教授②。

iSchools 设立的跨学科研究机构由于更加关注社会热点、前沿领域，研究成果契合了社会需要，因此其工作对于相关领域能够带来深刻影响，如德雷塞尔大学计算机与信息学院的“数据挖掘与生物信息学实验室”的目标是研发创新的数据挖掘算法，应用在很多非常具有挑战性的生命科学领域③。谢菲尔德大学信息学院化学信息学研究组大量开展与医药、农用化学品公司，其他谢菲尔德大学院系(包括自动化控制与系统工程、化学与分子生物学、生物技术等)的合作研究。开展的化学信息学研究工作主要包括研发 2D 和 3D 分子结构的检索方法、化学反应索引、药效基因分析、配位体对接、化学专利等。研究组的工作对药物的研发过程产生了广泛影响：研究组

---

① Research Centers[EB/OL].[2015-01-30].http://ischool.syr.edu/research/researchcenters/index.aspx.

② UCL Centre for Digital Humanities[EB/OL].[2015-01-30].http://www.ucl.ac.uk/dh.

③ Data Mining and Bioinformatics Lab[EB/OL].[2015-01-30].http://drexel.edu/cci/research/labs/data-mining-bioinformatics-lab/.

为制药行业开发的软件、发表文献中的算法和方法被广泛采用①。国立首尔大学融合科学与技术研究生院的"游戏媒体实验室"采用游戏化的方法开发严肃类型的游戏,可以应用于教育、医学等领域,以带来积极影响。为了更好地实现音乐检索,"音乐与音频研究组"吸引了越来越多的来自音乐、计算机科学、信息科学、图书馆学、认知科学、神经科学、心理学、法律、电子工程等学科领域的研究者,以帮助人们发现自己喜欢的音乐②。这些跨学科的研究成果都有广泛的应用前景。

4.5 iSchools 学科整合的启示

iSchools 学科整合活动的有效开展,对图书情报学的变革和发展产生了积极的推动作用,可以为世界范围图书情报学教育和科研的发展提供借鉴经验。

4.5.1 通过学科整合提升图书情报学的竞争力

在高等教育领域,学科专业的发展需要积极应对新环境的变化,满足社会提出的新需求,学科整合成为 iSchools 运动的重要趋势,在扩大图书情报学学科的影响力,增强其可视度,提升社会贡献等方面发挥了重要作用。

正如罗纳德·L. 拉森(Ronald L.Larsen)所指出的,iSchools 中的跨学科合作并不是自然出现的结果,而是需要有计划的推进③。我国的图书情报学教育机构,需要积极借鉴 iSchools 学科整合的成功经验,在科学研究与人才培养等方面,采取各种方式促进跨学科合作的开展,关注社会前沿领域,提升研究质量,丰富课程体系,使培养

① Chemoinformatics Research Group[EB/OL].[2015-01-30].http://www.sheffield.ac.uk/is/research/groups/chemoinformatics.

② Research Laboratories[EB/OL].[2015-01-30].http://gscst.snu.ac.kr/eng/m03/.

③ Cox R J,Mattern E,Mattock L,et al.Assessing iSchools[J].Journal of Education for Library and Information Science,2012(4):303-316.

的毕业生更加适应新的信息职业环境需求。

我国图书情报学高等教育在实施学科整合领域还有很多潜力可供挖掘。如有学者提出音乐图书馆学在我国还属于空白,实践界迫切呼唤着音乐图书馆学的学科建设与人才培养①。音乐图书馆学、法律图书馆学等类似仍属空白的交叉学科领域在我国图书情报学学科整合过程中需要受到关注。此外现阶段我国的图书馆学、档案学、博物馆学高等教育还处于相对独立的状态,长期以来并行发展,在各自取得成绩的基础上,还缺少深层次的整合。正如保罗·F. 马蒂(Paul F.Marty)等人提出,需要跨越图书馆、档案馆、博物馆的界限,从图书情报学项目延伸到更广泛范围的"文化遗产信息学"(Cultural Heritage Informatics),使学生学习的内容并不局限于某一类型的信息机构②,这种学科整合思路也值得我国借鉴。为适应数字时代对宽口径信息职业人才的需求,需要考虑对图书馆学、情报学、档案学、博物馆学等二级学科进行有效整合的实现方式。

4.5.2 注重整合学科的选择

通过调研发现,iSchools 整合所涉及的学科领域呈现"集中与分散"特征。整体上看,整合的学科非常多样,人文、社会、自然科学等各种类型的学科都有涉及,体现了图书情报学与众多学科都有实施整合的可行性。与此同时,iSchools 整合的学科对象比较多地集中在计算机科学、生物学、商学、医学、法学等领域,这些学科与图书情报学之间存在更多的交集,科学研究与人才培养等方面也对这些学科之间交叉领域有着更多的实际需求。

调研中发现,iSchools 开展的学科整合活动注重与本学院的特色相结合,以更有利于跨学科优势的发挥。如密苏里大学信息科学与学习技术学院隶属于教育学院(College of Education),因此其开设了

① 钱仁平.时代呼唤着音乐图书馆学[N].音乐周报,2012-05-30(7).

② Marty P F,Twidale M B.Museum Informatics Across the Curriculum: Ten Years of Preparing LIS Students for Careers Transcending Libraries, Archives, and Museums[J].Journal of Education for Library and Information Science,2011(1):9-16.

“信息科学与教育技术”(Information Science and Learning Technologies)博士专业,教学研究领域较多地与教育技术相结合。卡内基梅隆大学的 iSchool 信息系统与管理学院因为和公共政策与管理学院同隶属于汉斯学院(Heinz College),因此二者有着紧密的跨学科合作,开设了“信息安全政策与管理”专业,强调解决商业与政策问题。阿姆斯特丹大学信息科学学院将“信息研究:游戏研究”作为特色专业领域,主要是将游戏的概念和技术应用于非娱乐目的,如医疗、行为疗法、学校与研究环境中的学习行为、政策决策制定等领域,综合应用跨学科视野和创新技术以解决终端用户需求。阿姆斯特丹地区非常适合游戏主题领域的研究与教学活动,因为该地区有 160 多家相关企业和研究机构,是欧洲地区重要的信息技术与游戏行业中心①。

在我国,不同的图书情报学院发展历程存在很大差异,所在学校的实际情况各不相同,学科特色和重点关注领域也有区别,因此我国的图书情报学院在选择整合的学科对象时需要体现自身的学科特色,通过整合提升学科优势,使培养的学生具有鲜明特色,能够在激烈的职业竞争中占据一席之地。

4.5.3 采用适合的学科整合方式

学科整合的实施方式比较多样,但不同类型的方式实施难度差别较大,如学科机构建制的整合需要学校层面的考虑,仅靠院系力量难以实现,更要借助更高层管理机构的推动;而组织实施跨学科的研究机构与团队,开展跨学科的研究活动,难度就相对较小。在人才引进方面,注重其他学科人才的招聘,也能够为图书情报学教育增加多学科的因素。

我国图书情报学院系在开展学科整合的过程中,需要根据自身的实际条件,选择相应的整合方式。可以从难度较小的方式入手,如

① Information Studies: Game Studies[EB/OL].[2015-01-20]. http://gss.uva.nl/future-msc-students/information-sciences/information-sciences/information-sciences/content/folder-10/game-studies.html.

成立跨学科研究机构，开设跨学科课程，引进相关学科的专业人才等，在积累经验的基础上，推动设立新专业等方式的实现。对信息管理学科群同族学科的整合难度相对更低，可以从其入手，如在教育部《普通高等学校本科专业目录》中还未出现“信息资源管理”专业的情况下，四川大学、浙江大学将图书馆学和档案学专业整合为“信息资源管理”专业，促进了人才培养模式的改革。在积累人才培养经验的基础上，进一步考虑设立相应的跨学科专业。如果开设新专业难度较大，可以先采取设立专业方向的形式，培养跨学科人才。

当然，在我国实现一些学科整合方式需要得到教育行政管理部门的支持，如双硕士学位、新专业的设置等，这需要高等教育界人士积极争取，推动我国高等教育改革进程，以满足社会发展的实际需要。

4.5.4　在整合进程中要注意保持学科的独立性与特色

学科整合是图书情报学发展的基本趋势，“跨学科”是 iSchools 运动的核心特征。在看到学科整合优势的同时，学者们也提出，在学科融合的过程中，有的学科被完全肢解在几大部类之中，以致失去作为一门学科的整体效应①。在学科整合实施过程中，如何体现“图书情报学”的独特性、唯一性，避免因为过度泛化而使其失去独立存在性，是需要认真对待的问题。

对 iSchools 教师的学科背景、研究领域、课程设置等的调研结果都显示了技术对图书情报学的影响，但需要明确的是技术并不是也不应该成为图书情报学的唯一关注点。芝加哥州立大学图书馆、信息与媒体研究系的胡莎伦(Sharon Hu)在对美国代表性图书情报学院开设的有关技术类课程进行调研后提出，不论图书情报学院开设多少信息技术类课程，图书情报学院的课程体系中必须要包含信息资源处理或组织、信息服务等内容，这也是其培养的人才区别于创造

① 刘大椿，潘睿.人文社会科学的分化与整合[J].中国人民大学学报，2009(1)：141-150.

信息技术软件和硬件程序的 IT 专业人员的地方①。科林·西克斯通(Colin Theakston)指出,在大量的计算机和管理类术语的入侵下,图书情报学的教师已经很难发现什么是这个学科独特的核心概念②。图书情报学教育若想将自身与计算机科学等纯信息技术学科区分开来,就需要围绕着"信息、技术、人、政策"之间的关系领域,积极整合相关学科资源,解决相关问题,促进学科的整体发展。

在进行教育机构建制的整合时,有学者也指出,在图书情报学院与其他学院合并的过程中,图书情报学由于学术理论背景比较薄弱,往往并没有成为受益者,而是成为相对比较弱势的学科,受到来自其他学科的挤压③。这也提醒图书情报学教育机构在开展学科整合的过程中,一定要以有利于学科发展为第一出发点,在开展各项活动的过程中都需要把握这项原则。

---

① Hu S.Technology Impacts on Curriculum of Library and Information Science (LIS)-A United States(US) Perspective[J].Libres,2013(2):1-9.

② Theakston C.Why Library and Information Science(LIS) is Losing Ground to Other Academic Disciplines: The Case for the Prosecution[J].International Journal of Information Management,2000(5):399-404.

③ 吕斌,李国秋.组织情报学[M].上海:上海世界图书出版公司,2013:5.

第 5 章　我国图书情报学教育的现状及其与 iSchools 的比较

随着信息技术的迅速发展与社会信息化进程的加快，信息正越来越广泛地渗透到社会生活的各领域和各种职业活动之中，信息人才成为社会各行各业巨大的需求。图书情报学(LIS)以其与“信息”的天然联系，所培养的人才越来越为各类型信息职业所青睐。这既为 LIS 教育的发展提供了机遇，也给传统的 LIS 教育人才培养模式带来了挑战。

正是意识到这种挑战的严峻性，国外 LIS 教育机构发起了 iSchools 运动，以改革传统的 LIS 教育，推动 LIS 教育向跨学科方向发展，面向更为宽广的信息职业培养人才。前面几章，我们对国外 iSchools 联盟院校的 LIS 教育人才培养现状进行了网络调查和问卷调查，从各学院学位设置、入学条件、培养目标、培养方式、培养内容、培养要求及质量评估与认证等方面进行分析。本章将从大体相同的几个方面调查我国 LIS 教育人才培养模式，通过与国外 iSchools 人才培养模式的对比，为我国 LIS 教育的变革提供某些借鉴。

需要说明的是，根据我国国务院 2011 年修订颁布的《学位授予和人才培养目录》，“图书情报与档案管理”是设在学科门类“管理学”之下的一级学科。因此，本书所论及的图书情报学教育，所指的就是图书馆学、情报学、档案学教育。

5.1　我国 LIS 教育人才培养模式的调查分析

5.1.1　数据来源与研究方法

本节主要采用网络调查的方法，从中国教育在线（http：//www.eol.cn/）获得提供 LIS 教育的机构名称，然后通过这一名称找到相关培养单位的网站（少量 LIS 教育机构没有自己的网站），在该网站上获取诸如学位设置、培养目标、学科专业设置、学习年限等有关人才培养方面的信息，再进行统计分析。如果中国教育在线与 LIS 教育机构网站上的信息存在不一致的地方（如中国教育在线显示某个培养机构招收情报学研究生，但该培养机构网站上并没有表明设置了这个专业），我们以教育机构网站上的信息为准。如果在中国教育在线显示某个培养机构提供 LIS 教育，但该培养机构并没有自己的网站的情况下，我们通过咨询相关人员（如该校师生）或者从其信息可靠网站获取相关信息进行确认。若无法确认，我们就默认该机构并没有提供 LIS 教育。另外，部分培养单位的网站更新速度比较慢，这也可能导致我们的统计与实际情况存在一定误差。

5.1.2　我国 LIS 教育人才培养的制度设计

5.1.2.1　学位设置状况

我国虽然早在 1920 年就创办了图书馆学教育，1956 年设立图书馆学本科，但直到 1981 年，伴随着我国学位制度的建立，图书馆学的学士、硕士学位授予制度才正式确立。1984 年建立情报学硕士学位制度，1990 年建立其博士学位制度。2011 年国务院学位委员会再次修订颁布了《学位授予和人才培养目录》，该目录分为学科门类和一级学科，明确规定，“学士学位按本目录的学科门类授予”。在该目录中，一级学科“图书情报与档案管理”设在学科门类“管理学”之下，即图书情报相关专业的学士学位名称均为管理学。关于研究生学位的情况，1997 年国务院学位委员会颁布了《授予博士、硕士学位和培养研究生的学科、专业目录》，在该目录中，学科门类“管理学”

下设“图书馆、情报与档案管理”一级学科和图书馆学、情报学、档案学三个二级学科，并明确规定，“学位授予单位按本目录中各学科、专业所归属的学科门类，授予相应的学位”。根据我们的调查，目前在一级学科“图书情报与档案管理”下拥有学位（学士、硕士和博士）授予权的教育机构共有 75 个（若一个单位有两个或两个以上二级单位拥有学位授予权则只算 1 个，如中国科学院国家科学图书馆多个分馆都有学位授予权，但只算 1 个），其中拥有学士学位授予权的教育机构有 50 个，其中拥有硕士学位授予权的教育机构有 75 个，拥有博士学位授予权的教育机构有 11 个，见表 5-1（由于篇幅所限，我们仅列出了拥有博士学位授予权的教育机构）。

表 5-1　　**我国 LIS 教育博士点专业设置状况**

学校名称	所在单位	博士专业
北京大学	信息管理系	图书馆学、情报学、编辑出版学
武汉大学	信息管理学院	图书馆学、档案学、情报学、出版发行学、电子商务、信息资源管理、管理科学与工程
中山大学	资讯管理学院	图书馆学
南京大学	信息管理学院	情报学、信息资源管理、图书馆学、档案学、编辑出版学
南开大学	信息管理系	图书馆学、情报学
吉林大学	管理学院	图书馆学、管理科学与工程、情报学
中国人民大学	信息资源管理学院	图书馆学、情报学、信息资源管理
华中师范大学	信息管理系	情报学、管理科学与工程
中国科学院	国家科学图书馆	图书馆学、情报学
浙江大学	公共管理学院	信息资源管理
云南大学	公共管理学院	档案学

5.1.2.2 招生方式

改革开放以来,高考和研究生入学考试成为一项基本的升学制度。绝大多数学生都需要参加这两项考试才能够获得继续深造的机会。在这种大环境下,我国 LIS 教育机构自然首先关注考生的入学考试成绩:对于本科生招生来说,高考成绩几乎是 LIS 教育机构决定是否录取该生的唯一标准;而研究生的招考方式分有笔试和面试两部分,只有笔试成绩达到一定要求的才有资格进行面试,然后择优录取。统一的考试考核方式在一定程度上保证了录取的公平、公正和公开性,也有利于教学管理和教学工作效率的提高。但是,这种过于单一的考核方式使得考试分数变得极为重要,许多对图书情报与档案管理这一学科极有兴趣且有志于从事信息职业的考生,很有可能因一分之差而与之失之交臂。另外,这种考试的方式也很难考核考生的综合素质和创新能力。比如硕士招生实行全国统考,专业考核的内容主要是本专业书本上的基础知识,而对考生本科生阶段的整体表现以及其他方面的素质难以考核,这样考核结果往往不能很好地反映考生的知识面和实际能力,还会导致考生只重视考试阶段的突击,对知识点死记硬背,从而降低了招生的质量。但在目前的教育体制下,这种招生方式很难改变。

5.1.2.3 培养目标

培养目标是 LIS 教育与培养的重要组成部分,是人才培养的指南。从培养目标可以看出人才培养的总体思路①。从所调查的这些 LIS 院校的培养目标中可以发现,不论是本科生还是研究生,其培养目标都基本具备以下特点:

①注重专业理论与方法的掌握。坚实掌握本学科基础理论和系统的专业知识是我国 LIS 教育的重点之一,几乎所有培养单位都在其培养目标里面强调了该专业学生应该掌握的理论和方法。南京大学图书馆学本科培养目标指出,图书馆学专业旨在培养掌握当代图书馆学理论与方法,掌握现代化数字信息技术,具备熟练运用现代信

① 王知津,李彤,严贝妮,等.中美图书情报学研究生教育与培养比较研究:硕士研究方向实例分析[J].情报资料工作,2009(4):99-104.

息技术方法检索收集、组织分析、开发利用信息的素质和能力①。可以说这对图书馆学的专业培养要求作了一个比较全面的概括,主要包括三个方面,即理论知识、信息能力和计算机技术。

②人才定位为高层次、复合型。这是我国 LIS 教育培养目标的共同特征,培养既能胜任各类专门信息机构信息服务及管理工作,又能够在国家各级管理部门、工商企业、金融机构、科研单位等从事信息管理以及信息系统分析、设计、实施管理和评价等方面的工作的高层次、复合型人才。

此外,对研究生(尤其是博士研究生)的培养目标中都尤其强调培养研究生的科学研究能力,培养能够胜任高等院校或专业研究机构的教学和研究工作的复合型专业人才。如武汉大学信息管理学院情报学博士研究生的培养目标就强调"能全面系统地了解所从事研究领域的历史、现状及前沿动态,并能独立在本专业领域内做出创新性的研究成果"②。

5.1.2.4 质量评估与认证制度

LIS 教育的质量评估与认证是人才培养模式的重要组成部分,是保证教育质量的准绳,也为学术教育机构及用人单位对专业人才的选择和录用提供保障和参考。质量评估与认证机构主要包括两种:国家级的权威认证机构和民间较为自由的认证机构。而教育标准是保证教育质量的重要内容,是认证制度的核心部分。制定、修订标准,并由此评估教育质量,规范教育行为,是世界图书馆学情报学教育质量保证的重要手段之一,也是国际惯例③。

目前对我国 LIS 教育的质量评估主要来自各种民间机构,比较有代表性的有武书连的《中国大学评价》、中国校友会的大学

---

① 南京大学.信息管理学院 2013 年本科招生简章[EB/OL].[2015-02-24]. http://im.nju.edu.cn/showtwodir.aspx? parentid=bcat2010062925&categoryid=bcat2010062925&tcategoryid=tcat2010060846.

② 情报学专业攻读博士学位研究生培养方案[EB/OL].[2015-01-24].http://sim.whu.edu.cn/index.php/index-view-aid-526.html.

③ 宛玲,缪园,范瑞娟.国外图书馆学情报学教育质量标准的比较研究[J].图书情报工作,2009(5):19-23.

排行榜、邱均平的《中国大学及学科专业评价报告》等。教育部的国家重点学科评选项目具有国家权威性,20 世纪 80 年代以来共组织了三次重点学科的评选工作,最近一次是在 2006 年,评选出若干重点学科点以及一级学科和二级学科。此外,教育部学位与研究生教育发展中心从 2004 年以来,一共组织开展了三次学科评估。2013 年 1 月,教育部发布了 2012 年全国高校学科评估结果①。

5.1.3 我国 LIS 教育人才培养的过程管理

5.1.3.1 培养内容

(1)学科专业设置

根据我国现行的学位授予目录,我国一级学科"图书情报与档案管理"设在学科门类"管理学"之下,即图书情报档案相关专业的学位名称均为管理学。从专业设置来看,我国 LIS 教育机构开设最多的是图书馆学专业、情报学专业和档案学专业。除了这三个专业外,一些院系也会开设编辑出版学、信息资源管理、管理科学与工程、电子商务等联系比较密切的专业。此外,我国很多院系的 LIS 教育并不是开设在信息管理学院(系)下的,而是开设在管理学院或者公共管理学院下的。比如四川大学的 LIS 教育设置于公共管理学院,该院现有哲学、社会学、心理学、公共管理、图书情报与档案管理 5 个一级硕士学位授权点,常年招生的学术型硕士点有马克思主义哲学、中国哲学、外国哲学、伦理学、美学、宗教学、中外政治制度、社会学、人类学、应用心理学、技术经济及管理、行政管理、教育经济与管理、社会保障、图书馆学、情报学、档案学等②。这种 LIS 专业设置有利于学科专业之间的交流和整合,在一定程度上促进了跨学科人才的培养,提升了毕业生的就业率和就业满意度,这也是 iSchools 运动的

① 教育部学位与研究生教育发展中心.2012 年学科评估结果公布[EB/OL].[2015-01-24].http://www.cdgdc.edu.cn/xwyyjsjyxx/xxsbdxz/index.shtml.

② 四川大学公共管理学院[EB/OL].[2015-01-24].http://ggglxy.scu.edu.cn/news.aspx? t=19.

宗旨。

(2)课程设置

从课程体系方面来看,我国 LIS 教育的课程总体来说分为专业课和公共课两种,均包含必修和选修。比如中山大学本科生课程分为公共基础必修课、公共选修课、专业基础必修课和专业选修课四类;吉林大学课程划分为公共课、基础理论课、专业课、选修课,其中选修课是专业选修。这种划分方法虽然在一定程度上对课程进行了归类,却显得不够简明清晰,而且必修课的权重很大,选修课相对薄弱。据调查表明,在图书情报教育领域,国内目前选修课与必修课比例最大的为 1 ∶ 1.47(武汉大学),最小的为 1 ∶ 4.33(安徽大学)①。

从专业课程内容方面来看,国际图书馆协会联合会(IFLA)2000 年的"图书情报专业教育指南"(Guidelines for Professional Library/Information Educational Programs—2000)规定图书情报学专业核心课程应涵盖信息生成、传播与利用等 10 个要素②。由此可以明显地体会到国际 LIS 教育日益信息化的趋势。2009 年,我国教育部高等学校图书馆学学科教学指导委员会制定了《高等学校图书馆学本科指导性专业规范》,确定的图书馆学专业核心课程为:图书馆学基础、信息资源建设、信息与知识组织、信息描述、信息服务、信息检索。根据肖希明等人的调查③,18 所高校(调查中只有 18 所高校提供了他们的本科培养方案)开设的图书馆学专业课程中的前 10 门课程与这 6 门核心课程大体上是重合的,见表 5-2。这说明大多数学校对图

① 肖希明,司莉,黄如花.我国图书馆学教育发展现状的调查分析[J].图书情报知识,2008(1):5-10.

② Daniel E,Lazinger S,Harbo O.Guidelines for Professional Library/Information Educational Programs—2000 [EB/OL].[2015-01-24].http://www.ifla.org/en/publications/guidelines-for-professional-library information-educational-programs-2000.

③ 肖希明,司莉,黄如花.我国图书馆学教育发展现状的调查分析[J].图书情报知识,2008(1):5-10.

书馆学专业核心课程设置是有共识的，这些课程基本上涵盖了图书馆学专业的核心内容。

表 5-2　　**18 所高校图书馆学本科开设的主要课程**

排序	课程名称	开设学校数目	排序	课程名称	开设学校数目
1	信息（文献）检索	18	2	信息（文献）资源建设	17
3	目录学	16	3	数字图书馆	16
4	图书馆学基础	15	5	文献编目	12
6	分类法与主题标引	11	6	信息服务/信息服务与用户	11
7	图书馆管理	9	8	信息组织	7
8	文献学	7	9	图书馆自动化	6
9	图书与图书馆史	6	10	信息描述	4
10	数据库	4	10	知识产权	4
11	参考咨询服务	2	11	信息资源共享	2

在硕士研究生课程设置方面，以上调查共获得了 13 个单位提供的课程设置信息，表 5-3 集中呈现了开设较多的课程。表 5-3 表明，虽然图书馆学硕士教育机构根据各自的研究方向设置开设了各具特色的课程，但图书馆学专业的核心课程在多数学校仍是相同的。

从我国图书馆学专业本科和硕士课程设置来看，图书馆学传统课程已日趋减少，信息管理、信息用户和信息利用等相关课程占了相当的比例，其课程设置符合国际图书情报学教育信息化趋势。但信息技术方面的课程设置不够，这与我国图书馆学与情报学专业分开招收和培养学生以及图书馆学专业主要招收文科生的教育机制有关。情报学课程设置中就更加强调了信息技术。而国外 iSchools 成员高校几乎都是将图书馆学和情报学合二为一,其课程设置也更能够满足现代信息职业的需求。

表 5-3　**13 所高校图书馆学为硕士研究生开设的主要课程**

课程名称	开设学校数目	课程名称	开设学校数目
图书馆学基础理论	13	信息检索	13
数字图书馆	12	信息资源管理	11
信息组织	10	文献学	9
信息服务与用户研究	7	图书馆自动化	6
信息咨询	6	知识管理	6
目录学	5	中国图书馆史研究	5
元数据	4		

5.1.3.2　培养方式

(1)本科生培养

我国 LIS 教育本科生培养主要采取“课堂教学+专业实践”的模式。在课堂教学方面,由于本科生对本专业的知识了解较少,课堂教学主要是通过讲授的方式进行。在前三年的教学活动中,主要采取这种方式给学生“灌输”相关知识,增大学生的知识存储量。专业实践主要包括课程教学实习、假期实习以及毕业实习。教学实习是指根据课程安排,在校内进行与课程内容相关的实习或实验;假期实习是指寒暑假要求学生在相关信息服务机构实习或做社会调查;毕业实习是指学生在相关的信息服务机构或部门进行专业实习,实习时间不等。课题组成员的最新调查显示,我国 LIS 教育机构为图书情报专业的本科生安排的实习学时主要是 2~6 周,学分为 2~4 分,见表 5-4。这种培养模式能够让学生掌握本专业的理论知识,大致了

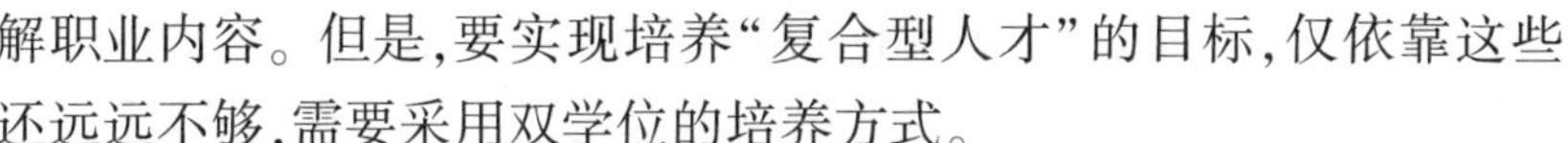

解职业内容。但是,要实现培养“复合型人才”的目标,仅依靠这些还远远不够,需要采用双学位的培养方式。

我国部分学校提供双学位教育项目,学生在接受 LIS 教育的同时还可以学习另外一个专业。如武汉的七校联合办学,学生可以跨校跨学科辅修第二学位,但选择的专业有限并且存在各种障碍,比如人数不够则不能开课等。

(2)研究生培养

我国 LIS 教育研究生培养实行导师负责制。由导师负责指导研究生的科研工作,关心研究生的政治思想品德,并对研究生严格要求,配合、协助研究生教育管理部门做好研究生的各项管理工作。中国科学院、华中师范大学、武汉大学等也提到建立以导师为主的指导小组,发挥学术群体的作用。但在大部分情况下,对学生学习和研究的指导主要还是由导师负责,包括论文的撰写、科研项目的参与等。在培养方式上,主要是采用“课堂教学+专业实践+科研实践+教学实践”的模式。在课堂教学方面,与本科生相比,除了上课的时间有很大程度的减少之外,上课方式更加灵活,更多采取课堂讨论的教学方式(尤其是在博士研究生的教学课堂上),更加注重师生互动;授课内容也与本科生有了较大的区别,不再注重专业基础知识的讲授,而是以学科研究热点和研究专题为授课内容,注重培养学生的科学研究兴趣。同本科生一样,硕士研究生,尤其是专业硕士,也需要进行专业实践,其中毕业实习是专业实践的主要体现,其实习时间及学分见表 5-4。开展科学研究是研究生与本科生本质的区别,培养研究生的科研能力是研究生教育中的核心部分。此外,由于很多研究生(尤其是博士研究生)会走上教学科研岗位(进入高校图书馆工作的硕士研究生也会承担一些信息检索等方面的公共课程)。因此,在校期间参加一定的教学实践是很有必要的,很多学校都对此做了相关规定。如华中师范大学要求本专业的硕士生参与 4 周左右的教学实践,讲授本科生专业课程的部分章节,或承担一门本科生专业课的全面辅导工作,包括答疑、上实习课、批改作业、上机辅导等,并记学分。

表 5-4 **我国 LIS 教育机构毕业实习信息统计表**

教学机构	学生类型	实习学分	实习时间
中山大学资讯管理学院	本科生	4 分	4 周
	硕士研究生(专业型)	6 分	24 周
武汉大学信息管理学院	本科生(图书馆学、档案学)	3 分	6 周
	本科生(信息管理)	2 分	4 周
	硕士研究生(学术型)	2 分	3 个月
河北大学管理学院	本科生	4 分	6 周
	硕士研究生(学术型)	2 分	4 周
山西大学管理学院信息管理系	本科生	4 分	6 周
	硕士研究生(学术型)	2 分	2 周
苏州大学社会学院	本科生(学术型)	4 分	4 周
	本科生(专业型)	16 分	16 周
安徽大学管理学院图书情报学系	本科生	2 分	6 周
	硕士研究生(学术型)	2 分	12 周
南京理工大学经济管理学院信息管理系	本科生	3 分	6 周
	硕士研究生(学术型)	2 分	4 周

5.1.3.3 培养要求

(1)学习年限要求

在我国,本科生的基本培养年限都是 4 年,部分学校规定达到一定要求之后,可以提前毕业。而在研究生的学习年限要求方面,因不同院校有其各自的课程设置及培养方式,故有所不同。基本上都采取弹性学制,即提前完成培养方案规定的全部课程,其他培养环节的考核符合学校提前毕业的要求,可以申请提前毕业。但从整体来看,硕士研究生的学习年限是 2—3 年,最长不超过 4 年。即使实行弹性学制,对最少的学习年限仍有严格规定,比如华中师范大学规定在校时间必须达到 2 年及以上才能申请提前毕业。博士研究生的学习年限普遍是 3 年,但也有 4 年制的(如北京大学信息管理系),在职攻读博士学位研究生的学习年限一般最长不超过 6 年。

美国 LIS 院校本科学习年限同中国一样，基本都是 4 年；美国的全日制硕士学习年限多为 1—2 年，非全日制为 3—4 年，一年通常有好几次机会可以申请毕业；对于美国博士研究生，4—5 年的学制最为常见。这说明美国对于博士研究生的培养要求较高，这也是在国外拿到博士学位的人更受我国高校欢迎的原因之一。

(2)毕业要求

总体来看，中国 LIS 院校对学生的毕业要求形式比较单一，即在规定年限之内，学完规定的课程，成绩合格，修满学分，完成毕业论文并通过答辩便可申请毕业。学分和毕业论文成为毕业申请最为重要的两个条件，单一的毕业要求无形中限制了学生对学习成果的展示与应用①。当然，在此基础上，部分院校也提出了更高的硬性毕业要求。华中师范大学要求情报学硕士生在攻读硕士学位期间，参加学术活动不少于 8 次，其中 1 次必须是校外学术活动，每次需有 1000 字以上的学习报告。实践活动结束后，由导师组进行考核，评定成绩，成绩合格者计 1 学分；实践活动考核不合格者，不能参加答辩。武汉大学要求研究生必须公开发表相应篇数的学术论文才能申请毕业。吉林大学则对图书馆学专业的硕士研究生论文工作文献阅读做了详细规定，要求不能少于 50 篇，其中外文文献应占 20 篇；第一学年完成专业文献阅读，并提交不低于 5000 字的阅读报告，经指导教师批阅后给出成绩，合格者获得 1 个必修学分。

5.1.4 与国外 iSchools 院校的比较

笔者以本书第 2 章对国外 iSchools 院校 LIS 教育人才培养现状的调查为基础，对国内外 LIS 教育人才培养模式，从人才培养的制度设计与人才培养的过程管理两个方面展开分析比较，可发现国内外 iSchools 院校 LIS 教育人才培养模式存在较大的差别。

从对国外 iSchools 院校的调查分析中可以看到，本科教育不是国外 iSchools 院校 LIS 教育的重点。国外 iSchools 院校中，没有一所

---

① 王知津，李彤，严贝妮，等. 中美图书情报学研究生教育与培养比较研究：硕士研究方向实例分析[J]. 情报资料工作，2009(4)：99-104.

学院仅设有图书馆学学士学位,纵使设置了本科学位,也多为情报学或情报理学学士学位。与本科教育不同的是,国外 iSchools 学院均设置了硕士学位,并且大部分同时还设置了博士学位。而在国内的 LIS 教育中,拥有学士学位与硕士学位授予权的教育机构数量差别不大。根据高考志愿填报参考查询系统(http://gkcx.eol.cn/)中查找到的资料显示,国内设置图书馆学学士学位的共有 31 所高等院校,设置档案学学士学位的共有 46 所,设置信息资源管理学士学位的共有 6 所。总体说来,在一级学科"图书情报与档案管理"下,我国拥有学士学位授予权的教育机构有 50 个,拥有硕士学位授予权的教育机构有 75 个,拥有博士学位授予权的教育机构有 11 个,国内加入 iSchools 联盟的武汉大学、中山大学与南京大学皆在此列。

在招生方式上,国内外 LIS 教育的入学条件有较大偏差。国外 iSchools 院校的入学条件注重对生源质量和潜能的考察,虽然录取是建立在分数、成绩等量化指标的基础上,但成绩并非唯一的判断标准,申请者的推荐信及个人陈述往往在录取过程中起着至关重要的作用。譬如伊利诺伊大学 iSchools 硕士生申请需要提交成绩单、推荐信以及两篇短文,重在考查申请者的表达能力和信息环境下定量分析问题的能力,只有申请者本科 GPA 低于 3.0,才需要 GRE 成绩①。在国内,不论是本科、硕士,抑或是博士就读,除去保送名额,其他学生若想入学,必要通过全国统一的招生考试,只有成绩通过了分数线,才有机会就读。并且,在统考中,专业考核的内容主要是本专业书本上的基础知识,这样考核出的结果往往难以全面反映学生真正的专业素养与实际科研能力,反而可能诱发考生只重视考试阶段的突击、对知识点死记硬背情况的发生,从而降低了招生的质量。

在培养目标上,我国 LIS 教育注重专业理论与方法的掌握,人才定位为高层次、复合型,在研究生(尤其是博士研究生)的培养目标中尤其强调培养研究生的科学研究能力。美国图书情报专业培养的

① University of Illinois Graduate School of Library and Information Science. Minimum Admission Requirements[EB/OL].[2015-01-22]. http://www.lis.illinois.edu/admissions/requirements/ms.

目标是具有较强专业技能和实践能力的人才①。我国的培养目标较侧重于理论知识的融会贯通,着重培养学生的科学研究水平,提高学生的学术能力;美国则更注重学生实践能力的培养,致力于把学生培养成为实用型人才。在培养目标上,我国偏重理论与科研,国外偏重实践能力的培养。

在质量评估与认证制度上,目前对我国 LIS 教育的质量评估,官方的有教育部的国家重点学科评选项目,但评选时间间隔较长,20 世纪 80 年代以来共组织了三次重点学科的评选工作,最近一次是在 2006 年,评选出若干重点学科点以及一级学科和二级学科。教育部学位与研究生教育发展中心从 2004 年以来,一共组织开展了三次学科评估,最近的一次是 2013 年。由于具有国家权威性的评选认证开展次数少,对我国 LIS 教育的质量评估,很多来自各种民间机构。国外 iSchools 的教育质量评价与认证比较全面和成熟,注重专业因素与社会因素的结合,专业因素主要体现在各种专业协会机构及其所制定的相关标准对图书情报高等教育的评估认证上。其中比较有影响力的机构和标准包括国际图联(IFLA)及其制定的图书情报专业教育指南(Guidelines for Professional Library /Information Education Programs),美国图书馆协会(American Library Association,ALA)及其制定的图书情报学硕士学位认可标准(Standards for Accreditation of Master's Programs in Library and Information Studies)②。社会因素主要是指一些来自民间的对各院校的排名和评价,如《美国新闻和世界报道》主要针对美国大学进行排名,也就是常说的 US News 排名,有着广泛的影响力。

在培养内容方面,国内外 LIS 院校也有一些不同之处。国外 iSchools 院校已没有传统的单纯以图书馆学系来命名的情况,基本上冠以与情报、信息等相关的名称,这说明图书馆学、情报学、信息科学

---

① 郭婷,胡知腾.中美图书情报学研究生教育比较研究[J].科技创新导报,2012(19):216-217.

② 李金芮,肖希明.iSchools 人才培养模式研究[J].图书情报工作,2012(23):6-10,23.

之间的密切联系已得到共识，图书情报学的跨学科性得以彰显。而在国内的 LIS 教育中，据我国现行的学位授予目录，我国一级学科“图书馆、情报与档案管理”设在学科门类“管理学”之下，即图书情报档案相关专业的学位名称均为管理学，国内的 LIS 教育学院也多为“某某管理学院”，如武汉大学 LIS 教育机构称为信息管理学院。从专业设置来看，国外 iSchools 院校的专业设置都与图书情报密切相关，尤其与信息科学技术联系紧密，这一点国内 LIS 教育也与之相同。从课程体系方面来看，国外 iSchools 院校的选修课数量大且远远大于必修课，涉及范围广，学科交叉性强，拥有许多有特色的课程。国内的情况与之相反，各 LIS 教育机构，必修课的权重很大，选修课相对薄弱。在图书情报教育领域，国内目前选修课与必修课比例最大的武汉大学的数据也仅为 1 : 1.47，选修课数量也只约占了必修课数量的 2/3。国外 iSchools 院校的课程设置职业针对性非常强，课程被分成不同的模块，有些院校还会根据学生不同的职业意愿，对其需要选择的课程提供建议和规划，培养专业化人才。国内 LIS 教育在这方面虽然不及国外 iSchools 联盟成员院校系统全面，但仍构建了由不同核心课程组成的不同模块的课程体系结构。此外，国外 iSchools 院校的课程设置具有良好的条理性和层次性，课程往往根据难度和对其他课程知识的要求划分成不同层次，学生如果选择高层次的课程，就必须具备某些低层次课程的知识，这在我国 LIS 教育中尚未得到体现。这种方式可以使学生在学习某些较难的专业知识时，先广打基础，对这方面有兴趣即可选修“高级班”，在正式学习核心知识的时候，也会因为学生都具有了一定的相关基础，而可获得更好的授课效果和学习效果，值得我们学习。

在学习年限的设置上，我国 LIS 教育机构研究生因不同院校有其各自的课程设置及培养方式，故学习年限有所不同。基本都采取的是弹性学制，但从整体来看，硕士研究生的学习年限是学术型硕士 3 年，专业学位硕士 2 年，最长不超过 4 年；博士研究生的学习年限普遍是 3 年，但也有 4 年制的，在职攻读博士学位研究生的学习年限一般最长不超过 6 年。美国的全日制硕士学习年限多为 1—2 年，非全日制为 3—4 年，一年通常有好几次机会可以申请毕业；对于博士研究生,4—5 年的学制最为常见。相比之下,美国 iSchools 院校的研究生学习年限设置上更为灵活,博士生培养上更为严格,含金量较高。

毕业要求方面,总体来看,中国 LIS 院校对学生的毕业要求形式比较单一,即在规定年限之内学完规定的课程,成绩合格,修满学分,完成毕业论文并通过答辩,便可申请毕业。学分和毕业论文成为毕业申请最为重要的两个条件,单一的毕业要求无形中限制了学生对学习成果的展示与应用①。在此基础上,中国部分 LIS 院校也提出了更高的毕业论文答辩资格要求,如武汉大学要求 LIS 研究生必须公开发表一定数量的学术论文才能申请毕业。与国内对毕业论文的硬性要求不同,国外 iSchools 院校对图书情报专业学生毕业的要求形式非常多样(一般有学分、论文、综合考试、专业项目、实习等多种方式),对硕士而言,毕业要求中毕业论文通常并不是必要条件,只有极少数院校严格要求硕士生必须完成论文才能申请毕业,通常情况下只要学分修满即可。不过,国外 iSchools 院校对于图书情报学博士的毕业要求则要严格很多,除了课业学分要求较高外,研究项目、毕业论文、资格考试、实习等也往往是必不可少的。

5.2 我国 LIS 教育机构师资队伍建设的调查分析

师资队伍建设是图书情报学教育的基础,师资队伍的整体水平对 LIS 人才培养、毕业生职业核心竞争力的形成、学科建设以及科学研究等具有至关重要的作用。国外 iSchools 院校师资队伍的跨学科和国际化是其最显著的特征。在本书第 3 章中,我们曾从学科背景、研究领域、国际化水平等方面对 iSchools 师资队伍建设现状进行了较详细的调查。为与国外情况形成对照,本节将对国内 LIS 教育机构师资队伍建设进行调查分析,并总结现状与特点。同时通过与国外 iSchools 师资队伍特征的对比,提出加强我国 LIS 教育师资队伍建设的建议。

---

① 王知津,李彤,严贝妮,等.中美图书情报学研究生教育与培养比较研究:硕士研究方向实例分析[J].情报资料工作,2009(4):99-104.

5.2.1　调查对象与研究方法

根据 2013 年全国研究生招生学科、专业目录索引，以及教育部下达的各批次学位授权学科、专业名单的通知，我国目前共有“图书馆、情报与档案管理”一级学科硕士学位授权点 37 所。由于本节是对 LIS 教育机构专职教师的情况进行研究，因此研究院(所)、图书馆、文献信息中心等机构不在调查之列。南京政治学院因其政治特殊性也不予调查。

本研究采用的方法主要有网络调研法、问卷调查法、比较分析法及基于词频统计的内容分析法。笔者通过整理、统计 37 所 LIS 教育机构主页公布的教师名录、师资介绍，以及访问教师个人主页等方式进行网络调研。通过邮件方式向其中 28 所教育机构发放了“我国 LIS 教育相关情况调查问卷”以补充网络调查无法获取的资料，回收问卷 18 份。随后，笔者对回收的问卷及网络调研获取的关于 LIS 师资队伍的相关信息进行综合整理及词频统计等量化分析，总结特点并与国外 iSchools 进行比较。

截至 2013 年 5 月底，共获取国内 37 所 LIS 教育机构中 667 名教师的相关信息。需要指出的是，本研究采用的数据搜集方法并不能保证数据的完整性，搜集过程中不可避免地遇到了数据缺失的情况。量化分析是在可获取的数据基础上开展的。

5.2.2　师资队伍学科背景分析

作为一门介于社会科学、自然科学与技术科学之间的综合性一级学科，图书馆情报与档案管理的跨学科趋势在不断加强。开展图书情报工作和信息服务必须利用计算机、自动化技术以及社会学、管理学、经济学等方面的知识①。因此，以培养复合型宽口径人才为目标的 LIS 教育要求教师队伍必须具备跨学科的知识背景。学科背景的多元化是评价 LIS 教师队伍素质的重要指标。

---

① 肖希明，司莉，黄如花.我国图书馆学教育发展现状的调查分析[J].图书情报知识，2008(1):5-10,16.

667 名教师中有学科背景信息介绍的共 436 名(本、硕、博只要有一个阶段的背景信息即纳入统计范围)。其中,分别获取到 331 名教师的本科专业背景、291 名教师的硕士专业背景,以及 290 名教师的博士专业背景,对具有双学位的教师进行了重复统计。根据教育部 2011 年颁布的《学位授予和人才培养学科目录(2011 年)》①,本研究将教师的学科背景分别归入管理学、工学、理学等 13 个学科门类,同时考虑到 LIS 师资队伍的专业背景,将图书情报与档案管理从管理学门类单列出来。表 5-5 对 37 所教育机构中 436 名教师本、硕、博各教育阶段的学科背景信息进行了统计,并汇总了师资队伍的整体情况。

表 5-5　**国内 LIS 教育机构教师学科背景**

本科阶段		硕士阶段		博士阶段		整体情况	
学科背景	人数	学科背景	人数	学科背景	人数	学科背景	人数
图书情报与档案管理	176	图书情报与档案管理	163	图书情报与档案管理	154	图书情报与档案管理	270
理学	54	工学	48	管理学	55	工学	77
工学	46	理学	26	工学	35	管理学	72
文学	15	管理学	19	理学	15	理学	62
医学	14	文学	9	历史学	12	历史学	30
历史学	12	历史学	9	经济学	7	文学	20
管理学	5	经济学	8	法学	4	经济学	17
经济学	4	医学	5	哲学	3	医学	16
法学	3	法学	2	教育学	3	法学	8
教育学	1	教育学	2	医学	2	教育学	5
艺术学	1	艺术学	0	艺术学	0	哲学	3
哲学	0	哲学	0	文学	0	艺术学	1

① 国务院学位委员会.关于印发《学位授予和人才培养学科目录(2011 年)》的通知[EB/OL].[2015-01-25].http://www.moe.edu.cn/publicfiles/business/htmlfiles/moe/moe_834/201104/116439.html.

5.2.2.1　师资队伍整体学科结构

表 5-5 表明,我国 LIS 教育机构教师的学科背景覆盖了除农学与军事学以外的 11 个研究生教育学科门类。师资队伍除拥有图书情报与档案管理学科背景外,还较广泛地拥有工学、管理学、理学、历史学、文学、经济学、医学、法学、教育学等多学科背景,体现出一定的跨学科特征。

根据表 5-5 的整体情况,具有图书情报与档案管理一级学科相关专业学位的教师仍占多数,比例达 61.9%。可见现阶段我国 LIS 师资来源依然主要依赖这门学科。同时,众多其他学科也是 LIS 教师学科背景的重要组成部分,拥有工学、理学、历史学等其他学科背景的教师占总数的 38.1%。在这些非 LIS 学科中,涉及的一级学科主要有计算机科学与技术(8.5%)、管理科学与工程(7.8%)、数学(6.4%)、中国史(5.2%)、工商管理(5%)、物理学(4.1%)、中国语言文学(3.2%)、应用经济学(2.8%)、公共管理(2.1%)、化学(1.6%)等,如图 5-1 所示。

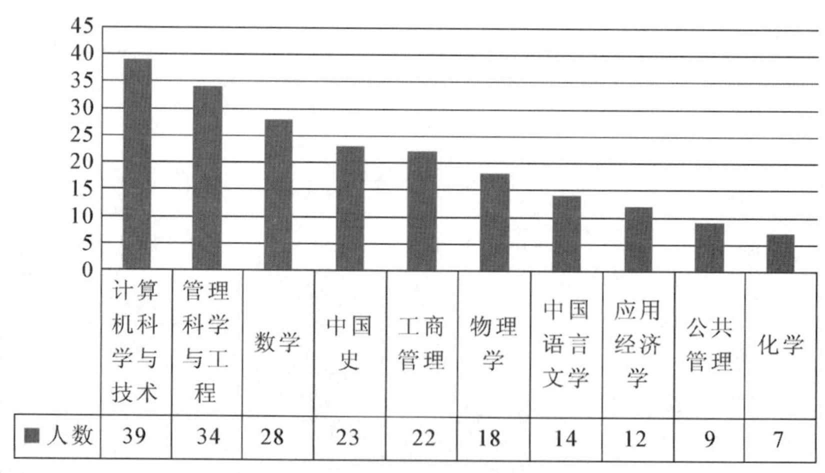

图 5-1　教师人数最多的非 LIS 一级学科

通过调查还发现,不同设置背景的 LIS 教育机构在教师学科背景上也各具特色。这 37 所教育机构中,有 10 所是由图书馆学、情报

学或档案学类院系独立创办，如武汉大学信息管理学院、北京大学信息管理系、中国人民大学信息资源管理学院，这类传统的、综合性图书情报学院系，其师资队伍学科背景通常以传统的图书情报档案专业为主，但也兼容了计算机科学、文学、历史学、管理学等多种学科门类。有 17 所由经济和管理类学院创立，如南开大学商学院信息资源管理系、吉林大学管理学院信息管理系，这类院系的教师不少具有经济学、数学、工商管理、公共管理等学科背景。相应地，苏州大学社会学院档案与电子政务系、辽宁大学历史学院档案系等 3 所由社会、历史类学院创办的院系，其教师知识背景不少涉及历史学、法学等学科。还有 3 所属于医学信息类院系，如华中科技大学同济医学院医药卫生管理学院医药信息管理系，这类院系的大部分教师获得了医学学位。不同类别的 LIS 教育机构教师学科背景的不同侧重，也促进了 LIS 师资队伍整体学科结构向跨学科多元化方向发展。

可见，虽然图书情报与档案管理依然是国内 LIS 教育机构师资队伍最主要的学科背景，但教师队伍在总体结构上兼容了人文社会科学与自然科学的众多学科知识，有利于推动 LIS 教育与研究跨学科趋势的进一步深入。

5.2.2.2 教师个人知识结构及特征

根据表 5-5 中教师本、硕、博各教育阶段的统计信息可以发现，拥有图书情报与档案管理学科背景的教师人数变化一直不大，分别占各阶段统计人数的 53.2%、56%、53.1%。在涉及的非 LIS 学科背景方面，理学、工学、管理学、历史学在各阶段也都占据了较大比重，变化较小。由此可见，国内 LIS 教育机构的教师个人知识结构较为单一。这一点通过教师个人的学科背景种数也得到了体现。如图 5-2 所示，298 名教师只拥有一种学科背景，占总人数的 68%，这部分教师最主要的学科背景为图书情报与档案管理、计算机科学与技术。27%的教师拥有两种学科背景；拥有三种学科背景的教师仅有 18 人，占 4%；还有 3 人获得了四种学科领域内的学位。

从另一个角度看，本、硕、博各阶段拥有非 LIS 学科背景的教师分别占统计人数的 46.8%、44%、46.9%，拥有两种或两种以上学科背

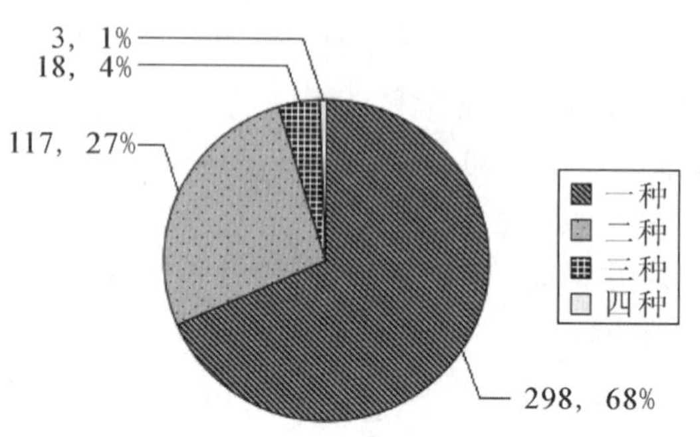

图 5-2　教师个人学科背景种数

景的教师人数占总数的 32%，比重均不算小。可以说我国 LIS 教育机构的教师个人知识结构也呈现出一定的跨学科特征。总的来说，我国 LIS 教育机构师资队伍从整体上打破了学科界限，不同类别的 LIS 教育机构教师学科背景各有偏重，表现出较明显的跨学科多元化特点，为 LIS 教育和科研提供了更宽广的选择，也为复合型人才的培养提供了一定的支撑。但具体到教师个人，横跨多个学科的复合型师资人才还比较少，师资建设需进一步深化。

5.2.3　教师的研究领域分析

研究方向是指研究团队或研究人员在特定阶段内的主导研究领域，是学科发展的风向标①。对教师研究领域和研究热点的分析有助于了解和掌握国内 LIS 教学和科研的发展趋势。通过汇总统计，截至 2013 年 5 月底，共获取国内 37 所 LIS 教育机构中 667 名教师的 2134 个研究方向（将各教师的研究方向累加，未去重），平均每名教师有 3 个研究方向。需要说明的是，该数据只反映当前阶段各教师的研究方向情况，并不是教师从事科研工作以来研究方向历史数据的总和。为了探寻国内 LIS 领域教师科学研究的重点，笔者首先对这 2134 个研究方向进行了分词处理，再借助语意库工具 AntConc 进行词频统计，最后对相同或相近的研究方向进行合并分组，将

① iSchools 联盟[EB/OL].[2015-01-25].http://ischools.org/about/.

2134 个研究方向概括出 36 个相对独立的宏观研究领域,并再次统计词频。表 5-6 显示了当前我国 LIS 教育机构教师中最热门的 20 个重点研究领域,体现出我国 LIS 教育机构教师的研究具有如下特点:

表 5-6 **国内 LIS 教育机构教师重点研究领域**

排名	研究领域	频次	排名	研究领域	频次
1	图书馆学、情报学、档案学基础理论	193	11	数字图书馆及实现技术	49
2	信息检索与信息组织	167	12	图书馆事业及图书馆管理	46
3	信息技术与信息系统	133	13	社会化网络及信息传播学	44
4	信息管理与信息资源管理	126	14	信息计量、科学评价与社会科学研究方法	41
5	知识管理与竞争情报	106	15	数据挖掘与信息可视化	37
6	信息经济、电子商务与企业信息化	103	16	信息政策与信息法规	35
7	电子文件管理与档案数字化	96	17	信息资源建设与共享	34
8	信息咨询、分析与决策	76	18	物流与供应链管理	32
9	信息用户与服务	75	19	医学信息管理及卫生信息化建设	27
10	电子政务与政府信息化	55	20	信息安全与保密	11

①重视对学科内各种问题的研究,同时开展跨学科信息问题研究。表 5-6 中的 20 个重点研究领域,从图书情报档案基础理论、信息检索与组织、信息技术与系统、信息资源管理、知识管理与竞争情报、档案管理与档案数字化,到信息咨询、信息用户与服务、图书馆事业及图书馆管理、信息资源建设与共享,基本覆盖了 LIS 学科内的主要研究领域。而信息经济、电子商务与企业信息化,信息计量与科学评价,电子政务与政府信息化,数字图书馆,社会化网络,信息政策与法规,医学信息管理等经济、政治、计算机、社会、法学、医学多领域的信息问题研究,从严格意义上说是 LIS 学科与相关学科领域的互相延伸,体现出一定的跨学科性。这一点与国外 iSchools 教师研究领域的特点类似。

②理论与技术并重,传统领域和新兴领域均得到发展。在各教师所涉及的研究范围中,图书馆学、情报学、档案学基础理论是累计被提及次数最多的领域,可见基础理论依然是教师研究的重点。基础理论是任何一门成熟学科不可缺的一个组成部分,处于学科的第一层次①。重视基础理论研究,就把握了学科的根本和起点,有助于学科的可持续发展。此外,作为 LIS 学科传统研究领域的信息检索与组织、信息管理与信息资源管理、信息用户与服务等仍然是教师们的重点研究领域。这表明在各学科交叉融合的信息环境中,我国 LIS 教育机构并没有放弃自己最主要的研究阵地,仍然坚守着图书情报与档案管理学的核心领域。在重视理论研究的同时,随着新兴技术的不断发展,教师对于信息技术与信息系统这些技术领域的研究投入力量也较大,涉及的技术多种多样,如数据挖掘与可视化、人机交互、人工智能、元数据、自然语言处理、Web 技术、复杂系统等。这也表明在多学科交叉发展的背景下,计算机科学、信息与通信科学、网络技术与管理等新兴学科为 LIS 学科建设和研究提供了更宽广的思路及领域。

① 武汉大学信息管理学院.师资建设[EB/OL].[2015-01-25].http://sim.whu.edu.cn/teacher/jianshe.php.

③对信息用户的重视度不够,对“信息、技术和人”三者关系研究较少。国内 LIS 学科教师对信息和技术投入了极大的关注度,但对信息活动乃至所有社会活动的主体——“人”,即信息用户的重视明显不够。教师对信息用户与服务的关注度仅排在第 9 位,在各种信息技术中与“人”息息相关的人机交互、人工智能等出现的频次也不高,对“信息、技术和人”的关系的研究更是少之又少。

除以上几个特点外,通过对各单位教师研究领域的考察,笔者还发现,不同类别的 LIS 教育机构,其教师研究领域各有侧重;教师研究对电子商务、企业信息化、政府信息化、物流与供应链管理等实际应用领域关注度较高,体现出学科较强的应用性。

5.2.4 师资队伍国际化分析

在高等教育不断走向国际化的时代背景下,拥有一支具有国际视野、国际影响力、国际学术水准和国际交流合作能力的师资队伍,是一所大学能够始终站在学科发展的前沿,不断培养出具有持续创新能力人才的重要保证。世界高水平大学的重要标志之一,便是其高度国际化的师资队伍。因此,国际化水平的高低是评价 LIS 专业教师队伍素质的又一重要指标。

本节对我国 LIS 教育机构师资队伍国际化水平的考察,主要是通过整理调查问卷获取的数据(回收的 18 份问卷中,有效问卷共 17 份),同时以教师个人学习、工作经历作为辅助信息加以统计而实现的。表 5-7 从核心教师人数,在国外获得学位的教师人数,外籍教师/外籍客座教授人数,有半年以上出国经历的教师人数,近三年内出国访问、交流、参加国际会议的教师人数几个方面统计了国内 LIS 专业师资队伍国际化的相关情况。括号内的百分比为相应各项的人数与核心教师人数的比例,“—”表示信息缺失。

通过对表 5-7 中 17 所 LIS 教育机构的调查发现,我国 LIS 教育机构对人才引进工作的重视度整体不高,师资教育背景的国际化特征不明显。383 名核心教师中具有国际教育背景的教师,即在国外

表 5-7　国内 LIS 教育机构师资队伍国际化情况

院　系	核心教师	在国外获得学位的教师(含中外联合培养)	外籍教师/外籍客座教授	有半年以上出国经历的教师	近三年内出国访问、交流、参加国际会议的教师
武汉大学信息管理学院(不含出版科学学系)	58	10(17.2%)	2(3.4%)/8	33(56.9%)	23(39.7%)
北京大学信息管理系	30	5(16.7%)	0	18(60%)	—
华中师范大学信息管理学院	40	4(10%)	2(5%)/1	16(40%)	—
中山大学资讯管理学院(含师资博士后)	34	2(5.9%)	0	11(32.4%)	9(26.5%)
郑州大学信息管理系	30	1(3.3%)	0	2(6.7%)	2(6.7%)
黑龙江大学信息管理学院	40	0	0	0	1(2.5%)
南京理工大学经济管理学院信息管理系	13	0	0	3(23.1%)	3(23.1%)
南开大学商学院信息资源管理系	12	3(25%)	0	4(33.3%)	2(16.7%)
北京师范大学管理学院信息管理系	15	0	0	7(46.7%)	6(40%)

续表

院　系	核心教师	在国外获得学位的教师(含中外联合培养)	外籍教师/外籍客座教授	有半年以上出国经历的教师	近三年内出国访问、交流、参加国际会议的教师
河北大学管理学院图书馆学系、档案学系、信息管理工程系	15	2(13.3%)	0	5(33.3%)	5(33.3%)
安徽大学管理学院图书情报学系(只含博导、硕导)	18	0	0	5(27.8%)	2(11.1%)
山西大学管理学院信息管理系	15	0	0	2(13.3%)	2(13.3%)
西北大学公共管理学院公共信息资源管理系	13	0	0	0	1(7.7%)
云南大学公共管理学院情报与档案学系(只含博导、硕导)	16	0	0	0	0
苏州大学社会学院档案与电子政务系(只含硕导)	6	0	0	2(33.3%)	0
福建师范大学社会发展学院信息管理系、图书馆学系、档案学系	14	1(7.1%)	0	1(7.1%)	—
南京农业大学信息科学技术学院信息管理系	14	0	0	1(7.1%)	1(7.1%)
总计	383	28(7.3%)	4(1%)/9	110(28.7%)	57(14.9%)

获得学位的教师和外籍教师的人数非常少，分别为 28 人、4 人，各占教师总人数的 7.3%、1%。外籍客座教授的总人数也仅为 9 人。相对于“引进来”，将人才“送出去”的工作则受到不少 LIS 教育机构的重视。383 名核心教师中，具有半年以上的出国经历的教师共 110 名，占教师总数的 28.7%，这部分教师多是在海外或境外高水平大学进行为期 6—12 个月的学习进修或访问研究。近三年内有出国访问、参加国际会议等短期国际交流经历的教师共 57 人，占总人数的 14.9%。另外，17 所 LIS 教育机构师资队伍的国际化发展不均衡，水平差异性较大。从调查所得的数据中发现，武汉大学信息管理学院、北京大学信息管理系、华中师范大学信息管理学院、中山大学资讯管理学院等几所综合实力较强的 LIS 教育机构，其师资队伍的国际化水平较高，“引进来”与“送出去”的工作得到相对均衡的发展。而还有 9 所院系的教师队伍中完全没有具有国际教育背景的教师，其教师参与国际交流的机会也十分稀少。总体而言，我国 LIS 教育机构师资队伍建设已呈现出一定的国际化趋势，但特征还不够明显，整体水平还不高。“引进来”与“送出去”发展不均衡，具有国际教育背景的教师人数不多。不同的 LIS 教育机构师资队伍的国际化水平差异较大。

5.2.5　与国外 iSchools 的比较

笔者以本书第 3 章中对国外 iSchools 院校师资队伍建设的调查为参照，将国内 LIS 教育机构与国外 iSchools 院校的相关情况进行比较，可以看到国内外仍有不少差异。

在师资队伍的总体结构上，虽然图书馆情报与档案管理仍是国内 LIS 教育机构师资队伍最主要的学科背景，但教师队伍在总体结构上兼容了人文社会科学与自然科学的众多学科知识，有利于推动 LIS 教育与研究跨学科趋势的进一步深入，这一点与国外 iSchools 师资队伍整体学科结构特征类似。但国外 iSchools 跨学科特征更加明显，师资队伍除了拥有图书情报学、计算机科学专业背景外，还广泛拥有工程学、数学与物理学、语言学与文学、经济学、传播学、心理学等跨学科背景，涵盖了众多学科门类。其拥有非图书情报学学科背景的教师占总数的 75.2%，远高于国内的 38.1%。计算机科学与技术（23.5%）、工程学（12.6%）、数学与物理学（9%）、语言学与文学（5.7%）是国外 iSchools 教师学科背景的重要组成部分①。

在教师的个人知识结构及特征的方面，我国 LIS 教育机构本、硕、博各阶段拥有非 LIS 学科背景的教师分别占统计人数的 46.8%、44%、46.9%，拥有两种或两种以上学科背景的教师人数占总数的 32%，可以说我国 LIS 教育机构的教师个人知识结构也呈现出一定的跨学科特征。但若与国外 iSchools 相比，则存在不小的差距。国外 iSchools 教师本科为图书情报学学位的比例十分小，仅占总人数的 2.8%，而拥有该学科硕士、博士学位的教师人数则急剧上升，分别占总人数的 22.1%、23.9%。85%的教师拥有两种及以上学科背景，比重远远超过国内。可见国外图书情报教育以研究生教育为主，教师个人也十分注重跨学科学习，这也就促进了该学科与其他各学科领域的交叉发展，确保了图书情报学教学与科研的多元化。

在研究方向上，我国 LIS 教育机构教师的研究重视对学科内各种问题的研究，同时开展跨学科信息问题研究，这一点与国外 iSchools 教师研究领域的特点类似。但是，国内 LIS 教育机构教师研究方向对信息用户的重视度不够，对“信息、技术和人”三者关系研究较少，这是国内 LIS 专业教师研究领域与国外 iSchools 最大的区别。iSchools 联盟在成立之初便明确表示，信息研究将集中在信息、技术与人的关系上，并学习和了解信息在人类活动中的作用②。在国外 iSchools 教师所涉及的研究范围中，人机交互、人工智能和机器学习是最热门的领域。国外 iSchools 不仅重视

---

① 吕彬，查先进．多学科融合背景下我国情报学师资队伍建设现状分析——以“211 工程”高校研究生教育为例［C］//第三届中美数字时代图书馆情报学教育国际研讨会论文集．武汉：武汉大学，2010.

② iSchools 联盟［EB/OL］．［2015-01-25］．http://ischools.org/about/.

对信息和技术的研究,同时重视它们同用户的关系,体现了国际 iSchools 联盟的核心要素①。

我国 LIS 教育机构对人才引进工作的重视度整体不高,师资教育背景的国际化特征不明显。与国外 iSchools 对比,我国图书情报档案教育机构在师资队伍国际化建设上还存在不小差距。iSchools 实施全球化的招聘制度,从全世界招收最优秀、最知名、拥有跨学科背景的教师,形成一流的教师队伍。iSchools 各院校中外籍教师所占比例平均高达 23.3%,比例最高的达到了 33.3%。而国内 LIS 教育机构则鲜有外籍教师参与教学和科研活动。除了国际化的核心教师队伍外,国外 iSchools 还注重从全球其他高校、国际企业、政府机构等吸收大量人才作为客座教授、兼职教师、访问学者等参与本院教学或科研,很多院系的客座教师人数甚至远远超过了核心教师的人数。此外,国外 iSchools 还采取多种形式增加教师出国访问、进修、参加国际会议的机会②。具有国际化知识和经验的教师直接推动着国外 iSchools 的教学和科研向着国际化的方向发展。

5.3 我国 LIS 教育机构科研成果的调查分析

科学研究是现代大学的三大职能之一,高水平的科研成果是高水平大学的重要标志。国外 iSchools 联盟十分重视科学研究,积极为成员院校的科研活动提供支持和创造机会,促进了图书情报学领域科学研究的迅速发展。在本书的 3.2 节中,我们对国外 iSchools 成员院校发表论文情况及科研立项相关信息进行了统计分析,试图把握 iSchools 科学研究的特点与发展趋势。本节将通过对国内部分 LIS 教育机构的科研成果进行调查分析,揭示近几年我国 LIS 教育机构科学研究的现状、特点及研究热点,并与国外 iSchools 科学研究的

---

① 肖希明,杨蕾.iSchools 师资队伍建设的发展趋势及启示[J].图书情报知识,2012(6):10-14.

② 杨蕾,肖希明.iSchools 国际交流与合作及其启示[J].图书情报工作,2012(23):18-23.

现状进行对比。

5.3.1 调查方法和数据来源

根据中国教育部下达的学位授权学科、专业名单的通知①,中国拥有 LIS 教育博士学位授权点的学校和机构共有 11 所,见表 5-8。这些 LIS 教育机构具有较强的科学研究能力和资金,能够引领学科发展的方向,研究成果基本能够反映国内 LIS 教育机构科学研究的最高水平。其中,南京政治学院由于其特殊性,缺少相关资料,故不列入调查范围。

表 5-8 **中国 LIS 博士点教育机构**

院校名称	院系网址	博士点学科
北京大学信息管理系	http://www.im.pku.edu.cn/	图书馆、情报与档案管理
武汉大学信息管理学院	http://sim.whu.edu.cn/	图书馆、情报与档案管理
中山大学资讯管理学院	http://im.sysu.edu.cn/	图书馆学
南京大学信息管理学院	http://im.nju.edu.cn/	图书馆、情报与档案管理
南开大学信息资源管理系	http://ibs.nankai.edu.cn/	图书馆学、情报学

① 国务院学位委员会.关于下达第九批博士学位授权学科、专业名单的通知[EB/OL].[2013-05-03].http://www.moe.gov.cn/publicfiles/business/htmlfiles/moe/s3493/201002/xxgk_82642.html;国务院学位委员会.关于下达第十批博士和硕士学位授权学科、专业名单的通知[EB/OL].[2013-05-03].http://www.moe.gov.cn/publicfiles/business/htmlfiles/moe/s3493/201002/xxgk_82651.html;国务院学位委员会.关于下达 2010 年审核增列的博士和硕士学位授权一级学科名单的通知[EB/OL].[2013-05-03].http://www.moe.gov.cn/publicfiles/business/htmlfiles/moe/moe_820/201104/xxgk_1173.

续表

院校名称	院系网址	博士点学科
吉林大学管理学院	http://gl.jlu.edu.cn/index.jsp	图书馆、情报与档案管理
中国人民大学信息资源管理学院	http://www.irm.cn/	图书馆、情报与档案管理
华中师范大学信息管理学院	http: // imd. ccnu. edu. cn/index. asp	情报学
中国科学院国家科学图书馆	http://www.las.cas.cn/	图书馆、情报与档案管理
云南大学公共管理学院	http://www.spa.ynu.edu.cn/	档案学
南京政治学院	http: // www. cnr. cn/military/tebie/njzzxy/	图书馆、情报与档案管理

本节的研究方法主要采用基于词频统计的内容分析法，同时结合了数据可视化分析方法。从论文、科研项目两个方面入手，在对获取信息资料进行分类、归纳的基础上，通过词频统计，将其转化为定量的数据，适当借助可视化工具，直观清晰地呈现调查数据，最后依据这些数据对内容作出定量分析判断和推论。根据不同研究对象和研究需要，笔者分别选取了可视化工具 CiteSpace Ⅱ、分词软件 WordParser 和语意库工具 AntConc。CiteSpace Ⅱ 是美国著名华裔学者陈超美应用 Java 语言开发的信息可视化软件，是近几年在可视化领域中具有相当特色和影响力的应用软件，通过相关参数的设定，可以对研究领域的文献进行不同方面的可视化分析，从而展现该领域的研究现状、热点及趋势。WordParser 是由武汉大学信息管理学院教师沈阳虚拟学习团队开发的中文分析软件，可以对文本进行分词以及简单的词频统计。AntConc 则是由日本学者 Laurence Anthony 开发的绿色免费软件，具有界面简洁和操作方便的优点，并基本实现了语

料库语言学领域公认的权威软件 WordSmith Tools 的所有功能。

5.3.2 论文发表统计分析

学术论文具有出版较快、专业性强的特点,能够及时反映学科领域的最新研究成果和进展,是科研人员及时发表研究成果的首选,也是科研产出的重要表现形式①。本次调查选取的数据库是 CSSCI(《中文社会科学引文索引》)和 SSCI(《社会科学引文索引》)。

5.3.2.1 CSSCI 收录论文分析

CSSCI 是南京大学和香港科技大学研制的数据库,是我国社会人文科学重要的文献信息查询与评价的工具,具有较好的权威性和较高的学术代表性。笔者在 CSSCI 数据库中分别对 10 所 LIS 教育机构 2008—2014 年发表的论文进行检索,通过筛选去重,得到有效论文 6268 篇。随后又检索 2008—2014 年学位分类为"图书馆、情报与档案管理"的论文,去重后得到有效论文 27747 篇,用于对比分析。

(1)论文年代分布

笔者下载论文题录的时间为 2014 年 11 月 25 日,此时 CSSCI 对 2014 年部分期刊的论文收录尚不齐全,在数量上与前 6 年存在一定差距,故对论文发表的年代分析仅限于 2008—2013 年。图 5-3 展示了 2008—2013 年 CSSCI 数据库收录的国内 10 所 LIS 院校论文数和图书情报学科论文总数的变化趋势情况。

从图中可以很清楚地看到,国内 10 所 LIS 院校论文收录数在 2008 年到 2013 年的曲线十分平缓,而图书情报学科论文收录总数在 2008 年到 2013 年的曲线也较为平缓并略有下降,说明这几年论文的数量没有很大的变化。表 5-9 列出了每年收录论文的具体数量以及国内这 10 所 LIS 院校发文数占收录总数的百分比情况。从论文数来看,这 10 所 LIS 院校年收录论文篇数基本在 1000 篇左右,前

① 孙海生.国内图书情报研究机构科研产出及合作状况研究[J].情报杂志,2012(2):67-74.

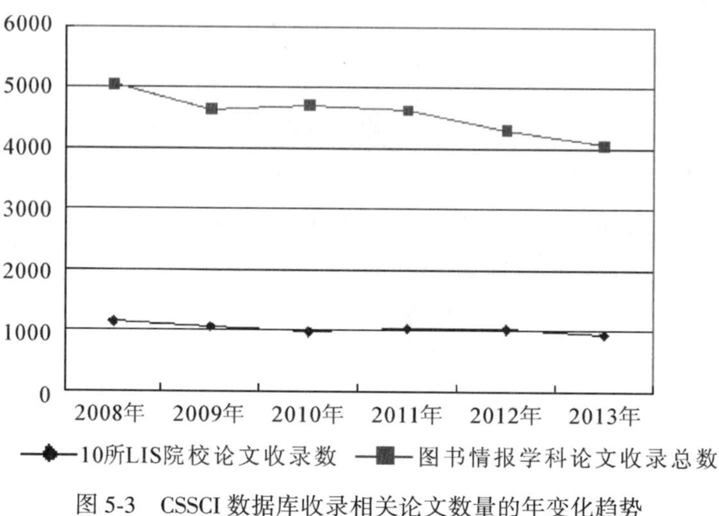

图 5-3　CSSCI 数据库收录相关论文数量的年变化趋势

后浮动不超过 100 篇,图书情报学科收录论文则均超过了 4000 篇,其中 2008 年达到最高值 5041 篇。从收录比例来看,每年图书情报学科收录论文有 1/5 以上出自这 10 所 LIS 院校,说明调查的这 10 所 LIS 院校在我国的图书情报学科领域占有十分重要的地位。从整体来看,发文收录数量和发文收录比例的起伏都不明显,这说明被调查机构的年论文发表量处在一个比较稳定的发展阶段。

表 5-9　**2008—2013 年 CSSCI 数据库收录图书情报学论文数分布**

年份	10 所 LIS 院校论文收录数	图书情报学科论文收录总数	收录比例
2008	1139	5041	22.59%
2009	1057	4635	22.80%
2010	978	4702	20.80%
2011	1031	4624	22.30%
2012	1023	4307	23.75%
2013	939	4051	23.18%

(2)论文作者分布

有学术影响力的作者群体的状况集中体现了学科科研实践的趋向,是某一学科领域科研活动的缩影之一,通过对作者群体进行研究,可以把握学科科研活动的深度和广度,对于科研活动的管理、组织、协调和引导都有积极的意义①。笔者拟从作者的发文量和被引频次两个方面来衡量其科研生产力和学术影响力。表 5-10 列出了 2008—2014 年 27747 篇图书情报学科论文发文量前 50 名作者中属于被调查的 10 所 LIS 教育机构的作者的发文情况。

表 5-10 **被调查 LIS 教育机构作者 CSSCI 论文收录情况**

排名	作者	发文量	作者单位	排名	作者	发文量	作者单位
1	邱均平	116	武汉大学	21	张静	40	中国科学院
2	王知津	103	南开大学	26	祝忠明	38	中国科学院
3	柯平	66	南开大学	27	刘兹恒	37	北京大学
6	肖希明	56	武汉大学	27	张敏	37	武汉大学
7	毕强	53	吉林大学	30	黄如花	36	武汉大学
8	冷伏海	51	中国科学院	31	苏新宁	35	南京大学
9	孙坦	48	中国科学院	34	方曙	34	中国科学院
10	王萍	47	吉林大学	34	胡昌平	34	武汉大学
11	郑建明	46	南京大学	34	初景利	34	中国科学院
11	张晓林	46	中国科学院	39	张志强	33	中国科学院
13	朱庆华	45	南京大学	40	张智雄	32	中国科学院
14	孙建军	44	南京大学	43	徐芳	31	南开大学
15	司莉	43	武汉大学	45	夏立新	30	华中师范大学
15	张玉峰	43	武汉大学	49	杨思洛	29	武汉大学
21	韩正彪	40	南开大学	50	华薇娜	28	南京大学

① 邱均平,马瑞敏.基于 CSSCI 的图书馆、情报与档案管理一级学科文献计量评价研究[J].中国图书馆学报,2006(1):24-29.

作者发文量在一定程度上反映了作者的科研生产能力。从表 5-10 可以看到,CSSCI 中发文量前 50 名的作者中有 30 名来自这 10 所 LIS 教育机构,且发文量都在 25 篇以上,说明这 10 所 LIS 教育机构拥有数量可观的高产作者,其科研生产能力自然也就非常突出。

表 5-11　**被调查 LIS 教育机构作者 CSSCI 论文被引情况**

排名	作者	被引频次	排名	作者	被引频次
1	邱均平	538	20	陈传夫	198
3	吴慰慈	378	22	刘兹恒	163
4	蒋永福	376	23	冯惠玲	163
5	程焕文	356	26	叶鹰	116
6	张晓林	356	27	黄晓斌	116
7	于良芝	348	30	叶继元	111
8	马费成	344	32	肖珑	102
9	柯平	311	34	索传军	98
10	王知津	298	35	赖茂生	94
11	李国新	280	37	王余光	91
12	王子舟	277	38	彭斐章	90
13	肖希明	253	39	徐引篪	87
14	初景利	252	40	沈固朝	87
16	黄宗忠	233	41	陈峰	86
17	苏新宁	231	42	黄如花	85
19	胡昌平	203	47	谢灼华	81

作者论文被引频次一方面反映出科研群体对于作者的信赖程度,另一方面也体现出作者对于学科发展的贡献和影响,高作者被引频次是对作者科研工作和成果质量的肯定。表 5-11 统计了被调查 LIS 教育机构作者 CSSCI 论文被引数和排名情况。前 50 名被引频次较高的作者中有 32 名来自这 10 所 LIS 教育机构,而前 10 名中则

占据了 9 名。说明这些机构的学者在具备较强的科研生产力的同时也拥有较强的学术影响力，对于学科具有较大贡献，是学科的核心作者。

(3)论文机构分析

发文量可在一定程度上代表机构在该领域的研究实力。由于部分机构在著录时采用不同的机构名，故首先对论文机构进行筛选去重，如将武汉大学信息资源研究中心、武汉大学信息管理学院图书馆学系、武汉大学信息管理学院实验中心等机构发文量全部归入武汉大学信息管理学院。表 5-12 列出了我们调查的 10 所 LIS 教育机构的发文量以及其在所有图书情报学科论文发文单位的发文量排名。可以看到，10 所 LIS 教育机构占据了发文量的前 7 位，其中武汉大学信息管理学院以 1348 篇的发文量位于首位，远高于其他机构，这说明在图书情报学领域，武汉大学信息管理学院拥有大量有一定科研实力的研究人员，具有非常强的科学研究能力和学科影响力。

表 5-12　**国内 LIS 博士点教育机构 CSSCI 收录论文发文量情况**

排名	机构名称	发文量
1	武汉大学信息管理学院	1348
2	中国科学院国家科学图书馆	1055
3	南京大学信息管理学院	917
4	北京大学信息管理系	768
5	南开大学信息资源管理系	600
6	吉林大学管理学院	566
7	中山大学资讯管理学院	517
10	中国人民大学信息资源管理学院	314
12	华中师范大学信息管理学院	262
62	云南大学公共管理学院	57

另据中国科学技术信息研究所 2010 年发布的最新《中国期刊高被引指数》的统计，2009 年图书情报学科的高被引机构前 10 名如表

5-13 所示。①

表 5-13　**2009 年图书情报学科的高被引机构前 10 名情况**

机构名称	总被引频次	被引文章数
武汉大学	1389	601
北京大学	971	357
中国科学院国家科学图书馆	720	240
南开大学	613	208
中山大学	598	242
南京大学	516	224
华东师范大学	377	90
清华大学	359	122
国家图书馆	335	169
郑州大学	329	175

由表 5-13 可以看出,该统计按总被引频次对机构进行排名,排名第一的仍然是武汉大学,总被引频次为 1389。表 5-13 中的 10 所高被引机构前 7 所都属本节调查的机构范围,其他不在调查范围的三所机构分别为清华大学、国家图书馆和郑州大学。该统计源期刊涵盖了我国正式出版的各学科 6000 余种中英文期刊,较本文的统计来源更加全面,能够为本节的调查结果分析提供参考和借鉴。

(4)论文关键词分析

关键词是论文核心的内容的浓缩和提炼,通过关键词就能大致了解一篇文章的基本研究内容和研究方向。在文献计量学中,关键词分析是重要的研究手段,对某个学科领域的论文关键词进行分析,出现频次较高的关键词在一定程度上可以看作是该学科领域的研究热点。

① 目前能查找到的《中国期刊高被引指数》最新版本是 2011 年的,且与 2010 年版有所不同,没有单独对高被引机构进行统计。2010 年版统计的是 2009 年的数据。

图 5-4 是利用 CiteSpaceII 软件生成的 6268 篇论文关键词共现图谱。每一个节点代表一个关键词,节点的大小表示关键词出现频次的高低,节点之间的连线表示关键词之间的共现关系,两个节点之间连线越粗表示两个关键词共现频次越高。

图 5-4　国内 10 所 LIS 博士点教育机构 CSSCI 收录论文关键词共现图谱

从图 5-4 中可以发现,各个节点之间的连线并不明显,说明关键词之间的联系不够紧密,但仍然形成了几个聚类,研究主题包括文献计量、知识管理和服务等。右上方的文献计量主题聚类的节点包括引文分析、期刊评价、CSSCI、"h 指数"等。下方的知识管理和服务主题聚类节点有知识管理、信息服务、知识服务等。左下方可以看到图书馆学和情报学两个节点距离很近并且之间有连线,说明二者有较多的共同点和联系。随着现代信息技术在图书馆管理和服务中的广泛应用,图书馆学也越来越重视技术方面的研究,图书馆学和情报学之间的差异进一步缩小,呈现出一体化的发展态势①。

① 邱均平,温芳芳.近五年来图书情报学研究热点与前沿的可视化分析——基于 13 种高影响力外文源刊的计量研究[J].中国图书馆学报,2011(2):51-60.

表 5-14 列举了频次在前 15 位的关键词,频次最高的关键词是图书馆,为 330 次,远高于其他关键词。从表 5-14 中不难发现,一方面数字图书馆、公共图书馆、高校图书馆等不同类型的图书馆的相关研究仍然受到了较大的关注,另一方面竞争情报、情报学等也是研究的热点。与此同时与文献计量学和知识服务相关的关键词出现的频次也很高,如引文分析(111 次)、CSSCI(96 次)、期刊评价(93 次)、知识管理(100 次)、信息服务(88 次)、知识服务(77 次),说明定量研究和知识服务也是图书情报学领域的研究热点。从图 5-4 中也同样可以看到,计量学和知识服务已经成为图书情报学中相对独立的两个研究领域。值得注意的是,高校图书馆、竞争情报、知识管理、期刊评价、信息服务、信息检索是频次排名前 15 的关键词中具有突增值的 6 个词,说明与之相关的研究在 2008—2014 年增长速度较快,也在一定程度上揭示了图书情报学的研究趋势。

表 5-14 **国内 LIS 博士点教育机构 CSSCI 收录论文关键词前 15 位情况**

排名	关键词	频次	突增值
1	图书馆	330	—
2	数字图书馆	198	—
3	公共图书馆	187	—
4	高校图书馆	165	3.28
5	竞争情报	136	5.19
6	情报学	125	—
7	图书馆学	123	—
8	引文分析	111	—
9	本体	105	—
10	知识管理	100	9.15
11	CSSCI	96	—
12	期刊评价	93	7.15
13	信息服务	88	2.74
14	信息检索	78	5.93
15	知识服务	77	—

5.3.2.2 SSCI 收录论文分析

SSCI 收录了世界上不同国家和地区的社会科学期刊和论文，是科学领域重要的期刊检索与论文参考渠道。统计我国 LIS 教育机构的 SSCI 论文数能在一定程度上反映其在国际上所具备的影响力与潜力。笔者在 SSCI 中分别对这 10 所 LIS 教育机构 2008—2014 年发表的论文进行检索，通过筛选，得到有效论文 115 篇。因为论文数量不多，数据量不够，所以对于结果的分析没有采用 CiteSpace Ⅱ，而是借助数据库自带的检索统计功能，结合人工筛选来完成分析。

(1)论文年代分布

调查院校近七年发表的 SSCI 论文数量分别为 4 篇、6 篇、7 篇、13 篇、23 篇、35 篇和 27 篇，分别占发文总量的 3.48%、5.22%、6.09%、11.30%、20%、30.43%和 23.48%，其中 2014 年的论文收录尚不齐全，故与其他年份存在一定差距。由图 5-5 可以看到，10 所 LIS 教育机构在 SSCI 中的发文量在 2008—2010 年起伏不大，但在 2011—2014 年有了较大幅度的增长，说明近几年来发表的外文期刊论文越来越受到国内 LIS 教育机构的重视。

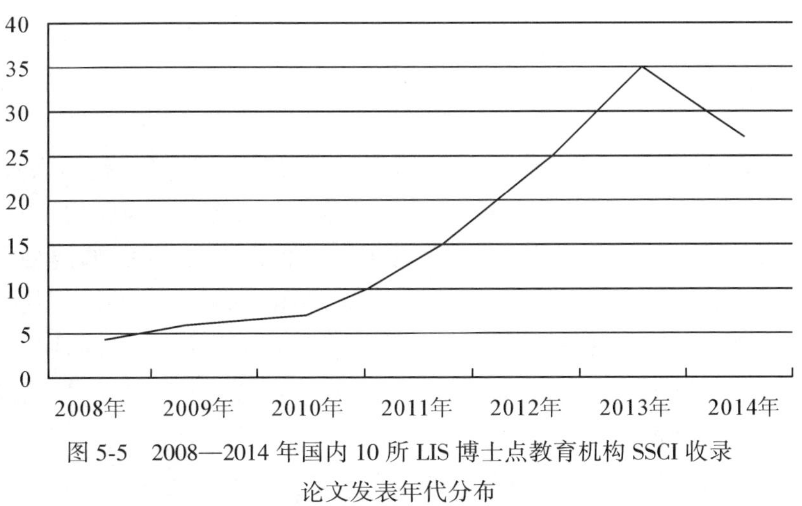

图 5-5 2008—2014 年国内 10 所 LIS 博士点教育机构 SSCI 收录论文发表年代分布

(2)论文关键词分析

这 115 篇论文包含了 707 个关键词,笔者在对所有关键词进行整理、筛选和提炼的基础上,合并表达方式不同但意义相同的词,最终得到具有研究意义的有效关键词 303 个,表 5-15 列出了词频数前 10 位的经处理关键词。

表 5-15 **国内 10 所 LIS 博士点教育机构 SSCI 收录论文关键词词频数前 10 位情况**

排名	关 键 词	频次
1	Network	29
2	H-index	28
3	China	22
4	Information Resources	21
5	Information Technology	20
5	Knowledge Management	20
7	Information System	16
8	Citation Analysis	15
9	Information Quality	14
9	User Research	14

由表 5-15 中可以看出,出现频次最高的关键词是 Network,为 29 次,其中包括了 Web、Internet 等词,随着互联网的发展与应用,图书情报领域与其相关研究热度不减,包含内容也十分广泛,如网络环境、网络技术、网络资源等。H-index 和 Citation Analysis 的词频数分别为 28 和 15,除了表中所列的内容,还有如可视化分析、网络分析等相关关键词,虽然各自词频数不多,但总数仍然十分可观,这反映文献计量学已成为图书情报领域研究的一个较为独立的重要部分。值得注意的是 China 出现的频次也相对较高,相关文章多以介绍中国某些领域的研究内容和发展方向为主,有助于国际研究者了解中国图书情报学的研究现状和技术水平,但比较缺乏中外研究情况对

比的文章。另外,从表 5-15 中还可以发现信息资源、信息技术、信息系统、知识管理和用户研究等领域也受到了广泛关注。

(3)论文影响力分析

通常情况下,论文的被引次数多说明在同领域中被关注的程度较高,影响力较大。笔者检索到的这 115 篇文献中有 58 篇文章被引用,其总被引频次达 212 次,平均每项引用次数为 1.84 次,H 指数为 7。2008—2014 年发表的论文 2008 年被引 2 次,2009 年被引 4 次,2010 年被引 9 次,2011 年被引 20 次,2012 年被引 38 次,2013 年被引 55 次,2014 年被引 84 次,呈逐年递增的趋势。这说明,被调查的 10 所 LIS 教育机构的 SSCI 论文在数量不增加的同时,质量越来越高,论文的影响力在不断提高。

5.3.3 科研项目统计分析

对发表论文进行统计分析能够直观清楚地了解到调查对象在本学科领域的发展动态,但也存在一定的滞后性和选择偏差。通过研究各 LIS 教育机构公开的科研项目情况在一定程度上能够与论文研究形成互补,二者结合则能更加全面准确地反映调查对象的科研动态和特点。笔者通过访问 10 所 LIS 教育机构的主页、国家社会科学基金项目数据库①、国家自然科学基金项目数据库②等网站,获取调查对象 2008—2014 年立项的科研项目 598 个,分别从科研项目的立项时间、项目级别和项目主题三个方面进行统计分析。

5.3.3.1 科研项目年代和级别分析

表 5-16 列出了本次调查中国家社会科学基金项目、国家自然科学基金项目以及教育部人文社会科学基金项目的年代和级别分布情况。从表 5-16 中的数据来看,2008—2012 年,三类科研项目的数量总体呈上升趋势,而 2013 年和 2014 年则由于各学校网站数据更新

① 国家社科基金项目数据库[EB/OL].[2014-12-12].http://gp.people.com.cn/yangshuo/skygb/sk/index.php/Index/seach.

② 国家自科基金项目数据库[EB/OL].[2013-05-03].http://npd.nsfc.gov.cn/granttype1! index.action.

相对滞后而与之前略有差距。在这三类项目中,国家社会科学基金项目相对而言占有较大的比重,数量几乎等于其他两类科研项目的总和,教育部人文社会科学基金项目相对较多,而国家自然科学基金项目最少。说明图书情报学仍然是一门社会科学特征明显的综合性交叉学科。这三类科研项目总数为 406 个,占了本次调查的科研项目的 68%,其余 192 个科研项目既包括国家级项目、部委级项目,也有省市级和校级项目,还有一部分的横向项目。这些项目信息主要通过各 LIS 教育机构网站获得,由于部分网站信息更新不及时,因此这一部分的项目收集不全,故没有列在表中。

表 5-16　**国内 10 所 LIS 博士点教育机构立项时间和级别**

年份	国家社会科学基金项目	国家自然科学基金项目	教育部人文社会科学基金项目	合计
2008	19	7	20	46
2009	22	4	27	53
2010	36	14	26	76
2011	36	10	32	78
2012	34	18	16	68
2013	24	10	11	45
2014	19	12	9	40
合计	190	75	141	406

5.3.3.2　科研项目主题分析

笔者首先利用 ROST WordParser 工具对 598 个科研项目的题名进行中文分词的处理,检验校正后导入语意库工具 AntConc 作进一步的词频统计和分析。利用 AntConc 的 Clusters 工具 N-Grams 可以统计由相邻单一词汇组成的词组频次,筛选去重后,取其前 10 位,结果见表 5-17。

表 5-17　**国内 10 所 LIS 博士点教育机构科研项目词频前 10 的词组**

排名	关键词	频次	排名	关键词	频次
1	信息资源	38	6	网络信息	13
2	模式研究	26	7	信息生态	11
2	应用研究	26	7	公共图书馆	11
4	数字图书馆	21	7	实证研究	11
5	信息服务	15	8	信息检索	8

信息资源是词频最高的词组，为 38 次，研究内容包括信息资源的采集开发、利用及保障评价等多个方面。除此之外，含有信息的词组还包括信息服务（15 次）、网络信息（13 次）、信息生态（11 次）和信息检索（8 次），说明信息的管理和应用仍然是图书情报学科研究中最受关注的焦点。其中信息生态是以生态学的观点和理论来研究信息科学中的问题，一定程度上也体现了图书情报学研究的跨学科性。另外，随着网络和技术的发展，数字图书馆（21 次）成为图书情报学研究的热点，受到了较高的关注。值得注意的是，关于公共图书馆的科研项目出现了 11 次，研究内容主要包括公共图书馆立法、公共图书馆事业以及公共图书馆的使命和评价等，这也反映了公共图书馆的价值受到了更多的关注。

5.3.3.3　科研项目研究方式分析

表 5-18 中前 10 位关键词词组中，有关研究方法的词组就占了 3 个，分别是模式研究（26 次）、应用研究（26 次）和实证研究（11 次）。其中模式研究是从实践出发，把解决问题的方法总结归纳到理论高度，揭示研究对象的本质和规律，从而更好地指导实践活动，主要包括培养模式、行为模式、服务创新模式、发展模式等内容。而应用研究和实证研究则是将理论方法运用于实践，从研究结果验证理论方法的合理性。三种不同研究方式的多次采用体现了 10 所 LIS 教育机构科学研究对于理论和实践辩证法的重视，也反映了其严谨的学术风气。

5.3.4　我国 LIS 教育机构科研热点

将表 5-14、表 5-15 和表 5-17 中的关键词进行对比，选取其共有的词汇，由此得到我国 10 所 LIS 博士点学位教育机构科学研究热点关键词。

①数字图书馆。20 世纪 90 年代数字图书馆在全世界兴起以来，一直都受到图书情报学者的广泛关注。数字图书馆是传统图书馆在信息时代的发展，是图书馆未来发展的模式，也是评价一个国家信息基础水平的重要标志之一①。近些年来随着网络的普及和技术的发展，有关数字图书馆的研究更是持续升温。从本次调查的结果来看，数字图书馆研究的热点主要集中在数字图书馆的现状认识、技术应用、资源服务、评价分析和法律保障等方面。

②公共图书馆。在知识经济时代，图书馆的使命和价值受到了更多用户的认可，公共图书馆凭借其资源多样性和服务无限制性的优势成功地成为用户获取信息的重要途径之一。随着图书馆立法的提出，不少学者都展开了相应的研究以推动公共图书馆立法的进程。与公共图书馆有关的研究还包括对公共图书馆服务的评价、对公共图书馆事业发展的建议等。

③引文分析。引文分析是对科学期刊、论文、著者等分析对象的引用和被引用现象进行分析，以揭示其数量特征和内在规律的一种信息计量研究方法。无论是 CSSCI 收录的论文还是 SSCI 收录的论文中，引文分析这个关键词都占有相当的比例，同时与其有关的期刊评价、网络分析等与文献计量学相关的词汇也占有相当的比例，这说明文献计量已成为图书情报研究的重要方法。

④知识管理。从 1998 年开始，国内对知识管理的研究不断升温。近些年知识管理开始拓展到图书情报学领域，本次调查中“知识管理”一词的突增值较高也证明其近几年在图书情报学科受到高度关注。目前，知识已成为图书情报学的主要研究对象，图书情报学

① 郑俊生.2009 年我国图书馆学情报学研究热点分析[J].图书馆工作与研究，2010(3)：14-18.

的知识化已经成为研究热点，以知识为中心的图书情报学学科体系正在形成①。

⑤信息服务。信息服务既是图书馆重要的基本职能，也是图书馆的价值所在。信息服务的水平影响着图书馆的社会认知度和存在感。然而随着国内外的各种信息服务机构发展，信息服务市场的竞争将愈演愈烈，图书馆要在激烈的竞争中占有一席之地，就必须充分利用资源和人才优势，改变管理观念和服务意识，转变传统的被动服务方式。因此 LIS 教育机构研究的热点内容既包括对各类信息机构的比较评价，也包括对图书馆新的信息服务方式的探讨。

⑥信息检索。信息检索一直是图书情报学领域的重要研究分支，本次调查论文的关键词中有较高的突增值，说明未来信息检索仍是图书情报学研究的重要内容之一。从调查结果来看，各种技术和理念在信息检索中的应用是图书情报学者非常关注的方面，如跨语言信息检索、可视化信息检索、个性化信息检索等。

⑦信息资源。信息资源是图书情报学最基本的研究对象，也是图书情报部门开展工作的基础。信息资源的获取、组织、利用和保障等各个环节都是研究的热点。本次调查结果显示，被调查机构对于信息资源的研究主要集中在政府信息资源的公共获取和增值利用，以及企业信息资源的保障与服务等。

需要说明的是，本研究存在一定的局限性。首先数据的收集不够全面，例如论文收录只来自 CSSCI 和 SSCI 两个数据库，许多院校的科研项目录入不全；其次，主要采用基于词频分析的定量研究，从宏观层面大致了解分析科学研究的内容和趋势，缺乏对研究内容的深层次解读，希望以后的研究能够更加完善。

5.4 我国 LIS 教育中实践教学的调查分析

为了适应社会对信息管理人才的需求，图书情报学人才培养模

① 邱均平，段宇锋.论知识管理与图书情报学的变革[J].中国图书馆学报，2003(2)：5-9.

式在不断变革创新,其中一个重要方面就是加强对学生实践能力的培养。国外 iSchools 院校对 LIS 教育中的实践教学十分重视。近年来国内 LIS 教育界对图书情报人才实践能力培养问题也十分关注。笔者曾在《以培养学生创新能力为目标的 iSchools 实践教学体系》一文中对国外 iSchools 院校图书情报学实践教学体系进行了专门的研究,分析了 iSchools 实践教学体系的构建内容和保障条件①。借鉴 iSchools 实践教学的成功经验,本节也大体上从实践教学的体系构建和保障条件两个方面对国内 LIS 实践教学现状进行分析,希望通过中外对比来思考如何促进我国 LIS 教育实践教学的开展。

5.4.1　调查方法和数据来源

本研究采用了问卷调查法、网络调查法及比较分析法三种研究方法。在问卷调查对象的选取时,先根据 2013 年全国研究生招生学科专业目录整理出 LIS 研究生教育单位,再参考各院系招生简章"第十批一级学科硕士点""2010 年新增硕士一级学科授权点名单"综合整理出国内设有 LIS 一级学科硕士点的教育机构(不包括图书馆、研究所的硕士点及南京政治学院)。通过邮件方式向国内 28 个 LIS 教育机构发放了"图书情报与档案学实践教学开展现状调查问卷",回收 18 份。网络调查法针对拥有 LIS 博士学位授予权的教学单位,它们是武汉大学信息管理学院、南京大学信息管理学院、中国人民大学信息资源管理学院、北京大学信息管理系、中山大学资讯管理学院、华中师范大学信息管理学院、南开大学信息资源管理系、吉林大学信息管理系、云南大学情报与档案学系和中国科学院国家科学图书馆 10 家单位。最后将回收的调查问卷及网络调查获取的关于 LIS 实践教学的相关信息进行综合整理,对国内各 LIS 教育机构实践教学情况及保障条件进行比较分析。

---

① 肖希明,田蓉.以培养学生创新能力为目标的 iSchools 实践教学体系[J].图书情报工作,2012(23):11-17.

5.4.2 我国 LIS 教育中的实践教学体系

LIS 教育中的实践教学包括了四个重要的环节。首先是实验课程的设置。由于 LIS 课程内容涉及信息收集、组织、管理、服务等多个方面,具有很强的实践特征,单靠教师讲授无法真正提升学生的实践技能以及对知识的深层次理解。因此,必须在课程中安排实践环节或是设置专门的实验课程。其次是社会实践活动。随着社会信息化的发展,LIS 教育与社会的关联越来越密切,要求学生必须走出课堂,深入社会,探寻书本知识与社会实践的结合点。再次是专业实习,主要是为学生提供学以致用的机会,使学生提前了解职场环境,有助于学生做出有利于社会和自身发展的职业选择。最后是参与科研活动,培养学生运用所学的知识研究各种实际问题的能力。这四个方面相互联系,环环相扣,构成 LIS 教育中的实践教学体系。以下将从这四个方面调查分析我国 LIS 教育机构的实践教学情况。

5.4.2.1 设置实验课程

在目前各教学机构设置的 LIS 课程中,信息资源建设、信息组织、信息描述、信息检索、信息服务、信息系统设计、信息资源数据库 7 门课程被认为是与实践联系密切的课程。我们通过问卷调查,了解各 LIS 教育机构实验课程的设置情况,统计结果见图 5-6。可以看到,反馈了问卷的 18 所学校,都为信息检索课安排了实践环节。有 12 所以上的学校为信息组织、信息描述、信息系统设计、信息资源数据库 4 门课安排了实践环节,只有 7 所学校为信息资源建设、信息服务安排了实践环节。可见,LIS 教育机构比较重视培养学生利用现代信息技术进行信息处理的技能,而对信息资源建设、信息服务课程仍较重视理论讲授。

为了进一步了解国内 LIS 教育机构实验课程的设置情况,笔者从参加网络调查的 10 所教育机构网站中查找到 5 所学校公布的人才培养方案或专业教学计划,其中武汉大学信息管理学院公布的本科人才培养方案对实验课程的学时、学分等情况作了相关规定。该院图书馆学本科人才培养方案教学计划表中将信息组织Ⅰ、信息组织Ⅱ、文献信息编目、信息检索、数字图书馆导论等 13 门课安排了实验或实践环节。实验课程数占所有专业课程总数的 39.4%，所有实验课程分配给实验环节的学时占实验课程总学时的 33.3%。信息管理与信息系统专业设置了高级语言程序设计、数据结构、操作系统原理等 17 门实验课程，实验课程数占所有专业课程总数的 42.5%，实验环节学时占实验课程总学时的 27.8%。档案学专业为档案学基础、文书与秘书学、电子文件管理等 25 门课程安排了实验或实践环节，实验课程数占专业课程总数的 69.4%，实验环节总学时占实验课程总学时的 18.4%①。

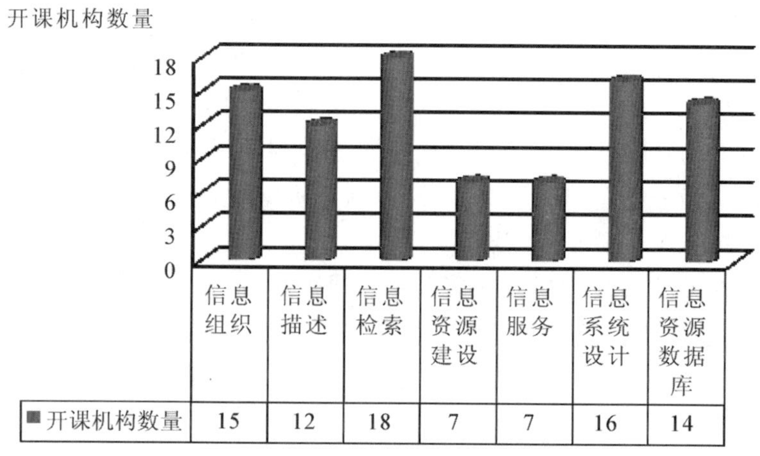

图 5-6　国内 LIS 教育机构实验课程开设情况统计

为了实现课堂实践与课外实验教学相结合，武汉大学信息管理学院建设了实验教学系统。实验教学系统分为实验教学管理、虚拟图书馆、网络课堂、开放实验室、文献资源管理、多媒体教学等多个模块。虚拟图书馆板块向学生提供了信息搜索和信息组织等方法，允许学生建立个人文档，并利用 Qims、Lotus Notes 信息管理系统建立个性化的电子文库，有助于训练学生的信息收集与管理技能。文献资源管理板块给学生提供了基于 C/S 模式的图书馆文献集成系统

① 武汉大学教务部.武汉大学本科人才培养［M］.武汉：武汉大学出版社，2007.

实习环境,包括深圳图书馆组织开发的 ILAS 图书馆自动化集成系统与博菲特公司推出的文献管理集成系统 6.0。学生通过图书馆文献集成系统的实习了解真实的图书馆文献管理工作环境,有助于学生毕业后快速适应图书馆工作的需要①。

国外 iSchools 大多对课程教学的实践环节有明确的要求。印第安纳大学原图书馆与信息科学学院(现为信息与计算机学院)设置的许多技术类选修课程都要求学生完成一项实验作业。例如,在信息系统设计课程中,学生必须自行设计和实施一个信息设计项目作业,可以为当地企业、图书馆或非营利组织设计一个较为复杂的网站;学习 Web 编程课程时,学生不仅要在教室里学习开源编程语言的理论知识,而且要在实验室里将理论付诸实践,对编程知识进行巩固;网络信息架构课程教授网站信息的组织和网站设计的相关知识,在其课程实践环节中,学生要用标记语言和脚本完成一个真实的网站开发项目②。佛罗里达州立大学的信息系统与服务课程鼓励学生通过实验掌握信息检索、信息存储、索引结构检索算法的制定等信息架构方面的知识和技能;信息技术工程课程则要求学生组织学习小组或个人单独完成一个信息技术项目的管理、设计、执行和评估工作③。

5.4.2.2 开展社会实践

作为实践教学体系的重要组成部分,社会实践活动的主要内容是结合专业学习开展社会调查,体验社会生活,参与社会服务。

在回收了调查问卷的 18 所 LIS 教育机构中,14 所学校要求学生参加假期社会实践活动,7 所学校为学生社会实践活动给予经费支持。LIS 专业学生在开展社会实践时紧密结合本专业领域的特点进

① 武汉大学信息管理学院.信息管理学院实验教学系统[EB/OL].[2012-04-21].http://sim.whu.edu.cn/syix/index.htm.

② Indiana University's School of Library and Information Science.Technology Electives[EB/OL].[2012-04-25].http://www.slis.indiana.edu/courses/comprehensive.php.

③ The College of Communication and Information at Floria State University.IT Course Descriptions[EB/OL].[2012-04-26].http://slis.fsu.edu/Undergraduate-Program/Information-Technology/IT-Course-List/IT-Course-Descriptions.

行了社会调研与服务。2014 年,武汉大学信息管理学院图书馆学本科生组成了多支暑期社会实践队伍开展图书馆学实践领域的调研活动,主题包括中文古籍数字化、湘西土家语言建档情况考察等①。中山大学资讯管理学院将服务研习理论引入图书馆学实践教学,开展了“汶川县、北川县图书馆灾后重建暑期公益学习项目”。该院研究生在教师的指导下开展了图书验收与组织、少年儿童信息素养培训、阅读辅导、图书馆和博物馆导览、社区图书馆服务、基础图书馆员业务辅导、灾后重建碑刻文献建设等多项服务活动,不仅提升了学生的专业素养与工作技能,而且培养了其服务精神与人文精神。除了暑期社会实践、服务研习外,“三助”岗位也是学生社会实践的良好平台。中国科学院国家科学图书馆规定研究生参加 6 个月以上的“三助”(教学助理、管理助理、科研助理)等社会实践可获得 2 学分②。

为了推动社会实践活动的开展,保证社会实践质量,一些 LIS 教育机构为学生暑期社会实践提供了经费支持。南京大学信息管理学院鼓励学生紧密结合社会热点与学科专业特点,以团队的形式进行社会实践科研立项。重点团队基本资助经费为 3000~5000 元,一般团队为 1000~3000 元③。秋季学期开学初,学院组织社会实践分享会,由优秀的社会实践团队成员与低年级同学分享实践经验。

为了给实践教学活动提供充分的时间,有的高校实行了学期制改革。浙江大学从 2004 年秋季开始实行四学期制,学生一年将分春、夏、秋、冬四个学期上课。学生的科研、社会实践活动将被安排在短学期中,从而实现对学生实践能力的集中训练④。中山大学改为

① 武汉大学信息管理学院.社会实践[EB/OL].[2014-12-20].http://oursim.whu.edu.cn/index.php? m=content&c=index&a=lists&catid=19.

② 中国科学院国家科学图书馆.中国科学院国家科学图书馆攻读博士学位研究生培养方案[EB/OL].[2013-04-23].http://www.las.cas.cn/jypx/yjsjy/.

③ 南京大学.关于 2010 年南京大学学生暑期社会实践团队申报工作的通知[EB/OL].(2010-06-26)[2013-04-23].http://im.nju.edu.cn/searchcon.aspx?contentid=cont20100626254.

④ 新华网.浙江大学从今年秋季新学年开始推出四学期制[EB/OL].(2004-05-04)[2013-04-23].http://news.xinhuanet.com/edu/2004-05/04/content_1453164.htm.

一年三学期制,在一年内设两个 16 周的长学期和一个 8 周的短学期。长学期开设专业课,短学期偏重于素质教育和通识教育。学生将短学期与暑假结合起来,在一个长达 15 周的时间段内进行田野调查,深入企业,接触社会,了解国情①。可见,我国教育机构在通过实践教育推动学生综合能力的培养上不断改革创新。暑期社会实践、挂职锻炼、"三助"岗位、短学期制等一系列举措在全面拓展学生实践能力方面发挥了重要作用。

国外 iSchools 大多通过建立学术型社团为学生提供社会实践机会。例如,印第安纳大学原图书馆与信息科学学院(现为信息与计算机学院)的美国图书馆协会学生分会设立了学生职业目标培养计划,与 Beta Phi Mu 国际荣誉协会合作开展职业论坛,以帮助学生了解更多图书馆和图书馆工作方面的知识。马里兰大学的美国档案工作者学会学生分会会员可访问本地档案机构,并参加该领域内的活动②。许多 iSchools 学生社团开展的活动与当地企事业单位紧密联系,不仅有较强的实践基础,而且为推动当地发展作出了贡献。例如,伊利诺伊大学图书馆与信息科学研究生院 iConsult 项目旨在提高学生的信息咨询能力,从当地企业的创业故事中吸取创业技能和创业经验。其活动内容主要是为当地企业的组织经营管理和技术上出现的问题提供专业的商务和信息管理解决方案③。

5.4.2.3 安排专业实习

专业实习是为即将毕业的学生安排的实践教学活动,主要是到图书情报机构或其他单位从事与信息管理有关的工作,目的是让学生有充分的时间了解职场环境,熟悉职业活动内容,掌握基本的职业

---

① 南方都市报网络版.中山大学酝酿一年三学期制[EB/OL].(2009-03-05)[2013-04-23]. http://edu.southcn.com/jyqb/content/2009-03/05/content_4960543.htm.

② College of Information Studies University of Maryland. Student Organaizations [EB/OL].[2012-04-30].http://iSchools.umd.edu/content/student-organizations-1.

③ University of Illinois Graduate School of Library and Information Science. iConsult[EB/OL].[2012-04-30].http:www.lis.illinois.edu/.

技能。根据问卷调查所获得的数据以及教育机构网站中对学生专业实习的相关规定,我们将 7 个图书情报档案教学单位关于本科生与研究生专业实习的学时、学分及考核依据列于表 5-18 中。各教育机构为 LIS 专业本科生安排的实习学时一般为 6 周。硕士研究生实习时间较长,特别是专业学位硕士,实习时间长达 24 周。在实习成绩的考核中各教育机构采用了综合评定的方法,将实习单位对学生实习技能的评分与学生提交的实习报告或实习日记进行综合考核。

表 5-18　　**国内 LIS 教育机构专业实习信息统计表**

教学机构	学生类型	实习学分	实习时间
武汉大学信息管理学院	本科生(图书馆学、档案学)	3 分	6 周
	本科生(信管)	2 分	4 周
	硕士研究生(学术型)	2 分	3 个月
中山大学资讯管理学院	本科生	4 分	4 周
	硕士研究生(专业型)	6 分	24 周
河北大学管理学院	本科生	4 分	6 周
	硕士研究生(学术型)	2 分	4 周
山西大学管理学院信息管理系	本科生	4 分	6 周
	硕士研究生(学术型)	2 分	2 周
苏州大学社会学院	本科生(学术型)	4 分	4 周
	本科生(专业型)	16 分	16 周
安徽大学管理学院图书情报学系	本科生	2 分	6 周
	硕士研究生(学术型)	2 分	12 周
南京理工大学经济管理学院信息管理系	本科生	3 分	6 周
	硕士研究生(学术型)	2 分	4 周

注:苏州大学社会学院档案与电子政务系 2011 年开始将本科生人才培养分为学术型与专业型两个方向。

为了保证专业实习的效果,各图书情报档案教育机构纷纷与企事业单位建立了合作关系。根据调查问卷返回的信息,在 18 所图书情报档案教育机构中有 16 所学校建立了实习基地。这些实习基地为大学生实践和就业搭建了平台,也加强了学术机构与行业之间的交流。表 5-19 是对武汉大学信息管理学院与中山大学资讯管理学院实习实践基地的统计表。

表 5-19 **武汉大学、中山大学图书情报档案实习实践基地建设情况表**

教育机构	实习基地
武汉大学信息管理学院	湖北省图书馆、中国科学院武汉文献情报中心、湖北科技信息研究院、航天科工集团第三研究院三一〇所、武汉市武昌区档案馆、武汉市城建档案馆、湖北省潜江水电开发有限责任公司发电公司、东莞图书馆、佛山图书馆、惠州 TCL 电器销售有限公司、东莞市万维网络科技信息有限公司、华中电网公司技术中心、湖北省水利厅
中山大学资讯管理学院	广东省立中山图书馆、中山大学图书馆、广东省科学技术情报研究所、广东省档案馆、广东省国土资源档案馆、中山大学档案馆、亿贝软件工程(上海)有限公司、广州钜讯网络科技有限公司、广州启生信息技术有限公司等

除了在图书馆、情报、档案机构实习外,学生还可以在自己感兴趣的领域开展实习。在反馈了调查问卷的 18 所教育机构中,15 所学校允许学生在图书情报档案以外不同行业实习,鼓励学生在宽广的行业领域中进行能力的锻炼。许多教育机构还举办了实习招聘会吸引学生到更广阔的领域开展实习。南开大学商学院自 2011 年开始每年都会举办暑期实习招聘会,在 2013 年的招聘会中共有 22 家企业提供了近百个实习岗位,500 余名同学参加招聘①。中国人民大学在 2013 年 7 月开展了赴美实习项目,实习实践持续三周,每周有 4 天在芝加哥的政府机构、公司、医院或图书馆等部门实习,实习期

① 南开大学商学院.南开大学商学院 2013 年暑期实习招聘会成功举行[EB/OL].(2013-05-20)[2014-12-23].http://www.mbatrip.com/news/201305/36592.shtml.

间小组成员了解了美国的业务环节与机构文化,并得到了美方项目合作者和实习单位的肯定①。

多数 iSchools 学院都将实习列入学生的培养计划,对学时和学分做了相应的规定。雪城大学信息研究学院要求学生在指导老师的带领下进行实习。以 50 个工作时为 1 学分来计算,本科生最多获得 12 个学分,研究生最多获得 6 个学分②。华盛顿大学信息学院要求研究生在完成第一学年相关课程的基础上,提出实习申请,向学术顾问咨询实习单位后开展专业实习,完成 2~4 学分的实习课程(100 学时/1 学分)③。iSchools 为学生提供的实习领域相当广泛。雪城大学信息研究学院学生的实习领域涉及信息安全、信息分析、自动化、数据库分析、金融和商业信息分析、工程管理、技术咨询等。印第安纳大学原图书馆与信息科学学院(现为信息科学与计算机学院)建议学生在数据库管理、信息组织、参考服务、资料保存、服务活动、信息与通信审计、信息系统分析设计、网站开发等领域实习④。

5.4.2.4　学生参与科研

学生参加科研项目研究,有利于培养学生关注社会和职业需要,发现问题、分析问题和解决问题的能力,因而是实践教学体系的重要组成部分。为了培养学生的科研能力,国内 LIS 教育机构采取了多样化的措施:开展学术交流与学生科研立项,设置研究型课程与科研学分,研究生实行导师制、进行中期考核等。

对国内 LIS 教育机构通过哪些措施鼓励学生开展科研活动的问卷调查结果显示,所有学校都鼓励学生参与教师的科研项目,在 18 所学校中有 16 所学校将学生参加的科研情况纳入考核范围,有 14

① 中国人民大学.暑期赴美实习项目报道[EB/OL].[2014-12-23].http://www.irm.cn/plus/view.php? aid=1940.

② Syracuse University School of Information Studies. Internship [EB/OL].[2012-04-30].http://iSchools.syr.edu/about/.

③ University of Washington Information School. Internship[EB/OL].[2012-04-30].http://iSchools.uw.edu/.

④ Indiana University's School of Library and Information Science. Internship[EB/OL].[2012-04-30].http://www.slis.indiana.edu/.

所学校允许学生科研立项并提供经费支持，有 9 所学校为学生研究小组配备了科研导师或在学术型社团的推动下进行科研。可见，绝大多数 LIS 教育机构都鼓励学生在教师的指导下开展科研，并提供了经费支持，但是在学生科研活动形式的多样性方面还有待提高。

为了推动研究式学习，贯彻"国家大学生创新训练计划"的精神，各 LIS 教育机构及所在学校在鼓励大学生申报科研项目、进行学术研究方面采取了一系列措施。武汉大学信息管理学院对大学生申请的校级科研项目予以 1 ∶ 1 配套资助①。北京大学为鼓励学有余力并对研究工作有兴趣的本科生参加科研工作，除了发放国家创新计划资金外，还将"JUN 政基金""校长基金""毛玉刚基金""教育基金会基金"纳入"本科生科研基金"，实现对更多的优秀本科生科研项目的资助②。中国人民大学设立科研创新奖学金、本科生学术论文奖学金，奖励在学术研究方面表现突出的学生③。

除了对科研活动提供物质上的帮助，各教学机构还通过开展学术交流活动、讲座及设置科研学分等方式指导并激励学生投入学术科研活动。中国人民大学信息资源管理学院开展"学生科学研究实践指导"讲座，由副院长亲自对学生课题论文的选题、问卷调研、数据分析等方面进行指导④。武汉大学信息管理学院每周五晚在院办举行学术沙龙活动，由硕士、博士研究生选择相关主题进行主讲，并要求教师进行总结点评。学术交流活动既有助于了解学科发展动态，又使学生能够通过交流碰撞出创新思维的火花。南开大学信息

① 武汉大学教务部.关于申报 2007 年度大学生科学研究项目和创新型实验项目的通知[EB/OL].(2007-04-10)[2013-04-21].http://wenku.baidu.com/view/ad39d8165f0e7cd18425362c.html.

② 北京大学.2011 年北京大学"本科生科研训练"资助项目遴选的通知[EB/OL].(2011-05-23)[2013-04-21].http://www.im.pku.edu.cn/articleinfo.asp? ID=338.

③ 中国人民大学.中国人民大学学生奖励管理办法[EB/OL].[2013-04-21].http://www.irm.cn/students/affairs/regulations/201211/19-1661.html.

④ 中国人民大学信息资源管理学院.人大"学生科学研究实践指导"讲座顺利举行[EB/OL].(2009-03-06)[2013-04-21].http://www.irm.cn/news_and_events/pic_news/200904/07-462.htm.

资源管理系允许研究生将参加学术课题研究的成果、发表在核心期刊上的论文根据相关规定计入 C 类课(专业选修课或其他)学分①。将学术科研活动纳入学分制进行管理,可以看出 LIS 教育机构十分重视对研究生科研能力的培养。

鼓励学生进行科研活动,参与老师的科研项目,提高从事科研活动的能力,正是国外 iSchools 学院教学的显著特征。雪城大学信息研究学院许多专业的本科生参与了研究生和教师的研究项目。罗格斯新泽西州立大学传播与信息学院每年举办本科生科研展示会,用海报的形式展出个人和团体的科研成果。多伦多大学信息学院通信专业硕士参加了与健康相关的部门和机构从事的研究活动,如预防研究、老化研究等项目。研究生参与健康传播研究协作(HCRC)项目,学生在科研项目中作为主力军,而教师只是为学生的活动提供指导。肯塔基大学设计了 Bucks for Brains 暑期培养计划,将学生与研究项目指导老师一一配对,参与真实的研究项目,学院为鼓励学生参与这个研究计划特意向学生发放 3500 美元的津贴②。国内的 LIS 教育机构在这一领域正在与国外接轨。

5.4.3　我国 LIS 教育中实践教学的保障条件

强化 LIS 教育中的实践教学环节,是 LIS 教育适应社会需求,创新人才培养模式的改革。这种改革需要一定的保障措施,包括制度的设计、基础设施的支撑、师资的配备等。调查表明,为了给实践教学搭建良好的平台,各 LIS 教育机构都采取了一系列保障措施。

5.4.3.1　调整人才培养目标

长期以来,我国 LIS 教育的人才培养方案中,对“应用型人才”培养目标的规定并不是很清晰。在教学实践中,则比较偏重于学生

① 南开大学商学院.商学院关于两年制硕士研究生培养的实施细则[EB/OL].(2004-03-20)[2013-04-21].http://ibs.nankai.edu.cn/page/master.

② University of Kentucky College of Communication & Information Studies. Bucks for Brains[EB/OL].[2012-04-28].http://www.uky.edu/UGResearch/.

的理论、学术研究能力的培养。这种情况,在本次调查中有了明显变化。在反馈了问卷的 18 所 LIS 教育机构中,几乎都将培养学生的实践能力纳入人才培养目标。如武汉大学信息管理学院图书馆学本科人才培养目标中,对学生实践能力的要求为:具备熟练地运用现代化技术手段组织、检索、分析、评价、开发和利用信息的能力,特别突出了学生数字图书馆或数字信息资源处理能力。档案学本科人才则应具备管理现代新型档案的能力,通过现代信息技术进行档案管理、政务信息管理、网站开发及数字档案馆建设。信息管理与信息系统专业的本科生通过信息系统分析和设计方法以及信息管理方法的基本训练,能在国家各级企事业单位从事信息管理及信息系统分析、设计、实施管理和评价工作。

本科人才培养目标中突出了对学生专业技能的要求,而在硕士研究生人才培养中,各教学机构则将学生实践能力与研究能力的培养并重。南开大学信息资源管理系在硕士生培养中既注重培养学生运用理念知识去分析、观察和解决实际问题的能力,又注重学生学术研究基础、研究方法与研究兴趣的培养。

许多国外 iSchools 学院也是将培养学生的实践能力、创新能力明确纳入学院的人才培养目标,确立了实践性教学体系的重要地位。马里兰大学信息研究学院要求学生不仅要学习图书馆学理论知识,而且要在实践中掌握信息创建、信息交流、信息识别、信息采集、信息组织、信息存储、信息检索、信息分析、信息评价、信息管理等技能①。德雷塞尔大学原信息科学与技术学院(现为计算机与信息学院)信息系统本科生培养目标中对学生实践能力的要求是:学生要掌握当前热门的计算机软件工具和相关技能,以便从事信息系统的开发,并且能够根据用户需求设计、实施和评估计算机系统、过程、组件或程序②。匹兹堡大学信息科学学院希望通过与社会各行业和政府的合

① College of Information Studies University of Maryland. Undergraduate Programs[EB/OL].[2012-05-02].http://iSchools.umd.edu/.

② Drexel University College of Information Science and Technology. Undergraduate Programs BSIS[EB/OL].[2012-05-02].http://www.iSchools.drexel.edu/CS/UndergraduatePrograms/Academics/BSIS.

作,不断学习新知识和探索创新,推进知识转化为生产力。佛罗里达州立大学传播与信息学院鼓励教师、员工和学生通过合作的形式开展研究,并在信息科学本科生的培养计划中指出,学生要通过实际操作掌握多种信息技术①。

5.4.3.2　教师发挥实践指导作用

为了更好地促进教师在学生实践活动中发挥作用,LIS 教育机构对教师职责进行了明确规定。武汉大学信息管理学院在《大学生暑期社会实践工作的通知》中要求院系教师承担大学生社会实践的指导工作,如为本科生提供社会实践课题项目、进行实践课题策划辅导、批改实践调查报告等②。在研究生科研能力与实践能力培养中,导师更是发挥了不可替代的作用。南开大学信息资源管理系关于研究生指导教师的职责中规定,导师应该指导学生进行课程或项目研究、拟发表论文的写作,帮助学生参加教学实习和社会实践活动并对社会实践表现进行评价。

相比之下,国外 iSchools 对教师的招聘条件和职责要求都更为严格。德雷塞尔大学原信息科学与技术学院(现为计算机与信息学院)在聘请教师时,要求教师有行业工作经验,在教学中坚持将先进的理论与实际应用相结合。该学院还设置了学术顾问(Academic Advisor),负责解答学生在科研中遇到的问题。学生在课程学习和完成实践性作业时遇到相关问题,则可以咨询课程教师(Course Instructor)③。得克萨斯大学信息学院要求学生完成专业实习,学生在进行研究项目时,必须同时选择一名课程教学的老师和一名研究生

---

① The College of Communication and Information at Florida State University. Mission and Vision [EB/OL].[2012-05-02].http://slis.fsu.edu/About-The-School/Mission-and-Vision.

② 武汉大学信息管理学院.关于加强我院大学生暑期社会实践指导工作的通知[EB/OL].(2007-06-08)[2013-04-24].http://sim.whu.edu.cn/board/show_board_news.php? board_news_id=839.

③ Maatta S.LJ's Placements & Salaries Survey 2011 [R/OL].[2012-05-06]. http://features.libraryjournal.com/placements and salaries/2011-survey/the-long wait-ljs-placements-salaries-survey 2011/.

管理老师,对项目进行指导①。

5.4.3.3 制度发挥激励与约束作用

调动学生参加实践活动的积极性并且保证实践活动的质量,需要依靠完善的激励机制与约束机制。实践教学的激励机制包括将学生参加社会实践活动的情况、学生科研成果纳入优秀个人评比、奖学金评级、推免申请中。在反馈了问卷的 18 所 LIS 教育机构中有 11 所学校表示将学生实践活动的成绩与奖学金及各种奖励挂钩。武汉大学信息管理学院将大学生社会实践情况纳入《信息管理学院大学生创新学习激励办法》《大学生先进集体和优秀个人评比暂行办法》《本科毕业生推荐免试攻读硕士研究生工作暂行办法》等规章进行测评。浙江大学信息资源管理系对在公开刊物上发表论文、获得专利及学科竞赛获奖的本科生给予 300~1500 元不等的奖励②。实践教学的约束机制指的是通过学分、学时、论文答辩资格等形式对学生参加实验课程、社会实践、专业实习、学术科研等各项活动提出明确要求。实验课程教学大纲对学生实验课时、实验内容、实践作业、实验成绩考核等信息做了详细规定。LIS 专业人才培养方案或教学计划中对学生是否需要参加社会实践与专业实习、实践时间、获得的学分做了要求。部分 LIS 教学机构还在研究生参加毕业论文答辩资格中对学生参加课题研究、学术交流的次数以及发表文献数进行了规定。

将激励机制与约束机制共同应用于实践教学体系之中,不仅激发了学生参加实践活动的热情,一定程度上也保证了学生实践活动的参与度与参与质量。

为了鼓励学生参加学术科研与实践活动,国外 iSchools 学院也为在科研和实践中表现突出的学生设置了奖学金和其他奖励。例

---

① The School of Information at the University of Texas.Professional experience project [EB/OL].[2012-05-05]. http://www.iSchools.utexas.edu/programs/capstone/pep_introduction.php.

② 浙江大学公共管理学院.公共管理学院关于本科生科研成果的奖励实施办法[EB/OL].(2005-11-30)[2013-04-24].http://intranet.cpa.zju.edu.cn/show.aspx?id=5122&cid=139.

如,伊利诺伊大学图书馆与信息科学研究生院设置以下奖项:①特别优秀奖,奖励那些通过课程作业、项目研究、助教工作等不断完善专业技能,并且表现较为突出的学生;②信息系统和信息技术奖,授予那些在信息系统和信息技术的应用方面成绩突出的学生;③本科生最佳论文奖,奖励那些在图书情报课程的学习中创作出最佳课程论文和最佳研究项目的情报学辅修学生①。

5.4.3.4　基础设施发挥支撑作用

实践教学体系的构建不仅需要应用型人才培养目标、师资队伍以及激励约束机制等软件保障条件,同时也离不开实验室、研究中心、机器设备等基础设施为实践教学的开展提供硬件支持。通过问卷调查了解,89%的图书情报档案教育机构为开展实践教学设立了专门的实验室。北京大学信息管理系实验室创建于 1985 年,配有电脑、扫描仪、投影机、录像机、DVD 等设备。实验室采用平台共享模式,有多个合作科研项目以实验室方式利用该平台从事科研相关工作,主要包括数字图书馆开放实验室、中国人搜索引擎行为研究实验室、智能信息服务研究联合实验室等项目②。吉林大学管理学院实验中心成立于 1985 年,现有专兼职实验人员 5 人。实验中心设有多功能综合实验室、企业资源计划 ERP 实验室、人机工程实验室、电子商务综合实验室等 7 个实验室。为了加强博士点的建设,推动博士创造高水平的研究成果,吉林大学管理学院创立了情报学博士点研究基地、管理科学与工程一级学科博士点研究基地等 3 个研究基地。研究基地内设置了学术研讨圆桌会议区、计算机网络工作区、多媒体教学区等工作区域,为博士点的研究提供了良好的工作环境③。武汉大学信息管理学院拥有国内本专业领域一流的实验中心,中心设

---

① University of Illinois Graduate School of Library and Information Science. Student Awards[EB/OL].[2012-05-04].http://www.lis.illinois.edu/about-gslis/awards.

② 北京大学信息管理系.信息管理系实验室[EB/OL].[2013-04-25].http://www.im.pku.edu.cn/intro_sys.asp.

③ 吉林大学管理学院.博士点研究基地[EB/OL].[2013-04-25].http://gl.jlu.edu.cn:8080/onews_page.jsp? cid=32.

有图书馆、档案与出版技术集成基础实验室,信息系统与电子商务集成实验室,能覆盖学院 60%以上的本科生课程。学院还与 IBM 公司、大连博特软件科技有限公司、金碟软件(中国)有限公司合作建有教学研究实验室①。南京大学信息管理学院建有总面积 1576 平方米,在册设备资产 694 万元的实验室。设有图书馆、情报与信息管理一级学科博士后流动站,建成了信息技术教学培训实验室、信息检索教学实习中心、多媒体信息处理研究室等 10 个实验室与南京大学中国社会科学研究评价中心、国家信息资源管理南京研究基地等 7 个科研机构②。

从国内 LIS 教育机构实践教学的硬件基础设施建设情况来看,各教育机构基本建成了供学生上机实习以及完成科研工作的实验室。教学实力较强的"985 高校"还建成了一批校级、国家级科学研究基地。实验室及科研中心为本科生与研究生提高实践技能,进行实习与科学研究提供了支持环境。

国外 iSchools 学院也十分重视实践教学基础设施的建设,都设置了专门的实验室或是研究中心,以便开展教学、学生实验和科研。北卡罗来纳大学教堂山分校图书馆与信息科学学院设立了:①情报学可视化实验室(IVlab),用于生物信息学、医学信息学、数字图书馆、可视化、人机交互和数据库领域的研究;②交互设计实验室(IDL),用于数字图书馆、电子出版物、共享工作空间等电子信息环境方面的研究;③元数据研究中心(MRC),促进元数据、语义学和本体的研究③。罗格斯新泽西州立大学传播与信息学院设有信息组织和通信交互实验室、亚历山德里项目实验室、通信与健康问题研究中

---

① 武汉大学信息管理学院.学院简介[EB/OL].[2013-04-25].http://sim.whu.edu.cn/introduce/intro.php.

② 南京大学信息管理学院.2002—2011 年南京大学信息管理学院主要办学成就[EB/OL].[2013-04-26].http://im.nju.edu.cn/searchcon.aspx? contentid=cont2012051157.

③ School of Information and Library Science University of North Carolina at Chapel Hill. Centers and Labs [EB/OL].[2012-05-02]. http://sils.unc.edu/research/centers-labs.

心、媒体研究中心、移动通信研究中心、信息隐私和信息安全跨学科研究中心等 8 个实验室和研究中心①。印第安纳大学原图书馆与信息科学学院(现为信息与计算机学院)设有交互研究中心、社会信息学研究中心等②。先进的基础设施建设有力地支持了实践教学的开展,在这方面,国内的 LIS 教育机构与国外 iSchools 院校的差距正在缩小。

5.5　不同信息职业对 LIS 专业人才需求的调查分析

随着信息技术的迅速发展并向社会生产生活各领域的广泛渗透,泛在信息环境正在形成,各种以信息的生产、搜集、分析、加工和传播为活动内容的信息职业纷纷出现,社会对信息管理人才形成了强大的需求。传统的 LIS 教育主要为图书情报档案机构培养人才的模式面临着严峻挑战,面向宽广的信息职业培养人才,成为近年来 LIS 教育改革的重要方向。

社会各领域的信息部门究竟需要什么样的信息管理人才? 今天的 LIS 教育怎样才能培养出适应不同信息职业需要的人才? 这是当今 LIS 教育改革必须弄清楚的问题。本节则将对近年来我国各种不同的信息行业的人才招聘信息进行分析,从中探寻社会对信息人才的需求特点,从而促进 LIS 教育人才培养目标与信息职业人才需求的对接。

5.5.1　研究方法与数据获取

本节采用了问卷调查法、网络调查法、内容分析法三种研究方法。通过向大型企事业单位的信息主管或人力资源部发放“不同信

---

① Rutgers School of Communication and Information. Centers and Institutes[EB/OL].[2012-05-02]. http://comminfo.rutgers.edu/research/centers-and-institutes.html.

② Indiana University's School of Library and Information Science. Technology Overview[EB/OL].[2012-05-02]. http://www.slis.indiana.edu/technology/overview.html.

息职业对图书情报档案人才需求”的调查问卷,筛选后获得有效问卷 18 份。网络调查法以与信息职业有关的招聘启事为调查对象,检索时间为 2014 年 9 月,通过登录智联招聘、全国大学生就业一站式服务平台两个综合性招聘网站,以“图书馆学”“档案学”“情报学”“图书情报学”“信息管理与信息系统”“信息资源管理”“信息管理”为关键词,检索出全国范围内针对图书情报档案专业人才的招聘启事 388 份。运用内容分析法对问卷调查和招聘启事中用人单位的类型、岗位设置、对人才学科背景与学历的要求等信息进行定量与定性分析,采用词频统计的方法了解信息职业具体的岗位职责与岗位能力要求。

5.5.2 调查结果分析

5.5.2.1 招聘单位类型分析

社会信息化意味着社会各行各业对信息人才的需求更为旺盛。对 LIS 专业毕业生招聘单位类型进行统计分析,有利于了解不同类型的信息行业对 LIS 人才的需求度。

笔者将回收的 18 份调查问卷中的用人单位信息与综合性的招聘网站中收集的 388 条招聘单位信息进行汇总,并将 406 个招聘单位划分为四个类别:①图书情报档案机构;②行政机关与事业单位;③信息产业类机构,包括信息咨询业、软件开发、通信、互联网行业等;④其他公司企业。分类统计结果为:图书情报与档案类机构 13 个,其中 11 个为高校图书馆,2 个为科研院所图书馆;除图书情报档案机构以外的行政与事业单位 16 个;信息产业类机构与其他公司占较大比例,分别为 195 个和 182 个,如图 5-7 所示。

调查结果显示,在所有招聘单位中,图书情报档案机构与行政事业单位仅占 3.2%和 3.9%,而信息产业类机构和其他公司则分别占到了 48.0%和 44.8%,企业在所有用人单位中所占比例超过了 90%。这固然与企业相较于图书情报档案机构、行政事业单位更热衷于在综合性招聘网站中发布招聘信息有关。但是不可否认,信息类机构及其他类型企业的信息部门对图书情报档案专业人才有较大需求。图书情报档案机构与行政事业单位在所有招聘单位中所占比例均不

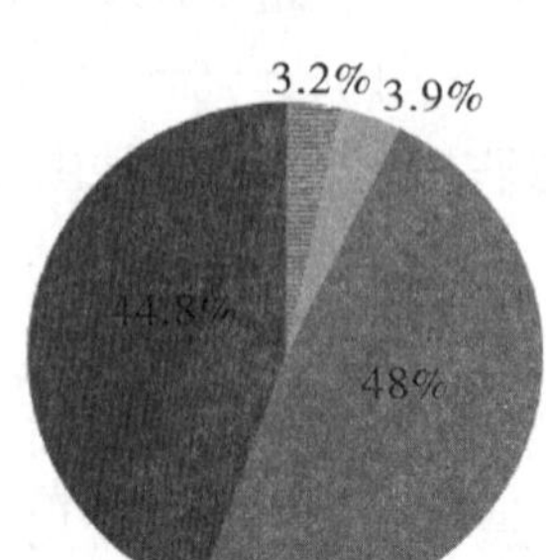

图 5-7　招聘单位类型分布图

足 4%,当然还不能仅凭这一数据推断这些单位对图书情报档案专业毕业生的需求度较小,原因在于这些用人单位相比企业而言常常通过统一的人事考试,而非发布招聘启事的方式招募人才。

笔者曾在 2013 年 4 月对图书情报档案毕业生就业领域进行调查,发现图书情报档案本科毕业生在信息产业类机构及各类公司的信息部门就业的人数要远远超过在图书情报档案机构及行政单位的就业人数①。与上述调查结果是吻合的。这说明信息产业类机构和各类公司企业的信息部门已成为图书情报档案专业毕业生就业的主要去向。

和我国情况相似,在美国,社会对图书情报学人才需求也体现出多样性特征,企业、政府机关、行业与学术协会等组织都需要图书情报学的专业人才。然而不同的是,美国信息职业需求的重点仍在图书馆,近 90%的招聘信息来自图书馆。其后依次是企业、学术及行业协会和政府机关。可见,在美国,需要图书情报学人才的招聘单位类型虽然多,但需求量差别很大,图书馆仍是图书情报学专业人才的需求大户。而在图书馆中,高校图书馆的需求量最大,其次是公共图书馆和企业图书室。

5.5.2.2　招聘单位岗位设置分析

信息职业根据工作内容的不同可划分为不同的信息工作岗位。

① 肖希明,李硕.我国 LIS 专业毕业生就业情况的调查分析[J].图书情报知识,2014(1):26-33.

图书情报档案机构、行政与事业单位、企业等往往根据本单位的信息工作岗位来招募信息人才。笔者通过网络调查获得 388 条招聘启事，每条招聘启事对应一个工作岗位，回复了调查问卷的 18 家大型企事业单位，每个用人单位设置了多个信息工作岗位，汇总两方面数据共获得信息工作岗位 466 个。根据信息工作岗位的工作内容，将 466 个工作岗位划分为 14 个类别，包括首席信息官/信息中心主任、信息分析师、信息咨询师、信息技术/信息安全人员、信息战略研究员、信息系统/软件开发与管理人员、信息处理人员、档案管理人员、信息搜集员/市场调研专员、知识产权专员、知识管理工程师、产品/项目经理、文秘/行政人员、其他。每个类别的信息工作岗位数量见图 5-8。

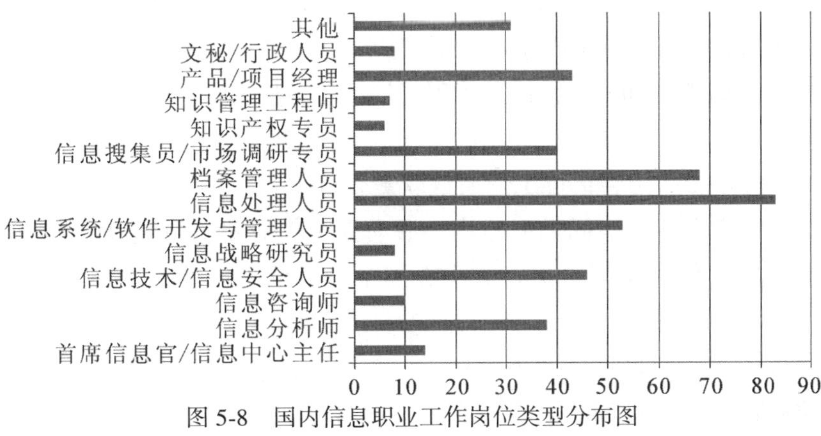

图 5-8 国内信息职业工作岗位类型分布图

共有 83 家用人单位设置了信息处理人员的工作岗位，主要工作内容是对信息进行整理、分类、标引、更新，以及单位网站、数据库的建设。其次是档案管理岗，有 68 家企事业单位需要档案管理人才，从事纸质档案与电子档案的管理、传递、审核工作，主要针对档案学、图书馆学毕业生。信息系统/软件开发与管理、信息技术/信息安全岗位的人才需求也较多，工作内容涉及企事业单位系统的设计、开发与管理，计算机与网络维护，信息通信产品的服务等方面，信息管理与信息系统专业毕业生在这些方面具有明显优势。企业在洞察市场需求与产品推广时需要依靠产品/项目经理、信息分析师、信息搜集员/市场调研专员等信息人才，图书情报档案专业毕业生在信息查找与分析中的专业素养非常适合企业对这类信息人才的需求。另外,有 8 家用人单位设置了首席信息官/信息中心主任,有 14 家用人单位设置了信息战略研究员的岗位。这些职位对于以信息管理为主攻方向的图书情报档案专业毕业生来说,无疑具有相当的吸引力。随着知识管理热潮的兴起,用人单位对知识管理工程师这一岗位的人才需求也正在逐渐增加。而近年来图书情报档案专业普遍增设的知识管理类课程,很好地适应了用人单位这一需求。通过上述分析可见,我国的信息工作岗位主要来自于企业,而在美国,主要的信息职业来自于图书馆和企业。其中,图书馆提供最多的岗位是信息服务岗,其次是馆藏资源管理岗和图书馆馆长、副馆长岗,三者数量相加超过图书馆招聘信息总数的一半。而企业内部也需要图书情报专业人才来进行信息咨询工作与资源管理工作,其提供的岗位按招聘信息数递减排序,依次为:信息管理咨询岗、信息架构师岗、资源档案管理岗。

5.5.2.3　招聘单位工作岗位职责分析

信息职业以不同类型的信息活动为工作对象,对信息职业招聘单位的工作岗位职责进行分析有助于了解信息职业的主要工作内容,为 LIS 专业学生专业知识与能力的培养提供参考。笔者对招聘启事中岗位职责一栏的内容进行词频统计,选择其中与信息工作岗位职责相关并且词频数较高的关键词,将关键词按照工作内容类别进行分类,并将词频统计结果绘制成表 5-20。

表 5-20　　**国内信息工作岗位职责词频统计表**

岗位职责关键词	词频数
整理、维护、分类、标引、编目	306
档案、归档	254
分析	209
开发、传递、咨询、服务	198
收集、搜集、调研	178
技术、安全、信息系统	172
战略、决策	61

从词频统计结果看出,在不同信息职业工作内容中涉及最多的是信息加工、处理类工作,如对企事业单位内部文献信息资源的管理、维护、分类、标引等。大型企事业单位人事、财务、行政、业务档案的管理是一项重要的基础性工作,因此对档案的合理保管与使用也是信息工作的重要组成部分。"分析"的词频为 209 次,"收集""搜集""调研"的词频为 178 次,由此可知对用户需求、行业内部信息、客户情报、对手情报的广泛收集与分析是企业提高竞争力所必不可少的一项信息工作。信息服务工作,如对信息资源进行开发、传递、提供咨询服务,以及与信息技术密切相关的工作,如信息系统开发、计算机技术、信息安全工作,出现的相关词频数分别为 198 次和 172 次,可见信息服务工作与信息技术工作在所有信息工作岗位中占一定比例。而"战略""决策"的词频数相对较低,说明用人单位目前对信息战略决策这一较高难度的信息工作的需求相对较低。

美国图书馆招聘的岗位主要有信息服务岗、馆长或副馆长、馆藏资源管理岗、研究馆员或学科馆员岗、图书馆管理员岗、信息技术支持岗和档案管理岗等。每一岗位所对应的职责有所不同,但基本与我国信息工作岗位要求的职责相一致。如,馆藏资源管理岗位负责馆藏资源的采访、编目、保存、评价、发展等资源管理建设工作。而对于企业而言,信息管理咨询岗要求应聘者在掌握相关学科知识的基础上,具有较强的信息检索能力,为企业提供信息检索与管理服务,从而支持研发工作,促进企业的发展;信息架构师岗的职责是设计网站和导航架构,为产品和检索制定精确术语、属性和分类框架,促进分类法、分面检索和数据模型领域的发展;资源档案管理岗负责编目与档案管理等。

5.5.2.4 招聘单位对岗位能力要求分析

(1)学历与学科背景要求

信息职业属知识和技术密集型的新兴行业,对从业者的学历有较高的要求。本次调查在选取样本的时候用"本科/学士及同等学力"或"硕士/研究生及同等学力"对招聘单位在图书情报档案专业人才学历方面的要求进行了限定,在 388 家招聘单位中要求最低学历为本科的有 347 家,其中部分招聘信息明确要求本科以上学历,但是优先考虑硕士生；要求最低学历为硕士的有 41 家，且多为高校、研究所等科研机构。

招聘单位对 LIS 专业人才专业背景的要求有图书馆学、档案学、情报学、图书情报、信息管理与信息系统、信息资源管理和信息管理。本次调查中，招聘单位对不同专业的人才需求的词频统计见表 5-21。

表 5-21　**国内信息职业对图书情报档案人才专业背景要求词频统计**

专业	词频数
信息管理	106
档案学	79
情报学	72
图书馆学	64
信息管理与信息系统	58
图书情报	19
信息资源管理	8

在招聘信息中，图书情报档案类专业通常与计算机、电子信息工程、工商管理、统计学等专业相互替代或补充，招聘单位优先考虑同时具有以上学科背景的图书情报档案专业人才。其中，信息管理、情报学、信息管理与信息系统相关专业更倾向于理工科背景。另外，还有部分招聘单位要求应聘者了解公司主营产业相关学科的基本知识和概念，如生物、医药、金融、动力机械等。

(2) 基本能力要求

基本职业能力是求职者在职业活动中不可缺少的能力，一般包括学习能力、文字和语言运用能力、团队协作能力、对环境的适应能力以及遇到挫折时良好的心理承受能力等。在信息职业中，想要胜任相应工作首先必须具备基本的职业能力，本次调查中的大部分招聘单位都对图书情报档案专业人才的基本能力做出了要求，笔者对招聘信息中关于基本能力的描述出现频次较多的词进行了词频统计，统计结果见表 5-22。

表 5-22 **国内信息职业对图书情报档案人才基本能力要求词频统计**

基本能力	词频
沟通协调能力	162
团队协作能力	122
写作/文字撰写能力	87
学习创新能力	73
抗压能力	61
逻辑分析能力	56
组织能力	38
执行能力	35

从统计结果可以看出，首先，超过一半的招聘单位都对图书情报档案专业人才的沟通协调能力提出了要求。在信息职业中，无论是传统的图书馆、情报档案机构，还是新兴的信息咨询、软件开发、互联网行业，都需要与上下级同事、合作机构、服务客户进行沟通交流，从而调动各方面的工作积极性。

其次，信息职业较为看重的是团队协作能力，这是因为信息工作已经渗透到各种类型的组织以及组织内部的各个环节中，成为组织正常运作和发展不可或缺的工作，信息职位只有内部工作人员团结合作，并与其他部门和岗位相互配合，协调工作，才能充分发挥其作用和价值。

文字撰写能力也是信息人才需要具备的基本能力，包括较强的文字功底，方案编写整合，文案、专利、分析报告的撰写等。

学习能力是其他能力的基础。新的信息环境下，信息职业从业者要学会观察和创造新的体验，把新知识融入已有的知识中，从而改变已有知识结构，形成新思想、新理论、新方法，适应社会不断发展的需要。

信息行业属压力较大的行业，信息岗位一般要承受较大的工作压力，这就要求信息岗位从业人员有较强的心理素质，面对压力有乐观的态度和良好的心理适应能力，善于调节，以积极向上的精神面貌从事职业活动,具备较强的抗压能力。

一部分信息岗位还对图书情报档案专业人才的逻辑推理能力、分析判断能力、组织能力、独立分析解决问题的能力提出了要求,还有部分信息服务岗位比较重视从业者的主动服务意识。此外,大部分招聘单位都认为踏实认真的工作态度、良好的道德品质和职业操守对信息职业有重要的意义。

和我国的招聘要求相同,在美国的信息职业招聘中,与图书馆相关的职业对人际沟通能力、合作协作能力的要求最高,不同的是,美国的信息职业还要求求职者具备较强的预算财务管理能力。而在企业中,具备较强计算机技能的人最受企业青睐,其次受到重视的是沟通能力、设计能力、合作能力与多任务完成能力。企业相较于图书馆,其工作压力更大、任务更繁重。因此,招聘启事中特地强调沟通能力、设计能力,以及面对多任务时良好的时间管理能力。除此之外,还包括良好的直觉和调查能力、环境应对能力、对他人价值观和动机的理解能力等。

(3)专业技能要求

专业技能是图书情报档案专业人才区别于其他求职者的优势,是图书情报档案专业毕业生在信息领域的核心竞争力。本次调查的 388 家招聘单位中有 280 家都对信息人才的专业技能提出了明确的要求,笔者对招聘信息中有关专业技能的描述进行词频统计并分类,结果如表 5-23 所示。

根据统计结果,将近 2/3(以 280 条招聘信息为基数)的招聘单位都对应聘者的信息技术提出了要求,这说明对图书情报档案专业毕业生来说,信息技术是大部分招聘单位最看重的专业能力。新的信息环境下,信息技术能力对于信息职业人才而言是不可或缺的职业技能。除了熟练使用统计软件、数据库分析管理工具的基本要求外,本次调查中的招聘单位还针对信息管理与信息系统和信息管理专业的求职者提出了更高的要求,如数据库技术,ASP.NET、JavaScript 编程,不同环境下的软件开发与管理,以及计算机、网络的安全维护等。

表 5-23　**我国信息职业对图书情报档案人才专业技能要求词频统计**

专业技能	关键词	词频数	总词频数
信息技术	程序编写	38	169
	软件开发	42	
	数据库技术	47	
	计算机/网络安全维护	17	
	其他技术	25	
信息分析	情报/信息分析	26	86
	舆情分析	9	
	数据分析/处理	51	
信息获取	情报/信息收集	67	76
	信息检索	9	
信息管理	档案管理	43	58
	图书管理	10	
	信息管理	5	
	项目管理/实施	42	
信息分类整理	信息分类	8	18
	图书编目	10	
理论基础	图书情报理论、信息管理基本理论	17	17

1/3(以 280 条招聘信息为基数)的招聘单位重点强调了图书情报档案专业人才的信息分析能力。信息人才应具备信息分析与预测的能力,利用常用数学模型、定量分析方法或情报学方法,能够把情报工作与企业战略、企业流程相结合,根据外部环境的动态发展,运用专业的技术手段对信息或数据进行定量或定性的分析处理,整合提出具有前瞻性的意见和建设性方案策略。

信息是各类信息职业工作的对象,所以信息搜集能力是图书情报档案专业人才必须具备的专业技能,主要包括敏锐的观察能力、前瞻的信息意识、娴熟的信息检索能力。

信息管理包括档案管理、图书/期刊管理、项目管理和其他信息资源的管理。档案管理要求求职者熟悉档案工作基础知识、档案管理方法,熟悉有关档案工作的法律法规、技术标准、管理制度,熟练地操作和掌握档案管理信息系统和档案专用软件,实现文书档案、科技档案、财务档案、实物档案、声像档案、电子档案及企业档案网络化;图书管理要求掌握图书管理知识和图书馆的工作方法和技能,能熟练运用计算机进行图书馆数字化建设和管理;项目管理则要求求职者熟悉项目管理的各个模块,掌握项目实施管理程序及知识。

信息分类和整理是图书情报档案专业人才传统的专业技能。然而在 280 条招聘信息中,只有 18 条对此提出要求,佐证了社会对传统的图书情报档案专业技能的需求在减弱。对图书情报档案学科理论的要求在招聘中也占很低的比例,这当然不能证明理论的无用,但也说明招聘单位更看重人才的实用技能。

与国内情况相一致,在美国图书馆招聘信息中,信息技术运用能力被提及得最多。不同的是,图书馆教学指导在美国图书馆职业中得到非常高的重视,排在第二位,而处在第三位的是图书馆系统使用能力。接下来依次是:资源建设与管理能力、分类编目能力、参考咨询服务能力、数据管理能力、XML 语言运用能力。而在美国企业信息职业招聘中,要求求职者具备的首先是分类编目能力,其次是参考咨询能力、数据管理能力和资源建设能力。

(4)其他要求

①计算机。

信息职业是与计算机技术与网络技术密切相关的职业,招聘单位对信息人才计算机能力最基本的要求是能熟练使用 Word、PowerPoint、Excel 等 Office 办公软件,会操作 SPSS、SAS 等统计软件,熟练使用数据库(Oracle/SQL/FOX/ACCESS)管理、分析、设计工具。其中,部分技术性较强的信息岗位如技术主管、技术支持工程师、数据分析研究员、信息安全工程师等,根据其岗位职责和工作内容对从业者的计算机能力提出了专业性要求,包括精通 ASP.NET、JavaScript 编程,熟悉 Sqlserver 编程软件设计及分析,熟悉服务器端口的相关知识以及电脑软硬件、服务器安全维护,熟练使用 UNIX 下的 C、C++

开发及 UNIX 下的各种开发工具,具备良好的代码编程习惯及较强的文档编写能力等。

②外语。

本次调查的招聘单位对图书情报档案专业人才的英语水平要求一般为本科大学英语四级、硕士大学英语六级,具备英文文献查询、阅读、整理的能力,英语口语流利,能熟练使用英语进行日常沟通交流。其中,部分外资企业对员工英语水平的要求更为严格,要求英语水平在六级以上,能熟练使用英语进行工作交流,英语能够成为工作语言。此外,还有部分招聘单位优先考虑具有其他外语能力(韩语、日语、法语等)的求职者。

③工作经历。

工作经历也是招聘单位选拔招聘人员的主要参考要素之一。本次调查中招聘单位对图书情报档案专业人才工作经历的要求统计见图 5-9。

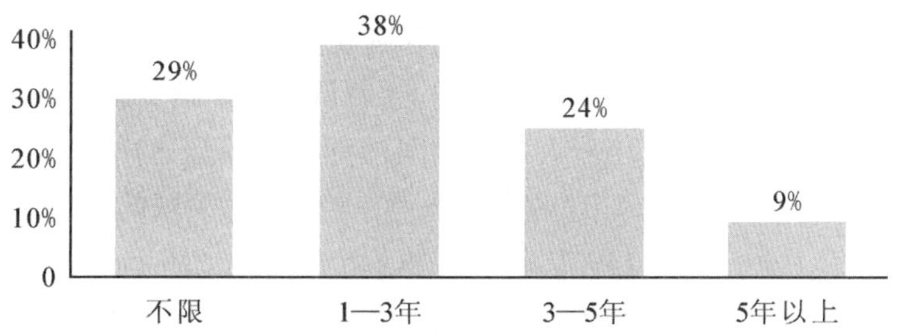

图 5-9 国内信息职业招聘单位工作经历要求统计图

在 274 家招聘单位中,超过 2/3 的单位都要求求职者有一定的工作经历,并根据不同岗位的工作内容提出具体经历要求,包括信息管理或图书档案管理相关经历、项目管理或网站运营经历、咨询或研究机构工作经历、软件开发经验、信息化建设与管理经验、信息系统相关项目实施经验等。另外,在招聘信息中,硕士学历的工作经历要求与本科学历相比较为宽松。

而在美国信息职业招聘中,大部分图书馆对求职者的工作经验提出了明确要求,超过一半的图书馆愿意招收有工作经历的人,有部分图书馆馆长或副馆长岗位在招聘时甚至要求求职者具有 10 年的工作经历，且在管理岗位上工作时间需超过 5 年。对工作经历的要求一般与图书馆的性质和岗位特点相关，高校图书馆要求求职者具备在高校图书馆或学术机构工作的经历，古籍管理岗要求求职者具备在文学、艺术机构或博物馆工作的经历。而企业在招聘人才时，十分看重求职者的工作经历。信息架构师岗要求有 10 年以上的工作经验，法律企业通常希望求职者具备在大型法律公司或相关单位的工作经历。有的企业同意求职者用相关工作经历代替学位的要求，如果有工作经历则可放宽学位条件。相较于图书馆，企业在工作经历方面的规定更为灵活。

5.5.3　从社会对信息人才的需求看 LIS 教育的变革

5.5.3.1　LIS 教育要面向更宽广的信息职业

随着信息化进程的加快，社会对信息人才的需求越来越迫切，并向图书情报档案机构以外的各类企业、金融、商业、电子商务和电子政务，以及咨询、通信、互联网等众多领域扩展。国内的 LIS 教育应该以社会对信息人才的需求为导向，适时调整人才培养目标，突破只为图书情报档案行业培养人才的局限，面向更为宽广的信息职业，培养在企业、银行、商务机构、网络公司、信息安全等领域的新型信息服务人才①。尤其是对 LIS 专业本科毕业生来说，非图书情报机构的信息职业已成为其主要就业方向，因此 LIS 本科教育更要面向宽广的信息职业，淡化专业色彩。可借鉴国内一些高校实行按大类招生，一年或两年以后细分专业的培养模式，本科阶段多开设不同信息职业通用的课程，宽口径培养信息管理人才。

5.5.3.2　LIS 教育要重视学科的交叉和融合

在新的信息环境下，科学自身的发展呈现出学科交叉不断加深和扩展的特点，图书馆学与情报学也在向与其他学科交叉与融合的方向发展。在职业领域，面向宽广的信息职业，也要求 LIS 教育要加

---

① 肖希明，李金芮. iSchools 人才培养模式研究[J]. 图书情报工作，2012(23)：6-10，23.

强与其他学科的交叉融合。国外 iSchools 的显著特征,就是跨学科(interdisciplinary)。为了使学生适应未来多变的、复合的职场环境,LIS 专业教育应该通过跨专业课程设置、跨专业课程选修、双学位等方式鼓励学生将 LIS 专业知识与理工、文史、社科、经管等学科的知识相融合,注重培养学生的综合素质,帮助学生建立多学科的知识背景,构建复合型知识结构,提高就业竞争力①。当然,这一学科融合必须建立在保持 LIS 专业特色的基础上,使 LIS 专业在不断变化的信息环境中既保持专业优势而又与时俱进,不断增强对社会的适应性,培养具备综合性的知识结构和图书情报学科特色的复合型信息专业人才。

5.5.3.3 LIS 教育的课程设置要重视信息技术的应用

为了有针对性地培养学生的职业能力,提高学生在未来工作中的适应力和竞争力,国内的图书情报教育应该面向信息职业与岗位的技能需要,及时地进行教学结构的调整和课程内容的更新。从本次调查结果可以看出,信息技术是信息职业最为重视的能力。LIS 专业毕业生所从事的工作中大多对信息技术有较高的要求,能够运用先进的计算机技术、信息系统、数据库技术对信息进行收集、整理、管理、利用的信息人才会更容易得到就业单位的青睐。因此,信息技术应该成为 LIS 教育不断强化的领域。要在巩固信息收集、组织、检索、服务等本学科核心课程基础地位的同时,增加信息技术课程的设置,如高级自然语言处理与信息检索、数据库应用程序设计、Java 程序设计、统计与数据分析导论等诸多信息工作领域专职人员需要掌握的技能课程②,改变目前 LIS 教育中存在的“重理论、轻技术”现象,实现学科的均衡健康发展。当然,这种重视不是单纯地盲目跟风各种新兴技术,而是更重视将先进技术融入图书情报学的发展中③,

① 周庆山,黄国彬.美国图书馆与信息科学学院信息科学专业本科课程设置的典型分析与启示[J].图书情报工作,2009(5):15-18.

② 杨秀丹,张坤鹏,赵延杰.美国情报学硕士课程设置研究与启示——以密歇根大学为例[J].情报理论与实践,2010(10):124-128.

③ 肖希明,李金芮.iSchool 科学研究的特征及启示[J].图书情报知识,2012(6):4-9.

同时积极引导学生将计算机和信息系统运用到经济、社会各个领域中，培养出既有扎实的理论基础，又掌握先进信息技术的实用型人才。

5.5.3.4　LIS 教育要强化实践能力的培养

在本次调查的招聘单位中，无论是传统的图书情报机构，还是新兴的互联网、软件等信息行业，或是其他类型的公司企业，都更加倾向于具有相关行业或领域工作经历的求职者，有些单位甚至还可以根据应聘者的工作经历放宽对其学历的要求。在招聘单位看来，在相关领域具有一定工作经历或实践经验的求职者对该岗位的工作内容和工作流程较为熟悉，并掌握了相应的工作方法，能够更快适应该领域的工作。招聘单位对求职者的工作经历的重视说明信息职业对信息人才的实践能力有较高的要求。在这一形势下，图书情报档案教育应该以职业需求为依据，注重实践能力的培养。在课程设置上，重视实习实践课程，增加图书情报档案专业技术类、方法类的核心课程课堂实验的比重，如数据库应用设计、Web 站点设计以及信息检索系统的分析、设计、运行等，培养学生在实际工作中的操作能力；在培养方式上，改变单一的培养模式，通过完善毕业实习制度、改变课程考核途径、联合培养等多种方式，使学生能够真正参与图书情报档案领域的相关工作，了解图书情报档案领域的工作方法，提高实际操作能力，从而能够较快适应不同信息岗位的工作，更好地满足信息职业的需求。

5.6　我国 LIS 专业毕业生就业情况的调查分析

教育的根本目的是培养适应社会需要的各类人才，而毕业生的就业则是社会人才需求的风向标。在当今新的信息环境下，各种类型的信息职业如雨后春笋般兴起，为以“信息”为核心内容的图书馆学情报学专业的毕业生提供了多元化的就业选择，同时这一变化也使“面向更宽广的信息职业培养人才”成为国内外图书情报学教育变革共同的趋势。

2012 年，笔者曾对国外 iSchools 毕业生的就业率、就业领域分布、影响求职的因素、求职时长、对职业的满意程度等情况进行调查,撰文分析其带给图书情报学教育的思考①。本节将从同样的几个方面,对近年来我国图书情报学教育毕业生的就业情况进行调查分析,希望通过国内外的对比,探讨国内图书情报学教育的变革。

5.6.1 研究方法和数据来源

本节主要采用问卷调查的研究方法,以国内具有"图书情报与档案管理"一级学科硕士学位授权点的教学单位及其图书情报档案专业的毕业生(包括本科、硕士、博士)为调查对象。调查问卷分为两份:一是针对教育单位的近几年图书情报档案专业毕业生就业的基本状况,包括就业方式、就业领域等;二是针对毕业生的对在校学习期间所学课程以及学校图书情报学教育人才培养方式和培养目标的看法。2013 年 4 月,我们通过电子邮件向 28 家 LIS 教育单位发放了调查问卷,回收问卷 18 份。毕业生调查问卷则通过问卷星进行设计和回收,共回收问卷 302 份。本节对问卷中的相关数据进行分类整理和量化分析,从而得出结论。

5.6.2 我国 LIS 专业毕业生就业情况统计与分析

5.6.2.1 毕业去向

大学本科生和研究生毕业后的去向大体上有三种情况:一是继续深造,攻读硕士或博士研究生,或出国留学;二是就业,即从事某种有报酬的劳动;三是既未升学或出国,也未能在一定时期内找到工作。在本次调查中,笔者选取教育单位回复的问卷中该部分数据较为全面准确的 15 份,对教育单位提供的该校图书情报档案专业毕业生 2010—2012 年毕业生去向的数据进行加权平均,统计结果见表 5-24。

---

① 田蓉,肖希明.从 iSchools 毕业生就业看我国图书馆学教育培养目标的变革[J].图书情报知识,2012(6):15-19;曹晶,肖希明.iSchool 毕业生在信息领域的就业分析及思考[J].图书馆工作研究,2012(13):118-122.

表 5-24　**2010—2012 年我国图书情报档案专业毕业生毕业去向统计**

<table>
<tr><th rowspan="2">学校</th><th rowspan="2">院系名称</th><th colspan="2">本科</th><th colspan="2">硕士</th><th>博士</th></tr>
<tr><th>升学/出国</th><th>工作</th><th>升学/出国</th><th>工作</th><th>工作</th></tr>
<tr><td>北京大学</td><td>信息管理系</td><td>69%</td><td>18%</td><td>6%</td><td>90%</td><td>73%</td></tr>
<tr><td>武汉大学</td><td>信息管理学院</td><td>44%</td><td>48%</td><td>9%</td><td>83%</td><td>94%</td></tr>
<tr><td>南开大学</td><td>商学院信息资源管理系</td><td>35%</td><td>63%</td><td>3%</td><td>97%</td><td>53%</td></tr>
<tr><td>中山大学</td><td>资讯管理学院</td><td>26%</td><td>62%</td><td>2%</td><td>93%</td><td>100%</td></tr>
<tr><td>河北大学</td><td>管理学院</td><td>27%</td><td>73%</td><td>5%</td><td>95%</td><td>—</td></tr>
<tr><td>黑龙江大学</td><td>信息管理学院</td><td>19%</td><td>76%</td><td>1%</td><td>99%</td><td>—</td></tr>
<tr><td>南京农业大学</td><td>信息科学技术学院</td><td>23%</td><td>75%</td><td>2%</td><td>98%</td><td>—</td></tr>
<tr><td>山西大学</td><td>信息管理学院</td><td>22%</td><td>78%</td><td>0</td><td>100%</td><td>—</td></tr>
<tr><td>云南大学</td><td>公共管理学院</td><td>14%</td><td>84%</td><td>13%</td><td>87%</td><td>100%</td></tr>
<tr><td>北京师范大学</td><td>信息管理系</td><td>50%</td><td>42%</td><td>10%</td><td>90%</td><td>—</td></tr>
<tr><td>西北大学</td><td>公共管理学院</td><td>25%</td><td>75%</td><td>0</td><td>100%</td><td>—</td></tr>
<tr><td>南京理工大学</td><td>信息管理系</td><td>38%</td><td>61%</td><td>0</td><td>100%</td><td>100%</td></tr>
<tr><td>安徽大学</td><td>管理学院</td><td>20%</td><td>80%</td><td>9%</td><td>91%</td><td>—</td></tr>
<tr><td>华中师范大学</td><td>信息管理学院</td><td>28%</td><td>61%</td><td>13%</td><td>87%</td><td>100%</td></tr>
<tr><td>苏州大学</td><td>社会学院</td><td>26%</td><td>74%</td><td>4%</td><td>96%</td><td>—</td></tr>
</table>

注:本科专业主要为图书馆学、信息管理与信息系统、档案学;硕士、博士专业主要为图书馆学、情报学、档案学、信息资源管理。

从表 5-24 的统计结果中可以看出,近三年国内图书情报档案专业毕业生升学与就业率保持在较高的水平,本科毕业生约为 96%,硕士、博士毕业生的升学与就业率均接近 100%。就不同层次的学生而言,本科毕业生继续深造和出国留学的人数比例远高于硕士毕业生,约占毕业生总人数的 1/4。其中,北京地区的两所学校本科毕业生升学出国的人数占到总人数的一半以上,武汉大学、南开大学和南京理工大学的这一比率也较高。硕士毕业生 90%以上都选择就业,只有少部分选择出国深造或继续攻读博士学位。博士毕业生则除了小部分出国交流之外,其他人都顺利就业。

就业领域主要反映毕业生就业面的宽广程度,毕业生在不同领域中的分布状况也可以反映出不同专业毕业生的能力特点以及在不同行业中的被认可程度。根据图书情报档案专业毕业生的就业特点,笔者将就业领域划分为五种类型:①图书情报档案机构;②包括信息咨询业、软件开发、通信、互联网行业等在内的信息产业;③包括制造业、电力、金融、商企、其他服务行业等在内的公司企业;④行政机关与事业单位;⑤自主创业。对近三年图书情报档案专业毕业生的就业领域分布进行统计,从问卷的统计结果来看,图书情报档案专业本科、硕士和博士毕业生在不同就业领域中的分布状况分别呈现出不同的特点。

对于本科毕业生来说,公司企业的就业人数远远高于信息产业、图书情报档案机构的就业人数。但是,由于不同学校的本科专业设置不同,本科毕业生就业在不同领域中的整体分布状况也存在着专业的区别。回复问卷的 18 所教学单位可以分为三种类型:本科只设置信息管理与信息系统专业的学校,如南京农业大学、华中师范大学;本科只设置图书馆学、档案学专业的学校,如河北大学、南开大学;同时开设图书馆学、档案学、信息管理与信息系统专业的学校,如武汉大学、中山大学。笔者分别对三种不同类型学校三年来图书情报档案专业本科毕业生在五类不同领域中就业的人数的分布状况进行统计,结果见图 5-10。

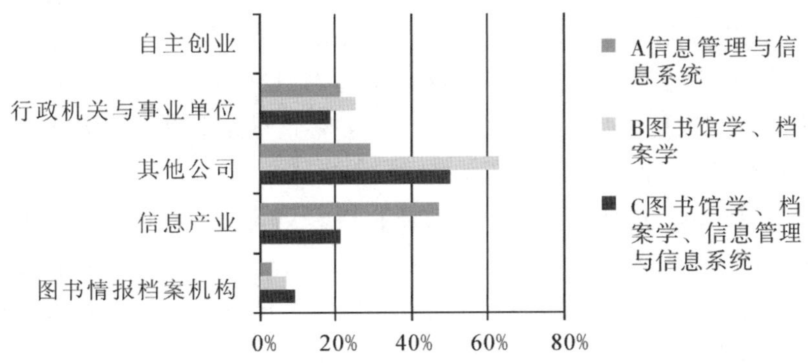

图 5-10 国内不同类型学校 LIS 专业本科毕业生在不同就业领域中的分布

根据统计结果,图书情报档案专业本科毕业生的就业单位多为以电力、制造业、金融、商企、其他服务行业为主的公司企业。其中,信息管理与信息系统专业毕业生在信息产业就业的人数比例要多于图书馆学和档案学毕业生,图书馆学和档案学毕业生则大部分进入图书情报档案机构和信息产业之外的其他行业。

18 所教育单位中,硕士专业的设置差异较小,大部分都同时设置图书、情报、档案三个专业,毕业生在就业领域的分布也较为相似。总体来看,硕士毕业生的就业领域主要集中在图书情报档案机构,同时在其他行业也有分布。具体分布状况见图 5-11。

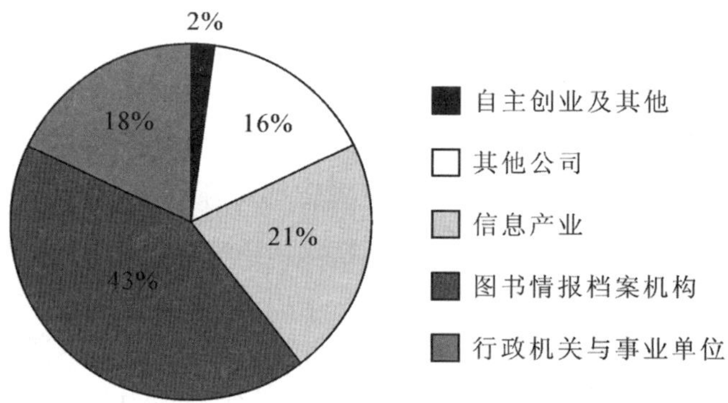

图 5-11　国内 LIS 专业硕士毕业生在不同就业领域中的分布

但是,除了部分毕业生通过公务员考试或事业单位考试进入行政机关和事业单位工作外,其他毕业生因为专业的不同导致集中就业领域仍然存在着差异。具体来讲,图书馆学专业毕业生主要进入各种类型的图书馆工作(以武汉大学为例,见图 5-12),情报学专业毕业生则大部分进入信息行业,档案学专业毕业生除了小部分进入档案馆外,大部分到各种类型的公司企业就业。

LIS 专业的博士毕业生的就业特点较为单一,除了极少一部分进入图书情报档案机构工作外,其他大部分进入各个高校从事教学研究工作或者通过公务员考试、事业单位考试进入行政机关和事业单位工作。

同样的,国外 iSchools 成员学校的毕业生将所学的知识和技能

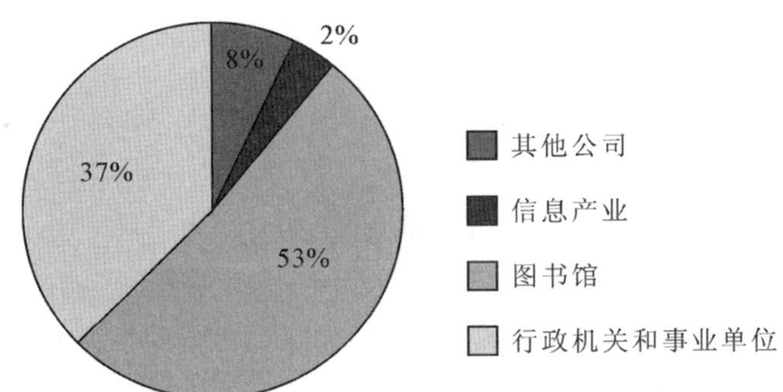

图 5-12 武汉大学 2010—2011 届图书馆学硕士毕业生就业领域分布

应用到文化、商业、教育、信息技术等更加广阔的信息环境中去,以满足人们不断增长的信息需求,其就业领域并不局限于图书馆,而是扩展到档案管理,信息管理、咨询与服务,信息系统,数据库,多媒体,网络通信,网站开发,软件开发等领域。由此可见,图书馆已经不是 LIS 专业毕业生工作的唯一选择。这种多样化的就业领域不仅缓解了就业压力,而且为毕业生提供了更广阔的发展平台和光明的职业前景。

5.6.2.2 工作岗位

各个行业都有与信息相关的工作岗位,对毕业生就业的行业划分只能从整体上反映出图书情报档案专业毕业生在不同领域的分布特点,但是,具体到毕业生的工作岗位和所从事的工作内容与信息的关系,还需要通过对毕业生的追踪调查才能实现。笔者直接运用问卷星对回收的 302 份问卷进行分析,把“最后获得的图书情报档案(信息管理)类学位”和“目前从事的工作与‘信息’类专业知识是否有关系”两道问题的选项分别进行排列组合作为检索条件,得出结论见图 5-13。

从整体上看,图书情报档案专业毕业生目前从事的工作内容很大程度上都与“信息”类专业知识相关,一半以上的毕业生从事的工作与信息有着很密切的关系。同时,工作内容与信息相关程度在不同学历的 LIS 专业毕业生中的分布与就业领域的分布状况大致相

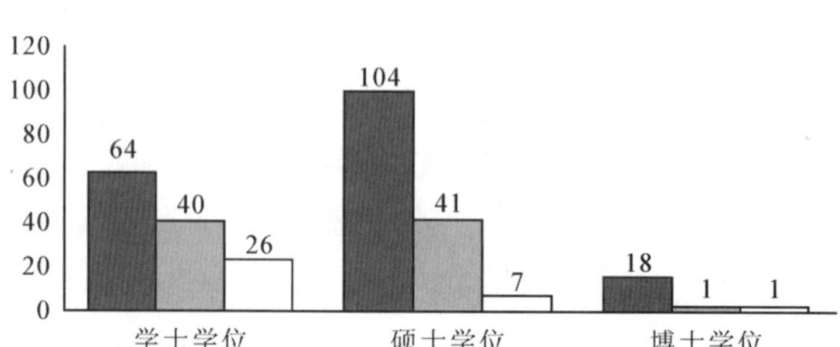

图 5-13　国内 LIS 专业毕业生从事工作与“信息”类专业知识的相关程度

同，只获得 LIS 专业学士学位的毕业生的工作岗位分散在信息类和信息类之外的各个行业，硕士学位和博士学位的毕业生多集中于信息类的岗位，从事与信息有关的工作。

5.6.2.3　求职时长

毕业生求职时长可以反映出毕业生的知识结构和专业技能适应社会需求的程度。根据教学单位在调查问卷中提供的数据，近三年 LIS 专业毕业生大部分在毕业前确定了工作，尤其是硕士毕业生和博士毕业生，这一比例平均高达 80%以上，毕业 3 个月之内落实工作的比例接近 100%。对于本科毕业生，不同学校的具体情况存在着差异：武汉大学、安徽大学图书情报档案专业毕业生在毕业前确定工作的人数比例高达 92%以上；中山大学、西北大学、南京农业大学图书情报档案专业毕业生在毕业前确定工作的人数比例约为 80%，在毕业 3 个月内确定工作的人数比例超过 90%；云南大学、黑龙江大学和苏州大学图书情报档案专业毕业生在毕业前找到工作的人数比例约为一半，其余毕业生基本在毕业 6 个月之内确定工作。

从对国外 iSchools 几个院校的调查数据可以看出，毕业生求职时长比较短，基本上在 6 个月内可以找到工作，一半以上的学生在 3 个月内就找到了工作。不仅如此，许多学生在校期间就解决了就业问题。作为图书情报专业改革和发展的领航者，iSchools 成员院校的毕业生求职时长比美国所有图书情报学院的毕业生的平均求职时长

要短。根据LJ's Placements & Salaries Survey 2011的数据，美国38所LIS学院的应届毕业生找到第一份工作的平均时长超过5个月。此外，学院毕业生根据所学专业的不同，在求职时长中也相应地显示出专业化特征。与计算机技术关系较为密切的专业求职时长较短。iSchools学院以社会需求为导向，面向社会各个信息部门，培养具有扎实职业信息能力的人才。学生宽阔的就业面和扎实的专业技能是缩短就业时长的主要原因。

5.6.3 LIS专业毕业生对专业教育的反思

为了了解LIS专业毕业生对图书情报教育培养目标的看法以及对在校学习期间专业教育的课程设置、培养方式等问题的评价，笔者对图书情报档案专业毕业生进行了追踪调查。本次调查共回收有效问卷302份，参与调查的毕业生毕业于武汉大学、中山大学、郑州大学、湘潭大学等30多所学校，其中最后获得的图书情报档案（信息管理）类学位为学士学位的有130人，硕士学位有152人，博士学位有20人，获得以上学位的时间主要集中在近5年。

5.6.3.1 对职业能力与学校培养目标的认识

参与追踪调查的LIS专业毕业生中，将近2/3都认为图书情报教育应该面向更宽广的信息职业培养人才。而LIS专业毕业生想要适应更宽广的信息职业，就必须具有相应的职业能力。信息领域的职业能力主要体现在专业理论知识、专业实践技能、计算机技能、外语能力、职业价值观、知识创新能力、科学研究能力、团队合作能力、组织协调能力等方面。在本次调查中，图书情报档案专业毕业生根据个人的求职经历和工作经验，对不同职业能力的重要程度进行排序，各个选项的平均综合得分见图5-14，计算方法为：选项平均综合得分=（Σ 频数×权值）/本题填写人次（权值由选项被排列的位置决定）。

从统计结果可以看出，无论信息领域的工作内容和工作方式如何发生变化，专业实践技能的培养和专业理论知识的教育都仍然是图书情报教育的重中之重，这是图书情报档案专业学生参与职业竞争的核心优势，对提高图书情报档案专业毕业生的职业竞争力有着

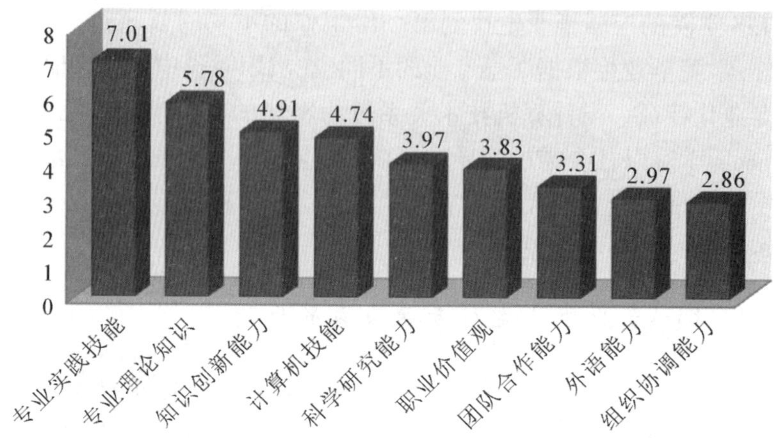

图 5-14　国内信息领域不同职业能力的平均综合得分

重要的影响。同时，图书情报教育也应该适应信息技术迅速发展引起的职业环境变化，注重培养学生的知识创新能力和前沿的计算机技能，引导学生树立正确的职业价值观。只有这样，图书情报档案专业毕业生才能在更宽广的信息职业有更强的竞争力。

5.6.3.2　对课程设置的反思

课程学习是图书情报教育的主要内容和基本形式，课程内容的设置直接影响着学生的知识结构，从而影响毕业生的职业能力。在本次调查中，毕业生将对目前工作帮助最大的图书情报专业课程进行了排序，排名前三位的分别是信息检索类、信息组织类和信息服务类的课程。另外，也有不少毕业生表示相当一部分知识都已过时失效，对目前的工作并无帮助，反而是信息意识、自学能力和行业归属感对工作的开展有着重要的意义。从毕业生对在校学过的图书馆学情报学课程的评价统计结果（表 5-25）可以看出，目前国内图书馆学情报学专业教育中的课程设置还是存在着很多问题：首先，课程体系与信息社会脱节，有关信息技术方面的课程还相对较少，对变化的技术环境关注还不够，没有把现代信息技术与图书馆学相结合，不能适应社会发展需要；其次，课程内容滞后于学科发展，不能全面地涵盖学科中的新技术、新概念、新方法，没有及时将学科发展最前沿的知识融进教学内容；最后，理论课程偏多，缺乏与实践教学的结合，对技术与方法的实际应用讲授较少，学生实际操作能力不强。这些都导致毕业生在工作中不能很好地发挥其信息方面的优势，不能适应新的信息职业的要求。

表 5-25　**毕业生对在校学过的图书馆学情报学课程的评价**

选　项	很满意	满意	一般	不满意	很不满意
课程数量学时设置合适	29（9.6%）	131（43.4%）	119（39.4%）	15（5.0%）	8（2.7%）
课程体系结构合理	26（8.6%）	107（35.4%）	125（41.4%）	35（11.6%）	9（3.0%）
课程设置适应社会发展需要	20（6.6%）	76（25.2%）	136（45.0%）	52（17.2%）	18（6.0%）
课程内容较为前沿，面向未来	30（9.9%）	86（28.5%）	124（41.1%）	45（14.9%）	17（5.6%）
理论课程与实践相结合	19（6.3%）	68（22.5%）	147（48.7%）	48（15.9）	20（6.6%）
学科之间联系紧密	25（8.3%）	102（33.8%）	132（43.7%）	34（11.3%）	9（3.0%）

对比美国 iSchools 联盟院校开设的课程，其数量大，课程体系较完善，覆盖多个专业知识门类，且各院校虽课程体系侧重点略有不同，但大部分院校较为重视信息资源与服务、信息技术支持、信息理论与方法类课程的设置，值得我国高校借鉴学习。

5.6.3.3　对培养方式的反思

在本次调查中，毕业生还对所在学校的人才培养方式进行了评价，根据统计结果（见表 5-26），目前国内高校图书情报专业人才培养方式还是存在着一些亟待解决的问题。首先，课程考核以论文为主，方式较为单一，对实验教学的重视不够，偏重理论而轻视实践，不利于提高学生的技术操作水平和实际工作能力，使所学知识难以学以致用。其次,学院与各种类型的信息机构的合作不够密切,没有把课堂教学与学生实习、合作研究等多种方式相结合,即使部分学校安排学生毕业实习,也由于实习时间较短、渠道单一、考核方式不够严格等原因,使学生没有很好地将课堂中所学的知识应用到实际工作中,没有达到通过实习增强学生实践能力的目的。最后,图书情报专业教育的跨学科性不明显,大部分学生的学科背景比较单一,无法在其他领域开展相关工作,不能满足信息社会对复合型人才的要求,这样就不利于全面提升学生的信息职业素养和职业竞争力,不利于毕业生面向更宽广的信息职业就业。

表 5-26　　**毕业生对所在学校人才培养方式的评价**

选　项	很满意	满意	一般	不满意	很不满意
理论课程与技术操作相结合,实践教学内容丰富	22 (7.3%)	101 (33.4%)	130 (43.1%)	34 (11.3%)	15 (5.0%)
安排学生在各类信息机构实习,注意培养学生动手能力	21 (7.0%)	72 (23.9%)	134 (44.4%)	61 (20.2%)	14 (4.7%)
鼓励学生开展科研活动	47 (15.6%)	118 (39.1%)	100 (33.1%)	27 (8.9%)	10 (3.3%)
设置双学位,鼓励跨学科学习	33 (11.0%)	90 (30.0%)	114 (37.8%)	51 (16.9%)	14 (4.7%)
鼓励学生参加多样化的社团活动,培养学生的综合能力	33 (11.0%)	104 (34.4%)	127 (42.1%)	28 (9.3%)	10 (3.3%)

与我国偏重理论而轻视实践的培养方式不同,美国 iSchools 较重视专题研讨、自主学习和文献阅读类课程的开设,该类别下共包含 180 门课程,涵盖课程数排名第四,仅次于信息资源与服务类、信息技术支持类以及信息理论与方法类。此外,每个美国 iSchool 院校都开设有至少 1 门以上的实习实践课,帮助学生了解图书情报工作的实际情况,更加有利于学生的综合发展与求职就业。

第 6 章　iSchools 对国内外信息领域的影响

iSchools 运动,2003 年由美国 7 所著名的图书馆学情报学院的院长发起;次年,19 所美国 LIS 学院及与 LIS 有关的学院共同创建了 iSchools 联盟。联盟章程规定,联盟成员不超过 25 个。然而到本课题申报时的 2011 年,联盟成员已发展到 32 个,分布在美洲、欧洲和亚洲。而到 2014 年 9 月,iSchools 联盟成员已达 59 个。增长之快,令人瞩目。十余年来,iSchools 运动风生水起,iSchools 的理念被越来越多的人们所了解和接受,iSchools 的实践在国内外图书情报教育界产生了广泛而重要的影响。更为引人关注的是,iSchools 运动的迅速发展,不仅带来了 LIS 教育领域的巨大变革,而且对国内外信息领域,包括图书情报界、档案界、IT 界、政府信息管理、企业信息管理等信息链上的不同环节都产生了不同程度的影响。本节将主要通过问卷调查和网络调查的方式,分析 iSchools 运动对国内外信息领域职业、信息领域专业人才培养、信息领域学科建设与研究,以及对传统图书情报学院的影响,探讨其影响的深度和广度。希望通过这一研究,有助于人们进一步认识和理解 iSchools 的理念,推动 iSchools 运动在我国的发展,促进信息领域的教育和研究的变革与发展。

6.1 iSchools 对国内外信息领域职业的影响

iSchools 的重要理念是摆脱“图书馆机构为主体”，迈向“以信息为中心”的发展道路。本研究将信息职业定位在图书情报档案领域、政府信息管理领域、非营利机构信息管理领域、企业信息管理领域等与信息内容采集、加工、开发与利用、服务有关的职业，分析 iSchools 运动下信息领域的职业特点与职业需求。

6.1.1 iSchool 影响下国内外信息管理领域相关岗位信息汇总

在国内外大型招聘网站(如国内的智联招聘、全国大学生就业一站式服务平台等及国外的 Monster、ALA JobList 等)进行检索,检索时间为 2014 年 9 月 17 日,关键词为“信息管理”“数据管理”“图书馆学”“Information Management”“Information Technology”“Data Management”“Information Science”等,以获取信息管理领域相关岗位信息,同时调查 iSchools 成员院校公布的有关职业信息,将两者汇总,见表 6-1。

6.1.2 对图书情报档案领域的影响

6.1.2.1 图书情报档案单位的信息管理领域相关岗位

通过对国内外大型招聘网站(如国内的智联招聘、全国大学生就业一站式服务平台等及国外的 Monster、ALA JobList 等)以及 iSchools 成员院校公布的有关图书情报档案领域的就业信息的收集整理,并结合表 6-1 汇总出图书馆、情报研究所、档案馆的相关信息管理领域相关岗位信息,见表 6-2。

表 6-1 **iSchools 运动影响下国内外信息管理领域相关岗位信息**

相关岗位	招聘信息(单位:条)		招聘单位	学历要求	主要专业要求
	国内	国外			
信息搜集与组织类	信息采集(128)、信息开发(174)	Information Management(224)、Information Organization/Organizing(66)、Information Development(12)、Information Processing(155)、Intelligence Management/Analysis(463)	图书档案情报领域(图书馆、档案馆、情报研究机构)、政府单位、事业单位、非营利性组织、上市公司、IT 企业、金融业、国企、民营/私企等	·本科/学士或同等学历 ·硕士或同等学历 ·博士及以上	图书馆学、档案学、情报学、图书情报学、信息系统、信息管理、计算机科学、数学、统计学、信息科学、管理科学等
档案保管类	文秘/档案管理(2121)、图书管理(27)	Archive(4)、Registry Officer(78)、Librarian(24)			
信息系统/技术类	信息系统(1661)、信息技术(6187)	Information System(20)、Information Technology(271)			
数据库/数据管理类	数据库(4287)、数据筛选(10)、数据统计(1549)、数据分析(2103)、数据整理(226)、数据挖掘(237)、数据录入(263)、数据采集(185)	Database(727)、Data Management(63)、Data Mining(17)、Data Analysis(21)、Data Collector(16)、Data Entry(398)			
其他信息服务类	信息安全服务(486)、信息咨询(4704)、信息用户服务(103)	Information Safety/Security(200)、Information Consultant(570)、User Service(177)			

表 6-2　**图书情报档案单位的信息管理领域相关岗位信息**

信息管理领域相关岗位	岗位职责
信息处理与组织类	对信息或档案进行整理、分类、标引、更新以及组织
档案保存与管理类	对单位相关纸质档案与电子档案的管理、审核
信息系统/技术类	开发、管理信息系统、数据库等,维护、更新数据
信息咨询类	开展相关的信息咨询服务
学科馆员类	从事特定学科信息资源建设、提供学科信息服务等
其他信息服务类	从事信息检索、信息发布等服务活动

6.1.2.2　图书情报档案领域信息职业特点及人才需求

下文将列举几则有关图书情报档案领域相关信息职业岗位的招聘启事(见表 6-3),以初步了解这三大领域对信息职业人才的需求。

表 6-3　**图书情报档案领域典型招聘启事**

岗位	招聘单位	岗位描述	岗位要求
数字项目馆员①	卫斯理大学图书馆	负责图书馆数字实验室项目,为学校师生的科研提供数字化馆藏,开发和维护数字化资源	·图书馆学硕士学位 ·有图书馆系统的工作经验,处理馆藏或档案的经验,解决数字化版权和隐私问题的经验 ·沟通合作能力、管理能力、创新能力等

① Wesleyan University. Digital Projects Librarian [EB/OL]. SOMMONS. [2014-09-20]. http://simmons.edu/slis/for/current/careers/jobline/2014/09/digital-projects-librarian-wesleyan-university-middletown-ct.php.

续表

岗位	招聘单位	岗位描述	岗位要求
电子记录档案员①	阿拉巴马州档案与历史部门	对具有法律、历史、证据、研究或行政价值的数字化产品和成像记录进行采集、鉴定、描述、管理等	·档案学/图书馆学/信息科学等相关专业，硕士学位优先 ·在档案馆工作的经验，数字化项目管理经验 ·阅读能力、协作能力、表达能力等
科技信息资源管理②	广东省科学技术情报研究所信息资源中心	从事文献计量、文献分析报告、数据挖掘、信息管理等工作	·硕士及以上，情报学、管理科学与工程、计算机软件与理论、计算机应用技术类专业 ·要求具有文献计量、数据挖掘与研究分析、信息系统开发及管理能力，对科技工作有一定了解 ·具备岗位所需的业务知识和良好的文字、口头表达能力以及组织协调能力

iSchools 院校以培养新型信息职业人才为其重要目标之一，iSchools 院校借助对现代信息职业的理解设置教学课程，课程教学目标与人才培养目标紧密联系。本研究在调查分析各大招聘网站信息的同时，还对 iSchools 院校设置的相关课程目标进行分析，进而总结

① Alabama Department of Archives and History. Electronic Records Archivist[EB/OL].SIMMONS.[2014-09-20].http://simmons.edu/slis/for/current/careers/jobline/2014/09/electronic-records-archivist-alabama-department-of-archives-and-history-montgomery-al.php.

② 广东省科学技术情报研究所 2014 招聘[EB/OL].应届生.[2014-09-20].http://www.yingjiesheng.com/job-001-779-933.html? qq-pf-to=pcqq.c2c.

出图书情报档案领域信息职业的特点和人才需求,见表 6-4。

表 6-4　　图书情报档案领域信息职业人才需求

调查项目	图书馆	情报研究所	档案馆
专业背景	图书馆学、档案学、信息管理、图书情报 跨学科专业知识(如法学、历史学、医学、理学、计算机、心理学等)	情报学、信息管理、信息系统、图书情报 跨学科专业知识(如管理学、统计学、数学等)	档案学、信息管理、图书情报、图书馆学 跨学科专业知识(管理学、文学、哲学、法学等)
学历要求	本科及以上学历,多要求硕士学历		
基本能力	沟通协调能力、团队合作能力、写作/文字表达能力、时间管理能力、独立能力、学习创新能力、人际交往能力		
专业技能	信息获取、信息检索、信息分析、信息评估、信息分类整理、图书情报理论、档案管理理论、情报分析处理、IT 和数字素养(数据库、计算机及互联网技术、搜索引擎等)		

结合表 6-3 的几则招聘启事信息及表 6-4 的分析,图书情报档案领域信息职业的特点主要有:

①学历要求较高,注重跨学科专业知识。

在所收集的招聘信息中,绝大多数单位对学历要求为本科及以上学历,而在国外招聘信息中对学历要求多为硕士,可见,图书情报档案领域的信息职业已趋向高学历化。在专业背景方面,招聘单位的要求都涉及图书馆学、情报学、档案学、信息管理、信息系统等基本的专业知识背景,同时鉴于信息化、数字化的发展,招聘单位还注重相关岗位的人才具备跨学科专业知识,如具备计算机、统计学、哲学等专业知识,而对于学科馆员类的职位,更是要求具备相关专业如医学、生命科学、化学等知识。

②重视人才的基本能力。

对人才的基本能力,无论是传统招聘还是现代信息化环境下的

招聘，图书情报档案领域相关信息职业都十分重视。沟通协调、团队合作、人际交往能力是基础，能实现与单位内部人员及用户的沟通、合作；写作/文字表达能力包括报告、宣传资料、方案等的撰写、分析能力；学习创新能力主要是使信息人才吸收新知识、形成新知识的能力；时间管理能力和独立能力则是指能够独立、按时完成工作任务的能力。这些基本能力仍受到招聘单位的重视。

③专业技能趋向信息化、数字化专业技能。

除了传统的专业技能，如信息管理（包括图书管理、档案管理及其他信息资源的管理）、信息分类处理（如图书编目、信息分类等）、信息检索等，招聘单位还对 IT 技术和数字素养提出要求，即能够运用计算机、互联网、数据库等信息技术对图书/档案/信息资源进行数字化建设和管理，熟练掌握与图书、情报、档案等信息资源相关的软件的操作，这与信息资源数字化的发展趋势相符。

6.1.3 对政府信息管理领域的影响

6.1.3.1 政府信息管理领域相关岗位

从国内外政府部门网站的人才招聘板块搜集与政府信息管理领域职业相关的信息，结合表 6-1 汇总出政府管理部门和政府信息中心的信息职业的信息，如表 6-5 所示。

表 6-5 **政府信息管理领域相关岗位信息**

信息管理领域相关岗位	岗位职责
文秘/行政助理	从事文书、秘书事务工作，进行信息宣传、文秘服务、日常办公管理或者协助完成行政管理任务
档案保存与管理类	对政府相关纸质档案与电子档案的管理、审核
信息系统/技术类	政府网页维护、数据库更新等
信息咨询类	开展相关的政府信息咨询服务
信息处理与发布类	从事政府信息分析、信息发布等

6.1.3.2　政府信息管理领域信息职业特点及人才需求

为了初步了解政府信息管理领域对相关信息职业人才的需求，本研究首先调查了各大政府部门网站的人才招聘信息，选取其中两则典型招聘启事进行了解(见表 6-6)。

表 6-6　　　　**政府信息管理领域典型招聘启事**

岗位	招聘单位	岗位描述	岗位要求
政务研究岗①	国家信息中心网络政府研究中心	国内外电子政务前沿跟踪、政府网站用户行为建模、互联网舆情分析、政府规划文件起草、互联网治理创新理论研究，承担各类政策性文件起草、项目文档撰写等工作	· 在北京 211 高校博士生或优秀硕士生，政府管理、信息管理、社会科学相关专业均可(具有文理科交叉教育背景或有志从事政府互联网大数据分析工作更佳) · 文字功底扎实、表达能力较强，有独立开展学术研究的能力 · 具有参与政府管理或信息管理等领域科研项目经验者，或在相关领域发表高水平学术文章者优先
税务所科员②	上海市国家税务局	税收行政政务、文字综合、人力资源管理及档案管理等	· 中国语言文学，图书馆、情报与档案管理，新闻学，企业管理专业要求 · 政治素质过硬

根据政府招聘信息及表 6-6 总结政府信息管理领域信息职业特点与人才需求，见表 6-7。

① 国家信息中心网络政府研究中心招聘[EB/OL].[2014-09-20].http://www.yingjiesheng.com/job-001-777-734.html.

② 2014 国家公务员考试职位表[EB/OL].公务员考试.[2014-09-20].http://www.offcn.com/dl/2013/1015/20131015034206405.rar.

表 6-7 政府信息管理领域信息职业人才需求

调查项目	政府管理部门	政府信息中心
专业背景	图书馆学、档案学 其他专业背景(如政府管理、社会科学等)	情报学、图书情报、图书馆学 其他专业背景(如计算机科学、数学等)
学历要求	本科及以上学历	
基本能力	团队合作能力、写作/文字表达能力、学习创新能力、人际交往能力	
专业技能	信息分析、信息评估、信息分类整理、图书情报理论、档案管理理论、情报分析处理、计算机及互联网技术	

结合政府招聘信息及表 6-7 的总结,伴随政府信息公开及政务信息数字化,政府信息管理部门相关信息职业呈现出新的特点,主要有:

①专业背景呈现多样化,强调跨学科或交叉学科背景。

对于传统意义上的档案管理类、信息咨询类、部分文秘/行政助理类的岗位,政府信息管理领域的信息职业专业背景要求是图书馆学或档案学,在其他相关信息职业,如信息系统/技术类岗位,对能够进行数据分析或政务信息分析的人才需要有其他专业背景,如计算机科学、数学、社会科学等。可见,政府信息管理领域信息职业的专业背景趋向多样化,强调跨学科背景。

②注重实际工作的专业技能。

总体上看,政府信息管理领域对宏观环境信息需求较大,这些信息涵盖国家政策走向、社会人文信息等,需要搜集社会发展状况、经济运行等信息,以制定政府政策、进行国家决策和政策发布等工作,因此,在对信息职业人才需求上较为注重与这些工作密切相关的信息分析、信息评估、信息分类和整理等专业技能,且多要求有相关岗位的工作经验。

6.1.4　对非营利机构信息管理领域的影响

6.1.4.1　非营利机构信息管理领域相关岗位

通过获取国内外非营利机构(包括公益性组织、事业单位等)网站的人才招聘信息,结合表 6-1 汇总出非营利机构信息管理领域相关岗位的信息,如表 6-8 所示。

表 6-8　　非营利机构信息管理领域相关岗位信息

信息职业相关岗位	岗位职责
文秘/行政助理	从事文书、秘书事务工作,进行信息宣传、文秘服务、日常办公管理,协助行政经理完成相关行政管理基础任务
档案保存与管理类	对机构内部相关纸质档案与电子档案的管理、审核、保存
信息系统/技术类	信息安全、数据库、信息系统等开发、维护、管理相关工作
信息处理与利用类	开展对信息数据进行处理、分类、组织、检索等工作

6.1.4.2　非营利机构信息管理领域职业特点及人才需求

为初步了解非营利机构信息管理领域对相关信息职业人才的需求,本研究选取了国内外两则典型的事业单位和公益性组织的招聘启事进行调查(见表 6-9)。

结合各大招聘信息和表 6-8、表 6-9 的分析,总结非营利机构信息管理领域信息职业特点,主要有:①文秘/行政助理类、档案保存与管理类岗位需求仍属于硬性需求,且这些岗位所需人才主要来自本科学历及以上的图书馆学、档案学专业人员,信息处理与利用类、信息系统/技术类岗位则对信息系统、计算机科学等专业要求较高,体现了信息管理方面与计算机科学等学科交叉的特点。②对所需人才应具备的专业技能要求侧重于熟练掌握信息系统、信息技术的开发、

表 6-9 **非营利机构信息管理领域典型招聘启事**

岗位	招聘单位	岗位描述	岗位要求
信息系统安全专家①	Noblis(非营利科学、技术和战略组织)	开发和审查安全授权文件(系统描述文档、系统安全计划、系统应急预案、系统安全风险评估、系统安全测试计划和测试结果报告等);提供信息系统安全指导服务;审查白皮书、标准、安全策略、行业最佳实践,确保专业机构符合新的安全需求	· 信息系统或相关专业学士学位 · 3—5 年在信息系统、信息系统安全领域的工作经验;至少 3 年的专业安全授权或联邦政府机构认证经历 · 对新兴安全技术、标准、政府指导/要求等有高度敏感性 · 写作、编辑、沟通和团队协作能力
人力资源、档案管理②	广东省博物馆	专业技术岗位,负责人力资源管理及档案管理等	· 人力资源管理、经济学、档案学专业,本科学历及以上 · 理论基础厚,实践能力强

维护、管理等方面技能,倾向于计算机科学领域,而文科类信息管理技能主要是文职类岗位人才所需。

6.1.5 对企业信息管理领域的影响

6.1.5.1 企业信息管理领域相关岗位

根据 iSchools 成员各大院校发布的学生就业报告,企业已经成

① Information Systems Security Specialist[EB/OL].Noblis.[2014-09-20].https://jobs-noblis.icims.com/jobs/3459/information-systems-security-specialist/job.

② 广东省博物馆 2014 年公开招聘 17 名工作人员公告[EB/OL].硕博英才网.[2014-09-20].http://www.shuobojob.com/sydw/gd/2014/0604/5707.html.

为 iSchools 院校培养学生的主要就业领域,其中多为 IT 企业、信息咨询企业等。以这些就业报告为基础并结合表 6-1 及企业单位的招聘信息,在企业信息管理领域设置的相关岗位如表 6-10 所示。

表 6-10　　企业信息管理领域相关岗位信息

信息职业相关岗位	岗位职责
档案保存与管理类	对企业单位内部相关档案管理、审核、保存
信息处理与分析类	对信息/情报的搜集、分析,进行市场分析等
信息系统/技术类	IT 专家,提供存储服务、系统安全、数据管理、数据库服务等
信息咨询类	负责企业的业务咨询、客户咨询、战略顾问等工作
其他信息服务类	项目管理、人力资源管理、业务信息管理

6.1.5.2 企业信息管理领域职业特点及人才需求

下文将列举几则国内外著名 IT 企业、金融业、咨询业等单位的招聘启事,以初步了解这些单位对信息职业人才的需求情况(见表 6-11)。

表 6-11　　企业信息管理领域典型招聘启事

岗位	招聘单位	岗位描述	岗位要求
数据库管理员①	IBM	数据库管理(数据库创建、修改、删除、备份、恢复),数据库问题解决,数据库评估	·学士学位,信息技术类优先 ·至少 2 年以上的数据库管理经验(DB2 和 Oracle) ·英语流利

① IBM.SSO(GDF)-Database Administrator[EB/OL].IBM.[2014-09-20].https://jobs3.netmedia1.com/cp/faces/job_summary? job_id=ITD-0692573.

续表

岗位	招聘单位	岗位描述	岗位要求
大数据实验室（业务应用方向）①	招商银行	负责探索和识别大数据技术业务应用场景；负责研究大数据技术在招商银行不同业务场景中的应用；负责与研发中心、业务部门共同探索和发掘大数据的业务应用热点，协助和推进应用项目的实施；负责组织大数据技术应用案例和成果的推广、分享与培训	· 本科及以上学历，金融、数学、统计或计算机相关专业背景 · 具备银行或金融业从业经验 · 对大数据技术有较深入的理解，对数据分析、数据挖掘有浓厚的兴趣 · 撰写能力、逻辑分析能力、协调执行能力、团队合作精神
高级顾问/分析师②	德勤（Deloitte）	负责信息管理服务、信息安全管理、隐私管理等方面的咨询业务； 帮助客户设计风险管理框架，解决系统安全性和优化操作的问题	· 本科及以上，计算机科学、信息技术、信息安全或其他相关学科 · 在信息安全管理领域有工作经验 · 分析能力，优质的客户服务，沟通协调和团队合作能力，商务写作能力

① 招商银行大数据实验室（业务应用方向）招聘[EB/OL].Careerbuilder.[2014-09-20].http://www.careerbuilder.com.cn/jobs/j3j0r362jvl1r0v33h2? IPath=QHKV&APath=2.21.0.0.0.

② Deloitte-Senior Consultant/Consultant / Analyst-Security &Privacy [EB/OL]. Careerbuilder. [2014-09-20]. http://www.careerbuilder.com.cn/jobs/j3j3d66lj41t93pmlxb? IPath=JRTV&APath=2.21.0.0.0.

据此,本研究总结的企业信息管理领域信息职业的人才需求如表 6-12 所示。企业信息管理领域职业最大的特点主要是对具有理科专业背景(信息科学、计算机科学、数学等)的人才需求量较大;企业对行业相关信息、竞争对手信息、单位本身信息、客户和供应商信息的需求量较大,因而对于信息收集、整理、分析、发布及市场调研、分析等的专业技能较为看重,要求人员应具有数据挖掘、信息处理分析能力,同时熟练使用各种信息检索工具和掌握检索技巧。

表 6-12　　**企业信息管理领域信息职业人才需求**

调查项目	IT 企业、金融业、咨询业
专业背景	信息科学、计算机科学、信息管理、情报学、图书情报、图书馆学、档案学等
学历要求	本科及以上学历
基本能力	团队合作能力、写作/文字表达能力、学习创新能力、人际交往能力、逻辑分析能力
专业技能	信息检索、信息分析、信息评估、信息分类整理、图书情报理论、档案管理理论、情报分析处理、计算机及互联网技术、市场调研分析、数据挖掘和组织

6.1.6　小结

通过上文分析总结,在图书情报档案领域、政府信息管理领域、非营利机构信息管理领域、企业信息管理领域等与信息内容采集、加工、开发与利用、服务有关的职业岗位设置呈现出以下特点:①专业背景范围扩大,涉及图书情报档案领域和计算机科学、数学、统计学等理科领域;②强调沟通协调、团队合作、人际交往能力,同时对学习创新能力、逻辑分析能力等提出要求;③侧重信息检索、信息分析、信息技术等方面的专业技能,强调计算机技术、网络技术及相关分析软件使用的能力;④相关岗位业务的工作经历成为招聘

单位招收人才的参考因素之一,同时对外语(如英语)的要求也在提高。

6.2 iSchools 对国内外信息领域专业人才培养的影响

iSchools 重视学生教育,注重学生的信息研究与创新能力培养,致力于培养未来的研究者,引领信息职业领域的发展。iSchools 强调要培养适应社会发展、兼具理论与实践知识的信息职业者,突破原有的图书馆主体或情报机构主体的局限性,将图书情报教育定位于信息职业者的培养,除有拓展图书情报专业教育职业取向的功效之外,更确立了一个专业教育的全新形象。本研究分析其对 LIS 专业教育的发展前景的影响,结合上述对信息领域职业影响的分析与职业需求,探讨如何通过教学改革和课程设置方面的创新培养满足信息领域需求的人才。

6.2.1 问卷设计及样本数据获取

6.2.1.1 问卷设计

针对上文提及的调查目的,本项研究将 iSchools 成员院校的学生作为受调查对象,设计了《加入 iSchools 对本院学生的影响》调查问卷(问卷英文版见附录 4,问卷中文版见附录 5)。该问卷共有 8 大题,其中前 4 题收集的是受调查人员的基本资料,后 4 题设计了有关学习、科研、升学深造、就业四大方面的问题,每项大题下细分为 4~7 道小题,采用矩阵量表题的方式,对选项赋分(即强烈不同意,1 分;不同意,2 分;一般,3 分;同意,4 分;强烈同意,5 分)以求取各题选项的平均分,旨在调查和分析 iSchools 运动对相关院校学生产生的具体影响。问卷内容设计见图 6-1。

本问卷的总发放数量为 972 份,回收数量为 105 份,回收率为 10.80%;有效问卷数量为 65 份,英文问卷的回收数量为 75 份,有效英文问卷数量为 35 份。本调查在 iSchools 成员各大院校主页获取学生的 E-mail 地址,采用 E-mail 进行问卷一对一发放,国内采用问卷星、国外使用 SurveyMonkey 进行问卷样本数据的收集,最后使用

Excel 进行集中处理。

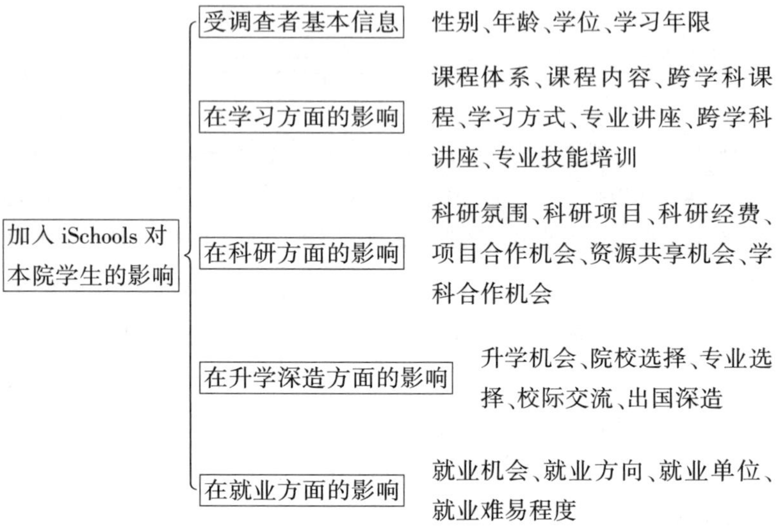

图 6-1　调查问卷(学生)的内容结构

6.2.1.2　调查样本总量

本次对学生调查的有效问卷为 65 份,调查问卷(学生)的样本属性主要体现在关于学生基本信息的四个问题,即性别、年龄、学位、学习年限,其具体调查结果见表 6-13。

表 6-13　**受调查的 iSchools 成员院校学生的基本信息**

	调查项目	数量(单位:人)	比例(基数:65)
性别	男	22	33.8%
	女	43	66.2%
年龄	18 岁以下	0	0%
	18 至 22 岁之间	4	6.2%
	23 至 25 岁之间	30	46.2%
	25 岁以上	31	47.7%

续表

	调查项目	数量(单位:人)	比例(基数:65)
学位	本科生	1	1.5%
	硕士生	30	46.2%
	博士生	33	50.8%
	博士后	1	1.5%
学习年限	1 至 4 年	42	64.6%
	5 至 8 年	22	33.8%
	8 年以上	1	1.5%

从表 6-13 可以看出,受调查的学生的男女比例接近 1∶2;年龄分布上,23 岁到 25 岁之间,25 岁以上的各占近 50%,总和达到 93.9%;学位分布中,硕士生和博士生各占 50%左右,其他学位人数较少;在学习年限中,1 至 4 年的人数较多,达到 64.6%,5 至 8 年的为 33.8%,8 年以上人数较少。综上所述,本次调查所得的样本数据基本符合 iSchools 成员院校学生的总体情况,调查数据是真实可靠的。

6.2.2 对学习方面的影响

6.2.2.1 基本情况

iSchools 重视学生教育,本研究将加入 iSchools 对 iSchools 院校学生学习方面所产生的影响细分为学习体系、学习内容、跨学科课程、学习方式、专业讲座、跨学科讲座、专业技能培养七个方面进行调查,调查所得结果见表 6-14。

表 6-14 **加入 iSchools 后对学生学习方面的影响**

选项 题目	强烈不同意	不同意	一般	同意	强烈同意	平均分	标准差
学院加入 iSchools 给我提供了更完善的课程学习体系	0	5	36	18	6	3.38	0.76

续表

题目 \ 选项	强烈不同意	不同意	一般	同意	强烈同意	平均分	标准差
学院加入 iSchools 给我提供了更丰富的课程学习内容	0	4	33	23	5	3.45	0.72
学院加入 iSchools 给我提供了更多的跨学科课程	1	4	27	22	11	3.58	0.89
学院加入 iSchools 使我的课程学习方式发生了改变	2	4	38	17	4	3.26	0.79
学院加入 iSchools 给我提供了更多的专业讲座	0	4	24	30	7	3.62	0.76
学院加入 iSchools 给我提供了更多的跨学科内容的讲座	1	2	23	32	7	3.65	0.77
学院加入 iSchools 使我获得了更好的专业技能培训	0	6	36	17	6	3.35	0.77

根据表 6-14 数据，本大题的平均分值为 3.47 分，几乎没有人选择“强烈不同意”，说明大多数学生认为学院加入 iSchools 对他们的学习带来了有利的影响，但影响的程度不大，还有很大提升空间。其中，“学院加入 iSchools 给我提供了更多的跨学科课程”“学院加入 iSchools 给我提供了更多的专业讲座”“学院加入 iSchools 给我提供了更多的跨学科内容的讲座”这三项的平均分值都超过了 3.5 分，说明加入 iSchools 对给学生提供听讲座机会以及跨学科学习的机会影响较大。学院加入 iSchools 对学生学习不同方面的影响程度排序如图6-2。表 6-14 的标准差在 0.8 左右浮动，说明受调查的学生在对于“学院加入 iSchools 对学习方面有所影响”这一问题上的看法趋向一致，其意见分歧不大。因此关于 iSchools 运动对学习具体方面的影响的调查所得的结果是真实的。

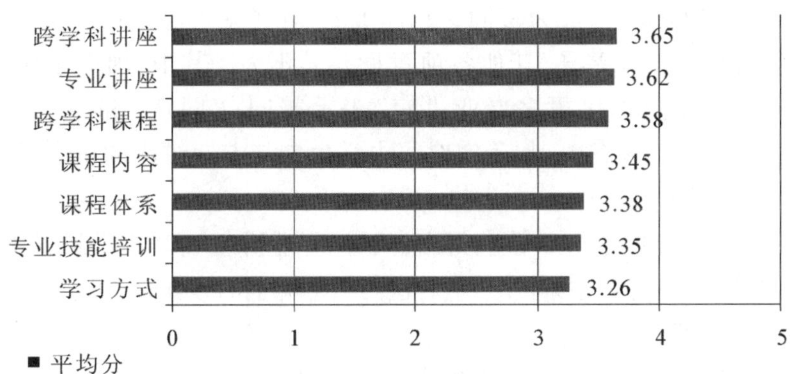

图 6-2 学院加入 iSchools 对学生学习不同方面的影响程度排序(平均分)

6.2.2.2 国内外比较分析

我们回收的问卷中有 35 份来自国外 iSchools 院校的学生,另外 30 份来自国内 iSchools 院校的学生。根据所得数据,对国内外 iSchools 院校学生对“学院加入 iSchools 后对学习产生的影响”这一问题的看法进行对比分析。

根据图 6-3 中的国内外平均分对比可以看出,国内 iSchools 院校的学生对“学院加入 iSchools 给我提供了更多的专业讲座”最为赞

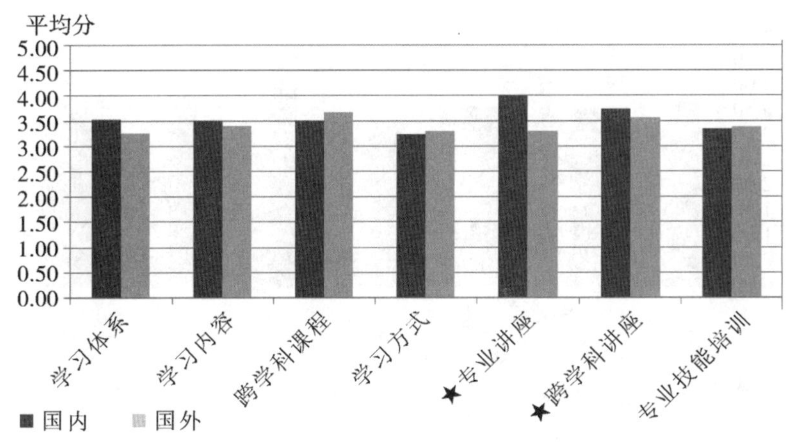

图 6-3 国内外院校学生对加入 iSchools 后对学习产生影响的意见对比

同,而国外 iSchools 院校的学生对"学院加入 iSchools 给我提供了更多的跨学科课程"最为赞同。总体上看,除了对"提供更多专业讲座"的意见稍有差异,其他各项意见差异不大。其中,国内学生有83.33%都对"提供更多专业讲座"表示赞同("同意"和"强烈同意"),说明加入 iSchools 确实对国内学生参与专业讲座的机会带来了一定影响。

运用 SPSS 进行 T 检验得出,只有"专业讲座"和"跨学科讲座"两项 $P<0.05$,表明国内外学生对这两项意见上的差异存在统计学意义上的显著性。

6.2.2.3 硕士生和博士生比较分析

从表 6-13 可以看出,受调查学生中有 30 人为硕士学历,占受调查总人数的 46.2%;33 人为博士学历,占受调查总人数的 50.8%。两者共占总受调查学生的比例达到 97%。因此,我们选取硕士生和博士生二者作为学历对调查结果影响的变量进行对比分析。

从图 6-4 中的平均分可以看出,除了 iSchools 给"跨学科课程"带来的影响出现了反差外,其余都是硕士生认为 iSchools 在学习方面的影响比博士生大。运用 SPSS 进行 T 检验得出,只有"学习体系"和"专业讲座"两项 $P<0.05$,表明硕士生和博士生对这两项意见上的差异存在统计学意义上的显著性。

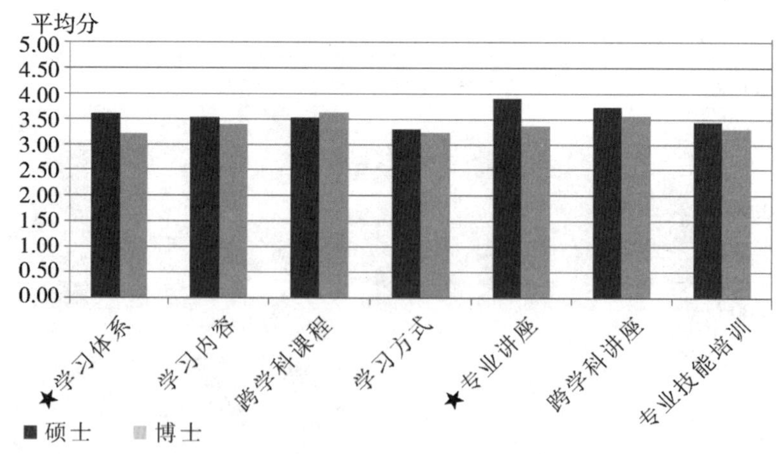

图 6-4 硕士生和博士生对加入 ischools 后对学习产生影响的意见对比

6.2.3 对学生科研的影响

6.2.3.1 基本情况

除了对学习产生影响,对学生来说,学院加入 iSchools,还会对科研产生影响。我们将加入 iSchools 对学生科研产生的影响分为学术科研氛围、科研项目、科研经费、项目合作、资源共享和跨学科合作六个方面进行调查,调查所得结果见表 6-15。

表 6-15 加入 iSchools 后对学生科研方面的影响

题目 \ 选项	强烈不同意	不同意	一般	同意	强烈同意	平均分	标准差
学院加入 iSchools 使我院的学术科研氛围更加浓厚	0	3	21	32	9	3.72	0.75
学院加入 iSchools 给我提供了更多的科研项目	0	10	2	24	7	3.43	0.88
学院加入 iSchools 使我获得了足够的科研经费	3	8	33	19	2	3.14	0.84
学院加入 iSchools 给我带来了更多的项目合作机会	0	5	23	32	5	3.57	0.74
学院加入 iSchools 给我带来了更多的资源共享机会	1	2	20	33	9	3.72	0.79
学院加入 iSchools 给我带来了更多跨学科合作的机会	1	5	22	28	9	3.6	0.87

根据表 6-15 的数据,我们可以看到,这一部分的得分整体相对较高,总平均分达到 3.53 分,是所有影响因素里得分最高的一块。由此可见,学生们对于学院加入 iSchools 给科研带来的影响大多持积极态度。其中,“学院加入 iSchools 使我院的学术科研氛围更加浓

厚”和“学院加入 iSchools 给我带来了更多的资源共享机会”两项更是高达 3.72 分，说明学生们基本同意这两项的内容。整个科研方面得分最低的是科研经费，仅为 3.14 分，说明大多数学生对于目前的科研经费现状不是十分满意，并且对于加入 iSchools 对其带来的影响持中立态度。学院加入 iSchools 对学生科研不同方面的影响程度排序如图 6-5 所示。

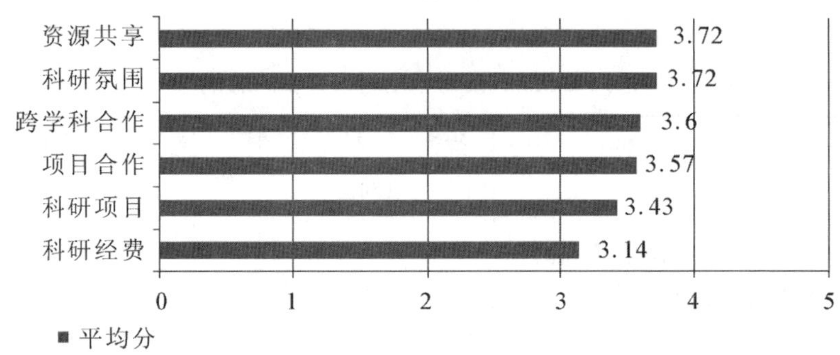

图 6-5　学院加入 iSchools 对学生科研不同方面的影响程度排序(平均分)

6.2.3.2　国内外比较分析

根据图 6-6 中的国内外平均分对比可以看出，对于“学院加入 iSchools 后对学生科研产生的影响”的六个方面，国内外受调查学生的意见差异并不大，整体国内(3.55 分)略高于国外(3.51 分)。说明 iSchool 运动对国内外学生的科学活动确实带来了均等的积极影响，

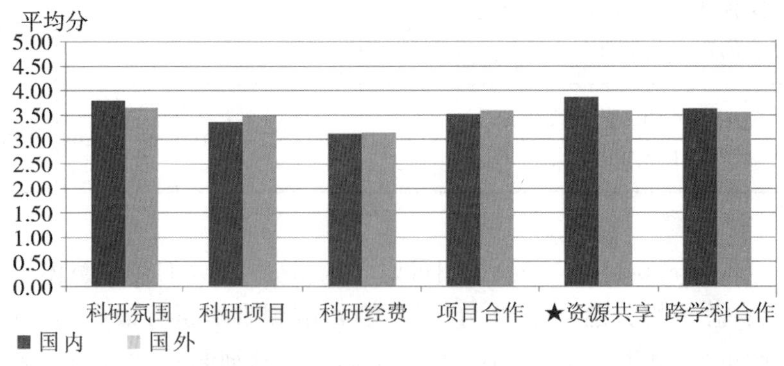

图 6-6　国内外院校学生对加入 iSchools 后对科研产生影响的意见对比

给国内外学生都提供了更好的科研氛围、科研条件和科研机会，也增加了一些跨学科的科研合作。

运用 SPSS 进行 T 检验得出，只有“资源共享”的 $P<0.05$，表明国内外学生对于“学院加入 iSchools 给我带来了更多的资源共享机会”意见上的差异存在统计学意义上的显著性。

6.2.3.3 硕士生和博士生比较分析

从图 6-7 中的平均分可以看出，两组数据基本一致，说明不同学历的学生对学院加入 iSchools 给学生科研带来的影响感知基本相同。仅有“科研项目”和“科研经费”两项上博士生认为的影响比硕士生认为的大，而硕士生认为的 iSchools 对科研氛围与合作的影响比博士生认为的大。其中，对于“科研氛围”和“资源共享”两项，硕士生没有一个人选择“不同意”和“强烈不同意”。

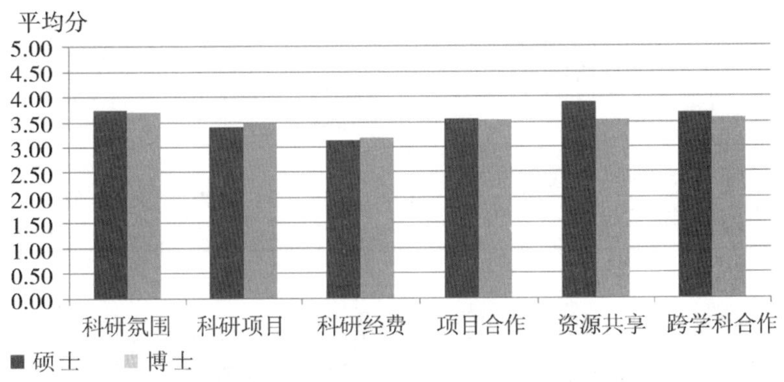

图 6-7 硕士生和博士生对加入 iSchools 后对科研产生影响的意见对比

运用 SPSS 进行 T 检验发现，这一部分的所有选项 P 值均大于 0.05，表明硕士生和博士生对于加入 iSchools 给学校科研带来的影响，从统计学意义上来看差异不显著。

6.2.4 对学生升学、深造的影响

6.2.4.1 基本情况

学生在学校除了学习和科研，还会关注将来的升学、深造情况。

我们将加入 iSchools 对学生升学、深造产生的影响分为升学机会、更好学校、更好专业、校际交流、出国深造五个方面进行调查，调查所得结果见表 6-16。

表 6-16　　**加入 iSchools 后对学生升学、深造方面的影响**

题目＼选项	强烈不同意	不同意	一般	同意	强烈同意	平均分	标准差
学院加入 iSchools 给我提供了更多的升学机会	2	4	31	25	3	3.35	0.79
学院加入 iSchools 使我可以入读更好的学校	1	3	35	21	5	3.40	0.76
学院加入 iSchools 使我可以就读更好的专业	1	7	30	24	3	3.32	0.79
学院加入 iSchools 给我提供了更多的校际交流项目	1	1	30	26	7	3.57	0.76
学院加入 iSchools 给我提供了更多的出国深造机会	0	5	31	20	9	3.51	0.83

根据表 6-16 的数据，我们可以看到，这一部分的标准差范围较小，均在 0.8±0.04 的范围内。可见受调查学生对这一部分五个方面的意见较为一致。其中得分最高的“学院加入 iSchools 给我提供了更多的校际交流项目”达到了 3.57 分，表明学院加入 iSchools 运动使学生们接触了更多相关院校，有机会参加这些院校的交流项目。这也是 iSchools 联盟建立的初衷之一，确实起到了一定效果。而“学院加入 iSchools 使我可以就读更好的专业”则得分最低。iSchools 联盟主要面向图书情报教育，这样的专业定位导致了专业选择面较窄，从而使学生们对学院加入 iSchools 对专业选择的影响感知不多。学院加入 iSchools 对学生升学、深造不同方面的影响程度排序如图 6-8 所示。

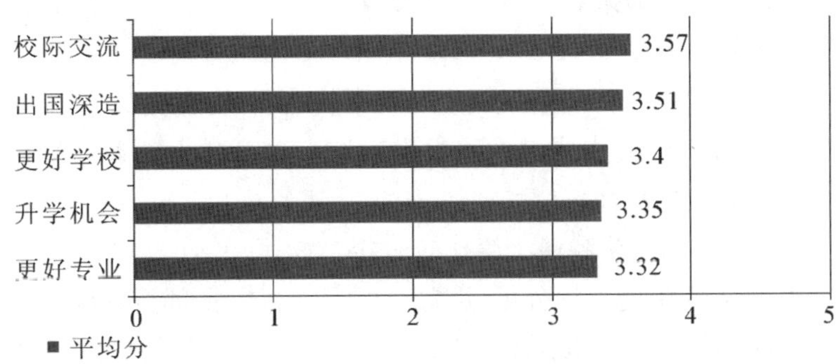

图 6-8 学院加入 iSchools 对学生升学、深造不同方面的影响程度排序(平均分)

6.2.4.2 国内外比较分析

根据图 6-9 的国内外平均分对比可以看出,对于"学院加入 iSchools 后对学生升学、深造产生的影响"的五个方面,国内受调查学生的平均分(3.75 分)明显高于国外受调查学生的平均分(3.16 分),这说明 iSchools 运动对国内学生的升学、深造带来了明显的有利影响,而国外学生则对这一块持中立态度。从图 6-9 中可以看出,得分最高的为"校际交流"和"出国深造"两项。这样的结果一方面是由于国内 iSchools 联盟学校较少,另一方面也是国内出国交流的

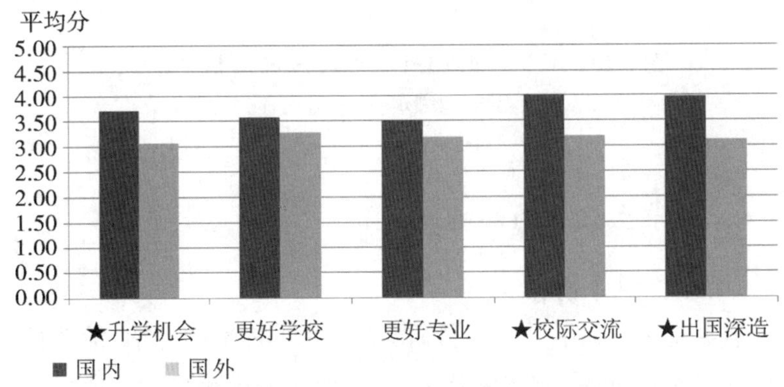

图 6-9 国内外院校学生对加入 iSchools 后对升学、深造产生影响的意见对比

氛围导致的。总体来看,国内学生认为加入 iSchools 联盟给其带来的机会更多。

运用 SPSS 进行 T 检验发现,“升学机会”“校际交流”“出国深造”这三项 $P<0.05$,表明国内外学生对这三项意见上的差异存在统计学意义上的显著性。

6.2.4.3　硕士生和博士生比较分析

从图 6-10 中的平均分可以看出,所有项目数据都显示硕士生认为的影响大于博士生认为的影响。运用 SPSS 进行 T 检验发现,“升学机会”“更好学校”“校际交流”“出国深造”这四项 $P<0.05$,表明硕士生和博士生在这四项意见上的差异存在统计学意义上的显著性,也意味着硕士生和博士生对整个升学、深造部分的意见差异比较大。

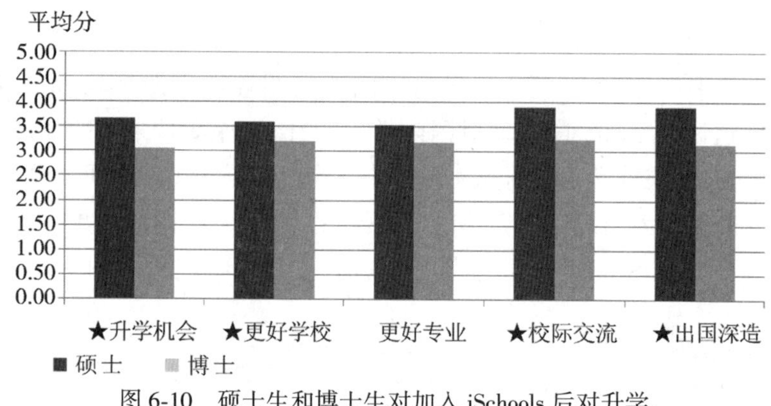

图 6-10　硕士生和博士生对加入 iSchools 后对升学、深造产生影响的意见对比

6.2.5　对学生就业的影响

6.2.5.1　基本情况

学生在学校除了学习和科研,还会关注将来的升学、深造情况。我们将加入 iSchools 对学生升学、深造产生的影响分为就业机会、就业方向、就业单位、就业难度四个方面进行调查,调查所得结果见表 6-17。

表 6-17　　　**加入 iSchools 后对学生就业方面的影响**

题目 \ 选项	强烈不同意	不同意	一般	同意	强烈同意	平均分	标准差
学院加入 iSchools 给我提供了更多的就业机会	0	9	36	16	4	3.23	0.76
学院加入 iSchools 给我提供了更广泛的就业方向	1	9	31	20	4	3.26	0.83
学院加入 iSchools 给我提供了更多可选择的就业单位	1	8	36	16	4	3.22	0.79
学院加入 iSchools 使我更加容易就业	1	10	29	20	5	3.28	0.87

根据表 6-17 的数据,我们可以看到,这一部分的得分整体相对较低,总平均分仅为 3.25 分,是所有影响因素里得分最低的一块。由此可见,学生们对于学院加入 iSchools 给就业带来的影响大多持中立态度,加入 iSchools 给学生就业带来的改变还不是十分明显。关于就业机会和就业单位,有超过半数的学生选择了"一般",说明大部分学生对这两项感知不强烈。学院加入 iSchools 对学生就业不同方面的影响程度排序如图 6-11 所示。

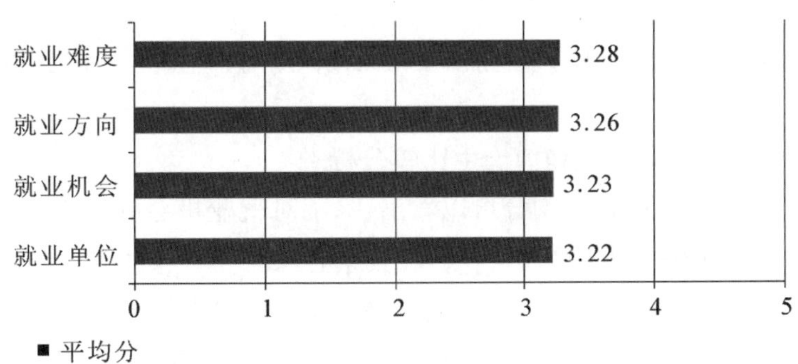

图 6-11　学院加入 iSchools 对学生就业不同方面的影响程度排序(平均分)

6.2.5.2　国内外比较分析

根据图 6-12 中的国内外平均分对比可以看出，对于“学院加入 iSchools 给我提供了更多的就业机会”这一项，国外受调查学生的平均分大幅度超过国内受调查学生的平均分，同时就业方向一项，国外受调查学生的平均分也超过了国内受调查学生平均分。这样的现象一定程度上是因为国内企业更看重专业对口，导致就业面窄、机会不多，但无论是国内还是国外，整体平均分都不高，这也说明了加入 iSchools 在对学生就业的影响上，还有很大发展空间。另外，国内学生对于“学院加入 iSchools 使我更加容易就业”的态度要比国外学生乐观，也反应了国内学生对于学院加入 iSchools 后的前景比较看好。

运用 SPSS 进行 T 检验发现，这一部分的所有选项 P 值均大于 0.05，表明国内外学生对于加入 iSchools 给学生就业带来的影响，从统计学意义上来看差异不显著。

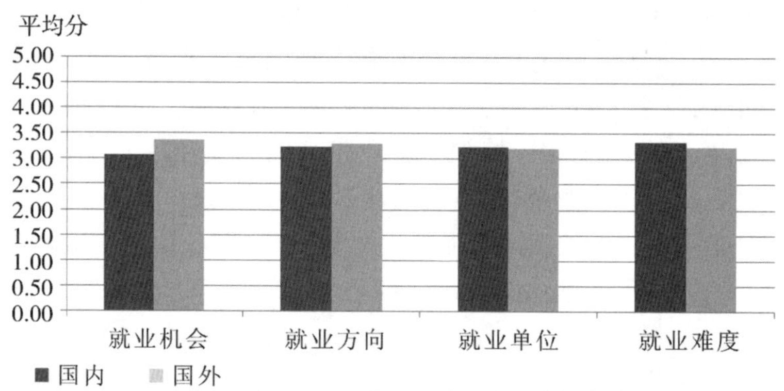

图 6-12　国内外院校学生对加入 iSchools 后对就业产生影响的意见对比

6.2.5.3　硕士生和博士生比较分析

从图 6-13 中的平均分可以看出，除了对就业机会的影响这一项上博士生比硕士生认为影响更大，其余各项都是硕士生认为影响更大。这表明硕士生对于“学院加入 iSchools 给我提供了更广泛的就业方向”和“学院加入 iSchools 给我提供了更多可选择的就业单位”的态度更加积极。

运用 SPSS 进行 T 检验发现，这一部分的所有选项 P 值均大于

0.05,表明硕士生和博士生对于加入 iSchools 给学生就业带来的影响,从统计学意义上来看差异不显著。

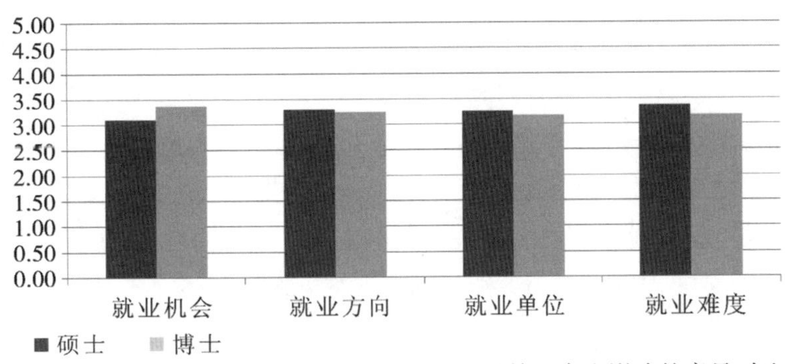

图 6-13 硕士生和博士生对加入 ischools 后对就业产生影响的意见对比

6.2.5.4 就业形势实例分析

由于受到各 iSchools 院校信息公开度和数据获取方式的限制,本研究选取了就业报告较详尽且 LIS 教育水平较高的 iSchools 成员加州大学伯克利分校信息学院作为研究对象,采用网络调查法,从院校的官网上,搜集整理其近几年毕业生的就业情况①,包括就业率、就业领域和平均薪资三个方面,通过统计其近 4 年的就业情况变化,分析 iSchools 院校就业的发展趋势以及对信息领域就业的影响。所得情况如图 6-14 和图 6-15 所示,其中就业率仅包含企业就业毕业生,不包含升学、创业等。

根据图 6-14 数据可以看出,近年来,加州大学伯克利分校信息学院毕业生就业率并没有呈上升趋势,由此可见,加入 iSchools 对其毕业生就业率并没有明显的提升。同时,分析平均薪资可以看出,毕业生平均薪资明显呈逐年上升趋势。但由于全球整体毕业生薪资确实呈上升趋势,并不能因此判断是受 iSchools 运动的影响。根据图 6-15 加州大学伯克利分校信息学院毕业生就业领域分布情况可以

① Career Path UC Berkeley School of Information [EB/OL]. UC Berkeley School of Information. [2014-10-07]. https://www.ischool.berkeley.edu/careers/paths.

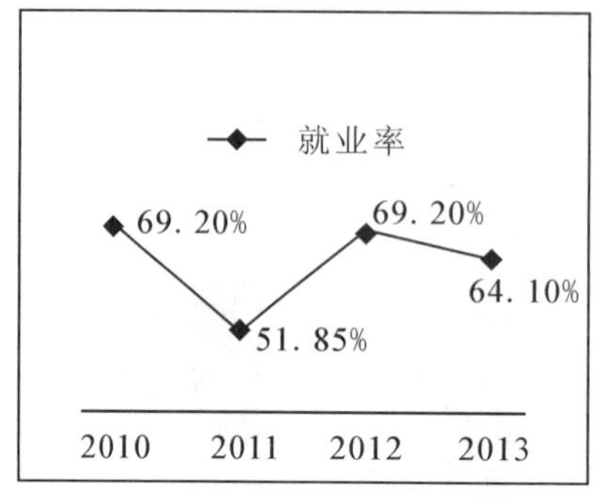

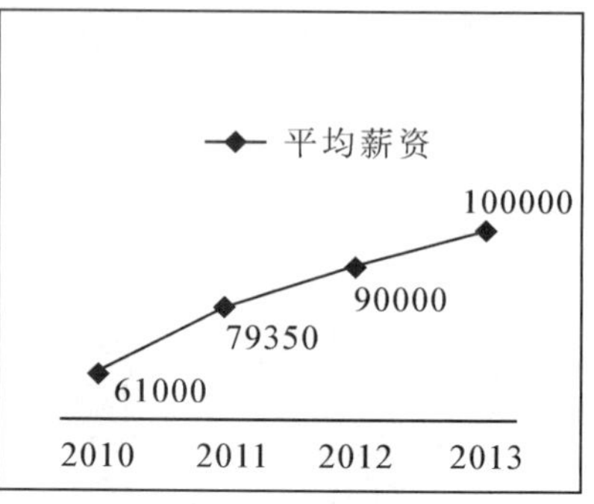

图 6-14　加州大学伯克利分校信息学院毕业生就业率和平均薪资（2010—2013 年）

看出，2010—2013 年，学生就业领域多集中在信息科技公司，少数选择了咨询公司或者从事学术研究，就业领域变化不大。

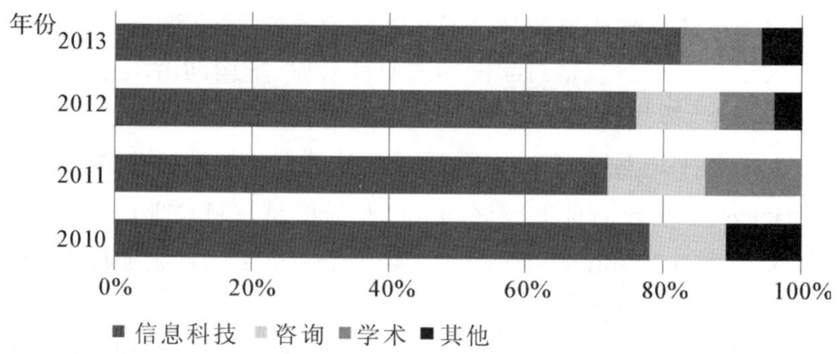

图 6-15　加州大学伯克利分校信息学院毕业生就业领域分布（2010—2013 年）

6.2.6　小结

通过整个章节的分析，我们可以看出，国内外 iSchools 院校的学生大多对学院加入 iSchools 运动对他们学习、科研方面的影响呈积极态度，对于就业的影响则持中立态度。而升学深造这个方面，国内外学生表现出了明显的差异，国内学生对于学院加入 iSchools 运动对他们升学深造带来的影响普遍呈积极态度，而国外学生则认为这个影响要小得多。

整体来看，国内学生对加入 iSchools 运动给学院带来的影响大多持积极态度，而国外学生的意见分歧较大，整体呈中立水平。与此同时，硕士生比博士生的态度要更加积极，认为加入 iSchools 运动可以给他们的学习、科研、升学深造和就业方面带来积极影响。

6.3 iSchools 对国内外信息领域学科建设与研究的影响

iSchools 注重科学研究，均不同程度体现了学科整合的思想。iSchool 运动对信息领域职业、人才培养、就业、学科建设与科研的影响，最终需要通过本领域的人来完成和实现。本部分拟结合上述 iSchools 对国内外信息领域职业、人才培养与就业的影响，通过问卷调查研究如何通过学科建设与研究从理论上寻求适应这些变化的对策，包括学科间合作、学科整合、学科群的建设、新兴研究领域的开拓，研究中如何关注社会的变化等。

6.3.1 问卷设计及样本数据获取

6 3.1.1 问卷设计

针对上文提及的调查目的，本项研究将 iSchools 成员院校的教师和行政管理人员作为受调查对象，之所以调查教师和行政人员，其原因有：第一，iSchools 运动对某一院校信息领域的科学研究、教学等产生的影响需要通过该院校的教师和行政管理人员来实现和体现，他们是 iSchools 运动最直接的影响者，对 iSchools 运动的了解比较深入，能够更好地理解 iSchools 运动对信息领域学科建设与研究的影响，并对 iSchools 运动做出较为真实的评价；第二，iSchools 成员院校的教师和行政管理人员直接接触学生，能够了解学生对 iSchools 运动的认识和想法，进而能在 iSchools 运动中发挥一定的推动作用。基于以上两点，本研究制定了《加入 iSchools 对本院教职工的影响》(A Survey on the Influences on Faculties Since the School/Collcgc Joining the iSchools)调查问卷(问卷英文版见附录 6，问卷中文版见附录

7)。该问卷共有 9 大题,其中前 4 题收集的是受调查人员的基本资料,后 5 题根据教师和行政人员的不同工作领域和工作性质设计了有关科研、教学、管理、经济和社会影响五大方面的问题,每项大题下细分为 5 小题,采用矩阵量表题的方式,对选项赋分(即强烈不同意,1 分;不同意,2 分;一般,3 分;同意,4 分;强烈同意,5 分)以求取各题选项的平均分,旨在调查和分析 iSchools 运动对信息领域的教职工产生的具体影响。问卷内容设计见图 6-16。

本问卷的总发放数量为 4191 份,回收数量为 210 份,回收率为 5.01%;有效问卷数量为 110 份;英文问卷的回收数量为 207 份,有效英文问卷数量为 107 份。本项调查在 iSchools 成员各大院校主页获取教职工的 E-mail 地址,采用 E-mail 进行问卷一对一发放,国内采用问卷星、国外使用 SurveyMonkey 进行问卷样本数据的收集,最后使用 Excel 进行集中处理。

加入 iSchools 对本院教职工的影响
(A Survey on the Influences on Faculties Since the School/College Joining the iSchools)

受调查者基本信息	性别、年龄、职称、任职年限
在科研方面的影响	交流机会、深造机会、项目合作机会、资源共享机会、跨学科合作机会
在教学方面的影响	专业设置、课程体系、课程内容、授课方式、对外培训机会
在管理方面的影响	管理理念、管理手段、部门结构、人员结构、跨学科背景教师
在经济方面的影响	财政拨款、科研经费、社会捐助、软硬件设施、工资水平
在社会影响力方面的影响	整体声誉、招生水平、引进高层次人才、学生就业率、学生就业渠道

图 6-16　调查问卷(教职工)的内容结构

6 3.1.2 调查样本总量

本次对教职工调查的有效问卷为 110 份,其中来自美国的样本数量有 53 份,其他国家(美国以外的国家)的样本数量有 57 份。调查问卷(教职工)的样本属性体现在关于教职工基本信息的四个问题,即性别、年龄、职称、任职年限,其具体调查结果见表 6-18。

表 6-18 **受调查的 iSchools 成员院校教职工的基本信息**

	调查项目	数量(单位:人)	比例(基数:110)
性别	男	67	60.91%
	女	43	39.09%
年龄	20 至 30 岁之间	7	6.36%
	30 至 40 岁之间	18	16.36%
	40 至 50 岁之间	19	17.27%
	50 岁以上	66	60.00%
职称	助理教授	11	10.00%
	副教授	25	22.73%
	教授	47	42.73%
	行政管理人员	13	11.82%
	其他	14	12.73%
任职年限	1 至 3 年	17	15.45%
	4 至 6 年	20	18.18%
	7 至 10 年	12	10.91%
	10 年以上	61	55.45%

从表 6-18 可以看出,受调查的教职工的男女比例接近 3 : 2;年龄分布上,老年教职工(50 岁以上)的人数居多,达到 60%;职称分布中,拥有教授职称的人数达 47 人,比例为 42.73%,行政管理人员和其他人员各占 11.82%和 12.73%;在任职年限中,在 10 年以上的人数占 55.45%,达 61 人,其他任职年限的人数差距不大。综上所述,本次调查所得的样本数据基本符合 iSchools 成员院校教职工的总体

情况,调查数据是真实可靠的。

6.3.2 对科学研究的影响

6.3.2.1 基本情况

根据 iSchools 成员院校的教职工工作性质和工作任务的不同,本研究将 iSchools 运动对加入 iSchools 的院校教职工科学研究方面所产生的影响细分为五个方面进行调查,调查所得结果见表 6-19。

表 6-19 **加入 iSchools 后在教职工科学研究方面的影响**

题目 \ 选项	强烈不同意	不同意	一般	同意	强烈同意	平均分	标准差
学院加入 iSchools 给我带来了更多的交流机会	17 15.45%	9 8.18%	34 30.91%	33 30.00%	17 15.45%	3.22	1.25
学院加入 iSchools 给我带来了更多的深造机会	19 17.27%	14 12.73%	40 36.36%	29 26.36%	8 7.27%	2.94	1.17
学院加入 iSchools 给我带来了更多的项目合作机会	15 13.64%	11 10.00%	34 30.91%	34 30.91%	16 14.55%	3.23	1.22
学院加入 iSchools 给我带来了更多的资源共享机会	17 15.45%	8 7.27%	49 44.55%	24 21.82%	12 10.91%	3.05	1.16
学院加入 iSchools 给我带来了更多跨学科合作的机会	15 13.64%	11 10.00%	33 30.00%	31 28.18%	20 18.18%	3.27	1.26

根据表 6-19 的数据,关于“学院加入 iSchools 给我带来了更多的资源共享机会”的标准差值最低,为 1.16,说明大部分教职工对此题的赋分与平均分值(3.05 分)非常相近,对此说法持赞同意见(“同意”和“强烈同意”)的人数比例为 32.73%,高于持反对意见(“强烈不同意”和“不同意”)的人数比例 22.72%,但持“一般”意见(3 分)

的教职工人数较为集中,多达 49 人,占 44.55%,可见与对其他题目的看法相比,受调查的大部分教职工对本题的看法较为一致,分歧较小。这从侧面反映出 iSchools 运动虽使得教职工共享学科资源的机会有所增加,但这种影响却不大,不足以让更多的教职工享受到学科资源。标准差值最大的“学院加入 iSchools 给我带来了更多跨学科合作的机会”的标准差为 1.26,说明大部分教职工对此题的赋分与平均分值(3.27 分)存在差距,对此说法持赞同意见(“同意”和“强烈同意”,4 分及以上)的教职工人数比例为 46.36%,是持反对意见(“强烈不同意”和“不同意”)的人数比例 23.64%的近 2 倍,可见与对其他题目的看法相比,受调查教职工对此说法的态度存在较大差别,意见分歧较大。这说明总体上 iSchools 运动对教职工的跨学科合作产生积极影响,为教职工提供了更多的跨学科合作机会。

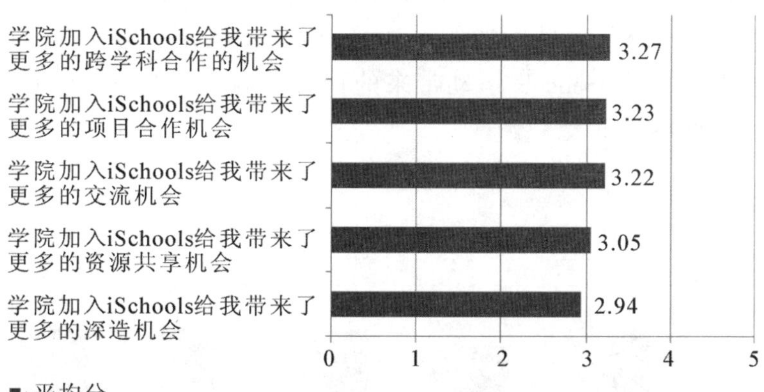

图 6-17 加入 iSchools 对科学研究工作各方面的影响程度(平均分排序)

比较图 6-17 的平均分,本大题除“学院加入 iSchools 给我带来了更多的深造机会”外,其他小题的平均分值大于 3 分但小于 3.3 分,说明大部分教职工对于“学院加入 iSchools 后在教学科研方面的影响”这一问题上的态度趋向中立,侧面反映出由于加入 iSchools 后教职工科学研究工作受到 iSchools 运动的影响不大,使得大多数教职工感受不到或者不够了解 iSchools 运动所带来的影响。而

“学院加入 iSchools 给我带来更多的深造机会”的平均分值只有 2. 94,说明 iSchools 运动在提供更多深造机会方面的影响没有达到能够使多数教职工有所感觉的效果。总体上看,iSchools 运动确实会影响到教职工的科学研究工作,使得教职工获得交流、深造、项目合作、资源共享及跨学科合作的机会有所增加,但这种影响效果甚微。

6.3.2.2 教师队伍、行政管理人员及其他人员比较分析

根据表 6-18 的统计数据,下文将对教师队伍(包括助理教授、副教授、教授)、行政管理人员及其他人员对“学院加入 iSchools 后对科学研究产生的影响”这一问题的看法进行对比分析。根据图 6-18,教师队伍、行政管理人员及其他人员对此问题的看法较为一致,态度比较中立,且行政管理人员及其他人员的题目赋分平均分值基本已达 3.5 分,侧面说明 iSchools 运动确实对科学研究工作产生了较为积极的影响,基本能实现跨学科合作和学术资源交流共享。而教师队伍对此问题的看法趋向中立(赋分平均分徘徊在 3 分左右),说明 iSchools 运动带来的积极影响不够明显,使得教师队伍对此感受不大。

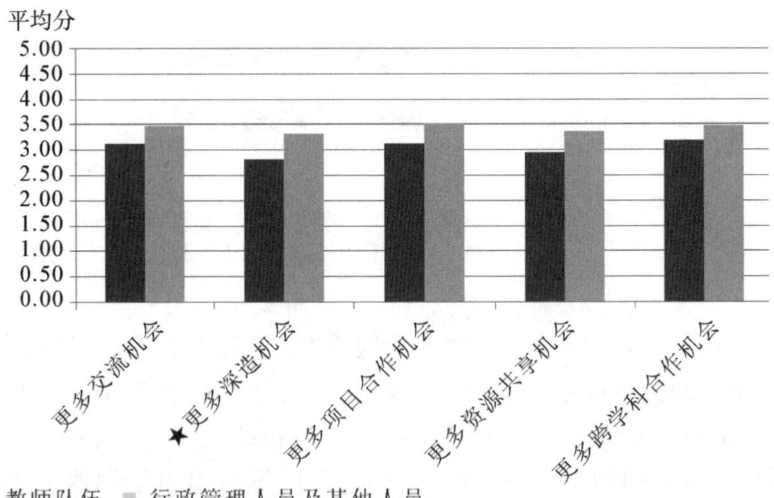

图 6-18 加入 iSchools 在科学研究方面对教师队伍和行政管理人员的不同影响

运用 SPSS 进行 T 检验得出，只有“更多深造机会”的 $P<0.05$，表明教师队伍和行政管理人员及其他人员对此问题的意见差异存在统计学意义上的显著性。

6.3.2.3 美国和其他国家 iSchools 成员院校比较分析

美国 iSchools 成员院校是属于较早一批 iSchools 运动的推行者和受益者，其他国家（如英国、法国、德国、芬兰、澳大利亚、日本、中国等）的成员院校属于后加入 iSchools 的院校，因此这两类院校受到 iSchools 运动的影响有所不同。本研究的调查样本中，美国有 53 份，其他国家有 57 份，比例接近 1∶1，可以进行两类国家相关方面的比较分析。根据图 6-19 的平均分值，关于 iSchools 运动对科学研究方面的影响，美国和其他国家的教职工态度相近，各小题的平均分值均在 3 分左右，说明 iSchools 运动对其各国成员院校的教职工在科研方面均产生了一定的影响。

运用 SPSS 进行 T 检验发现，这一部分的所有选项 P 值均大于 0.05，表明美国和其他国家的 iSchools 成员院校教职工对于加入 iSchools 给学院科研带来的影响的意见，从统计学意义上来看差异不显著。

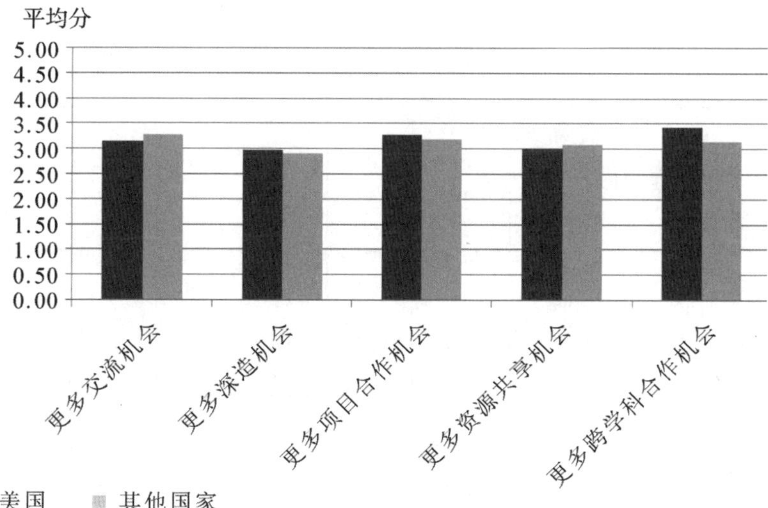

图 6-19 美国和其他国家 iSchools 成员院校科学研究方面的影响对比

6.3.3 对教学的影响

6.3.3.1 基本情况

iSchools 运动重视学科整合，对信息领域学科建设与科研的影响主要体现在 iSchools 成员院校的专业设置、课程体系、课程教授内容、授课方式以及教职工是否获得更多的对外培训机会五大方面。本研究根据 iSchools 成员院校在学科整合方面的整体变化趋势和教职工在教学过程中可能会受到 iSchools 运动的具体影响，对上述所划分的五大影响方面进行调查。调查所得结果见表 6-20。

表 6-20 **加入 iSchools 后对教职工教学方面的影响**

题目＼选项	强烈不同意	不同意	一般	同意	强烈同意	平均分	标准差
学院加入 iSchools 使我院的专业设置发生了改变	32 29.09%	20 18.18%	29 26.36%	20 18.18%	9 8.18%	2.58	1.30
学院加入 iSchools 使我院的课程体系发生了改变	33 30.00%	16 14.55%	27 24.55%	22 20.00%	12 10.91%	2.67	1.37
学院加入 iSchools 使我所教授的课程内容发生了改变	32 29.09%	16 14.55%	30 27.27%	23 20.91%	9 8.18%	2.65	1.31
学院加入 iSchools 使我的授课方式发生了改变	37 33.64%	23 20.91%	34 30.91%	14 12.73%	2 1.82%	2.28	1.11
学院加入 iSchools 给我带来了更多对外培训的机会	30 27.27%	21 19.09%	36 32.73%	21 19.09%	2 1.82%	2.49	1.13

根据表 6-20，比较各题的标准差可知，对于标准差值仅为 1.11 的"学院加入 iSchools 使我的授课方式发生了改变"的提法，大部分教职工的赋分与平均分值(2.28 分)非常相近。根据表 6-20，超过半数(54.55%)的教职工对此问题持反对意见("强烈不同意"和"不同意"，2 分及以下)，而持赞同意见("同意"和"强烈同意")的人数仅占 14.55%，既不反对也不同意的人数占 30.91%，可见教职工的态度相近，意见分歧较小。这说明大部分教师的授课方式没有发生变化。理论上，iSchools 运动如果影响到学院的专业设置和授课内容，就会同时影响到授课方式，但表 6-20 的数据显示实际上 iSchools 运动对学院的专业设置和授课内容并未产生较大的影响(教职工对"专业设置和授课内容发生改变"持反对意见人数较多)，即 iSchools 运动并没有使授课方式发生较大改变。"学院加入 iSchools 使我院的课程体系发生了改变"的标准差值为 1.37，说明大部分教职工对此题的赋分与平均分值(2.67 分)存在差距，持反对意见(2 分及以下)的教职工人数比例(44.55%)高于持赞同意见的教职工人数比例(30. 91%)，说明教职工对此问题的看法意见分歧较大，从侧面反映出加入 iSchools 后学院的课程体系没有发生很大的改变。

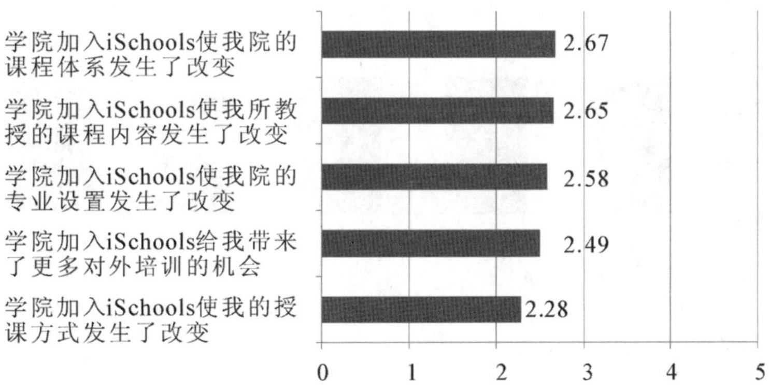

图 6-20 加入 iSchools 对教学工作各方面的影响程度(平均分排序)

据图 6-20,关于"加入 iSchools 后对教职工教学工作的影响"的调查所得平均分值低于 2.7 分,说明大部分教职工对此的看法趋向不同意,侧面反映出 iSchools 运动并没有使教职工的教学工作发生较大的改变,究其原因,加入 iSchools 的成员院校多为信息管理领域教育水平较好的院校,其本身有关信息管理等方面的专业设置就与信息化社会的基本要求相符,具有较强的专业优势;且在加入 iSchools 后,学院根据其优势在一定程度上影响着 iSchools 专业课程的设置。这导致了即使学院加入 iSchools,但其原有的专业设置、课程体系、课程内容等有可能并没有发生改变。

6.3.3.2　教师队伍、行政管理人员及其他人员比较分析

根据图 6-21,关于"学院加入 iSchools 在教学方面产生的影响"的调查显示,教师队伍、行政管理人员及其他人员趋向持反对意见,从侧面反映出 iSchools 运动对于学院教学活动并没有产生如选题中提及的影响,即 iSchools 运动对学院专业设置、课程体系、课程内容、授课方式及增加对外培训机会等方面的影响达不到预期效果。

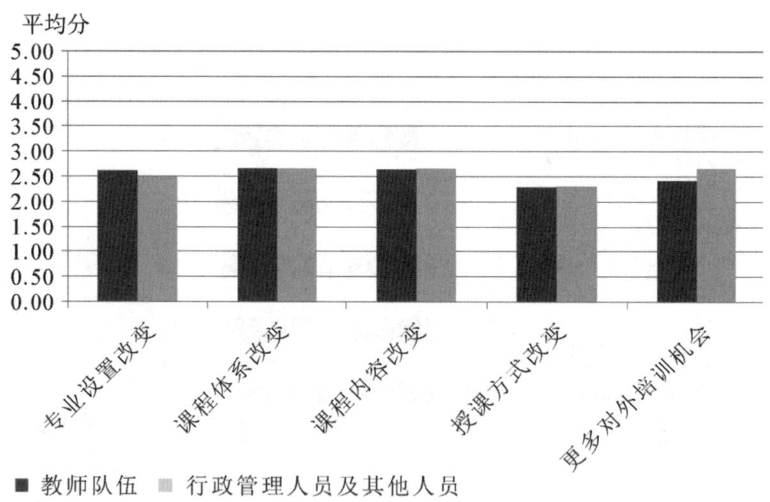

图 6-21　加入 iSchools 在教学方面对教师队伍、行政管理人员及其他人员的不同影响

运用 SPSS 进行 T 检验发现，这一部分的所有选项 P 值均大于 0.05，表明所有受调查的教职工对于加入 iSchools 给学校教学带来影响的意见，从统计学意义上来看差异不显著。

6.3.3.3 美国和其他国家 iSchools 成员院校比较分析

根据图 6-22 的平均分值的比较，美国和其他国家的 iSchools 成员院校教职工对"iSchools 运动对学院教学产生影响"基本持反对意见，在"学院加入 iSchools 使我院的课程体系发生了改变"和"学院加入 iSchools 使我所教授的课程内容发生了改变"上，美国教职工的态度趋向中立。总体来看，这些教职工的态度并不积极乐观，从侧面反映出 iSchools 运动在教学方面未产生预期的积极影响。

运用 SPSS 进行 T 检验发现，这一部分的所有选项 P 值均大于 0.05，表明美国和其他国家的教职工对于加入 iSchools 给学校教学带来影响的意见，从统计学意义上来看差异不显著。

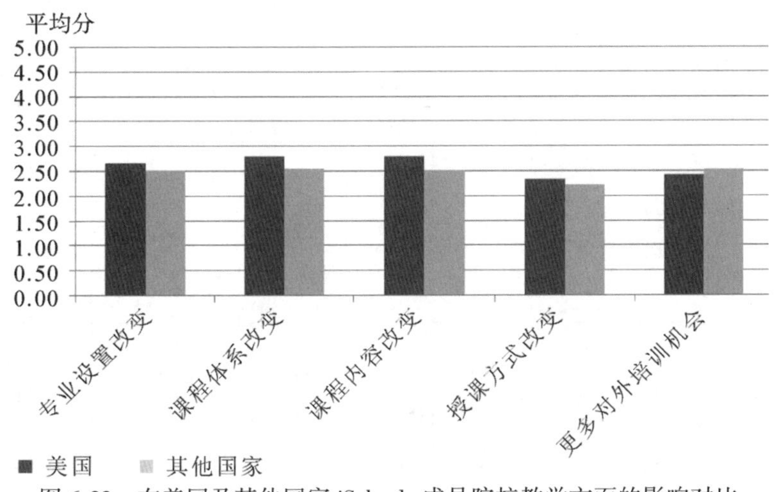

图 6-22 在美国及其他国家 iSchools 成员院校教学方面的影响对比

6.3.4 对学院管理的影响

6.3.4.1 基本情况

iSchools 运动对信息领域人才需求的变化，会导致培养信息人才的学院随之调整学科建设,并在一定程度上促使学院管理(如人员结构、部门结构等)发生改变。本次调查将有可能受到 iSchools 运动影响的有关学院管理方面细分为学院管理理念、管理手段、部门结构、人员结构、跨专业背景教师的增加五个方面。调查结果如表 6-21 所示。

表 6-21 **加入 iSchools 后对学院管理的影响**

题目＼选项	强烈不同意	不同意	一般	同意	强烈同意	平均分	标准差
学院加入 iSchools 使我院的管理理念发生了改变	21 19.09%	19 17.27%	21 19.09%	36 32.73%	13 11.82%	3.01	1.32
学院加入 iSchools 使我院的管理手段发生了改变	28 25.45%	21 19.09%	38 34.55%	16 14.55%	7 6.36%	2.57	1.19
学院加入 iSchools 使我院的部门结构发生了改变	40 36.36%	18 16.36%	23 20.91%	17 15.45%	12 10.91%	2.48	1.39
学院加入 iSchools 使我院的人员结构发生了改变	42 38.18%	19 17.27%	27 24.55%	13 11.82%	9 8.18%	2.35	1.31
学院加入 iSchools 使我院增加了跨专业背景的教师	30 27.27%	18 16.36%	29 26.36%	20 18.18%	13 11.82%	2.71	1.35

根据表 6-21,比较各题的标准差可知,对于"学院加入 iSchools 使我院的管理手段发生了改变"的提法,其标准差值仅为 1.19,说明大部分教职工对此题的赋分与平均分值(2.57 分)非常相近。根据表 6-21,有 44.54%的教职工反对("强烈不同意"和"不同意",3 分以下)"学院加入 iSchools 使我院的管理手段发生了改变"的提法,

34.55%的教职工既不反对也不同意这一说法，只有 20.91%的教职工赞成（“同意”和“强烈同意”），可见教职工的态度相近，意见分歧较小。这说明 iSchools 运动并没有在很大程度上对学院管理手段的改变产生影响。“学院加入 iSchools 使我院的课程体系发生了改变”的标准差值最大，为 1.39，说明大部分教职工对此题的赋分与平均分值（2.48 分）存在差距，有超过半数（比例为 52.72%）的教职工反对（“强烈不同意”和“不同意”，2 分及以下），是持赞成（“同意”和“强烈同意”）意见的教职工人数比例（26.36%）的近 2 倍，说明教职工对此问题的看法意见分歧较大，反映 iSchools 运动并没有对学院部门结构的改变产生影响，即使有所影响，iSchools 运动也没有成为学院部门结构进行改革的主导因素。综上所述，iSchools 运动对学院管理方面的影响甚微。

据图 6-23，“学院加入 iSchools 使我院的管理理念发生了改变”这一问题的平均分值是 3.01，说明教职工对此问题的态度趋向于“一般”（中立），即说明 iSchools 运动对学院的管理理念虽产生影响，但不足以使教职工有深入了解；其他问题的平均分值低于 3 分，在 2.5 分左右，说明教职工认为 iSchools 运动并没有对学院的管理手段、部门结构、人员结构、增加跨专业教师产生显著的影响。

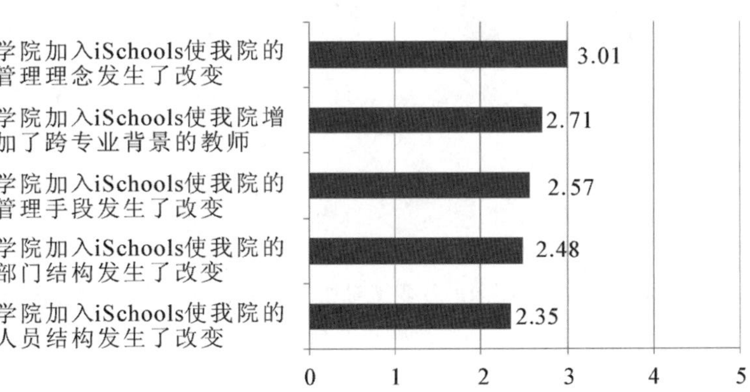

图 6-23 加入 iSchools 对学院管理各方面的影响程度（平均分排序）

6.3.4.2　不同任职年限教职工比较分析

iSchools 运动对于学院管理方面所产生的影响需要较大的时间跨度才能有所体现,因而对不同任职年限的教职工进行调查分析可以保证所得的调查结果较符合实际。据表 6-18 数据将受调查的教职工任职年限划分为两大组(1—10 年和 10 年以上)进行对比。根据图 6-24,不同任职年限的教职工对"学院加入 iSchools 使我院的管理理念发生改变"问题的态度相近,趋向中立;而对于"iSchools 运动使学院的管理手段、部门结构、人员结构、增加跨专业教师产生影响"态度趋向"不同意",说明 iSchools 运动对学院管理理念的改变有一定影响,但总体影响不大。

运用 SPSS 进行 T 检验发现,这一部分的所有选项 P 值均大于 0.05,表明所有受调查的教职工对于加入 iSchools 给学院管理带来影响的意见,从统计学意义上来看差异不显著。

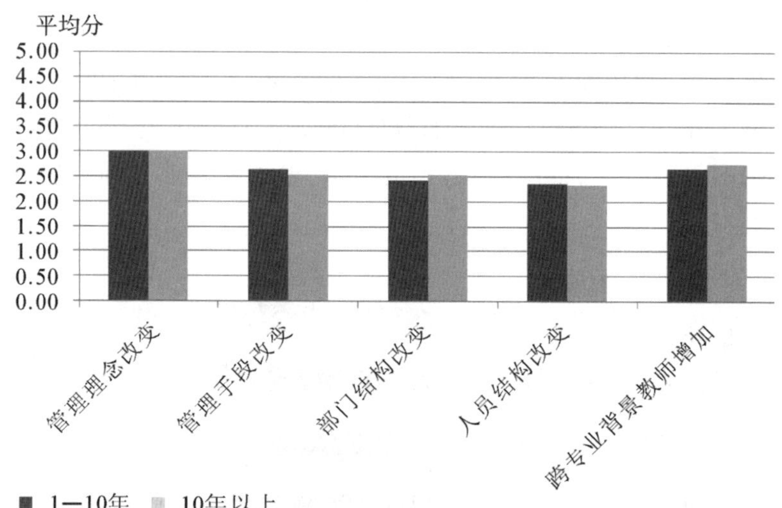

图 6-24　不同任职年限的教职工对加入 iSchools 在学院管理方面的影响意见对比

6.3.4.3　美国和其他国家 iSchools 成员院校比较分析

根据图 6-25 的平均分,总体上美国 iSchools 教职工对"学院加

入 iSchools 使我院的管理理念发生了改变”以及“学院加入 iSchools 使我院增加了跨专业背景的教师”问题上的态度较为中立，而其他国家 iSchools 教职工对此态度趋向于“反对”，这说明 iSchools 运动在学院管理方面的影响不够显著，难以使教职工感受到 iSchools 运动为学院管理带来的积极影响。

运用 SPSS 进行 T 检验得出，“管理理念”“部门结构”“人员结构”和“跨专业背景教师增加”四项 $P<0.05$，表明美国和其他国家的教职工对这四项问题的意见差异存在统计学意义上的显著性。

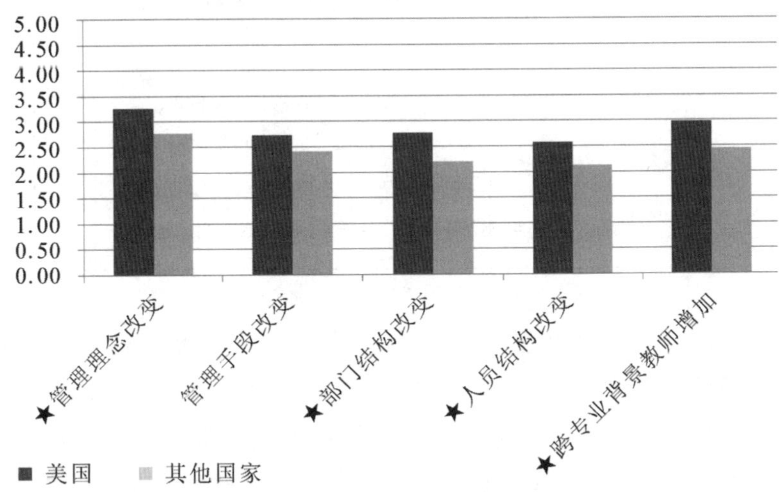

图 6-25 在美国和其他国家 iSchools 成员院校学院管理方面的影响对比

6.3.5 对学院经济的影响

6.3.5.1 基本情况

iSchools 运动对学院产生的影响还会涉及学院的经济状况，学院加入 iSchools 之后是否会因为 iSchools 对学科整合、学科建设方面的新要求而增加财政拨款、提高科研经费、得到更多的社会捐助、改善软硬件设施、提高工资水平都是本次调查所要了解的情况。调查结果见表 6-22。

表 6-22　　加入 iSchools 后对学院经济的影响

题目 \ 选项	强烈不同意	不同意	一般	同意	强烈同意	平均分	标准差
学院加入 iSchools 使我院的财政拨款得到了提升	36 32.73%	15 13.64%	38 34.55%	17 15.45%	4 3.64%	2.44	1.19
学院加入 iSchools 使我院的科研经费得到了提升	27 24.55%	10 9.09%	42 38.18%	25 22.73%	6 5.45%	2.75	1.21
学院加入 iSchools 使我院的社会捐助得到了提升	25 22.73%	11 10.00%	37 33.64%	28 25.45%	9 8.18%	2.86	1.25
学院加入 iSchools 使我院的软硬件设施得到了改善	34 30.91%	18 16.36%	39 35.45%	13 11.82%	6 5.45%	2.45	1.20
学院加入 iSchools 使教职工的工资水平得到了提高	46 41.82%	17 15.45%	37 33.64%	7 6.36%	3 2.73%	2.13	1.11

根据表 6-22 的数据,“学院加入 iSchools 使我院的社会捐助得到了提升”的标准差值最大,为 1.25,说明大部分教职工对此题的赋分与平均分值(2.86 分)存在差距,持反对(“强烈不同意”和“不同意”,2 分及以下)意见、持赞成(“同意”和“强烈同意”,3 分及以上)、选择“一般”的教职工人数比例分别为 32.73%、33.63%、33.64%,三种意见的人数相当,受调查教职工的意见出现较大分歧,反映 iSchools 运动确实对学院得到的社会捐助的提升产生影响,但这种影响是否是推动学院获取更多社会捐助的因素,教职工的意见不一。对于“学院加入 iSchools 使教职工的工资水平得到了提高”的提法,其标准差值仅为 1.11,说明大部分教职工对此题的赋分与平均分值(2.13 分)非常相近,持赞同意见(“同意”和“强烈同意”)的教职工人数比例为 9.09%,而持反对意见(“强烈不同意”和“不同意”,2 分及以下)的人数比例为 57.27%,大部分教职工的意见较为统一。

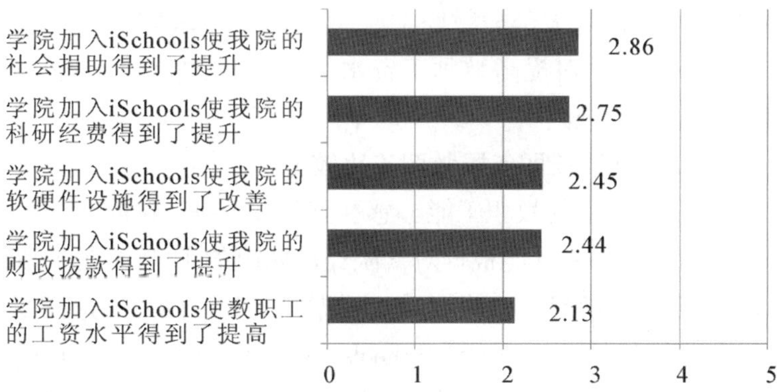

图 6-26 加入 iSchools 对学院管理各方面的影响程度(平均分排序)

据图 6-26,各题的平均分值低于 3 分,说明加入 iSchools 后学院的经济情况在总体上并没有发生符合预期效果的改变。其中“社会捐助得到提升”的平均分值为 2.86 分,说明教职工的态度趋向于“一般”,即反映出 iSchools 运动有可能对提升学院得到的社会捐助有一定影响,但这样的影响效果甚微。而得分最低的“教职工工资水平得到提高”的平均分值为 2.13 分,说明教职工认为 iSchools 运动并不能使其工资水平得到提高。结合图 6-27 的数据,相比 2004—2005 年度,2011—2012 年度的教职工平均工资水平确实有所提高,而本

图 6-27 ALISE 报告①有关教职工平均工资水平的调查(单位:美元)

① ALISE. Library and Information Science Education Statistical Report[EB/OL].ALISE.[2014-09-20].http://www.alise.org/statistical-reports.

次调查所得结论是大部分教职工认为其工资水平未得到提高，由此可知 iSchools 运动对提高教师工资水平没有较大影响，不能成为提高工资水平的促进因素。

6.3.5.2　不同任职年限教职工比较分析

不同任职年限的教职工能够感受到加入 iSchools 前后学院经济情况发生的变化，并且能根据对学院经济状况的了解来判断 iSchools 运动是否会对学院经济产生影响。根据图 6-28 所示，无论任职年限长短，绝大部分教职工对于"iSchools 运动在学院经济方面产生影响"的提法基本上保持反对意见，对"社会捐助得到提升"持中立态度，这说明 iSchools 运动对学院经济情况会产生一定的影响，但这些影响不能成为学院提升财政拨款和科研经费、获取更多社会捐助、改善软硬件设施及提高教师工资水平的推动因素。

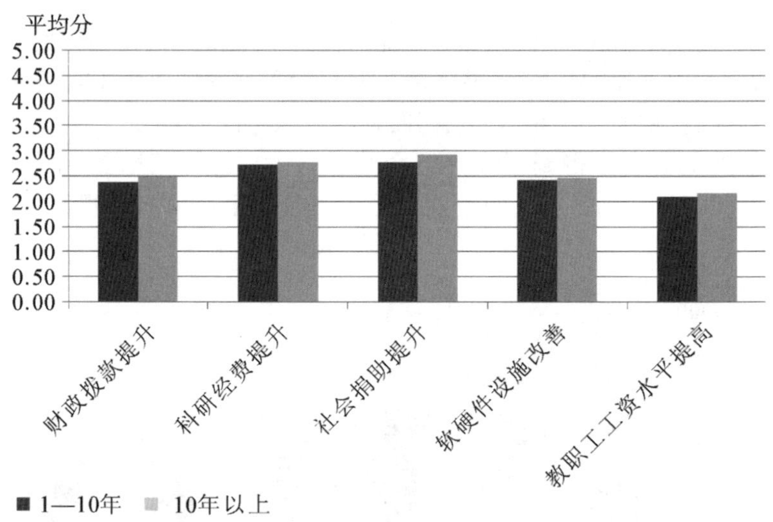

图 6-28　不同任职年限的教职工对加入 iSchools 在学院经济方面的影响意见对比

运用 SPSS 进行 T 检验发现，这一部分的所有选项 P 值均大于 0.05，表明所有受调查的教职工对于加入 iSchools 给学院经济带来影响的意见，从统计学意义上来看差异不显著。

6.3.5.3 美国和其他国家 iSchools 成员院校比较分析

根据图 6-29 的平均分,在"学院加入 iSchools 使我院的科研经费得到了提升"的问题上,美国 iSchools 教职工持中立意见,其他国家 iSchools 教职工则趋向"反对";在"学院加入 iSchools 使教职工的工资水平得到了提高"的问题上,教职工的态度均为"反对"。这从侧面反映出 iSchools 运动在学院经济方面产生的影响不够积极,不能成为推动学院经济发展的积极因素。

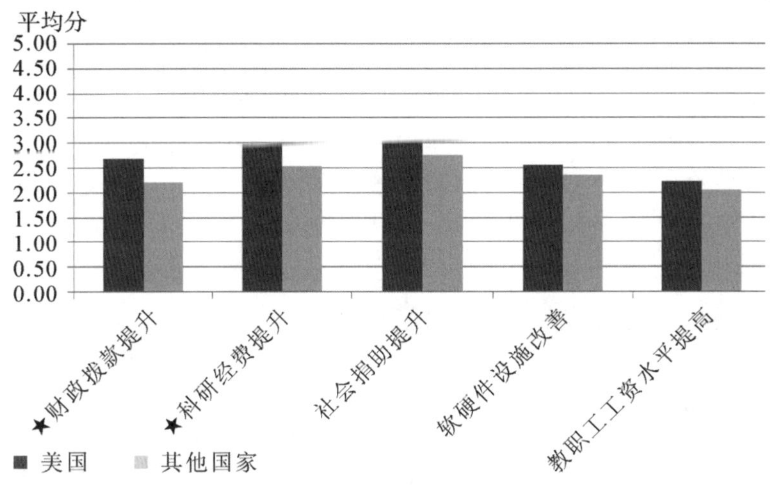

图 6-29 在美国和其他国家 iSchools 成员院校学院经济方面的影响对比

运用 SPSS 进行 T 检验得出,"财政拨款提升"和"科研经费提升"两项 $P<0.05$,表明美国和其他国家的教职工对这两项问题的意见差异存在统计学意义上的显著性。

6.3.6 对学院社会影响力的影响

6.3.6.1 基本情况

学院加入 iSchools 后可以借助 iSchools 运动的开展,将其社会影响力扩大,本研究将从学院的整体声誉、招生水平、引进高层次人才、学生就业率和就业渠道五个方面进行调查,结果如表 6-23 所示。

表 6-23　　**加入 iSchools 后对学院社会影响力的影响**

题目＼选项	强烈不同意	不同意	一般	同意	强烈同意	平均分	标准差
学院加入 iSchools 提高了我院的整体声誉	11 10.00%	4 3.64%	22 20.00%	49 44.55%	24 21.82%	3.65	1.16
学院加入 iSchools 提高了我院的招生水平	19 17.27%	20 18.18%	41 37.27%	23 20.91%	7 6.36%	2.81	1.14
学院加入 iSchools 使我院的教师队伍引进了更多高层次人才	25 22.73%	25 22.73%	33 30.00%	19 17.27%	8 7.27%	2.64	1.21
学院加入 iSchools 提高了我院学生的就业率	19 17.27%	12 10.91%	51 46.36%	21 19.09%	7 6.36%	2.86	1.11
学院加入 iSchools 拓宽了我院学生的就业渠道	15 13.64%	14 12.73%	32 29.09%	31 28.18%	18 16.36%	3.21	1.25

据表 6-23 和图 6-30 可知对于“学院加入 iSchools 提高了我院学生的就业率”的说法,其标准差值仅为 1.11,说明大部分教职工对此题的赋分与平均分值(2.86 分)非常相近,28.18%的教职工持反对意见(“强烈不同意”和“不同意”),而持赞同意见(“同意”和“强烈同意”)的人数占 25.45%,既不反对也不同意(3 分)的人数占 46.36%,可见教职工在此问题上的看法较为一致,iSchools 运动没有很大程度上影响到学院学生就业率的提高,即使有所影响,影响效果也甚微。“学院加入 iSchools 拓宽了我院学生的就业渠道”的标准差值最大,为 1.25,说明大部分教职工对此题的赋分与平均分值(3.21 分)存在差距,持赞同意见(“同意”和“强烈同意”,4 分及以上)的教职工人数比例为 44.54%,而持反对意见(“强烈不同意”和“不同意”)的人数比例为 26.37%,选择“一般”的教职工人数比例为 29.09%。这从侧面反映出学院加入 iSchools 的确可拓宽学生的就业渠道。同时平均分最高是“加入 iSchools 提高了我院的整体声誉”,说明 iSchools

运动确实在国际交流中提高了学院的整体声誉。

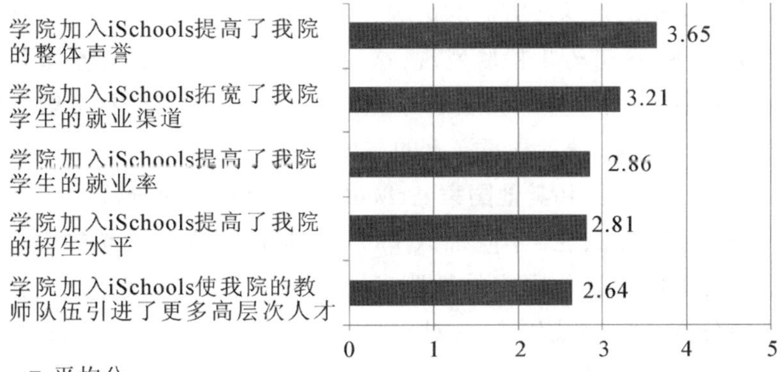

图 6-30 加入 iSchools 对学院管理各方面的影响程度(平均分排序)

6.3.6.2 不同任职年限教职工比较分析

不同任职年限的教职工对于学院加入 iSchools 后社会影响力是否受到影响有着真实的感受。据图 6-31,绝大多数不同任职年限的教职工认为学院加入 iSchools 后整体声誉有所提高,“同意”意见集

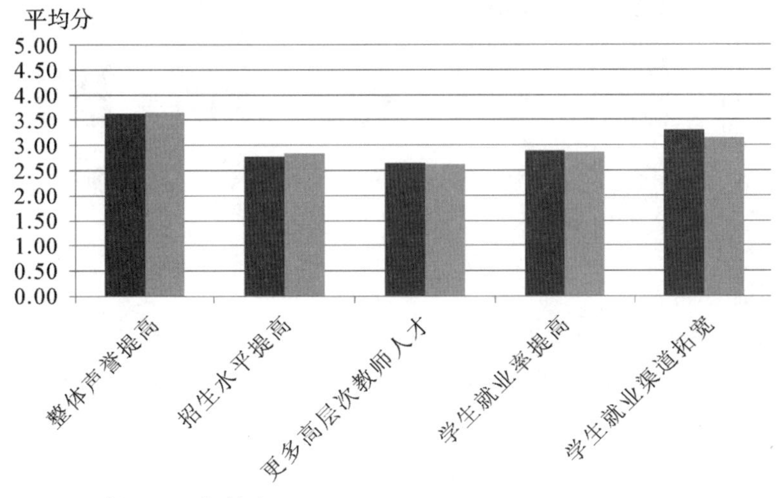

图 6-31 在学院社会影响力方面的影响

中。关于学院加入 iSchools 后对学院其他社会影响力方面的影响，各任职年限的教职工的意见分歧不大，基本偏向于中立，从侧面反映出 iSchools 运动对这些方面的影响并不够显著。

运用 SPSS 进行 T 检验发现，这一部分的所有选项 P 值均大于 0.05，表明所有受调查的教职工对于加入 iSchools 给学院社会影响力带来影响的意见，统计学意义上的差异不显著。

6.3.6.3　美国和其他国家 iSchools 成员院校比较分析

根据图 6-32，在“学院加入 iSchools 提高了我院的整体声誉”问题上，美国和其他国家的教职工态度分歧不大，均趋向“同意”（平均分在 3.5 分及以上）；对于学院社会影响力方面的其他问题，教职工的态度趋向中立。这说明 iSchools 运动能够提高学院的整体声誉，但对提高招生水平、提高学生就业率等方面的影响不够积极。

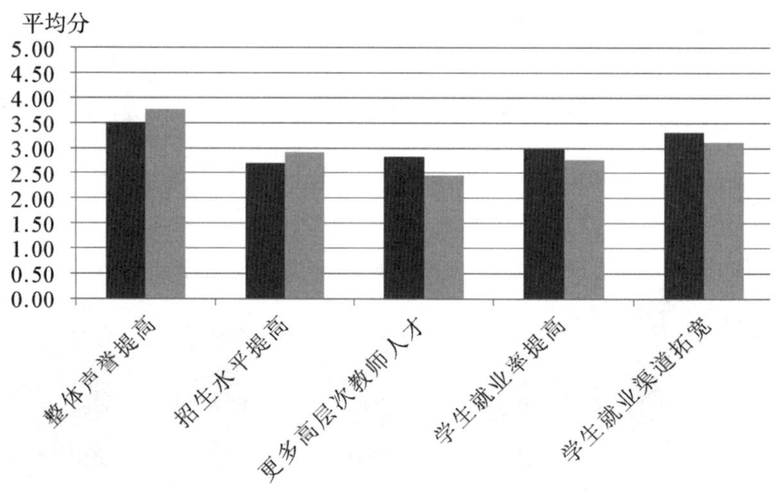

图 6-32　在美国和其他国家 iSchools 成员院校学院社会影响力方面的影响对比

运用 SPSS 进行 T 检验发现，这一部分的所有选项 P 值均大于 0.05，表明美国和其他国家的教职工对于加入 iSchools 给学院社会影响力带来影响的意见,从统计学意义上来看差异不显著。

6.3.7 小结

通过调查教职工关于 iSchools 运动对学院科学研究、教学工作、学院管理、学院经济及社会影响力产生影响的调查,本研究发现 iSchools 运动确实会影响到教职工的科学研究工作,使得教职工获得交流、深造、项目合作、资源共享及跨学科合作的机会有所增加,但影响效果甚微,也没有使教职工的教学工作发生较大的改变;在学院管理方面,iSchools 运动对学院管理理念有所影响,但没有对学院的管理手段、部门结构、人员结构、增加跨专业教师产生显著的影响;在学院经济情况方面,iSchools 运动对学院经济情况会产生一定的影响,但这些影响不能成为学院提升财政拨款和科研经费、获取更多社会捐助、改善软硬件设施及提高教师工资水平的积极推动因素。而学院加入 iSchools 后社会影响力是否受到影响的调查显示,iSchools 运动确实在国际交流中提高了学院的整体声誉,但在提高招生水平、提高学生就业率等方面的影响不够积极。

6.4 iSchools 对国内外传统图书情报学院的影响

iSchools 运动在相关成员院校中起到了一定积极作用的同时,也引起了国内外传统图书情报学院中非 iSchools 成员院校的关注。本部分拟结合前文 iSchools 对相关成员院校师生的影响,通过问卷调查研究非 iSchools 成员院校师生对 iSchools 运动的了解情况、iSchools 带来的影响及其对学院加入 iSchools 的态度,探索更多传统图书情报学院加入 iSchools 联盟的可能。

6.4.1 问卷设计及样本数据获取

6.4.1.1 问卷设计

针对上文提及的调查目的,本项研究将国内外传统图书情报学院非 iSchools 成员院校的教师、学生、工作人员等作为受调查对象,设计了《iSchools 运动对非 iSchools 成员院校师生的影响》调查问卷(问卷英文版见附录 8,问卷中文版见附录 9)。该问卷共有 7 大题,其中前 4 题收集的是受调查人员的基本资料,后 3 题设计了有关非 iSchools 成员院校师生对 iSchools 的了解和 iSchools 带来的影响两大方面的问题,以及对加入 iSchools 的态度。采用矩阵量表题的方式,对选项赋分(即强烈不同意,1 分;不同意,2 分;一般,3 分;同意,4 分;强烈同意,5 分)以求取各题选项的平均分,旨在调查和分析 iSchools 运动对非 iSchools 成员院校师生产生的具体影响。问卷设计见图 6-33。

本问卷的总发放数量为 1064 份,回收数量为 86 份,回收率为 8.08%;有效问卷数量为 70 份,英文问卷的回收数量为 78 份,有效英文问卷数量为 62 份。对于非 iSchools 成员,本调查选取的是 ALA 联盟中的非 iSchools 成员院校。本项调查在非 iSchools 成员各大院校主页获取教职工和学生的 E-mail 地址,采用 E-mail 进行问卷一对一发放,国内采用问卷星、国外使用 SurveyMonkey 进行问卷样本数据的收集,最后使用 Excel 进行集中处理。

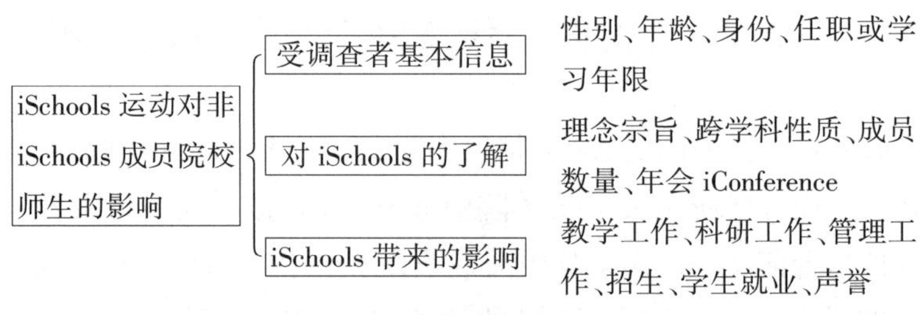

图 6-33　调查问卷(非 iSchools 成员院校师生)的内容结构

6.4.1.2　调查样本总量

本次对非 iSchools 成员院校师生调查的有效问卷为 70 份,调查问卷(非 iSchools 成员院校师生)的样本属性主要体现在关于非 iSchools 成员院校师生基本信息的四个问题,即性别、年龄、身份、任职或学习年限,其具体调查结果见表 6-24。

表 6-24　**受调查的非 iSchools 成员院校师生的基本信息**

	调查项目	数量(单位:人)	比例(基数:70)
性别	男	22	31.4%
	女	48	68.6%
年龄	20 岁以下	0	0%
	20 至 30 岁之间	5	7.1%
	30 至 40 岁之间	17	24.3%
	40 岁以上	48	68.6%
身份	教师	51	72.9%
	学生	12	17.1%
	工作人员	6	8.6%
	其他	1	1.4%
任职或学习年限	1 至 3 年	19	27.1%
	4 至 6 年	13	18.6%
	7 至 10 年	10	14.3%
	10 年以上	28	40%

从表 6-24 可以看出,受调查师生的男女比例约为 1 : 2;年龄分布上,40 岁以上的最多,占到了 68.6%,其次是 30 岁与 40 岁之间的,占 24.3%,这两项总和达到 92.9%;身份分布中,教师占了绝大多数,比例为 72.9%,学生约为 17.1%,其他工作人员较少;在任职或学习年限中,10 年以上的占据 40%,1 至 3 年的约为 27.1%,4 至 10 年的约为 32.9%。

6.4.2　iSchools 在传统图书情报学院中的影响程度

iSchools 运动的兴起也引起了国内外传统图书情报学院非 iSchools 成员院校的关注。我们从理念宗旨、跨学科性质、成员数量以及年会 iConference 四个方面,来调查 iSchools 在传统图书情报学院中的影响程度。调查所得结果见表 6-25。

表 6-25 **iSchools 在传统图书情报学院中的影响程度**

题目＼选项	强烈不同意	不同意	一般	同意	强烈同意	平均分	标准差
我了解 iSchools 的理念宗旨	5	3	5	27	30	4.06	1.14
我了解 iSchools 的跨学科性质	6	3	4	21	36	4.11	1.23
我关注并了解 iSchools 的成员数量	9	14	5	27	15	3.36	1.35
我关注并了解 iSchools 的年会 iConference	7	12	6	17	28	3.67	1.40

根据表 6-25 的数据,我们可以看到,整个板块整体的平均分达到了 3.8 分,并且每一项的平均分均超过了 3 分。这表明国内外传统图书情报学院非 iSchools 成员院校师生对 iSchools 运动大多有所了解,而每一项的平均分相差较大,则说明了非 iSchools 成员院校师生对不同方面的了解程度有所不同。其中,“我了解 iSchools 的理念宗旨”和“我了解 iSchools 的跨学科性质”两项,平均分都达到了 4 分以上,81.4%的受调查师生对这两项表示了解(“同意”和“强烈同意”)。而平均分最低的“我关注并了解 iSchools 的成员数量”仅有 3.36 分,60%的受调查师生表示了解(“同意”和“强烈同意”)。

同时,对比表中的标准差可以看出,标准差普遍偏高,最低 1.14,最高达到了 1.4,这说明受调查非 iSchools 成员院校师生对 iSchools 的了解程度差别较大。其中标准差最大的“我关注并了解 iSchools 的年会 iConference”分值为 1.4,说明较多师生对此题的赋分与平均分值(3.67 分)存在差距,受调查师生对 iSchools 年会 iConference 的了解存在较大差别。

总体上,国内外传统图书情报学院非 iSchools 成员院校师生对 iSchools 运动还是有所关注和了解的。非 iSchools 院校师生对 iSchools 不同方面的了解程度排序如图 6-34 所示。

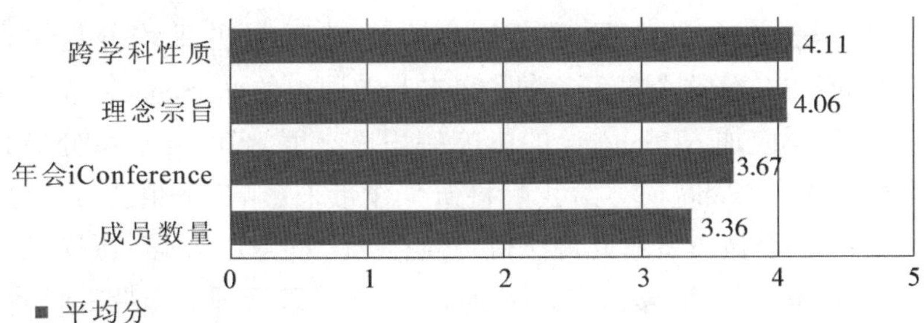

图 6-34 非 iSchools 院校师生对 iSchools 不同方面的了解程度排序

6.4.3 iSchools 在传统图书情报学院中的影响方面

在了解到国内外传统图书情报学院非 iSchools 成员院校师生对 iSchools 运动有所关注和了解后,我们对非 iSchools 成员院校的师生进行了进一步的调查,从教学工作、科研工作、管理工作、招生、学生就业、社会声誉 6 个方面,探究 iSchools 在传统图书情报学院中影响的具体方面。调查所得结果见表 6-26。

表 6-26 **iSchools 在传统图书情报学院中的影响方面**

题目＼选项	强烈不同意	不同意	一般	同意	强烈同意	平均分	标准差
学院加入 iSchools 会给我院教学工作带来影响	6	6	13	31	14	3.59	1.15
学院加入 iSchools 会给我院科研工作带来影响	5	5	16	24	20	3.70	1.16
学院加入 iSchools 会给我院管理工作带来影响	5	13	21	20	11	3.27	1.15
学院加入 iSchools 会给我院招生带来影响	5	8	21	26	10	3.40	1.09
学院加入 iSchools 会给我院学生就业带来影响	5	12	23	18	12	3.29	1.15
学院加入 iSchoos 会给我院社会声誉带来影响	5	8	24	22	11	3.37	1.10

根据表 6-26 的数据，我们可以看到，各小题的平均分集中在 3.27 分到 3.7 分这个区间，说明整体上受调查的非 iSchools 成员院校师生对学院加入 iSchools 的影响持积极态度。其中，平均分最高的“学院加入 iSchools 会给我院科研工作带来影响”分值为 3.7 分，有 62.9%的受调查者对此说法持赞同意见（“同意”和“强烈同意”），而得分最低的两项“学院加入 iSchools 会给我院管理工作带来影响”和“学院加入 iSchools 会给我院学生就业带来影响”得分分别为 3.27 分和 3.29 分，仅有 44.3%和 42.9%的受调查者表示赞同（“同意”和“强烈同意”）。

这一大题标准差为 1.09 到 1.15，差别并不太大。这说明受调查者对每个题的意见分歧不大，但整体意见存在一定分歧。整体来看，iSchools 对传统图书情报院校不同方面影响程度排序如图 6-35 所示。

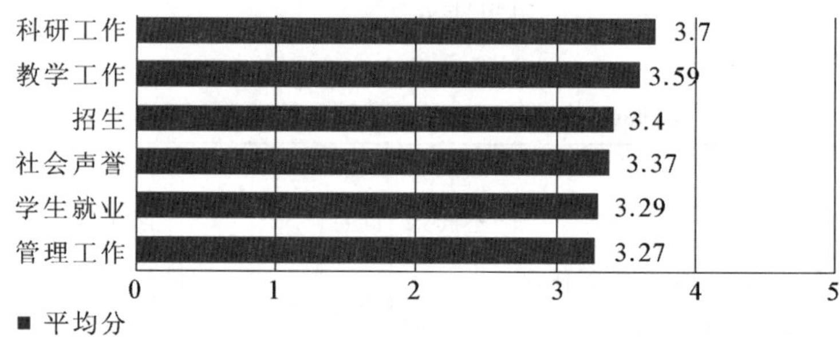

图 6-35　iSchools 对传统图书情报院校不同方面影响程度排序

6.4.4　非 iSchools 成员院校师生对学院加入 iSchools 的态度

最后，我们调查了非 iSchools 成员院校师生对学院加入 iSchools 的态度，得到的结果如图 6-36 所示。

从图 6-36 中可以看出，有 56%的受调查者对学院加入 iSchools 持积极态度（“同意”和“强烈同意”），近 1/3 的受调查者选择了中立，也有 17%的受调查者表示了对学院加入 iSchools 的反对（“不同意”和“强烈不同意”）。这一方面说明了大多数非 iSchools 成员院

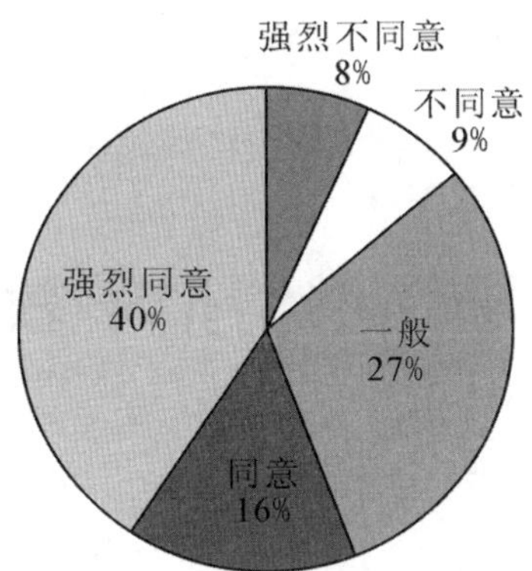

图 6-36 非 iSchools 成员院校师生对学院加入 iSchools 的态度

校的师生对学院加入 iSchools 表示支持，另一方面也说明还有相当一部分人对于学院加入 iSchools 并不看好甚至反对。

6.4.5 小结

通过整个章节的分析，我们可以看出，大多数非 iSchools 成员院校的师生都对 iSchools 运动有所了解，并认为加入 iSchools 能够给学校的教学工作、科研工作、管理工作、招生、学生就业、社会声誉等带来积极的影响。其中，非 iSchools 成员院校师生最看好加入 iSchools 对教学和科研工作的影响。超过半数的师生支持自己所在的院校加入 iSchools 运动，但也有不少人持中立态度甚至反对。

第 7 章　我国图书情报学教育的变革与发展

7.1　我国图书馆学教育发展历程回眸

中国的图书馆学教育发端于 20 世纪 20 年代。1920 年 3 月，美国学者韦棣华（Mary Eizabeth Wood）与其学生沈祖荣等创办了中国第一个正规的图书馆学教育机构——武昌文华大学图书科（Boone Library School），1929 年以后，获准改为私立武昌文华图书馆专科学校（简称为“文华图专”），标志着中国图书馆学教育的正式起步。在文华图专存在的 33 年（1920—1953 年）中，培养了图书馆学、档案学本科、专科毕业生 354 人，讲习班、职训班学员 289 人①。他们中有很多人成为中国图书馆界的中坚力量和著名的图书馆学家，推动了中国图书馆事业的发展。除了文华图专之外，当时国内还有一些高校先后开办图书馆学专业或开设图书馆学课程，如金陵大学开设了图书馆学课程，后来又创办了图书馆学系，上海的国民大学创设了图书馆学系，成都创办了四川图书馆专科学校，等等。虽然大多办办停停，但毕竟为图书馆培养了许多专业人才。总的来说，民国时期，战

① 武汉大学信息管理学院.武汉大学信息管理学院校友名录（1920—2010）[Z].内部资料.

乱频仍,办学艰难,但图书馆学专业教育仍然为中国图书馆事业的发展作出了重要贡献。然而民国时期图书馆学教育模式基本是美国的翻版,在专业内容设置上主要以图书馆实用技术为主,重视图书馆实习,在学生培养方式上强调学中做、做中学。这样的专业教育范式,优点是培养出来的学生能够很快适应和熟练从事图书馆实际工作,学以致用;缺点是培养出来的学生人文素养、科学基础比较薄弱,他们能胜任一般的图书馆业务工作需要,但对于一些学术图书馆来说,某些专深的知识信息工作甚至相应的学术研究却难以承担①。

1949 年新中国成立,中国图书馆事业进入了一个新的历史时期,图书馆学教育事业也进入了一个新的发展阶段。1949 年全国仅有私立文华图专和北京大学图书馆学专修科这两个培养图书馆专业人才的机构。20 世纪 50 年代初,在国内高等学校院系调整中,这两个图书馆学专业机构有所调整并升格。1953 年文华图专并入武汉大学,成为武汉大学图书馆学专修科。1954 年与 1955 年,北京大学图书馆学专修科和武汉大学图书馆学专修科学制由二年制改为三年制。1956 年又从三年制改为四年制,并成立了图书馆学系。图书馆学教育开始走上学制稳定的正规教育规道。与此同时,国内其他高校也开办过一些图书馆学专修科(后大多停办),图书馆学的成人教育也有较大的发展。但 1966 年开始的十年"文革",使图书馆学教育遭到了严重摧残,发展进程被打断。1977—1978 年才逐渐得以恢复。总的来看,20 世纪 50—60 年代,在国家各项文化教育方针和政策的指引下,图书馆学办学机构和办学格局进行了调整,扩大了办学规模,改进了教学体系和内容,培养了一批当时急需的图书馆学人才,为我国图书馆事业的发展作出了积极的贡献。但从整体过程来看,这 30 年的图书馆学教育规模不大,发展较为缓慢,图书馆学教育形式与层次单一,教学体系与内容过多受到政治和意识形态干预,盲目照搬苏联图书馆学教育模式,拒绝对西方图书馆学教育的借鉴,在很大程度上影响了我国图书馆学教育的发展。

---

① 王子舟.中国图书馆学教育九十年回望与反思[J].中国图书馆学报,2009(5):70-77.

1978 年,我国开启了改革开放的历史进程,图书馆事业进入了一个繁荣发展的新时期。为图书馆事业培养人才的图书馆学教育也迎来了辉煌的发展。自 1978 年后的 30 多年间,图书馆学教育规模空前扩大,多层次的办学体系得以建立并完善,适应信息时代发展的图书馆学教学内容体系和教学模式基本形成,图书馆学教育实现与国际接轨。特别值得指出的是,图书馆学教育顺应学科发展的世界潮流和趋势,积极寻求与情报学、档案学的融合,同组学科平台,为学科在新信息环境下的生存和发展赢得机遇。1978 年,武汉大学图书馆学系创办了科技情报专业,此后北京大学、南京大学、吉林工业大学等高校也陆续创办了情报学专业。“图书馆学教育”从此进入“图书馆学情报学”(Library and Information Science,LIS,也称图书情报学)教育时代。

7.2　改革开放以来我国图书情报学教育的变革与发展

伴随着国家改革开放的进程,我国图书情报学教育经历了深刻的变革,也获得了前所未有的发展。30 多年来,图书情报学教育的变革与发展大致可分为三个阶段。

7.2.1　图书馆学教育的重建和图书情报学教育的兴起(1978—1991 年)

1977 年年末,国家恢复了因“文革”而停止十年的全国高考招生制度,武汉大学、北京大学图书馆学专业恢复了高考招生录取。1978 年春,1977 级本科生入学,科技情报专业的创办,标志着我国图书馆学教育的重建与图书情报学教育的兴起。

(1)图书情报学办学热骤然兴起,招生规模迅速扩大

改革开放后,随着国家经济、科学、教育和文化事业快速发展,图书情报事业进入繁荣发展的全新时期,对图书情报专业人才的需求急剧增长。面临人才供不应求的新形势,许多大学陆续开办图书馆学专业,打破了北京大学和武汉大学两家支撑中国图书馆学教育的

格局。1979—1985年,我国图书情报学教育点从原有的2个发展到近30个,至1987年更迅速增加到52个。到1990年设置图书馆学情报学专业的普通高校达55所[①],遍布全国各大区域。在办学机构增加的同时,图书情报学专业的招生规模也空前扩大。仅就全日制本科生而言,1977年全国图书情报学专业在校人数为200多人,1979年增加到1074人,1981年有1500人,1983年有1700人,1987年达到6300多人[②]。

(2)多层次的图书情报学教育体系初步形成

为了适应快速发展的图书情报事业对专业技术人员多样化的需求,图书情报学教育向多层次发展成为必然选择。在本科教育恢复的同时,硕士研究生教育也开始恢复。1978年,武汉大学图书馆学系、南京大学图书馆学系招收了改革开放以来首届硕士研究生。1978年,北京大学图书馆学系、武汉大学图书馆学系全面恢复研究生培养制度。1981年1月,我国正式实施《中华人民共和国学位条例》。同年11月,北京大学和武汉大学首批获得国务院学位委员会批准,建立图书馆学专业硕士学位授权点[③]。至1988年,我国有6个图书馆学硕士点,7个情报学硕士点,1个档案学硕士点。1978—1987年,全国毕业图书情报学研究生147人,在籍研究生221人[④]。1990年6月,国务院学位委员会学科评议组增设了"图书馆学与情报学"学科评议组,标志着图书情报学学科的成熟稳定。同年11月,经国务院学位委员会批准,北京大学和武汉大学分别建立图书馆学和情报学博士学位授权点,1991年开始招收首届图书情报学专业博士研究生,标志着我国图书情报学最高学历教育的开

---

① 倪波,郑建明.图书馆学信息学教育的发展与成就[M]//中国图书馆年鉴1996.北京:北京图书馆出版社,1997:342-346.

② 郑章飞,黎盛荣,王红.中国图书馆学教育概论[M].长沙:国防科技大学出版社,2001:65.

③ 彭斐章.新中国图书馆学教育的回眸与思考[J].图书情报知识,1999(4):2-6.

④ 张白影,荀昌荣,沈继武.中国图书馆事业十年[M].长沙:湖南大学出版社,1989:617.

始。我国图书情报学初步形成了专科—本科—硕士—博士多层次的教育体系。

(3)教材与课程建设体系化

1978 年,教育部在武汉召开全国高等学校文科教学工作座谈会,此后,图书情报专业有 8 种教材列入高等学校文科教材规划(1978—1983 年),60 余种教材列入高等学校文科教材编选计划(1985—1990 年)。这一时期的教材不仅图书情报档案学科齐全,而且适用于专科、本科、研究生等不同教育层次,既有教育部选编的教材,也有翻译国外的教材,还有自编教材①。

1985 年 7 月,中国图书馆学会在四川成都召开了“首届全国图书馆学情报学教育学术讨论会和经验交流会”,重点讨论了图书情报学专业的课程设置、教学内容的改革、教学大纲的制定,并确立了图书馆学的 10 门核心课程,即:图书馆学原理、分类与主题、文献编目、目录学、参考工作与工具书、文献检索、图书馆管理、藏书建设与读者工作、图书馆自动化、计算机检索。

这一时期,图书情报教育课程体系也有了新的变化。一是教学内容上对原有的课程体系进行了调整,长期以来比较偏重传统的以图书馆学与目录学为中心的文科课程,加入了情报学的内容。二是压缩传统课程的比重,开设新的课程,如图书馆科学管理、文献检索与利用、图书馆自动化等。同时增加选修课,特别是增加培养实际工作能力的课程。三是对现有课程充实新的内容,及时将新理论、新方法、新技术纳入教学内容之中②。

7.2.2　图书情报学教育的转型与调整(1992—1999 年)

(1)图书情报学教育机构的“更名热”

早在 20 世纪 70 年代末和 80 年代初,图书馆学教育开始恢复的

① 彭斐章.新中国图书馆学教育的回眸与思考[J].图书情报知识,1999(4):2-6.

② 中国图书馆学会.中国图书馆学学科史[M].北京:中国科学技术出版社,2014:221.

时候,图书馆学教育界就关注到国际上图书馆学情报学一体化的发展趋势,因此在兴办情报学教育的同时,就试图将图书馆学教育与情报学教育融合发展。武汉大学创办的科技情报专业,是隶属于图书馆学系的专业。其他新办的图书情报教育机构,也有不少定名或后来改名为“图书馆学情报学系”“图书情报学系”“文献情报科学系”“文献信息管理系”,等等。1984 年,武汉大学在图书馆学系的基础上建立了我国第一所图书情报学院。有学者统计,当时全国 55 个大专、本科图书馆学系有 3/5 改名为图书情报学系或文献信息管理、文献情报科学系①。此次改名与国际上图书馆学专业与情报学专业一体化发展的方向是一致的,有利于图书馆学专业与情报学专业的融合发展。

20 世纪 80 年代后期到 90 年代初,随着信息环境的变化,信息对于社会生产生活的影响日益明显,社会信息化进程在加速推进,传统的图书情报学教育偏重文献信息管理的教育模式已经难以适应快速变化的信息环境和社会需求。图书情报教育的危机首先在国外出现了。在美国,1978—1992 年,共有 14 所图书情报学院关闭,其重要原因就是图书情报教育对信息社会中迅速变化的环境与需求没有引起充分重视②。1992 年 9 月,在北京,国家科委决定改“科技情报”为“科技信息”,中国科学技术情报研究所更名为“中国科学技术信息研究所”。此举在图书情报教育界引起强烈反响。同年 10 月,北京大学图书情报学系率先改名为信息管理系。截至 1995 年 3 月,在全国 52 所图书情报学系中,已有 26 所改名为信息管理系(或信息资源管理系、信息技术与决策科学系、文献信息管理系、信息产业系等③)。至 1999 年,“图书情报学院(系)”的名称在中国大陆已基本消失。

---

① 陈耀盛,李惠珍.我国图书馆学教育的回顾与展望[J].图书馆建设,2002(6):1-4.

② 陈传夫,等.改革开放三十年我国图书情报学教育的发展[J].图书情报知识,2008(5):5-14.

③ 董小英.我国图书情报学教育的转型及其问题[J].中国图书馆学报,1996(1):28-36,55.

我国图书情报学教育以改名为标志，向以信息管理为核心的方向延伸和发展。即使在图书馆学专业中，课程体系也在调整变化。传统课程在整体课程体系中所占的比例明显减少，信息技术(尤其是计算机技术课程)所占比例有大幅度上升。课程体系所包容的知识面也得以拓展①。然而，此次“改名潮”也带来了一些新的矛盾和问题。不少图书情报教育机构的改名实际上是随大流的行为，而不是自身改革的内在需求，因此，改名后的课程体系与教学内容与“信息管理”并不配套，“信息管理”与“图书情报学”的关系难以理顺，因而业界和学界对改名的看法并不一致。

(2)图书馆学学科与专业归属的调整

1993 年，国家教委公布了第二次修订的《普通高等学校本科专业目录》。其中，“图书信息和档案学类”成为“历史学”门类下的二级类，下分“图书馆学”“信息学”和“档案学”三个种专业。这次专业归属在一定意义上顺应了图书信息档案一体化的发展趋向。1997 年国务院学位委员会颁布的《高等学校和科研机构指导博士和硕士学位的学科专业目录》，对图书情报学类学科做了一些调整。首先是明确设立了“管理学”门类，下设“图书馆、情报与档案管理类”一级学科，下分“图书馆学”“情报学”“档案学”二级学科。1998 年 7 月，教育部正式颁布第三次修订的《普通高等学校本科专业目录》。在新目录中增设了“管理学”门类，下设“图书档案学类”作为二级类，“图书馆学”和“档案学”分别作为该二级类下的种专业。而原有的“信息学”“科技信息”“经济信息管理”“管理信息系统”“林业信息管理”5 个种专业合并成一个新的“信息管理与信息系统”种专业，成为“管理科学与工程类”二级类下的种专业，也归入“管理学”门类②。这种调整造成了图书馆学与情报学的分离，打破了原本已初

① 霍国庆，金高尚.九十年代我国图书馆学信息学教学改革的最新进展及发展方向[J].山西图书馆学报，1996(4)：26-32.

② 普通高等学校本科专业目录(1998 年颁布)[R/OL].[2015-1-20].http://www.moe.gov.cn/publicfiles/business/htmlfiles/moe/s3882/201010/xxgk_109699.html.

具规模的图书情报学教育一体化格局①。受大环境的影响,图书馆学本科教育招生在20世纪90年代遇到了困难,1999年全国开办图书馆学本科专业的院校仅20所,有些还停止招生或隔年招生②。但是新设立的信息管理与信息系统专业预示了图书情报学教育发展的新方向,顺应了社会对宽口径、厚基础、高素质的复合型信息人才的需求,为图书情报学教育创造了一个新的起点③。

(3)人才培养模式的变革与课程体系的调整

1998年颁布的《普通高等学校本科专业目录》调整了图书馆学专业的培养目标,指出图书馆学专业本科应“培养具备系统的图书馆学基础理论知识,有熟练地运用现代化手段收集、整理和开发利用文献信息的能力,能在图书情报机构和各类企业事业单位的信息部门从事信息服务及管理工作的应用型、复合型图书馆各级专门人才”。新的培养目标强调了要熟练地运用现代化手段进行文献信息的开发利用、从事信息服务,特别强调了要培养应用型、复合型人才,意义深远。

为了培养应用型、复合型人才,图书情报学本科生的培养模式更加多样化,这一时期实行的培养方式主要有:①“先学外专业课,后学本专业课”。这种模式培养的毕业生在工作实践中表现出多学科知识的优势,受到了用人单位的欢迎。②实行主辅修制。这种模式有利于拓宽学生知识面,提高学生择业时的竞争力,能够培养一专多能的复合型人才。③“实行双学士学位制”。这种培养模式被很多高校采用,效果良好,也很受学生欢迎。④“第二学士学位制”。这种制度对已经取得外专业学士学位的图书馆在职人员进行图书情报学专业教育,经考核成绩合格后授予图书馆学或情报学学士学位,即取得第二个学士学位④。

---

① 王知津.中国图书情报学教育20年评述[J].中国图书馆学报,2001(2):68-72.

② 王知津.我国图书馆学教育面临新的转折和选择[J].图书情报工作,2003(3):10-15,56.

③ 中国图书馆学会.中国图书馆学学科史[M].北京:中国科学技术出版社,2014:226.

④ 张树华,张久珍.20世纪以来中国的图书馆事业[M].北京:北京大学出版社,2008:373.

20世纪90年代图书情报学专业结构调整的主要特征是新的专业课程体系所包容的知识面大大拓展了。根据1995年全国高校第三次图书馆学系主任联席会议对17所专业教学机构的课程统计分析，全国主要有46门必修课、29门专业选修课和28门非专业选修课。经过调整，除图书馆学核心课程、情报系列课程、计算机系列课程外，又出现了两个系列课程。一是文献信息系列课程，包括文献信息学、文献信息源概论、档案管理、出版发行概论、秘书学等课程。二是信息管理系列，包括信息管理学导论、信息经济学、经济信息管理、市场信息学、企业信息学、知识产权等。上述两个系列课程显示，20世纪90年代图书情报学专业课程体系已超越了其自身的规定性，开始向文献信息学或信息管理学的方向演进，这种演进过程与第二次“改变系名浪潮”相一致，表征着图书情报学专业发展的一种潮流或趋势①。

7.2.3 图书情报学教育的振兴与创新(2000年至今)

进入21世纪以后，随着我国教育、科学和文化事业的改革与发展，社会信息化对各类信息职业人才需求的快速增长，国内图书情报学教育通过调整提高，开始进入了理性发展的新阶段。

(1)图书情报学教育向高层次发展

进入21世纪时的我国图书情报学教育体系呈现的是“中间大”(本科教育规模庞大)、“两头小”(专科教育和研究生教育规模较小)的“橄榄形”。这种局面在进入21世纪后的几年中就逐步得以改观，主要体现在硕、博士研究生教育的快速发展。

2000年5月，全国图书馆学硕士点建设暨本科教改学术研讨会在湘潭大学举行。会议认识到“传统的以本科教育为主的专业教育架构，在经济发达地区已经难以为继”，需要认真研究是否与世界发达国家接轨、尝试转为硕士生教育为主体的教育体系。此后，各图书情报教育机构加强了硕士点的申报和建设工作。2001年我国图书

---

① 张树华，张久珍.20世纪以来中国的图书馆事业[M].北京：北京大学出版社，2008：371.

馆学硕士学位授予点有 18 个,到 2008 年增加到 43 个。从 2006 年到 2008 年,我国二级学科授予硕士学位学科专业点由 57 个增加到 127 个。其中图书馆学硕士学位授权点增加了 20 个,情报学硕士学位授权点增加了 40 个,档案学硕士学位授权点增加了 10 个①。硕士生招生规模也有较大幅度增长,仅以图书馆学硕士生为例,招生人数从 2002 年的 178 人增长到 2008 年的 347 人,增长 94.94%,年均扩招增加 14.33%。

博士学位授予点的设置是体现高等教育机构学科发展水平和教学管理水平的重要标志。20 世纪 90 年代末,我国已有北京大学、武汉大学、中国科学院文献情报中心 3 个图书馆学专业博士学位授予点。2000 年,武汉大学、北京大学“图书馆、情报与档案管理”学科被国务院学位委员会批准为一级学科博士学位授权点。2002 年武汉大学向国务院学位委员会备案设立出版发行学、信息资源管理等博士点学科。2003 年后,南京大学、南京政治学院上海分院、南开大学、中国人民大学、中山大学和吉林大学分别获得了图书馆学博士学位授予权。2005—2006 年,南京大学、中国人民大学和中国科学技术信息研究所获得了“图书馆、情报与档案管理”一级学科博士学位授予权。截至 2011 年年底,我国共有图书情报学博士授权机构 9 个。

2002 年,中国科技信息研究所设立了图书馆、情报与档案管理一级学科博士后科研工作站;2003 年,人事部、全国博士后管委会批准在武汉大学、北京大学和中国人民大学设立图书馆、情报与档案管理博士后流动站,南京大学(2007 年)、南开大学(2009 年)和国家图书馆(2009 年)先后获准设立本学科博士后科研流动站。

至此,我国图书情报教育体系形成了包括本科、硕士研究生和博士研究生三个层次的稳定格局。本科“专业类”名称与硕士、博士研究生的一级学科名称已统一为“图书情报与档案管理类”。本科教育平稳发展,硕士研究生教育发展迅速,博士研究生教育取得了重大

---

① 陈传夫,等.改革开放三十年我国图书情报学教育的发展[J].图书情报知识,2008(5):5-14.

突破，我国图书情报研究生教育已经形成了多层次、较大规模且较为完整的专业教育体系，呈现良好的发展态势。

(2)图书情报学科建设取得突破性进展

学科建设是高等教育的重要内容，是衡量高等教育质量的重要标志。进入 21 世纪以来，图书情报学教育向纵深方向发展，以学科群的姿态出现，增强自身影响力与竞争力，取得了令人瞩目的成就。作为学科建设的标志之一，国家重点学科是教育部对高等院校中具有博士学位授予权的学科进行详细考核后，择优确定并计划安排重点建设的学科，是评定学科的最高等级。在 2002 年的国家重点学科评选中，北京大学与武汉大学的图书馆学、武汉大学的情报学、中国人民大学的档案学被评为国家重点学科，取得了历史性突破。2007 年，在教育部进行的新一轮重点学科评估验收中，北京大学的图书馆学、中国人民大学的档案学和南京大学的情报学被评为国家重点学科。武汉大学的图书馆学、情报学被评为国家重点学科，“图书馆、情报与档案管理”学科被评为一级学科国家重点学科①。

(3)图书情报学师资队伍结构明显改善

师资队伍的素质和水平是教学质量的重要保证，也是提高学科建设水平和保证学科可持续发展的重要因素。进入 21 世纪以来，我国图书情报学师资队伍建设得到加强，师资队伍的年龄结构、职称结构、学历结构和学科背景结构得到明显改善。据对 2008 年我国 49 所图书馆教育机构 653 名图书馆学专业教师的职称和学历结构进行的调研，高级职称的教师占全部教师总人数的 70%，拥有博士学位的教师占 38.4%，拥有硕士学位的占 41%，学士学位占 19.6%，表明图书情报学专业教师的学位已有显著提高②。另据本课题对我国 37 所拥有“图书馆、情报与档案管理”一级学科硕士学位授权点的图书情报教育机构专职教师情况进行的调查(见本书 5.2)，师资队伍的

① 陈传夫，等.改革开放三十年我国图书情报学教育的发展[J].图书情报知识，2008(5)：5-14.

② 王余光，等.《中国图书馆学教育发展战略报告》大纲[EB/OL].[2014-12-05].http：//wenku.baidu.com/view/3c3f7124482fb4daa58d4b68.html.

学科背景虽然仍以图书馆情报与档案管理学科为主，但已经有大量具有其他人文社会科学与自然科学背景的人才加入教师队伍。教师的个人知识结构也呈现出明显的跨学科特征。这些变化对图书情报学科的发展和人才培养质量的提高具有重要意义。

(4)课程设置的变革与教育方向的调整

进入 21 世纪以来，各图书情报学教育为了适应信息环境的变化，一直在积极探索课程设置的改革。2003 年 4 月，教育部高等学校图书馆学学科教学指导委员会在湘潭大学召开第二次工作会议暨图书馆学系主任联席会议，会议上确定了 7 门图书馆学专业核心课程——图书馆学基础、信息组织、信息描述、信息资源建设与服务、信息存贮与检索、数字图书馆、目录学概论，并组织编写 7 门课的教材。2009 年 11 月，新一届教育部高等学校图书馆学学科教学指导委员会再次确定了图书馆学基础、信息资源建设、信息与知识组织(含信息描述)、信息服务、信息检索等 6 门课程为图书馆学专业核心课程。这反映了图书情报学专业核心课程已趋于稳定。这些核心课程是实现图书情报学专业人才培养目标，构建学生完备知识结构，增强学生职业竞争力的基础和核心，是图书情报学教育改革中必须“坚守”的教学内容。同时，各图书情报学教育机构也根据社会需要，开设了很多实用性和操作性较强的课程，注重培养学生复合型的知识结构，适应不同信息职业的能力和实践能力。

在硕士研究生的课程设置方面，根据本课题调查获得的 13 个图书情报教育机构提供的课程设置信息，开设最多的课程有图书馆学基础理论、信息检索、数字图书馆、信息资源管理、信息组织、文献学、信息服务与用户研究等(见本书 5.1.3 节)。另据根据王知津教授的统计，北京大学、武汉大学、南京大学、南开大学等 25 所院校情报学专业硕士研究生课程设置主要为情报学理论与方法、信息组织与检索、信息分析与研究、信息咨询与服务、信息经济与产业、信息管理与知识管理、信息技术与系统、信息政策与法律等①。绝大多数 LIS 研

① 王知津，孙立立.我国情报学硕士研究生教育走势分析[J].情报理论与实践，2005(5)：449-455.

究生教育机构都将数字图书馆、信息资源管理、信息组织、信息检索、信息技术列为开设的重点课程，说明我国图书情报学教育机构在硕士生教育中，重视基础理论课程，重视课程对新理论、新方法和新技术的吸纳，同时强调理论与实践的结合。

进入21世纪以来，新的数字信息环境不仅使图书馆职业活动的内容发生了深刻变化，而且由于信息链条上各个环节的相互融合，使不同信息职业的界限越来越模糊，图书馆学情报学的原理和技术可应用于越来越广泛的领域。这种变化要求图书情报学教育必须调整方向，为更广阔的信息职业培养人才。基于此，武汉大学与美国伊利诺伊香槟大学、匹兹堡大学、美国图书馆与情报学教育协会联合会(ALISE)、iSchools领导小组等合作于2000年、2006年和2010年先后举办了三届中美数字时代图书馆学情报学教育国际研讨会。会议分析了数字时代我国图书馆学情报学教育面临的挑战与发展机遇，讨论了图书情报学教育改革和发展的方向，产生了《面向21世纪中国图书情报教育发展行动计划》《数字时代中国图书情报与档案学类教育发展方向及行动纲要》《LIS面向更宽广的信息职业行动倡议》等成果。武汉大学信息管理学院、南京大学信息管理学院和中山大学资讯管理学院先后于2009年、2011年和2014年加入iSchools。这些都在一定程度上起到了引领图书馆学、情报学与档案学教育发展方向的作用。

(5)图书情报硕士专业学位教育的启动与发展

图书情报硕士专业学位是在《国家中长期教育改革和发展规划纲要(2010—2020)》颁布以及中国教育发生深刻变革的大背景下，研究生教育体系从单一科学学位到科学学位与专业学位并举所做的改革调整，也是从培养学术型高层次人才到培养职业型高层次人才的一次重大转向。2010年9月，国务院学位委员会第27次会议决定新增29种专业学位，图书情报硕士专业学位被列入。

与科学学位硕士研究生不同，图书情报硕士专业学位面向职业培养高层次人才，培养模式以职业为中心，在课程设置、培养方式、教学方法、教学特色、招生考试等各个方面都体现出职业特点，以培养业务能力为主，兼顾理论。同时通过职业与教育的融合，努力实现人才培养与职业资格认证的对接①。图书情报硕士专业学位教育的实行,不仅有利于提升图书情报机构工作人员的素质,而且为非图书情报专业毕业生进入图书情报机构工作提供了通道,从而有利于优化图书情报工作人员队伍群体知识结构,是图书情报学教育适应信息时代社会对人才需求的重要举措。

中国的图书情报学教育已经走过90多年的历程,它有过筚路蓝缕,经历过浴火重生,又迎来辉煌发展。今天,它又走到一个新的起点上。

7.3 数字时代我国图书情报学教育改革的必然性

图书情报学教育的发展是与图书情报事业的发展,与社会的经济、科学、教育、文化事业的发展紧密相连的。社会环境的变化,必然带来图书情报学教育的变革。进入21世纪以来,世界和中国的图书情报事业乃至整个社会环境都在发生深刻的变化,因此,图书情报学教育必须顺应社会发展的潮流进行改革,这也是图书情报学教育在新的社会环境中进一步发展的必然选择。

7.3.1 信息技术的迅速发展,从根本上改变了图书情报事业的发展环境

20世纪90年代以来,特别是进入21世纪以后,随着计算机网络技术、多媒体技术的飞速发展,一个新的信息环境已然形成。这是一个利用普适计算、泛在网络、移动通信等新的信息网络技术,将信息空间、物理空间乃至人类社会活动空间无缝地融合在一起而形成的智能化信息空间。这个空间被称为“泛在信息环境”。在这个信息环境中,互联网无远弗届,普及到人们工作、学习、生活的方方面面,利用方便快捷,触手可及;在这个信息环境中,信息无处不在,没有时空限制,通过网络跨国界跨区域任意地传输,人们可以在任何地点和任何时间获取自己想要的信息以及相关的服务;在这个信息环

① 柯平.以职业为中心的图书情报专业学位教育[J].图书情报知识,2011(3):6-8.

境中,信息获取利用的设备高度智能化、个性化,云计算技术、无线移动通信技术、射频识别技术广泛应用,价廉而便捷的智能化信息工具,为整个信息社会构建了一个良好的信息共享空间;在这个信息环境中,信息服务具有了良好的交互性,用户不再只是被动的接受信息者,而是在与信息提供者交流互动的基础上提出信息需求,信息提供者根据用户的信息需求搜集、整理和提供信息服务。

泛在信息环境的形成,从根本上改变了图书情报业态环境。首先,图书情报业赖以提供服务的资源已不再局限于纸质文献,各种载体形态的数字资源越来越多地涌入图书馆,并迅速改变了图书馆的资源结构,图书馆将成为涵盖人类所需的各类信息资源的巨型信息库。其次,各种先进的信息技术的广泛应用,不仅从根本上改变了图书情报业务活动的内容和工作手段,也带来了图书情报服务内容和方式的革命性变化。服务对象的多元化、服务内容的多样化、服务手段的个性化、信息服务的效率得到极大提升。最后,也是最重要的,是泛在信息环境给图书馆带来了前所未有的挑战。由于泛在信息环境是一个集泛在智能、泛在网络、泛在信息服务于一体的全新的信息环境,任何人无论何时何地都可以通过终端设备与网络连接,获取所需要的信息资源和个性化的信息服务,从而使图书馆在提供信息资源和服务方面的功能越来越边缘化,图书馆面临着严峻的生存危机。因此,传统图书情报业的转型已是大势所趋。

图书情报业态的变化必然给图书情报学科的发展带来影响。图书馆学正在将自己的研究视野从原本局限于图书馆内部各要素、图书馆系统和图书馆事业,扩展至关注整个信息社会中信息资源的获取、组织、传播和利用。而图书情报学教育如何适应社会环境的变化,培养具有竞争力的图书馆与信息职业者,是当今图书情报教育必须面对的重要课题。

7.3.2 社会信息化对信息职业人才提出多样化的需求

随着泛在信息环境的形成,社会信息化进程的加快,信息已成为国家经济和社会发展具有重要战略意义的基础资源,信息管理也从图书情报机构扩展到社会各领域,如政府部门、企事业单位、金融机构等,各种以信息的生产、搜集、分析、加工和传播为活动内容的信息职业纷纷出现,社会对信息管理人才形成了强大的需求。在本书第5章关于我国LIS教育的现状的调查中可以看到,在本课题组2014年9月从各类人才招聘网站收集的共406个招聘单位(含问卷调查的18个)中,图书情报档案机构仅占3.2%,而信息产业类机构和其他公司则占到了48.0%和44.8%。在招聘的岗位中,最集中的是信息处理人员、信息系统与软件开发人员、信息技术与信息安全人员、信息分析师等。而对我国图书情报档案专业毕业生的就业领域调查表明,2012年以来毕业生就业去向主要是以电力、制造业、金融、商企、其他服务行业为主的公司企业,而其中的就业岗位所从事的大多数都是与"信息"密切相关的工作。在本书第2章中关于国外iSchools毕业生就业领域的调查也表明,iSchools毕业生的职业选择广泛分布在IT、金融、咨询、图书馆、政府机关、非营利组织、制造、保险、医疗、教育等行业。这一系列的调查结果表明,社会信息化对多种多样的信息职业人才存在着广泛的需求。而图书情报学由于其学科属性与信息存在天然的联系,其原理与技术也可应用于越来越广泛的领域,因而其专业培养的人才颇受各类信息职业的青睐,而社会各行各业中与信息有关的领域,也成为图书情报专业人才就业的主要去向。面对这种态势,如果仍"局限于为某一特定类型的机构,如图书馆培养专业人才来开展图书情报教育,无疑是一种狭隘和固步自封的教育观"①。而适时调整人才培养目标,突破只为图书情报机构培养人才的局限,面向更为宽广的信息职业,培养在各种不同信息领域从事信息发现、搜集、组织、加工、开发和利用的专业人才,是图书情报教育面对社会信息化对人才需求的变化而必须做出的抉择。

7.3.3 学科交叉融合趋势在加强,图书情报档案教育一体化势在必行

不同学科的交叉融合,是现代科学技术发展的一个显著特点,也

---

① 柯平,赵益民,詹越.图书馆学毕业生就业核心竞争力[J].图书情报工作,2009(5):11-14,18.

是图书馆学、情报学、档案学发展的趋势。图书馆学、情报学与档案学本来就是同族关系的学科。在古代，图书馆与档案馆一体同源。20 世纪 50 年代，情报工作从图书馆工作中分离出来，情报学由此而诞生。然而，这三门学科的血缘关系是无法割断的。它们的研究对象都是知识与信息，它们的学科宗旨与任务，以及它们所运用的科学方法也是相同的，即都是为了满足人们有效地利用信息知识的需求而提供最佳方法与工具，都有对信息的搜集、加工、整理、分析、报道、检索等科学方法的运用。因此，它们之间的亲缘关系是学科融合和学科教育融合的基础。

现代信息技术特别是网络的发展，使信息的生产、组织、储存、传递和获取发生了革命性的变化，同时也带来了人们的工作方式和思维方式的深刻变革。无论是图书馆工作、情报工作还是档案工作，都需要面对数字化的信息资源，都需要利用计算机进行信息的加工处理，都需要通过网络检索信息和提供信息服务。可以说，计算机和网络为图书情报档案工作构建了一个共同的平台。利用计算机开展业务，一直是情报工作的传统和优势。而当今的图书馆为了适应信息环境的变化和提高自身竞争力的要求，也在致力于变革传统的工作内容和方式，开辟出知识资源数字化、数据库建设、元数据加工、网络知识组织与检索、人工智能服务、网络推送等诸多新的业务领域。档案工作也在利用计算机和网络开发档案信息资源，开展面向社会公众的信息服务和文化服务。由此可见，当今的图书馆工作、情报工作与档案工作在很大程度上已经融为一体。这种一体化为学科融合和学科教育融合提供了实践依据。

图书情报档案教育的目标是培养包括图书情报档案在内的信息职业所需要的人才。如前所述，随着社会信息化的发展，信息与社会生产、生活的关系越来越密切，信息职业也越来越成为人们青睐的职业。同时信息职业也逐渐成为一个知识、技术密集型的职业，对从业人员的素质要求也日益提高。它要求从业人员不仅要有信息组织、信息获取、信息加工、信息存储、信息传播等信息处理能力和进行信息数据分析、开展信息咨询、提供决策支持的信息服务能力，而且要有以人为本、服务至上的现代信息职业理念。这种复合型人才的培养,迫切需要一种新的图书情报教育模式。这种教育模式,应该是融合技术与人文、传统与现代、理论与实践的新的图书情报档案教育模式。

7.4 我国图书情报学教育改革与发展的方向

我国图书馆学教育已有近百年悠久的历史,形成了优良的办学传统。改革开放以来,从图书馆学教育发展到图书情报学教育,成就令人瞩目。然而数字时代的到来,社会环境的变化,促使图书情报学教育必须改革,改革才是图书情报学教育的发展之道。

7.4.1 变革图书情报学教育的理念

正规的图书馆学教育始于 1876 年美国杜威创办的哥伦比亚大学图书馆学院。从当年的图书馆学教育到如今的图书情报学教育,经历的变化可谓巨大,而伴随并且影响着这些变化的,是深层次的图书情报学教育理念。

杜威创建图书馆学校的目的,是培养具有图书馆实际工作技能的工作人员,杜威的图书馆学教育理念,实际上是将图书馆教育作为一种职业培训。因而此时关于图书馆的知识,并没有被承认为是一门科学。到了 20 世纪 30 年代,以巴特勒、韦普尔斯为代表的芝加哥学派兴起,致力于使图书馆学由"术"到"学",即从经验图书馆学向"作为科学的图书馆学"的转变,追求图书馆学理论的抽象化,一种"学科化"的图书馆学教育理念开始形成,并逐渐成为图书馆学教育的主流。这种学科化的图书馆学教育关注图书馆学理论化、体系化,为提升图书馆学专业教育的地位作出了积极贡献,但它过于强调思辨的价值取向而忽略了与图书馆实践的联系,又为它的发展留下了隐患。

20 世纪 70—80 年代以来,信息技术高速发展,社会信息化进程加快。先进的信息技术特别是网络广泛应用于图书馆,使图书馆业态发生了革命性变化。然而此时,学科化的图书馆学教育理念显然未能适应信息环境的变化,致使图书馆学教育与迅速发展的图书馆实践脱节,图书馆学教育遇到了前所未有的危机。从 1976 年到 1992 年,美国有 20 所图书馆学院关门,包括著名的哥伦比亚大学图书馆学院和芝加哥大学图书情报学院,而关门的根本原因之一就是这些教育机构提供的图书馆学教育不能适应信息时代图书馆实践的发展。这种危机持续到 21 世纪初。2004 年 12 月,美国图书馆协会当选主席 Michael Gorman 在论及图书馆学教育时就认为,图书馆学院基本上没有陈述图书馆职业的核心竞争力和价值,不符合图书馆实践的需要。正是图书馆学教育与实践脱节,导致了图书馆教育的危机。因而他呼吁图书馆学情报学教育应回归图书馆专业的本质与核心价值①。而在这前一年的 2003 年,美国 7 所著名的图书馆学情报学(LIS)教育机构为了应对新的信息环境给图书情报学教育带来的挑战,发起了以整合所有与"信息"有关的学科教育为目的的"信息学院运动"(Information Schools Movement)。2004 年,19 所美国 LIS 学院创建了 iSchool 联盟(iSchools)。与传统的图书情报学教育相比,iSchools 的教育理念更能适应包括图书馆在内的信息职业对人才的需求,更加契合科学自身发展所呈现出的学科交叉不断加深和扩展的趋势。iSchools 重视信息领域研究中"人"的因素,探索信息、技术与人三者的交互作用,强调运用信息和信息技术为人与社会服务,并在这样的理念下整合学科,使得 iSchools 既区别于传统的图书情报学院,又区别于以技术为导向的计算机、信息工程等学院,为图书情报学提供了一套独特的学科体系和教育体系,也为图书情报学教育在新的信息环境下的发展开辟了广阔的前景。

国外 iSchools 运动给我国图书情报学教育的启示,最重要的就是要根据信息环境的变化和社会对信息职业人才的需求,变革图书情报学教育的理念。

(1)以信息资源管理为中心的学科教育定位

随着数字时代的到来,各种先进的信息技术广泛运用于图书情报工作,不仅为图书情报工作提供了新的技术手段,而且极大地改变

---

① 陈传夫.iSchool 运动与图书馆学情报学教育变革[J].图书情报工作,2007(4):5.

了图书情报工作的内容和方式。信息资源的发现与采集、信息资源组织与储存、信息资源的开发与利用,成为当今图书情报工作的核心内容。因此,今天的图书情报学教育要确立以信息资源管理为中心的理念。同时,由于信息资源管理与社会各种信息职业的密切联系,因而有关信息职业的理念、伦理,以及信息政策、法律等,也成为信息资源管理关注的内容。因此,图书情报学教育既不同于社会科学、自然科学等具体学科教育,也不同于计算机等技术教育。图书情报学教育应定位于管理科学门类。

确立以信息资源管理为中心的学科教育定位,有利于拓展图书情报学教育的内容范围,为学科教育在新的信息环境下找到新的生长点,从而使图书情报学教育能够适应时代的发展变化,融入社会信息化的潮流。

(2)以跨学科为特征的学科交叉融合

不同学科领域的相互影响、相互渗透,是现代科学发展的趋势,也是科技创新的重要驱动力。作为新兴学科的图书情报学,跨学科的特征更加明显。有学者曾从跨学科发文的视角分析了我国图书情报学跨学科研究的态势。研究发现,图书情报学者跨学科研究的学科领域多达 151 个,跨学科研究最多的学科领域是计算机软件及计算机应用,其次是新闻与传媒、高等教育。图书情报学与计算机软件及计算机应用领域结合的研究主题主要包括数字图书馆、元数据、数据库、资源共享、图书馆自动化、知识组织、信息检索、图书馆网络、数据挖掘和本体等①。图书情报学跨学科研究必然反映到图书情报学教育之中。iSchools 是为应对图书情报学教育危机而诞生的,而 iSchools 的基本特征就是跨学科,甚至 iSchools 中的"i"都被解释为既是"information",又是"interdisciplinary"(跨学科)的首字母缩写。iSchools 的跨学科性特征,不仅体现在它将信息、技术和人的融合作为 iSchools 的核心理念,而且 iSchools 院校的师资无论是群体还是个体的知识结构都具有多学科背景,跨学科的优势明显。iSchools 院校

① 邱均平,余厚强.跨学科发文视角下我国图书情报学跨学科研究态势分析[J].情报理论与实践,2013(5):5-10.

的课程设置和研究主题,则涵盖了图书情报学、计算机科学与技术、教育学、管理学、组织行为学,乃至艺术、医学等多个学科领域,跨度很大。跨学科给图书情报学教育带来了生机与活力。通过学科的交叉融合,图书情报学借鉴其他学科的理论与方法,理论体系更加丰富和完善,研究方法更加科学,学科教育的内容也得以深化与拓展。同时,图书情报学理论与方法也向其他学科渗透,促进了其他学科领域的发展。

(3)以图书情报一体化为方向的学科群建设

如前所述,在新的信息环境下,图书馆、情报机构、档案馆等机构的功能、工作对象、工作目标、内容,以及工作方式和手段等都有趋同的趋势。这一趋势,使图书情报学科融合的趋势日益明显。今天,试图再去区分哪些研究领域是图书馆学、哪些研究领域是情报学,已经变得没有意义,也没有可能。在目前全球59所iSchools院校中,已经没有了单纯以"图书馆学"命名的学院。在美国,即使是非iSchools院校,也很少见到单纯的"图书馆学专业"。这说明图书馆学情报学教育一体化也是大势所趋。在我国目前的高等教育体系中,图书馆学、信息管理与信息系统、档案学在教育部颁布的《普通高等学校本科专业目录》中划分在不同的"专业类"或同一专业类下面的"种专业"。这种专业划分仍有可改进的空间。从图书情报一体化的发展趋势来看,图书馆学、情报学、档案学应该集中于同一"专业类",使用在国际上已逐渐通行的"图书馆与信息科学"(Library and Information Science,LIS)作为专业名称,这样更有利于加强图书情报档案学科群建设。

7.4.2 调整人才培养的目标和模式

图书情报学教育的根本目的是为包括图书情报在内的信息职业培养人才,因此,以职业需求为导向,应该成为图书情报学教育的宗旨。随着数字化、网络化的迅速发展,图书情报工作正加速向现代化转型,而在这转型的过程中,不仅图书情报职业活动的内容发生了深刻变化,而且随着社会信息化进程的加快,社会各种类型的信息职业也对以信息资源管理为核心的图书情报学专业人才产生了广泛的需求。社会人才需求的这些变化,为图书情报学教育带来了发展机遇和挑战,如何根据这种变化调整人才培养的目标和模式,是当今图书情报学教育应该关注的问题。

(1)面向更为广泛的信息职业

长期以来,我国图书馆学情报学教育的人才培养目标主要是面向图书情报机构,培养适应图书情报工作需要的高层次专门人才,因此,要求学生具备系统的图书馆学情报学基础理论知识,掌握图书情报学的方法和技术,能熟练地收集、组织、加工、检索、开发利用文献信息,能在图书情报机构从事文献信息的管理与服务工作。然而,随着数字时代的到来,泛在信息环境的形成,不仅使图书情报职业活动的内容发生了深刻变化,而且由于信息链条上各个环节的相互融合,使不同信息职业的界限越来越模糊,图书馆学情报学的原理和技术可应用于越来越广泛的领域。在这种情况下,图书情报学教育人才培养的目标再也不能自我封闭,局限于图书情报机构,而应该面向更为广泛的信息职业,培养社会信息化需要的各方面的信息管理人才。

社会信息化是一个现代信息技术在社会生产、生活各领域得到全面应用,信息资源普遍存在并成为社会发展最重要的资源的过程。在社会信息化的进程中,信息管理与各行各业相关,信息职业的含义更加宽广,各类型的机构都需要相应的信息管理人才。新的信息环境为图书情报学教育开拓了更为广阔的空间。为政府部门、企事业机构、银行、商务机构、网络公司、信息安全等领域培养新型信息服务人才,成为图书情报学教育新的目标。这些人才的培养扎根于传统图书情报学理论和实践,同时拓展为对新型信息网络技术、信息用户行为和需求、信息服务及网络社群和服务的理解和支持。教育核心及对象的转变与拓展,不仅不会削弱图书情报学教育的地位,反而会由于毕业生就业机会扩大而吸引更多的生源,为图书情报学教育的可持续发展注入新的活力①。

① 第三届中美数字时代图书馆学情报学教育国际研讨会.LIS 面向更宽广的信息职业行动倡议[J].中国图书馆学报,2010(6):124-125.

(2)转变图书情报学教育人才培养模式

我国图书情报学教育实行的是以本科教育为主体的人才培养模式。这是由我国过去相当长一段时间内的经济和社会发展总体水平,以及高等教育的发展水平决定的。其实这种人才培养模式很早就显露出它的弊端:学生缺乏相关学科专业背景知识,毕业后在图书情报机构往往难以胜任较高层次的信息搜集、组织、分析、评价和知识信息服务工作。近年来,不少图书情报学教育机构试图改变这种状况,在课程设置时,开设了若干相关学科的选修课,希望以此改善学生的知识结构。然而这种做法效果有限,因为靠选修一两门课程很难对某一学科的知识有比较系统的掌握。因此,最根本的解决办法是借鉴国外的经验,转变我国现行的以本科教育为主的图书情报学教育模式,逐步过渡到以研究生教育为主的图书情报学教育格局。

以研究生教育为主一直是美国图书情报学教育的模式。近年来,国外 iSchools 院校也基本是采用这一教育模式。据 2012 年笔者对当时全球 34 所 iSchools 院校的调查,34 所学校全部设有 LIS 硕士学位,但只有 16 所设有 LIS 本科教育,而没有一所设有专门的图书馆学学士学位①。研究生招生的来源则主要是其他非 LIS 教育的本科毕业生。这种教育模式是符合包括图书情报在内的信息职业人才需求特点的。信息管理的工具学科属性决定了它往往需要与其他学科知识结合起来,才能使专业知识的优势得到最大限度的发挥。因此,我国图书情报学教育要转变人才培养模式,将图书情报学办学层次转到以硕士生教育为主导的格局。主要从非图书情报学专业本科毕业生中招收硕士研究生,即让学生在系统掌握某一学科的知识以后,再学习图书情报学的知识。这样能有效解决图书情报学专业的学生缺乏相关学科知识这个存在多年的老大难问题。这种教育模式的转变在目前已经开始。图书情报硕士专业学位的设立,将是我国图书情报学教育人才培养模式的重要改革。随着我国高等教育大众

---

① 李金芮,肖希明.iSchools 人才培养模式研究[J].图书情报工作,2012(23):6-10,23.

化的发展,将会有越来越多的非图书情报专业本科生进入图书情报专业硕士研究生的行列。图书情报学专业毕业生对未来信息职业的适应能力和职业竞争力将有较大的提升。

(3)细化图书情报学教育人才培养层次

在市场经济环境中,人力资源配置也要遵循市场法则,学生择业有了更大的自由度。由于我国图书情报学本科教学点很多都设在重点本科院校,这就导致两个方面的问题:一是这些重点院校的图书情报学本科毕业生不愿意到中小型图书情报机构工作,而他们向往的大型图书情报机构或者研究型大学图书馆又对他们紧闭求职的大门;二是中小型图书情报机构特别是图书馆需要受过图书情报学专业教育的人才,但由于发展空间有限以及待遇偏低等原因,对这些重点本科院校的毕业生缺乏吸引力。这就导致这部分图书情报学毕业生只能从事其他行业的工作。虽然我们提出,图书情报学教育培养目标应该做出调整,但这并不是说以后图书情报学毕业生都不需要到图书馆工作。相反,为图书情报职业培养专门人才,仍然是图书情报学教育的使命。为此,图书情报学教育需要细化图书情报学人才培养的层次:重点院校以培养研究生为主,以满足大型图书情报机构、研究型大学图书馆以及专业图书情报机构对高层次、研究型人才的需求;一般本科院校以及职业技术学院以培养图书情报学专业本科生和专科生为主,以满足中小型图书情报机构和一般信息职业的人才需求。通过对人才培养层次的细化,既可以满足我国各类型图书情报机构和不同信息职业对不同层次人才的需求,促进包括图书情报行业在内的信息职业的长足发展,又可以使图书情报学毕业生各得其所,促进我国图书情报学教育的可持续发展。

7.4.3 改革图书情报学教学内容

图书情报学教学内容的改革,在图书情报学教育领域是一个永恒的话题。特别是20世纪90年代后期以来,数字技术的迅速发展,网络环境的形成,带来了图书情报业态乃至整个社会信息业态的深刻变化,使图书情报学教育面临着严峻的挑战,图书情报学教育内容的改革越来越受到学界和业界的关注。各图书情报学教育机构纷纷推出教学改革方案,从课程设置、教学内容、教学方式等各方面进行了设计。这些改革无疑是有成效的,但又或多或少存在重形式不重内容、重过程不重结果的误区。

首先是增加信息技术类课程,但受到学生自身知识结构的局限,效果不彰。重视技术一直是情报学教育的传统,因此,这里所指的增加信息技术类课程,主要是对图书馆学专业而言的。近年来,许多图书馆学教育机构在课程设置中增加了大量技术类的课程,如计算机网络、程序设计基础、数据库管理、信息系统开发与设计、多媒体技术与应用、数字图书馆原理与技术、网络信息资源开发、操作系统、数据结构、网站与网页设计、多媒体技术与虚拟现实技术等。图书馆学教育机构意识到信息技术在现代图书馆职业活动中的重要性,在教学中增加技术类课程是值得肯定的。但问题是,增加的这些课程,能否达到图书馆学教育界所期望的目的？现实情况是,我国图书馆学专业学生的知识背景是以文科为主的,由于受到中学教育文理分科的影响,文科学生在知识结构以及思维方式方面往往存在一定的局限性,学习关于信息技术方面的课程比较吃力,对计算机、自动化系统、网络方面的知识往往一知半解,不足以应付比较复杂的图书馆计算机系统管理、数字图书馆建设等技术要求高的工作。因此,这些课程的学习没有达到有效提高学生职业竞争力的目的。

其次,增加其他学科课程,但反而影响学生的核心竞争力。现代信息职业需要的是既具有图书情报专业知识又具有相关学科知识背景的"复合型""创新性"人才。因此,为了扩大学生的知识面,不少学校的图书情报学专业积极进行课程体系改革,这无疑具有积极意义。但这种课程改革有时却呈现出非理性状态。如有些教学点课程设置非常随意,什么课时髦就开什么课,财政金融学、国际贸易学、广告学、会计学等都进入了图书情报学专业的课程。这些增设的课程和原来的课程没有经过很好的整合,课程之间没有有机联系,课程不是一个"体系" 而是一个"拼盘"。而图书情报学真正的专业核心课程,比如信息组织、信息描述、信息检索、信息分析等却被边缘化了。与此同时,为适应新的教学计划,许多原来图书情报学专业的教师开始执教那些新增加的课程,但由于相关专业知识积累不足,教学质量难以保证。学生学习浅尝辄止,零碎而缺乏系统性,最后除了学会几个专业术语外,实际上没学到多少有用的东西。

针对图书情报学教学内容改革的误区,笔者认为,应该采取以下策略:

(1)借鉴 iSchools 的理念,构建融合“信息、技术和人”的教学内容体系

国外的 iSchools 运动是为应对新的信息环境给图书情报学教育带来的挑战而兴起的。iSchools 学院十分重视技术,在课程体系中设计了大量的技术类课程。但是 iSchools 并没有将“技术”作为 LIS 教育的目的,而是将它作为促进“人”的全面发展,增强人在信息社会的适应能力和职业竞争力的手段。iSchools 从来没有否定和放弃图书情报学的传统价值,而是在强调技术重要性的同时,也重视人文理念和传统的图书馆学知识,并将它融入新的体系之中,进而提出了“信息、技术和人”三位一体的教育理念。它认为“信息”是 iSchools 的主体要素,是 iSchools 各学科整合的基础,因此 iSchools 开设的课程必须涵盖信息的组织、加工、管理、检索等方面的理论与方法。“技术”是 iSchools 的支持要素,在当今数字信息环境中,信息的采集、筛选、组织、分析、存储、传递与利用,无一不需要借助现代信息技术提供的工具性支持,因此,信息技术在 iSchools 课程体系中得到前所未有的强化。“人”是 iSchools 的核心要素。“iSchools 的落脚点是‘人’的需求,教育的最终目的是服务社会,满足社会公众的文化教育需求。因此,以用户为中心才是图书情报学教育的根本。”①因此,用户需求、信息服务、信息素养、人机交互等,在 iSchools 的课程体系中占有极为重要的位置。iSchools 提出和践行的教育理念给我们的启示就是,必须根据社会对包括图书情报在内的信息职业人才的需求,重新设计教学内容体系,要围绕信息的生产、选择、搜集、组织、检索、传递、利用等信息管理全过程开展教学,增加学生在信息技术运用和信息加工处理各方面的技能,培养出能够适应面向更广泛的信

① 司莉,刘剑楠,张扬声.iSchools 课程设置的调查分析及其对我国图书馆学课程改革的启示[J].图书馆学研究,2011(21):21-26.

息职业的、符合社会需求的、有就业竞争力的复合型人才①。课程体系设计无疑要重视技术，但不应该无限制增加信息技术类课程，而应该把重点放在如何应用技术这一手段去组织信息知识和提供信息服务上。同时，彰显现代图书馆理念的知识自由、读者权利、平等服务、对弱势群体人文关怀等内容②，以及有关信息职业伦理、职业理念、职业精神等，都应该纳入图书情报教学内容体系。

(2)坚守与拓展：教学内容改革的应变之道

图书情报学教育必须适应时代的发展和社会需求的变化，改革其教学内容和课程体系，这在图书情报学教育界不仅已形成共识，而且在努力实践。但是这种改革不应该是盲目的。本课题研究通过不同信息职业对 LIS 专业人才需求的调查(见本书 5.5)和我国 LIS 专业毕业生对专业教育反思的调查(见本书 5.6.3)得到结论，信息检索、信息组织、信息服务等图书情报学专业核心课程，仍然是今天各类信息职业从业人员职业竞争力的核心要素。因此，如果我们今天的课程体系改革试图丢弃或淡化这些课程，必然使图书情报学专业的独特优势尽失，学生学到的只是其他学科知识的一点皮毛，这不但不能增加学生的职业竞争力，反而削弱了学生的职业竞争力。有的学者针对这种情况，提出了“坚守与拓展”的观点③，是很有见地的。坚守就是继续巩固和加强图书情报学教育的一些核心领域和传统优势，拓展就是从传统的优势扩展到相关领域，特别是一些新兴的、跨学科的、交叉学科的领域。坚守不是因循守旧，拓展也不是盲目泛化。坚守与拓展相互依存。不坚守，学科教育就失去立足之地；不拓展，学科教育就没有发展的活力，就会萎缩乃至被时代淘汰。坚守与拓展，应是图书情报学教育改革的应变之道。

坚守图书情报学教育的核心领域，应该确定具有指导性的图书

---

① 刘兹恒，曹海霞.图书馆学教育改革的目标[J].国家图书馆学刊，2011(1)：3-5，11.

② 范并思，胡小菁.图书馆学教育与现代图书馆理念[J].图书情报知识，2008(11)：5-9.

③ 叶继元.坚守与拓展：中美图书馆学情报学教育科学定位的思考[J].中国图书馆学报，2007(2)：18-23.

情报学专业的核心课程。据有学者调查,美国 iSchools 学院设置的信息科学、图书馆学、情报学的学士、硕士、博士学位,每个学位都有对应的核心课程,涉及信息学理论、信息技术、研究设计与方法、信息获取、组织与检索,信息资源与服务,信息伦理与政策法规、信息与社会、信息跨学科应用、信息职业管理等类别①。国内的图书情报教育机构应该根据社会对信息职业能力培养的要求,对应不同的学位,确定相应的核心课程,并对图书情报教育机构开设核心课程提出要求。自 2003 年以来,教育部高校图书馆学学科教学指导委员会已多次开会讨论图书馆学专业本科核心课程。2009 年确定的核心课程为六门:图书馆学基础、信息资源建设、信息组织(含信息描述)、目录学、信息服务、信息检索。这些课程大体上涵盖了图书馆学专业核心领域。但对硕士研究生教育的核心课程,还没有形成共识。如何实现图书馆学与情报学核心课程的整合,也是值得探讨的问题。

拓展图书情报学教育的课程体系和教学内容,主要体现在选修课程的设置。本课题调查的美国 iSchools 院校,课程设置的主要特点就是课程数量大且选修课的数量多,调查的 16 所大学共开设课程 1738 门,其中必修课占课程总数的比例均不超过 18.5%(见本书 2.3.3 节)。其实,美国 iSchools 学院选修课的主要特点还不是数量大,更在于这些课程是图书情报学的主导要素"信息"与各相关领域知识的深度融合,体现出明显的跨学科特征。如"信息"与法学、人类学、健康科学、生物学的有机结合,产生了诸如法学信息与获取服务、健康信息学、生物多样性信息学、人类信息行为等颇有特色的选修课程。这些选修课程大大拓展了图书情报学的课程体系和教学内容,学生也可以根据自身的特长、兴趣爱好及职业规划选择课程,增强职业竞争力。国内图书情报教育机构应该在课程体系设计中,增加选修课的比例,同时要克服课程的"拼盘式"和"两张皮"的现象,努力实现本学科领域的核心知识与相关学科知识的整合。

---

① 司莉,贾欢.美国 iSchool 图书情报学人才培养模式的特点与启示[J].图书情报工作,2015(1):38-43.

(3)跟踪学科前沿,更新课程内容

本课题研究对“LIS 专业毕业生对专业教育的反思”的调查结果表明,毕业生对目前图书情报学课程内容的评价中,认为存在问题比较突出的,一是课程内容与社会信息化脱节,对变化的技术环境关注不够;二是课程内容滞后于学科发展,不能全面涵盖学科中的新理论、新技术、新方法,没有及时将学科发展最前沿的知识融进教学内容(见本书 5.5.3 节)。由此看来,如何跟踪学科发展前沿,变革课程内容,是图书情报学教育教学内容改革的当务之急。

图书情报学课程内容的变革主要包含两个方面,即传统核心课程的变革和数字环境下课程的新发展①。就传统核心课程的变革而言,目前的信息组织、信息描述、信息检索、信息资源建设、信息服务等课程,正是从原来的文献分类、编目、文献检索、文献资源建设、读者服务等课程演变而来的。然而,它们还需要随着学科的发展而注入新的内容。如信息组织类课程,要考虑如何在分类法、主题法的基础上,融入元数据、RDA(资源描述与组织)、知识本体、知识地图,以及标记语言、语义网等新的知识领域。信息检索课程,不仅讲授检索技术,还要着眼于提升信息素养。近年来,国外有学者在研究如何将互动可视化工具引入研究生信息检索课程中以讲授布尔模型和向量空间模型②,这些学科研究前沿的内容,也应该及时体现在教学内容之中。除了传统课程内容的更新和变革之外,还要将数字环境催生的新课程纳入课程体系,如知识管理、图书馆服务与营销、数字资源长期保存、数据监护等课程,都是随着学科的新发展和适应社会需求新变化而出现的新的知识领域。

7.4.4　加强图书情报学教育与实践的联系

图书情报学是一门致用的科学,与实践存在天然的联系。图书

① 吴丹,余文婷.近五年国内外图书情报学教育研究进展与趋势[J].图书情报知识,2015(3):4-15.

② 吴丹,余文婷.近五年国内外图书情报学教育研究进展与趋势[J].图书情报知识,2015(3):4-15.

情报学教育只有融入图书情报实践才能体现学科教育的价值,只有与今天社会信息化的大背景联系起来,才有发展的生机与活力。

图书情报学教育注重与实践的联系,是具有悠久的历史传统的。杜威当年创办的图书馆学教育,虽然几近职业培训,从而"延缓了图书馆学的科学化进程"①,但它毕竟强化了图书馆学教育与实践的联系,对图书馆实践的发展有正面的作用。而到20世纪30年代,芝加哥学派的教育理念,就是以"图书馆—社会"为核心范畴,认为图书馆是一种"社会机构",图书馆学应重点研究图书馆与社会环境之间的关系问题。在中国,20世纪30年代,图书馆学家杜定友先生在其著述中,就多次深入地探讨过图书馆与社会的关系问题,如"图书馆与国民教育""图书馆与学校""图书馆与农工商界""图书馆与职业指导""图书馆与军政界"等。他的研究甚至细化到"图书馆与地方自治""国家主义与图书馆""图书馆与女子职业""公共图书馆与劳动者""社会教育与民众图书馆"等②。具体到图书馆学教育活动中,杜定友也十分强调实践环节,在课程教学中注意安排实习或实践内容,使学员能结合工作实际,学以致用,而注重实用也是其拟定的教学大纲的特点之一③。在20世纪20—40年代,作为我国图书馆学教育重镇的文华图专,以"智慧与服务"的校训,要求学生要用聪明的才智为社会服务。沈祖荣先生认为"图书馆学为实用科学",在教学中特别注重实际操作训练,真正体现学贵且用的原则④。这一切都说明,图书情报学教育具有注重与社会、与实践的联系的优良传统,这也是应该始终坚持的教育理念。

今天,人类进入信息社会,各行各业都需要从事信息管理职业的专业人才。社会对这类人才的需求,不仅要求他们具有坚实的信息

① 霍国庆,等.西方图书馆学流派论评(一)[J].图书情报工作,1998(4):3-9.

② 蒋永福.图书馆学通论[M].哈尔滨:黑龙江大学出版社,2009:350.

③ 黄晓斌.杜定友先生的图书馆学教育思想及其现实意义[J].图书情报工作,2001(4):89-92.

④ 彭斐章.文华图专和中国图书馆学教育的发展[J].图书馆,2001(2):2-6.

管理理论基础,而且要熟练掌握信息搜集、组织、加工、开发和提供服务的知识和技能。因此,面向广泛的信息职业的图书情报学教育,比以往更需要注意加强与社会、与实践的联系。而强化这种联系的重要方式就是加强图书情报学教育的的实践教学环节。当然,随着社会的发展和信息环境的变化,图书情报学实践教学的内容和形式也在发生变化,它已经不仅仅局限于围绕课程内容的实习和毕业实习,而且包括了结合专业学习开展的内容广泛的社会实践活动。

以变革图书情报学教育为己任的 iSchools 运动,特别重视学校教育与实践的联系,注重通过实践培养学生的创新性实践能力和职业竞争力。本课题研究分别对国外 iSchools 学院和国内图书情报学教育机构的加强与实践联系的情况进行了调查分析(见本书 2.4 节与 5.4 节)。对比国内外的情况,笔者认为,加强我国图书情报学教育与实践的联系,需要从以下几个方面作出努力:

(1)通过多种方式创新实践教学

当今社会,信息活动内容日益丰富,形式也多种多样。因此,应该通过多种方式来创新图书情报学教育的实践教学。

①通过实验课程培养学生的动手能力。图书情报学专业核心课程如信息检索、信息组织、信息系统等,具有明显的实践性特征,因此,这类课程的教学对实践环节应有明确的要求。可以要求学生在技术类或方法类课程中完成一项实验作业,如在信息系统设计课程中,要求学生必须自行设计和实施一个信息设计项目作业,比如可以为当地的企业、图书馆设计一个可以实际使用的网站;学习 Web 编程课程时,要求学生不仅要在教室里学习开源编程语言的理论知识,而且要在实验室里将理论付诸实践;要求由研究生组织的学习小组完成一个信息技术项目的设计、管理、执行和评估工作,等等。

②通过实习培养学生的知识应用能力。实习能够帮助学生将课堂中所学的知识应用到实际工作中,并培养他们对不同工作岗位的适应能力。国外 iSchools 院校为学生提供的实习领域相当广泛。如雪城大学信息研究学院学生的实习领域涉及信息安全、信息分析、自动化、数据库分析、金融和商业信息分析、工程管理、技术咨询等领域。印第安纳大学信息与计算机学院建议学生在数据库管理、信息

组织、参考服务、资料保存、服务活动、信息与通信审计、信息系统分析设计、网站开发等领域实习。有的 iSchools 学院与政府、非营利性机构及产业界保持着合作关系，为学生实习提供了便利条件①。通过实战训练，学生能够发现自身的优势和缺陷，从而更有针对性地提升自己。学生还可将实习与就业联系起来，有针对性地选择实习单位，从而提高就业的成功率。

③通过参加科研项目培养学生研究实际问题的能力。应鼓励学生进行科研活动，特别是参与老师的科研项目。可安排有共同研究兴趣的学生组成各种研究小组，对某一领域的问题进行深入的探讨。如英国谢菲尔德大学信息学院成立了化学信息学研究小组、教育信息学研究小组、健康信息学研究小组、信息检索研究小组、信息系统研究小组、图书馆与信息社会研究小组等。每个研究小组由指导老师和学生组成，学生在老师的指导下开展科研活动。学生通过真实的科研实践，能更好地理解和掌握各种研究方法，为今后的研究和工作做好准备。

④通过多样化的社团活动培养学生的团队合作能力。学术社团作为服务于学生科研活动的自治性组织，对锻炼学生的研究与实践活动能力，培养学生的合作精神和团队协作能力，能发挥很好的作用。国外许多 iSchools 学院学生社团开展的活动与当地企事业单位紧密联系，不仅有较强的实践基础，而且为推动当地发展作出了贡献。因此，应该鼓励学生建立学术社团，参加各种学术社团活动。

(2)实践教学需要制度的规范和保障

在实践教学中，对教学内容、教学要求、教学过程、激励措施的制度化、规范化，有利于保障实践教学的有序进行，保证实践教学的效果。通过对国内图书情报学教育机构实验课程设置的调查发现，大多数教学单位只在专业人才培养方案或教学大纲中对实验课的实验学时、学分进行了规定，对在实验课程中学生应完成的实验项目、实验要求、实验环境及实验课程评分等缺乏具体详细的规定。而国外

① 肖希明，田蓉.以培养学生创新能力为目标的 iSchools 实践教学体系[J].图书情报知识，2012(23)：11-17.

iSchools 院校如伊利诺伊大学香槟分校会将大部分专业课的教学大纲都会提前公布在网站中，如每次课程应阅读的材料、学生应完成的实验项目、实验成绩占总成绩的比例等。为了让学生提前了解课堂实验、社会实践、专业实习等实践教学项目对学生实践活动的要求，国内 LIS 教育机构应该在网站中提前公布相关信息，使学生对实践内容有所准备，有利于实践教学取得较好的效果。

(3)为实践教学提供师资保障

学生无论是进行课程学习、课外实践还是学术科研，都离不开教师的带领和指导。在实习阶段，教师帮助学生选择合适的实习单位，解答学生在实习中遇到的问题，检查学生的工作进展，并在实习结束后对学生的表现评分。在课堂实验中，老师带领学生将理论知识运用到实践中去，培养学生解决实际问题的能力。在学生参加科研活动时，教师更是作为课题的指导者，帮助学生掌握研究方法和多角度批判性的思维方式，全面提高学生的研究能力。因此，建立一支具有较强的实践能力、研究能力和创新能力的跨学科教师队伍是实践教学发挥作用的保障。为了提高师资队伍的实践教学能力，建议国内图书情报学教育机构在招聘教师时，将教师的行业工作经验作为考察标准之一。除此之外，师资队伍建设中可以适当扩大兼职教师的比例，鼓励来自实践领域的兼职教师参与授课，指导学生实习或毕业论文的撰写，加强学生对实践领域的了解。

(4)为实践教学提供良好的软硬件基础设施

硬件基础设施主要是指为促进实践教学建立的实验室、研究中心及配置的设备。国外 iSchools 学院都设置了专门的实验室或研究中心，配备了先进的设备供学生和研究者使用，并且有管理人员进行技能培训和指导。这些实验室是学生课堂实验和完成实践性作业的场所，专门化的研究中心为学生和教师的科研提供了场地和设备。国内的图书情报教育机构实践教学的硬件基础设施建设近几年有了较大的改善，各教育机构基本建成了供学生上机实习以及完成科研工作的实验室。教学实力较强的“985 高校”还建成了一批校级、国家级科学研究基地。目前存在的问题是，从总体来看，国内提供实践教学的硬件设施、系统软件与国外相比仍有不少差距，特别是一些教

学基础较为薄弱的教学机构，对软硬件设施建设的投入不足，还不足以支撑实践教学的开展。

(5)加强图书情报学教育机构与信息行业的交流

实践教学必须紧跟行业发展的步伐，培养能够快速适应实际工作需要的人才。因此，图书情报学教育界应该与信息领域从业人员经常进行交流，及时调整实践教学的内容，使信息行业的最新实践成就能够尽快反映到课堂教学中。此外，除了要与行业内的单位建立合作关系，还要建立跨行业的社会实践与实习基地，使毕业生能够在各类企事业单位从事信息管理工作。国外 iSchools 院校十分重视与政府、企业等职业领域的合作。如雪城大学信息研究学院与 JP 摩根大通(JP Morgan，美国第三大银行机构)合作共建全球金融信息服务的课程体系，培养能够满足金融服务业需求的专业人才。匹兹堡大学信息科学学院在蛋白质模型数据库、全球电信、软件开发等众多教学实习与研究项目中与 Pittsburgh Supercomputing Center、PPG、Google 等机构和公司有密切合作。图书情报学教育机构与职业领域的合作对锻炼学生实践能力、增强职业竞争力具有重要作用。

7.4.5　加快我国图书情报学教育国际化步伐

国际化是高等教育发展的趋势，也是我国图书情报学教育提高教学质量、培养高素质人才、提升科研水平、取得高水平成果的必由之路。本课题研究对国外 iSchools 的国际交流与合作情况进行了调查分析(见本书 3.3)，也对国内图书情报教育机构师资队伍的国际化情况进行了调查(见本书 5.2.4)。对比国内外的情况可以看到，我国图书情报学教育国际化程度还是比较低的。笔者认为，我国图书情报学教育应该加快国际化步伐。

①扩大留学生规模，加强外籍教师引进，努力提升师生队伍的国际化水平。

与国外 iSchools 院校相比，我国图书情报教育机构无论在留学生规模，还是外籍教师比例方面都存在较大的差距，这是影响我国图书情报学教育国际化，进而影响人才培养质量的重要原因。我国图书情报学教育机构，特别是“985”大学的信息管理院系，应该加大宣传力度,让更多外国师生了解我国图书情报学教育的现状,从而吸引他们前来教学、就读;要加大财政支持,为外籍教师提供相对优厚的报酬,为留学生增设奖、助学金;同时为在华外籍教师、留学生提供语言学习帮助,使他们能够尽快适应新的学习、生活环境。

②拓宽交流渠道,积极推进教师学生的国际交流。

借鉴国外的经验,我们应积极开展多种形式的学生国际交流,加强对学生出国出境交流项目的支持力度,资助、支持学生去海外高水平 LIS 院系、学术机构参与学习进修、实习考察、暑期研习等活动。同时积极营造本院的国际化学术氛围,通过院际访学、研讨班、论坛等形式,邀请国外 LIS 院系学生前来开展学术交流,建立与本院学生的交流渠道。为推进教师的国际交流,国内各院系应当将“送出去”与“引进来”并重,除了应积极邀请国际知名学者、专家进行短期访问和讲学,或者聘请著名学者为名誉教授或客座教授外,还鼓励更多的教师参与国外进修、讲学、访问,不断提升教师的国际化视野。

③积极参与和举办国际学术会议,大力开展国际合作研究。

我国图书情报学教育应当借鉴国外先进经验,积极参与国际组织或大学举办的国际学术会议,如每年的 LFLA 大会、iSchools 联盟的年会 iConference 等。同时,我国图书情报教育机构也可以主办一些高水平的国际会议,邀请国外知名专家学者与会,让更多的本校师生得到与国外专家学者相互交流的机会。武汉大学信息管理学院自 2000 年以来已连续举办三届“中美数字时代图书馆学情报学教育国际研讨会”,iSchools 运动成为历届研讨会讨论的热点问题。另外,我国图书情报学教育机构还应加强与国际组织、国外著名大学、学术机构和知名跨国企业的科研合作,让师生在合作研究的过程中与来自不同国度、拥有不同思维方式的专家进行交流与合作。武汉大学于 2008 年成立了“图书馆学情报学国际合作研究院”,就是为这种合作研究建立的平台,近年来已有多项高水平的国际合作研究成果问世。如何学习和借鉴 iSchools 在开展国际交流与合作中的先进理念和成功经验,加快我国图书情报学教育国际化发展的步伐,将是一个重要的课题。

附录 1　我国图书情报学教育相关情况调查

尊敬的各位院长/系主任/教授：

您好！由本人负责的一个课题小组承担了一项教育部人文社科研究基地的课题“iSchools 运动发展趋势及其对国内外信息领域的影响”，其中涉及我国图书情报档案教育的一些问题，需要做些调查。为此，我们设计了这个调查表，请贵院系为我们提供如下数据。我们深知您工作繁忙，为此增添您的麻烦我们深感不安。我们建议您安排您的学生完成此问卷的填写。如果您也对这些数据感兴趣，我们可将调查统计的结果与您分享。

请您在 4 月 10 日前用邮件回复本调查表。

谨对您的支持表示深深的谢意！

武汉大学信息管理学院　肖希明

2013 年

您所在的院系名称________________

1.2010—2012 年贵院(系)图书情报档案专业每年招生人数

专业 \ 人数 \ 年份	2010	2011	2012
本科(图书馆学、信息管理与信息系统、档案学、信息资源管理)			
硕士(图书馆学、情报学、档案学、信息资源管理;学术型+专硕)			
博士(图书馆学、情报学、档案学、信息资源管理)			

2.2010—2012 年贵院(系)图书情报档案专业毕业生就业情况

本科(图书馆学、信息管理与信息系统、档案学、信息资源管理):

年份(年)	2010	2011	2012
毕业生总人数(人)			
升学+出国(人)			
就业(人)			

硕士(图书馆学、情报学、档案学、信息资源管理):

年份(年)	2010	2011	2012
毕业生总人数(人)			
升学+出国(人)			
就业(人)			

博士(图书馆学、情报学、档案学、信息资源管理)：

年份(年)	2010	2011	2012
毕业生总人数(人)			
就业(人)			

3.2010—2012年贵院(系)图书情报档案毕业生就业领域

单位类型	图书情报档案机构	信息产业(信息咨询业、软件开发、通信、互联网等)	其他公司(如电力、制造业、金融、商企、其他服务行业)	行政机关与事业单位	自主创业	其他
本科(人)						
硕士(人)						
博士(人)						

4.贵院(系)图书情报档案毕业生求职时长

求职时长	毕业前	毕业三个月内	毕业六个月内	毕业一年及以上
本科(%)				
硕士(%)				
博士(%)				

5.教师学科背景：请将贵院(系)所有图书情报档案专业教师在本科、硕士、博士各阶段获得相应专业学位的人数填入下表中。

学位 \ 人数 \ 专业	图书情报档案专业	理工科专业	其他人文社科专业
学士			
硕士			
博士			

6.师资队伍国际化情况:请将贵院(系)具有出国经历的教师人数及贵单位聘请的图书情报档案学客座教授、兼职教师、访问学者、外籍教师的人数填入下表中。

项目	有半年以上出国经历的教师	在国外获得学位的教师	近三年内出国访问、交流、参加国际会议	外籍教师	外籍客座教授/兼职教授
人数					

7.贵院(系)近三年是否招收了海外留学生(含本硕博)

□是　　□否　　留学生人数________

8.贵院(系)近三年是否有学生的国际交流项目

□是　　□否

如有,是:□在校生国际交流(交换)项目

□海外研习(实习)计划

□参加国际会议

□参加国际竞赛

□其他______________

9.贵院(系)近三年是否举办或合作举办过国际会议

□是　　□否

如举办过,请提供会议名称:①________________

②________________

③________________

10.贵院(系)近三年是否有国际合作研究项目

□是　　□否

如有,请提供项目名称:①________________

②________________

③________________

11.贵院(系)对以下哪些课程安排了实践教学环节(含本科和硕士研究生):

□信息组织　　□信息描述

□信息检索　　□信息资源建设

□信息服务　　□信息系统设计

□信息资源数据库

其他①________________　②________________

③________________　④________________

12.贵院(系)为鼓励学生开展科研活动采取了哪些措施?

□鼓励参与教师的科研项目

□设立学生(研究生)科研项目并提供经费

□建立学生研究小组并配备科研导师

□将学生的科研情况纳入考核范围

□通过学术社团吸引学生开展科研活动

□其他________________

13.贵院(系)对学生参加专业实践活动(含毕业实习)的要求:

□要求本科生参加专业实习,实习时间不少于________周,获得________学分

□要求研究生参加专业实习，实习时间不少于____周，获得____学分

□要求学生参加假期社会实践活动，□并给予经费支持

□要求学生在图书情报档案机构实习

□学生可以在各种不同的行业实习

□鼓励学生将实习与求职结合起来，其效果：□好　□不理想

14.贵院(系)为实践教学的开展提供哪些保障条件：

□将学生的实践能力明确纳入人才培养目标

□为实践教学设立了专门的实验室(实验中心)，配置了先进的设备

□各实践教学环节都配备教师进行指导

□建立了学生实习基地

□对实验课的学分、学时和实践教学流程有明确的规定

□将实践活动的成绩与奖学金及各种奖励挂钩

谢谢您的支持！

附录 2　图书情报档案专业毕业生追踪调查问卷

尊敬的已毕业同学：

首先非常感谢您能在百忙之中抽出时间填写这份问卷。我们正在从事教育部一项关于“LIS 教育面向宽广的信息职业培养人才”的课题研究，研究的内容需要调查了解图书馆学情报学档案学专业已经毕业的同学目前从事各类职业的情况，以及各位毕业同学对在校学习期间所学课程、LIS 教育人才培养目标等问题的看法。为此我们设计了这份问卷，恳请您拨冗作答。

十分感谢您的支持和合作！

武汉大学信息管理学院图书馆学系

1.您获得的最后学位是图书情报档案(信息管理)类：

□学士学位　□硕士学位　□博士学位

您获得上述学位的时间是________________年，毕业学校是

____

2.您目前供职行业类型是

□图书情报档案机构

□信息产业部门(信息咨询、信息服务、计算机、软件开发、通信、互联网等)

□公司企业(制造业、电力、金融、商企、其他服务行业等)
□行政部门或事业单位
□自主创业
□其他(可写出具体单位)________________

3.您目前从事的工作与您所学过的“信息”类专业知识是否有关系
□关系很密切　　□有一点关系
□基本上没有关系

4.您认为在校期间所学的图书馆学情报学知识中对目前工作帮助最大的是：
□信息资源建设(如政府信息、商业信息、公共信息等不同信息资源的建设与开发)
□信息组织(如分类、主题、编目、元数据、目录、本体等)
□信息检索(如检索技术、检索系统等)
□信息管理(如图书馆管理、对信息资源的管理等)
□信息技术(如信息系统、网络技术、数据库技术等)
□信息服务(如参考咨询、信息用户与服务等)
□其他________________

5.您对在校学过的图书馆学情报学专业课程设置的评价

	很满意	较满意	满意	一般	不满意
课程数量、学时设置合适					
课程体系结构合理					
课程设置适应社会发展需要					
课程设置较为前沿,面向未来					
理论课程与实践相结合					
学科之间联系紧密					

6.您对毕业学校的图书馆学情报学教育人才培养方式的评价

	很满意	较满意	满意	一般	不满意
理论课程与技术操作相结合，实践教学内容丰富					
安排学生在各类信息机构实习，注意培养学生动手能力					
鼓励学生开展科研活动					
设置双学位，鼓励跨学科学习					
鼓励学生参加多样化的社团活动，培养学生的综合能力					

7. 您认为图书馆学情报学教育的人才培养目标应该是：

□面向图书情报档案机构培养人才

□面向宽广的信息职业培养人才

□培养能适应社会各不同领域的人才

□其他________________

8.您认为图书馆学情报学教育应该注重培养学生哪些方面的能力：

A.专业理论知识　　B.专业实践技能

C.计算机技能　　D.外语能力

E.职业价值观　　F.知识创新能力

G.科学研究能力　　H.团队合作能力

I.组织协调能力

请将表示上述能力的序号按重要程度排列：________________

附录 3　关于“不同信息职业对图书情报档案人才需求”的问卷调查

尊敬的女士/先生,您好!

首先非常感谢您能在百忙之中抽出时间填写这份问卷。我们正在从事教育部一项“面向宽广的信息职业培养人才”的课题研究,其中涉及“不同信息职业对图书情报档案人才需求”的问题。我们知道贵单位正在或准备招聘图书情报档案专业的毕业生,我们很想了解贵单位对图书情报档案专业人才的需求。为此我们设计了如下问卷,需要耽误您一点宝贵的时间回答以下问题。您的回答对本研究有重要的价值。本调查所得资料仅供本学术研究参考,无商业用途,亦不外传,请放心。

衷心感谢您的支持与配合!

武汉大学信息管理学院图书馆学系

一、贵单位招聘人员的基本情况

1.您所在的单位类型是

□行政或事业单位

□科研机构

□信息产业类机构(信息咨询、信息服务、软件开发、通信、网

络等)

□其他公司企业(如电力、制造业、金融、商企、其他服务行业等)

如不介意,请提供贵单位的名称:______________

2.贵单位设置的信息工作岗位有哪些(可多选)

A.首席信息官/信息中心主任

B.咨询师/顾问

C.信息分析师/情报分析师

D.信息专员/信息文员

E.信息搜集员/市场调研专员

F.市场分析专员/市场专员

G.信息编辑与处理人员

H.信息技术人员

I.专利与知识产权

J.其他______________

3.以上相关信息岗位的职能包括哪些(可多选)

A.信息需求分析与规划

B.信息搜集、跟踪与监测

C.信息整理与信息组织

D.信息分析与研究

E.信息服务与信息传递

F.信息反馈与信息评价

G.信息利用、共享与决策支持

H.信息安全、信息技术、系统管理与维护

4.以上相关信息岗位人员的学历构成的大概情况是

A.本科______% B.硕士______%

C.博士______%

5.以上相关信息岗位人员专业背景的大概情况是

A.图书情报档案等相关信息专业______%

B.与本行业相关专业______%

C 其他理工科专业______%

D.其他人文社科类专业______%

6.贵单位招聘图书情报档案专业毕业生是因为

A.他们所学的专业知识很适合贵单位的需要

B.他们专业基础知识扎实,有潜力

C.他们的动手能力强,能较快适应工作

D.其他

二、贵单位对于图书情报档案专业应聘人员的要求

1.信息岗位所需基本能力(李克特量表)

根据您的经验和体会,请判断下列能力素质对于相应信息职业的重要程度。其中,数值从1到5依次增加,数值越大代表程度越重要,请您将与您的判断相符的数字标为红色。

调查项目	重要性				
①学习能力	1	2	3	4	5
②多学科背景	1	2	3	4	5
③创新能力	1	2	3	4	5
④团队精神和沟通能力	1	2	3	4	5
⑤工作态度和职业精神	1	2	3	4	5

2.信息岗位所需信息素养

根据您的经验和体会,请判断下列信息素养对于相应信息职业

的重要程度。其中,数值从1到5依次增加,数值越大代表程度越重要,请您将与您的判断相符的数字标为红色。

调查项目	重要性				
①信息检索能力	1	2	3	4	5
②信息组织能力	1	2	3	4	5
③信息分析与数据挖掘	1	2	3	4	5
④市场调研与分析	1	2	3	4	5
⑤信息法律、法规与政策	1	2	3	4	5
⑥计算机与网络技术	1	2	3	4	5
⑦电子商务/政务与网页制作	1	2	3	4	5
⑧相关行业知识	1	2	3	4	5

3.相关信息岗位硬性条件(多选)

A.外语(请在横线上写出相关程度,如大学英语四级、大学英语六级等)

____

B.工作经验(请在横线上写出相关经验要求,如工作时间、经验丰富程度等)

____

C.专业背景(请在横线上写出其他专业背景要求,如计算机专业、经济学等)

____

D.相关技能(请在横线上写出其他技能要求,如熟练操作办公软件、编写程序等)

____

问卷内容到此结束,再次感谢您的大力支持!

附录 4　A Survey on the Influences on Students Since the School/College Joining the iSchools

This survey is about the influences on students since the School/College joining the iSchools. This is a part of the research on "The Trend of iSchools Movement and its Influences to Domestic and Foreign Information Field". It is supported by the Ministry of Education Major Project of Key Research Institute of Humanities and Social Sciences. Your participation is great of importance for us and the questionnaire will take less than 5 minutes to complete. We guarantee that your information is used only for research and will not disclose your personal privacy. Thank you very much for your participation!

1. Your Gender

○Male

○Female

2. Your Age

○Younger than 18

○Between 18 and 22

○Between 23 and 25

○Older than 25

3. You are the

○Undergraduate Student

○Master Student

○Doctoral Student

○Postdoctoral Researcher

4. Years of studying in your School/College

○Between 1 and 4 years

○Between 5 and 8 years

○More than 8 years

5. Influences on Study since the School/College joining the iSchools

	Disagree Strongly	Disagree Somewhat	Neither Agree nor Disagree	Agree Somewhat	Agree Strongly
①Our School/College joining the iShools offers me more perfect curriculum system	○	○	○	○	○
②Our School/College joining the iShools offers me richer course content	○	○	○	○	○
③Our School/College joining the iShools offers me more interdis-ciplinary courses	○	○	○	○	○
④Our School/College joining the iShools changes my learning style	○	○	○	○	○

续表

	Disagree Strongly	Disagree Somewhat	Neither Agree nor Disagree	Agree Somewhat	Agree Strongly
⑤Our School/College joining the iShools offers me more professional lectures	○	○	○	○	○
⑥Our School/College joining the iShools offers me more interdisciplinary lectures	○	○	○	○	○
⑦Our School/College joining the iShools offers me better training of professional skills	○	○	○	○	○

6. Influences on Research since the School/College joining the iSchools

	Disagree Strongly	Disagree Somewhat	Neither Agree nor Disagree	Agree Somewhat	Agree Strongly
①Our School/College joining the iShools makes the atmosphere of our academic research stronger	○	○	○	○	○
②Our School/College joining the iShools offers me more science research programs	○	○	○	○	○
③Our School/College joining the iShools offers me enough science research funds	○	○	○	○	○

续表

	Disagree Strongly	Disagree Somewhat	Neither Agree nor Disagree	Agree Somewhat	Agree Strongly
④Our School/College joining the iShools offers me more opportunities in project cooperation	○	○	○	○	○
⑤Our School/College joining the iShools offers me more opportunities in resources sharing	○	○	○	○	○
⑥Our School/College joining the iShools offers me more opportunities in interdisciplinary cooperation	○	○	○	○	○

7.Influences on Advanced Study since the School/College joining the iSchools

	Disagree Strongly	Disagree Somewhat	Neither Agree nor Disagree	Agree Somewhat	Agree Strongly
①Our School/College joining the iShools offers me more opportunities in entering a school/college of higher grade	○	○	○	○	○
②Our School/College joining the iShools offers me better offer	○	○	○	○	○
③Our School/College joining the iShools offers me better majors	○	○	○	○	○

续表

	Disagree Strongly	Disagree Somewhat	Neither Agree nor Disagree	Agree Somewhat	Agree Strongly
④Our School/College joining the iShools offers me more intercollegiate exchange programs	○	○	○	○	○
⑤Our School/College joining the iShools offers me more opportunities for further study abroad	○	○	○	○	○

8. Influences on Employment since the School/College joining the iSchools

	Disagree Strongly	Disagree Somewhat	Neither Agree nor Disagree	Agree Somewhat	Agree Strongly
①Our School/College joining the iShools offers me more opportunities in employment	○	○	○	○	○
②Our School/College joining the iShools offers me more extensive occupational direction	○	○	○	○	○
③Our School/College joining the iShools offers me more optional employment units	○	○	○	○	○
④Our School/College joining the iShools makes me get a job easier	○	○	○	○	○

附录 5　加入 iSchools 对本院学生产生的影响问卷

您好！

我们是武汉大学信息管理学院的学生，负责调查您所在学院加入 iSchools 后对本院学生产生的影响。这是教育部人文社会科学重点研究基地重大项目“iSchools 运动发展趋势及其对国内外信息领域的影响”的研究内容之一。该调查问卷不涉及您的任何隐私，可能会花费您 3 到 5 分钟的时间，请您认真仔细填写。您的回答对我们的研究十分重要，谢谢您的合作！

1.您的性别？（必答题）

○男　○女

2.您的年龄？（必答题）

○18 岁以下　○18~22 岁　○23~26 岁　○26 岁以上

3.您目前是？（必答题）

○本科生　○硕士生　○博士生　○博士后

4.您在本学院学习的年限是？（必答题）

○1~4 年　○5~8 年　○8 年以上

5.在学习方面,加入 iSchools 对本院学生的影响(必答题)

	强烈不同意	不同意	一般	同意	强烈同意
学院加入 iSchools 给我提供了更完善的课程学习体系	○	○	○	○	○
学院加入 iSchools 给我提供了更丰富的课程学习内容	○	○	○	○	○
学院加入 iSchools 给我提供了更多的跨学科课程	○	○	○	○	○
学院加入 iSchools 使我的课程学习方式发生了改变	○	○	○	○	○
学院加入 iSchools 给我提供了更多的专业讲座	○	○	○	○	○
学院加入 iSchools 给我提供了更多的跨学科内容的讲座	○	○	○	○	○
学院加入 iSchools 使我获得了更好的专业技能培训	○	○	○	○	○

6.在科研方面,加入 iSchools 对本院学生的影响(必答题)

	强烈不同意	不同意	一般	同意	强烈同意
学院加入 iSchools 使我院的学术科研氛围更加浓厚	○	○	○	○	○
学院加入 iSchools 给我提供了更多的科研项目	○	○	○	○	○
学院加入 iSchools 使我获得了足够的科研经费	○	○	○	○	○
学院加入 iSchools 给我带来了更多的项目合作机会	○	○	○	○	○
学院加入 iSchools 给我带来了更多的资源共享机会	○	○	○	○	○

续表

	强烈不同意	不同意	一般	同意	强烈同意
学院加入 iSchools 给我带来了更多跨学科合作的机会	○	○	○	○	○

7.在升学、深造方面,加入 iSchools 对本院学生的影响(必答题)

	强烈不同意	不同意	一般	同意	强烈同意
学院加入 iSchools 给我提供了更多的升学机会	○	○	○	○	○
学院加入 iSchools 使我可以入读更好的学校	○	○	○	○	○
学院加入 iSchools 使我可以就读更好的专业	○	○	○	○	○
学院加入 iSchools 给我提供了更多的校际交流项目	○	○	○	○	○
学院加入 iSchools 给我提供了更多的出国深造机会	○	○	○	○	○

8.在就业方面,加入 iSchools 对本院学生的影响(必答题)

	强烈不同意	不同意	一般	同意	强烈同意
学院加入 iSchools 给我提供了更多的就业机会	○	○	○	○	○
学院加入 iSchools 给我提供了更广泛的就业方向	○	○	○	○	○
学院加入 iSchools 给我提供了更多可选择的就业单位	○	○	○	○	○
学院加入 iSchools 使我更加容易就业	○	○	○	○	○

附录 6　A Survey on the Influences on Faculties Since the School/College Joining the iSchools

This survey is about the influences on faculties since the School/College joining the iSchools. This is a part of the research on "The Trend of iSchools Movement and its Influences to Domestic and Foreign Information Field". It is supported by the Ministry of Education Major Project of Key Research Institute of Humanities and Social Sciences. Your participation is great of importance for us and the questionnaire will take less than 5 minutes to complete. We guarantee that your information is used only for research and will not disclose your personal privacy. Thank you very much for your participation!

1. Your Gender

○Male　○Female

2. Your Age

○Between 20 and 30

○Between 30 and 40

○Between 40 and 50

○Older than 50

3.You are the

○Assistant Professor

○Associate Professor

○Professor

○Administrative staff

○Others

4.How long have you been working in your School/College?

○Between 1 and 3 Years

○Between 4 and 6 Years

○Between 7 and 10 Years

○More than 10 Years

5.Influences on Researches since the School/College joining the iSchools

	Disagree Strongly	Disagree Somewhat	Neither Agree nor Disagree	Agree Somewhat	Agree Strongly
①Our School/College joining the iSchools offers teachers more exchange opportunities	○	○	○	○	○
②Our School/College joining the iSchools offers teachers more advanced study opportunities	○	○	○	○	○
③Our School/College joining the iSchools offers teachers more project cooperation opportunities	○	○	○	○	○
④Our School/College joining the iSchools offers teachers more resource sharing opportunities	○	○	○	○	○

续表

	Disagree Strongly	Disagree Somewhat	Neither Agree nor Disagree	Agree Somewhat	Agree Strongly
⑤Our School/College joining the iSchools offers teachers more interdisciplinary cooperation opportunities	○	○	○	○	○

6. Influences on Teaching since the School/College joining the iSchools

	Disagree Strongly	Disagree Somewhat	Neither Agree nor Disagree	Agree Somewhat	Agree Strongly
①Our School/College joining the iSchools makes the major arrangement of our School/College changed	○	○	○	○	○
②Our School/College joining the iSchools makes the curriculum arrangement of our School/College changed	○	○	○	○	○
③Our School/College joining the iSchools makes the courses what teachers teach changed	○	○	○	○	○
④Our School/College joining the iSchools makes teachers' teaching style changed	○	○	○	○	○
⑤Our School/College joining the iSchools offers teachers more opportunities to training for others	○	○	○	○	○

7. Influences on Management since the School/College joining the iSchools

	Disagree Strongly	Disagree Somewhat	Neither Agree nor Disagree	Agree Somewhat	Agree Strongly
①Our School/College joining the iSchools makes the management philosophy of our School/College changed	○	○	○	○	○
②Our School/College joining the iSchools makes the management tools of our School/College changed	○	○	○	○	○
③Our School/College joining the iSchools makes the departmental structure of our School/College changed	○	○	○	○	○
④Our School/College joining the iSchools makes the staff structure of our School/College changed	○	○	○	○	○
⑤Our School/College joining the iSchools increases the number of Interdisciplinary teachers	○	○	○	○	○

8. Influences on Financial Condition since the School/College joining the iSchools

	Disagree Strongly	Disagree Somewhat	Neither Agree nor Disagree	Agree Somewhat	Agree Strongly
①Our School/College joining the iSchools makes the financial provision of our School/College improved	○	○	○	○	○

续表

	Disagree Strongly	Disagree Somewhat	Neither Agree nor Disagree	Agree Somewhat	Agree Strongly
②Our School/College joining the iSchools makes the research funding of our School/College improved	○	○	○	○	○
③Our School/College joining the iSchools makes the social contributions of our School/College improved	○	○	○	○	○
④Our School/College joining the iSchools makes the hardware and software facilities of our School/College improved	○	○	○	○	○
⑤Our School/College joining the iSchools makes the staff wages of our School/College improved	○	○	○	○	○

9.Influences on Social Impact since the School/College joining the iSchools

	Disagree Strongly	Disagree Somewhat	Neither Agree nor Disagree	Agree Somewhat	Agree Strongly
①Our School/College joining the iSchools makes the overall reputation of our School/College improved	○	○	○	○	○

续表

	Disagree Strongly	Disagree Somewhat	Neither Agree nor Disagree	Agree Somewhat	Agree Strongly
②Our School/College joining the iSchools makes the enrollment levels of our School/College improved	○	○	○	○	○
③Our School/College joining the iSchools makes the number of high-level teachers improved	○	○	○	○	○
④Our School/College joining the iSchools makes the employment rate of our students improved	○	○	○	○	○
⑤Our School/College joining the iSchools makes the employment channels of our students broadened	○	○	○	○	○

附录 7　加入 iSchools 对本院教职工的影响问卷

您好！

我们是武汉大学信息管理学院的学生，负责调查您所在学院加入 iSchools 后对本院教职工产生的影响。这是教育部人文社会科学重点研究基地重大项目"iSchools 运动发展趋势及其对国内外信息领域的影响"的研究内容之一。该调查问卷不涉及您的任何隐私，可能会花费您 3~5 分钟的时间，请您认真仔细填写。您的回答对我们的研究十分重要，谢谢您的合作！

1.您的性别？(必答题)

○男　○女

2.您的年龄？(必答题)

○20~30 岁　○30~40 岁　○40~50 岁　○50 岁以上

3.您目前的职位是？(必答题)

○讲师　○副教授　○教授　○行政管理人员　○其他

4.您在本学院任职的年限是？(必答题)

○1~3 年　○4~6 年　○7~10 年　○10 年以上

5.在科研方面,加入 iSchools 对本院教职工的影响(必答题)

	强烈不同意	不同意	一般	同意	强烈同意
学院加入 iSchools 给我带来了更多的交流机会	○	○	○	○	○
学院加入 iSchools 给我带来了更多的深造机会	○	○	○	○	○
学院加入 iSchools 给我带来了更多的项目合作机会	○	○	○	○	○
学院加入 iSchools 给我带来了更多的资源共享机会	○	○	○	○	○
学院加入 iSchools 给我带来了更多跨学科合作的机会	○	○	○	○	○

6.在教学方面,加入 iSchools 对本院教职工的影响(必答题)

	强烈不同意	不同意	一般	同意	强烈同意
学院加入 iSchools 使我院的专业设置发生了改变	○	○	○	○	○
学院加入 iSchools 使我院的课程体系发生了改变	○	○	○	○	○
学院加入 iSchools 使我所教授的课程内容发生了改变	○	○	○	○	○
学院加入 iSchools 使我的授课方式发生了改变	○	○	○	○	○
学院加入 iSchools 给我带来了更多对外培训的机会	○	○	○	○	○

7.在管理方面,加入 iSchools 对本院的影响(必答题)

	强烈不同意	不同意	一般	同意	强烈同意
学院加入 iSchools 使我院的管理理念发生了改变	○	○	○	○	○
学院加入 iSchools 使我院的管理手段发生了改变	○	○	○	○	○
学院加入 iSchools 使我院的部门结构发生了改变	○	○	○	○	○
学院加入 iSchools 使我院的人员结构发生了改变	○	○	○	○	○
学院加入 iSchools 使我院增加了跨专业背景的教师	○	○	○	○	○

8.在经济方面,加入 iSchools 对本院的影响(必答题)

	强烈不同意	不同意	一般	同意	强烈同意
学院加入 iSchools 使我院的财政拨款得到了提升	○	○	○	○	○
学院加入 iSchools 使我院的科研经费得到了提升	○	○	○	○	○
学院加入 iSchools 使我院的社会捐助得到了提升	○	○	○	○	○
学院加入 iSchools 使我院的软硬件设施得到了改善	○	○	○	○	○
学院加入 iSchools 使教职工的工资水平得到了提高	○	○	○	○	○

9.在社会影响力方面,加入 iSchools 对本院的影响(必答题)

	强烈不同意	不同意	一般	同意	强烈同意
学院加入 iSchools 提高了我院的整体声誉	○	○	○	○	○
学院加入 iSchools 提高了我院的招生水平	○	○	○	○	○
学院加入 iSchools 使我院的教师队伍引进了更多高层次人才	○	○	○	○	○
学院加入 iSchools 提高了我院学生的就业率	○	○	○	○	○
学院加入 iSchools 拓宽了我院学生的就业渠道	○	○	○	○	○

附录 8　A Survey on the Influences of iSchools Movement for Non-iSchools Members

This survey is about the influences of iSchools Movement. This is a part of the research on "The Trend of iSchools Movement and its Influences to Domestic and Foreign Information Field". It is supported by the Ministry of Education Major Project of Key Research Institute of Humanities and Social Sciences. Your participation is great of importance for us and the questionnaire will take less than 5 minutes to complete. We guarantee that your information is used only for research and will not disclose your personal privacy. Thank you very much for your participation!

1. Your Gender

○Male

○Female

2. Your Age

○Younger than 20

○Between 20 and 30

○Between 30 and 40

○Older than 40

3.You are the

○Professor

○Student

○Management staff

○Others

4.How long have you been working or studying in your College/School?

○Between 1 and 3 Years

○Between 4 and 6 Years

○Between 7 and 10 Years

○More than 10 Years

5.What do you know about the iSchools?

	Disagree Strongly	Disagree Somewhat	Neither Agree nor Disagree	Agree Somewhat	Agree Strongly
①I know clearly about the purpose of the iSchools	○	○	○	○	○
②I know clearly about the interdisciplinary nature of the iSchools	○	○	○	○	○
③I know clearly about the number of the iSchools members	○	○	○	○	○
④I know clearly about the annual conference(the iConference) of the iSchools	○	○	○	○	○

6. What kind of influence do you think will have if your College/School joining the iSchools?

	Disagree Strongly	Disagree Somewhat	Neither Agree nor Disagree	Agree Somewhat	Agree Strongly
①Joining the iSchools will bring influences on teaching of our School/College	○	○	○	○	○
②Joining the iSchools will bring influences on researches of our School/College	○	○	○	○	○
③Joining the iSchools will bring influences on management of our School/College	○	○	○	○	○
④Joining the iSchools will bring influences on enrollment of our School/College	○	○	○	○	○
⑤Joining the iSchools will bring influences on employment of our School/College	○	○	○	○	○
⑥Joining the iSchools will bring influences on social impact of our School/College	○	○	○	○	○

7. Will you be in favor of your College/School joining the iSchools?

	Disagree Strongly	Disagree Somewhat	Neither Agree nor Disagree	Agree Somewhat	Agree Strongly
I do support our School/College joining in the iSchools	○	○	○	○	○

附录 9　iSchools 对非 iSchools 成员的影响问卷

您好！

我们是武汉大学信息管理学院的学生，负责调查 iSchools 运动对本院系教职工的影响。这是教育部人文社会科学重点研究基地重大项目“iSchools 运动发展趋势及其对国内外信息领域的影响”的研究内容之一。该调查问卷不涉及您的任何隐私，可能会花费您 1 到 2 分钟的时间，请您认真仔细填写。您的回答对我们的研究十分重要，谢谢您的合作！

1.您的性别？（必答题）

○男　○女

2.您的年龄？（必答题）

○20 岁以下　○20~30 岁　○30~40 岁　○40 岁以上

3.您目前是？（必答题）

○老师　○学生　○管理人员　○其他

4.您在本学院任职或学习的年限是？（必答题）

○1~3 年　○3~5 年　○5~10 年　○10 年以上

5.您对 iSchools 的了解(必答题)

	强烈不同意	不同意	一般	同意	强烈同意
我了解 iSchools 的理念宗旨	○	○	○	○	○
我了解 iSchools 的跨学科性质	○	○	○	○	○
我关注并了解 iSchools 的成员数量	○	○	○	○	○
我关注并了解 iSchools 的年会 iConference	○	○	○	○	○

6.您认为学院加入 iSchools 会带来什么影响(必答题)?

	强烈不同意	不同意	一般	同意	强烈同意
学院加入 iSchools 会给我院教学工作带来影响	○	○	○	○	○
学院加入 iSchools 会给我院科研工作带来影响	○	○	○	○	○
学院加入 iSchools 会给我院管理工作带来影响	○	○	○	○	○
学院加入 iSchools 会给我院招生带来影响	○	○	○	○	○
学院加入 iSchools 会给我院学生就业带来影响	○	○	○	○	○
学院加入 iSchoos 会给我院社会声誉带来影响	○	○	○	○	○

7.您是否支持所在学院加入 iSchools(必答题)?

	强烈不同意	不同意	一般	同意	强烈同意
我支持学院加入 iSchools	○	○	○	○	○

参考文献

英文期刊及会议论文

[1] Ahlbrand A, Johnson M. Degree Pedigree: Assessing the Effect of Degree-Granting Institutions' Ranks on Prospective Employment at Academic Law Libraries[J]. Law Library Journal, 2012(4): 553-568.

[2] Wiggins A, Sawyer S. Intellectual Diversity in iSchools: Past, Present and Future[C]// iConference 2010 Proceedings, 2010: 294-299.

[3] Bohannan A. Library Education: Struggling to Meet the Needs of the Profession[J]. The Journal of Academic Librarianship, 1991(4): 216-219.

[4] Cox R J, Mattern E, Mattock L, et al. Assessing iSchools[J]. Journal of Education for Library and Information Science, 2012(4): 303-316.

[5] Wu D, He D, Jiang J, et al. Academic Research in iSchools: State and Implications[C]// Proceedings of the 2011 iConference. USA, 2011: 203-210.

[6] Wu D, He D, Jiang J, Dong W, Vo K T. The State of iSchools: An Analysis of Academic Research and Graduate Education[J]. Journal of Information Science, 2012, Vol.38, No.1, pp.15-36.

[7] Wallace D P. The iSchools, Education for Librarianship, and the Voice of Doom and Gloom[J].The Journal of Academic Librarianship,2009(6):405-409.

[8] Bawden D.Facing the educational future[J].Information Research, 2007(12):1-3.

[9] Chen C.Thematic Maps of 19 iSchools[C]// ASIS&T Annual Meeting,Columbus,Ohio,USA,2008(1):1-12.

[10] Fonseca F,Martin J,Emeritus,Davis C,Camara G.Making an IMPACT on the Environment: Sustainability Science and the iSchool Movement[C]// iConference 2010 Proceedings,2010:60-68.

[11] Harris-Pierce R L, Liu Y. Is Data Curation Education at Library and Information Science Schools in North America Adequate[J]. New Library World,2012,113(11/12):598-613.

[12] Hu S. Technology Impacts on Curriculum of Library and Information Science(LIS)—A United States(US) Perspective[J].Libres, 2013(2):1-9.

[13] Kim J. Building Rapport Between LIS and Museum Studies [J]. Journal of Education for Library and Information Science, 2012 (2):149-161.

[14] Ma L.Theory and Education:A Case of Structuration Theory[C]// iConference 2010 Proceedings,2010: 143-148.

[15] Marty P F,Twidale M B.Museum Informatics Across the Curriculum: Ten Years of Preparing LIS Students for Careers Transcending Libraries, Archives, and Museums[J]. Journal of Education for Library and Information Science,2011(1):9-16.

[16] Rice-Lively M L. Undergraduate Education in a Graduate School: The University of Texas iSchool Experience[J].Bulletin of the American Society for Information Science and Technology, 2010 (4):18-21.

[17] Jaeger P T,Golbeck J,Druin A,Fleischmann K R.The First Workshop on the Future of Future of iSchool Doctoral Education:Issue,

Challenges, and Aspirations[J].Journal of Education for Library and Information Science, 2010(3):201-208.

[18] Larsen R L. Libraries Need iSchool[J]. Library Journal, 2007(15):11.

[19] Saracevic T.Information Science[J].Journal of the American Society for Information Science, 1999(12):1051-1063.

[20] Seadle M, Greifenedel E. Envisioning an iSchool Curriculum[J]. Information Research an iSchool Curriculum, 2007(12):1-10.

[21] Corrall S. Education the Academic Librarian as a Blended Professional: A Review and Case Study[J]. Library Management, 2010(8/9):567-593.

[22] Stieg M F.The Closing of Library Schools: Darwinism at the University[J].The Library Quarterly, 1991(3):266-271.

[23] Theakston C.Why Library and Information Science(LIS) is Losing Ground to other Academic Disciplines: The Case for the Prosecution[J]. International Journal of Information Management, 2000(5):399-404.

[24] Thomas J, Dran R V, Sawyer S.The I-Conference and the Transformation Ahead[J].Bulletin of the American Society for Information Science and Technology, 2006(4): 16-18.

[25] Vakkari P. Library and Information Science: Its Content and Scope[C]//Godden I P.Advances in Librarianship.Bingley, U.K.: Emerald, 1994:1-55.

外文网站论文

[1] ALISE. Library and Information Science Education Statistical Report[EB/OL]. ALISE. [2014-09-20]. http://www.alise.org/statistical-reports.

[2] Beaton B, Jeng W, Champagne R.Exploring the Use of "Acknowledgement Analysis" to Map Intellectual Diversity and Cross-disci-

plinary Activity Within the iSchools[EB/OL].[2014-12-22].https://www.ideals.illinois.edu/bitstream/handle/2142/47283/330_ready.pdf? sequence=2.

[3] Committee on Facilitating Interdisciplinary Research, National Academy of Sciences, National Academy of Engineering, Institute of Medicine. Facilitating Interdisciplinary Research [R/OL]. [2014-12-20]. http://www.nap.edu/catalog/11153/facilitating-interdisciplinary-research.

[4] Cox R J, Larsen R, Cloonan M V, et al. Can I-Schools Fulfill Their Mission Without Archival Studies [EB/OL].[2015-01-12].http://www.ischools.org/conference08/pc/WC8_iconf08.doc.

[5] Defining the Information Displines in Enclopedia Development Information Research [EB/OL]. [2013-12-26]. http://InformationR.Net/ir/124/colis/colis29.html.

[6] Digital Libraries, Archives and Records[EB/OL].[2015-01-28]. https://www.northumbria.ac.uk/research/research-areas/library-and-information-management/digital-libraries-archives-and-records/.

[7] Heckman R, Snyder J. The Role of the Arts in an iSchool Education[EB/OL].[2015-01-12].http://www.ischools.org/conference08/pc/PA3-1_iconf08.pdf.

[8] iConference 2013 Proceedings [C/OL].[2015-01-12].https://www.ideals.illinois.edu/bitstream/handle/2142/42563/iConference_Proceedings.pdf? sequence=2.

[9] Indiana University's School of Library and Information Science. Technology Overview[EB/OL].[2012-05-02].http://www.slis.indiana.edu/technology/overview.html.

[10] Luo L. Being Interdisciplinary: A Look into the Background and Experiences of iSchool Faculty Members[EB/OL].[2015-01-10]. http://libres-ejournal.info/wp-content/uploads/2014/06/NTU-2013_Submission_LiliLuo_final.pdf.

[11] Madsen D, Ho S M. Interdisciplinary Practices in iSchools [EB/OL]. [2015-01-12]. http://openarchive.cbs.dk/bitstream/handle/10398/8897/Madsen_1.pdf? sequence=1.

[12] Methodology: Best Library and Information Studies Rankings[EB/OL]. [2014-9-28]. http://www.usnews.com/education/best-graduate-schools/articles/2014/03/10/methodology-best-library-and-information-studies-rankings.

[13] Miksa, Fran. Discipline Formation and the Field of Information [EB/OL]. iConference 2008. [2011-01-18]. http://ischools.org/conference08/pc/PA1-1-iconf08.doc.

[14] Sawyer S, Rosenbaum H. I-Schools: Mice Roaring or the Future is Now Arriving[EB/OL]. [2015-01-10]. http://www.ischools.org/conference08/pc/PA1-3_iconf08.pdf.

[15] Tammaro A M. Digital Curator Education: Professional Identity vs. Convergence of LAM (Libraries, Archives, Museums) [EB/OL]. [2015-01-12]. http://works.bepress.com/cgi/viewcontent.cgi? article=1023&context=annamaria_tammaro.

[16] Weech T L. Multidisciplinarity in Education for Digital Librarianship [EB/OL]. [2014-12-20]. http://proceedings.informingscience.org/InSITE2007/InSITE07p011-021Weec285.pdf.

[17] Wiggins A, Sawyer S. Intellectual Diversity in iSchools: Past, Present and Future[EB/OL]. [2015-01-15]. http://www.andreawiggins.com/research/WigginsSawyer2010iConference.pdf.

中文著作、学位论文

[1] [美]弗雷德·勒纳.图书馆的故事:从文字初创到计算机时代[M].沈英,马幸,译.北京:北京时代华文书局,2014.

[2] [美] F. W. 兰开斯特.电子时代的图书馆和图书馆员[M].郑登理,陈珍成,译.北京:科学技术文献出版社,1985.

[3] [美]克里斯廷·L.博格曼.从古腾堡到全球信息基础设施:网络

世界中信息的获取[M].肖永英,译.北京:中信出版社,2003.

[4] 范并思.20 世纪西方与中国的图书馆学——基于德尔菲法测评的理论史纲[M].北京:北京图书馆出版社,2004.

[5] 蒋永福.图书馆学通论[M].哈尔滨:黑龙江大学出版社,2009.

[6] 倪波,郑建明.图书馆学信息学教育的发展与成就[M]//中国图书馆年鉴 1996.北京:北京图书馆出版社,1997.

[7] 孙璐.我国研究型大学国际交流与合作的问题及对策研究——以浙江大学为例[D].杭州:浙江大学,2009.

[8] 王思敏.面向信息职业需求的美国 iSchool 课程设置研究[D].武汉:武汉大学,2013.

[9] 谢欧.合并高校学科整合问题与对策研究——以西南大学为个案的研究[D].重庆:西南大学,2008.

[10] 王子舟.图书馆学基础教程[M].武汉:武汉大学出版社,2003.

[11] 张白影,荀昌荣,沈继武.中国图书馆事业十年[M].长沙:湖南大学出版社,1989.

[12] 张树华,张久珍.20 世纪以来中国的图书馆事业[M].北京:北京大学出版社,2008.

[13] 郑章飞,黎盛荣,王红.中国图书馆学教育概论[M].长沙:国防科技大学出版社,2001.

[14] 中国图书馆学会.中国图书馆学学科史[M].北京:中国科学技术出版社,2014.

中文期刊论文

[1] 安琳.国外 iSchool 运动与图书情报教育变革[J].图书馆建设,2010(10):109-112.

[2] 曹晶,肖希明.iSchool 毕业生在信息领域的就业分析及思考[J].图书情报工作,2012(13):118-122.

[3] Frost C O. The I-School Concept in the United States and Bcyond[J].中国图书馆学报,2008(6):25-31.

[4] 陈传夫.iSchool 运动与图书馆学情报学教育变革[J].图书情报

工作,2007(4):5.

[5] 陈传夫等.改革开放三十年我国图书情报学教育的发展[J].图书情报知识,2008(5):5-14.

[6] 陈传夫,于媛.美国 iSchool 的趋势与启示[J].图书情报工作,2007(4):20-24,41.

[7] 陈耀盛,李惠珍.我国图书馆学教育的回顾与展望[J].图书馆建设,2002(6):1-4.

[8] 程焕文.美国图书馆学教育史[J].四川图书馆学报,1990(2):106-115.

[9] 崔旭,刘海权.美国 iSchool 运动研究[J].图书馆工作与研究,2011(12):31-33,57.

[10] 第三届中美数字时代图书馆学情报学教育国际研讨会.LIS 面向更宽广的信息职业行动倡议[J].中国图书馆学报,2010(6):124-125.

[11] 丁蔚,倪波.中美图书情报学研究生专业课程比较研究[J].图书情报工作,2000(5):81-86.

[12] 范并思,胡小菁.图书馆学教育与现代图书馆理念[J].图书情报知识,2008(11):5-9.

[13] 黄崑,符绍宏.美国图书情报学院的课程设置研究与启示——以北卡大学教堂山分校为例[J].情报科学,2015(1):150-154.

[14]黄晓斌.杜定友先生的图书馆学教育思想及其现实意义[J].图书情报工作,2001(4):89-92.

[15]霍国庆,金高尚.九十年代我国图书馆学信息学教学改革的最新进展及发展方向[J].山西图书馆学报,1996(4):26-32.

[16] 霍国庆,等.西方图书馆学流派论评(一)[J].图书情报工作,1998(4):3-9.

[17] 柯平.以职业为中心的图书情报专业学位教育[J].图书情报知识,2011(3):6-8.

[18] 柯平,赵益民,詹越.图书馆学毕业生就业核心竞争力[J].图书情报工作,2009(5):11-14,18.

[19] 李金芮,肖希明.iSchools 人才培养模式研究[J].图书情报工

作,2012(23):6-10,23.
[20] 李明鑫.图书馆学专业实践教学环节的优化[J].图书馆学研究,2006(9):76-77.
[21] 刘宝瑞,蔡娜,张诗悦.iSchool 教育理念中“人”要素的关注与解读[J].图书馆学研究,2012(16):11-18.
[22]刘青,贺远,谢京怡.信息管理学毕业生职业竞争力的对策研究[J].情报科学,2007(12):1902-1906.
[23] 刘兹恒,曹海霞.图书馆学教育改革的目标——面向更广泛的信息职业[J].国家图书馆学刊,2011(1):3-5,11.
[24] 马翠嫦.美国图书情报学院研究生课程设置分析研究[J].情报理论与实践,2005(5):456-461.
[25] 马金萍.iSchools 视野下我国图书馆学人才培养模式分析与思索[J].图书馆学研究,2014(6):12-14,82.
[26] 聂冰.iSchools 年会研讨热点分析及对我国图书情报学教育的启示[J].图书情报知识,2011(6):120-126,92.
[27] 彭斐章.新中国图书馆学教育的回眸与思考[J].图书情报知识,1999(4):2-6.
[28] 邱均平,马瑞敏.基于 CSSCI 的图书馆、情报与档案管理一级学科文献计量评价研究[J].中国图书馆学报,2006(1):24-29.
[29] 邱均平,温芳芳.近五年来图书情报学研究热点与前沿的可视化分析——基于 13 种高影响力外文源刊的计量研究[J].中国图书馆学报,2011(2):51-60.
[30] 邱均平,余厚强.跨学科发文视角下我国图书情报学跨学科研究态势分析[J].情报理论与实践,2013(5):5-10.
[31] 冉从敬.美国 iSchools 研究生课程设置个案及对我国的启示——以 UIUC 近 5 年课程建设为例[J].图书情报工作,2012(12):24-29.
[32]沙勇忠,牛春华.iSchool 联盟院校的课程改革及其启示[J].图书情报知识,2008(11):21-35,55.
[33] 司莉,陈洁,查荔.第二届数字时代中美图书馆与情报学教育国际研讨会综述[J].图书馆理论与实践,2007(4):42-45,51.

[34] 司莉,贾欢.美国 iSchool 图书情报学人才培养模式的特点与启示[J].图书情报工作,2015(1):38-43.

[35] 司莉,刘剑楠,张扬声.iSchool 课程设置的调查分析及其对我国图书馆学课程改革的启示[J].图书馆学研究,2011(11):21-26.

[36] 司莉,钱绮琪,吴方枝,王思敏,庄晓喆.I-Schools 高校 E-learning 平台调研分析[J].图书馆,2012(6):63-65.

[37] 司莉,王思敏.美国 iSchools 课程设置与能力培养的调查与分析[J].大学图书馆学报,2014(1):102-109.

[38] 孙海生.国内图书情报研究机构科研产出及合作状况研究[J].情报杂志,2012(2):67-74.

[39] 唐义,郑燃.iSchools 运动与学科整合:现状及趋势[J].图书情报知识,2012(6):20-25.

[40] 田蓉,肖希明.从 iSchools 毕业生就业看我国图书馆学教育培养目标的变革[J].图书情报知识,2012(6):15-19.

[41] 宛玲,缪园,范瑞娟.国外图书馆学情报学教育质量标准的比较研究[J].图书情报工作,2009(5):19-23.

[42] 王翠萍,张艳婷,闫昱.产学研结合与图书馆学本科生实践能力培养[J].图书馆建设,2009(2):105-109.

[43] 王芳,慎金花.国外数据管护(Data Curation)研究与实践进展[J].中国图书馆学报,2014(4):116-128.

[44] 王锦贵,王素芳.图书馆学和情报学的分野与融合发展(下)——从教育和职业实践方面的考察[J].情报资料工作,2007(6):5-11.

[45] 王梅玲.美国 I-Schools 运动带给台湾图书信息学教育的省思[J].图书情报工作,2007(4):10-15.

[46] 王新才,何芳萍.国内外图书情报学研究生应用型课程设置研究与启示[J].图书与情报,2012(1):38-42.

[47] 王知津,李彤,严贝妮,等.中美图书情报学研究生教育与培养比较研究:硕士研究方向实例分析[J].情报资料工作,2009(4):99-104.

[48] 王知津.我国图书馆学教育面临新的转折和选择[J].图书情报工作,2003(3):10-15,56.

[49] 王知津,孙立立.我国情报学硕士研究生教育走势分析[J].情报理论与实践,2005(5):449-455.

[50] 王子舟.中国图书馆学教育九十年回望与反思[J].中国图书馆学报,2009(5):70-77.

[51] 韦景竹,何燕华,等.中美 LIS 学院课程设置比较研究[J].大学图书馆学报,2011(4):94-100.

[52]吴丹,余文婷.近五年国内外图书情报学教育研究进展与趋势[J].图书情报知识,2015(3):4-15.

[53] 吴慰慈,张久珍.信息技术革命影响下的图书馆学情报学学科体系[J].情报学报,2000(2):98-103.

[54] 吴雪萍.培养关键能力:世界职业教育的新热点[J].浙江大学学报(人文社会科学版),2000(6):56-59.

[55]吴志强,邓胜利.图书情报学毕业生的职业竞争力分析[J].图书情报工作,2006(11):113-116.

[56] 肖希明,田蓉.以培养学生创新实践能力为目标的 iSchools 实践教学体系[J].图书情报工作,2012(23):11-17.

[57] 肖希明,李金芮.iSchools 科学研究的特征及启示[J].图书情报知识,2012(6):4-9.

[58] 肖希明,李金芮.iSchools 人才培养模式研究[J].图书情报工作,2012(23):6-10,23.

[59]肖希明,李硕.我国 LIS 专业毕业生就业情况的调查分析[J].图书情报知识,2014(1):26-33.

[60]肖希明,李硕,田蓉.不同信息职业对图书情报档案专业人才需求的调查分析[J].图书与情报,2014(1):35-40.

[61] 肖希明,刘巧园.iSchools 运动对美国 LIS 教育的影响[J].图书馆,2014(5):56-59.

[62] 肖希明,司莉,黄如花.我国图书馆学教育发展现状的调查分析[J].图书情报知识,2008(1):5-10.

[63]肖希明,田蓉.我国 LIS 教育中实践教学的调查分析[J].图书情

报知识,2014(1):18-25.

[64] 肖希明,田蓉.以培养学生创新能力为目标的 iSchools 实践教学体系[J].图书情报工作,2012(23):11-17.

[65] 肖希明,杨蕾.iSchools 师资队伍建设的发展趋势及启示[J].图书情报知识,2012(6):10-14.

[66] 肖希明,杨蕾.我国 LIS 教育机构师资队伍建设的调查分析[J].图书情报知识,2014(1):4-10.

[67] 肖雪,闫慧,冯湘君,等.数字化时代的图书馆与情报学第一学位课程体系——基于英美的考察[J].图书情报知识,2014(6):33-41.

[68]肖勇.我国图书馆学情报学的学科存在与学科关系(上)——基于我国图书馆学与西方图书信息学内在关系的探讨[J].情报理论与实践,2009(9):1-4.

[69] 谢阳群.从杜威的图书馆学教育思想看今日美国的图书馆情报教育危机现象[J].四川图书馆学报,1994(5):28-33.

[70] 杨蕾,肖希明.iSchools 国际交流与合作及其启示[J].图书情报工作,2012(23):18-23.

[71] 杨秀丹,张坤鹏,赵延杰.美国情报学硕士课程设置研究与启示——以密歇根大学为例[J].情报理论与实践,2010(10):124-128.

[72] 杨勇.关于图书馆学教育与实践相结合的思考[J].中国图书馆学报,2008(4):29-33.

[73] 叶继元.ischools 与学科整合[J].图书情报工作,2007(4):69,51.

[74] 叶继元.坚守与拓展:中美图书馆学情报学教育科学定位的思考[J].中国图书馆学报,2007(2):18-23.

[75] 叶继元.美国 I-Schools 的概况、影响与启示[J].图书馆杂志,2007(1):10-13.

[76] 叶继元.图书情报学(LIS)核心内容及其人才培养[J].中国图书馆学报,2010(6):13-19.

[77] 余红,刘娟.美国 iSchool 图书情报学课程体系个案——北卡莱

罗纳大学近10年课程体系研究[J].图书情报工作,2014(6):79-88.

[78] 张晓娟.iSchool视野下加拿大图书情报学教育的分析与思索[J].图书情报工作,2007(4):16-19,33.

[79]周庆山,黄国彬.美国图书馆与信息科学学院信息科学专业本科课程设置的典型分析与启示[J].图书情报工作,2009(5):15-18.

[80] 周旖,肖鹏.服务研习:图书馆学研究生实践教学改革探索[J].中国图书馆学报,2013(1):22-30.

[81]周毅,张衍.iSchool运动背景下信息管理类专业的特色与分野探析[J].图书馆杂志,2012(8):72-78.